教育部哲学社会科学系列发展报告
MOE Serial Reports on Developments in Humanities and Social Sciences

中国社会保障改革与发展报告2015

Reform and Development of Social Security Report 2015

邓大松 刘昌平 等著

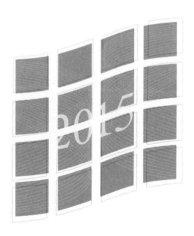

北京大学出版社
PEKING UNIVERSITY PRESS

图书在版编目(CIP)数据

中国社会保障改革与发展报告.2015/邓大松等著.—北京:北京大学出版社,2017.11
(教育部哲学社会科学系列发展报告)
ISBN 978-7-301-28418-6

Ⅰ.①中… Ⅱ.①邓… Ⅲ.①社会保障—体制改革—研究报告—中国—2015 ②社会保障—发展战略—研究报告—中国—2015 Ⅳ.①D632.1

中国版本图书馆 CIP 数据核字(2017)第 136988 号

书　　　名	中国社会保障改革与发展报告 2015 ZHONGGUO SHEHUI BAOZHANG GAIGE YU FAZHAN BAOGAO 2015
著作责任者	邓大松　刘昌平　等著
责 任 编 辑	董郑芳(dzfpku@163.com)
标 准 书 号	ISBN 978-7-301-28418-6
出 版 发 行	北京大学出版社
地　　　址	北京市海淀区成府路 205 号　100871
网　　　址	http://www.pup.cn
新 浪 微 博	@北京大学出版社　　@未名社科-北大图书
微信公众号	ss_book
电 子 信 箱	ss@pup.pku.edu.cn
电　　　话	邮购部 62752015　发行部 62750672　编辑部 62753121
印　刷　者	北京鑫海金澳胶印有限公司
经　销　者	新华书店
	730 毫米×980 毫米　　16 开本　　26.5 印张　　460 千字 2017 年 11 月第 1 版　　2017 年 11 月第 1 次印刷
定　　　价	75.00 元

未经许可,不得以任何方式复制或抄袭本书之部分或全部内容。
版权所有,侵权必究
举报电话: 010-62752024　电子信箱: fd@pup.pku.edu.cn
图书如有印装质量问题,请与出版部联系,电话: 010-62756370

总　序

哲学社会科学的发展水平,体现着一个国家和民族的思维能力、精神状态和文明素质,反映了一个国家的综合国力和国际竞争力。在社会发展历史进程中,哲学社会科学往往是社会变革、制度创新的理论先导,特别是在社会发展的关键时期,哲学社会科学的地位和作用就更加突出。在我国从大国走向强国的过程中,繁荣发展哲学社会科学,不仅关系到我国经济、政治、文化、社会建设以及生态文明建设的全面协调发展,而且关系到社会主义核心价值体系的构建,关系到全民族的思想道德素质和科学文化素质的提高,关系到国家文化软实力的增强。

党的十六大以来,以胡锦涛同志为总书记的党中央高度重视哲学社会科学,从中国特色社会主义发展全局的战略高度,把繁荣发展哲学社会科学作为重大而紧迫的任务进行谋划部署。2004 年,中共中央下发《关于进一步繁荣发展哲学社会科学的意见》,明确了新世纪繁荣发展哲学社会科学的指导方针、总体目标和主要任务。党的十七大报告明确指出:"繁荣发展哲学社会科学,推进学科体系、学术观点、科研方法创新,鼓励哲学社会科学界为党和人民事业发挥思想库作用,推动我国哲学社会科学优秀成果和优秀人才走向世界"。2011 年,党的十七届六中全会审议通过的《中共中央关于深化文化体制改革、推动社会主义文化大发展大繁荣若干重大问题的决定》,把繁荣发展哲学社会科学作为推动社会主义文化大发展大繁荣、建设社会主义文化强国的一项重要内容,深刻阐述了繁荣发展哲学社会科学一系列带有方向性、根本性、战略性的问题。这些重要思想和论断,集中体现了我们党对哲学社会科学工作的高度重视,为哲学社会科学繁荣发展指明了方向,提供了根本保证和强大动力。

为学习贯彻党的十七届六中全会精神,教育部于 2011 年 11 月 17 日在北京召开全国高等学校哲学社会科学工作会议。中共中央办公厅、国务院办公厅转发《教育部关于深入推进高等学校哲学社会科学繁荣发展的意见》,明确提出到 2020 年基本建成高校哲学社会科学创新体系的奋斗目标。教育部、财政部联合印发《高等学校哲学社会科学繁荣计划(2011—2020年)》,教育部下发《关于进一步改进高等学校哲学社会科学研究评价的意见》《高等学校哲学社会科学"走出去"计划》《高等学校人文社会科学重点研究基地建设计划》等系列文件,启动了新一轮"高校哲学社会科学繁荣计划"。未来十年,高校哲学社会科学将着力构建九大体系,即学科和教材体系、创新平台体系、科研项目体系、社会服务体系、条件支撑体系、人才队伍体系、现代科研管理体系和学风建设工作体系,同时,大力实施高校哲学社会科学"走出去"计划,提升国际学术影响力和话语权。

当今世界正处在大发展大变革大调整时期,我国已进入全面建设小康社会的关键时期和深化改革开放、加快转变经济发展方式的攻坚时期。站在新的历史起点上,高校哲学社会科学面临着难得的发展机遇和有利的发展条件。高等学校作为我国哲学社会科学事业的主力军,必须充分发挥人才密集、力量雄厚、学科齐全等优势,坚持马克思主义立场观点方法,以重大理论和实际问题为主攻方向,立足中国特色社会主义伟大实践进行新的理论创造,形成中国方案和中国建议,为国家发展提供战略性、前瞻性、全局性的政策咨询、理论依据和精神动力。

自2010年始,教育部启动哲学社会科学研究发展报告资助项目。发展报告项目以服务国家战略、满足社会需求为导向,以数据库建设为支撑,以推进协同创新为手段,通过组建跨学科研究团队,与各级政府部门、企事业单位、校内外科研机构等建立学术战略联盟,围绕改革开放和社会主义现代化建设的重点领域和重大问题开展长期跟踪研究,努力推出一批具有重要咨询作用的对策性、前瞻性研究成果。发展报告必须扎根社会实践、立足实际问题,对所研究对象的发展状况、发展趋势等进行持续研究,强化数据采集分析,重视定量研究,力求有总结、有分析、有预测。发展报告按照"统一标识、统一封面、统一版式、统一标准"纳入"教育部哲学社会科学发展报告文库"集中出版。计划经过五年左右,最终稳定支持百余种发展报告,有力支撑"高校哲学社会科学社会服务体系"建设。

展望未来,夺取全面建设小康社会新胜利、谱写人民美好生活新篇章的宏伟目标和崇高使命,呼唤着每一位高校哲学社会科学工作者的热情和智慧。我们要不断增强使命感和责任感,立足新实践,适应新要求,以建设具有中国特色、中国风格、中国气派的哲学社会科学为根本任务,大力推进学科体系、学术观点、科研方法创新,加快建设高校哲学社会科学创新体系,更好地发挥哲学社会科学认识世界、传承文明、创新理论、咨政育人、服务社会的重要功能,为全面建设小康社会、推进社会主义现代化、实现中华民族伟大复兴作出新的更大的贡献。

教育部社会科学司

前　言

社会保障是社会稳定的"安全网"、经济运行的"调节器",是构建社会主义和谐社会的重要内容,对于调节收入分配、促进社会公平,增加国内需求、拉动经济增长具有十分重要的作用。改革开放以来,中国政府就一直高度重视社会保障制度建设,党的十四届三中全会《中共中央关于建立社会主义市场经济体制若干问题的决定》明确提出"建立多层次的社会保障制度,为城乡居民提供同我国国情相适应的社会保障,促进经济发展和社会稳定",将社会保障制度作为社会主义市场经济体制的重要支柱;党的十七大明确提出将"建立覆盖城乡居民的社会保障体系"作为构建社会主义和谐社会的主要任务之一,要求到2020年基本建立覆盖城乡居民的社会保障体系,使人人享有基本生活保障;党的十八大又进一步提出"要坚持全覆盖、保基本、多层次、可持续方针,以增强公平性、适应流动性、保证可持续性为重点,全面建成覆盖城乡居民的社会保障体系"。

改革开放以来,特别是十四届三中全会以来,中国政府抓住国民经济持续快速健康发展的有利时机,在社会保障制度体系建设上作出了不懈努力,取得了重要进展:明确完善社会保障制度的基本原则、总体目标和主要任务,确立社会统筹与个人账户相结合的基本养老保险和基本医疗保险制度,基本建成了涵盖养老保险、医疗保险、失业保险、工伤保险和生育保险,以及城乡居民最低生活保障制度的社会保障体系;普遍实行个人缴费制度,加大中央和地方财政投入力度,建立全国社会保障基金,初步形成了国家、企业和个人的社会保障资金多渠道筹集机制;扩大社会保险制度的覆盖范围,实现了从国有企业向城镇各种所有制企业、灵活就业人员和个体工商户的延伸;实行原行业统筹下放省级管理,解决条块分割的矛盾,建立了上下贯通、覆盖全国的社会保险社会化管理服务体系。社会保障制度的改革与不断完善,对保障人民群众的基本生活需求和维持社会安定团结,对国有企业改革、经济结构调整的顺利推进,对统筹城乡社会经济发展进程,发挥了十分重要的作用。

中国是世界上最大的发展中国家,人民生活还不富裕,社会主义市场经济体制初步建立,影响发展的体制机制障碍依然存在,经济增长和社会发展面临着许多突出问题。正如十七大报告所言:"人民生活总体上达到小康水平,同时收入分配差距拉大趋势还未根本扭转,城乡贫困人口和低收入人口还有相当数量,统筹兼顾各方面利益难度加大。"当前,社会保障体系不完善与人民群众日益增长的社会保障需求是构建社会主义和谐社会的突出矛盾之一。

武汉大学社会保障研究中心作为国家"985"工程社会保障研究创新基地和教育部人文社会科学百所重点研究基地之一,长期以来一直致力于社会保障理论与中国社会保障制度研究,承接了包括国家自然科学基金、国家社会科学基金,教育部、各级政府部门,以及国内外相关研究机构和社会组织在内的大量研究任务,近几年取得了一系列研究成果。《中国社会保障改革与发展报告》是由武汉大学社会保障研究中心组织国内社会保障领域诸多知名学者与专家,共同编著的一份重要的年度研究报告,也是教育部哲学社会科学研究报告资助项目《中国社会保障改革与发展报告》(批准号10JBG009)的重要研究成果,重点关注社会保障理论研究与国际比较研究中的前沿问题,当前中国经济社会发展过程中凸显的社会矛盾和民生问题,中国社会保障制度改革过程中的焦点、难点和热点问题。

社会保障是一项复杂的社会系统工程,也是一项正在不断改革和完善的社会经济制度,需要解决的问题和面临的困难太多,《中国社会保障改革与发展报告》不可能穷尽当前社会保障领域内的所有方面。因此,我们试图在有限的篇幅和人力条件下,经过编著者的共同努力,将《中国社会保障改革与发展报告》打造成为中国社会保障理论与政策研究的精品与力作。

武汉大学社会保障研究中心

目 录

1. 社会保障基本理论体系　邓大松　薛惠元　孟颖颖 …………………… 1
2. 养老保险基础养老金全国统筹政策研究　林毓铭 …………………… 106
3. 完善职工大病保险制度研究　吕国营　程翔宇 …………………… 125
4. 整合城乡居民基本医疗保险制度研究　仇雨临　袁涛 …………………… 152
5. 城乡居民大病保障制度研究　仇雨临　黄国武 …………………… 165
6. 中国工伤保险改革研究　殷俊　田利 …………………… 183
7. 长期护理保险制度研究　刘昌平　毛婷 …………………… 225
8. 中国特色基本养老保险基金投资运营制度研究　卢海元 …………………… 250
9. 中国残疾人权益保障状况报告　张东旺　张奇林 …………………… 267
10. 社会福利制度改革与发展报告
    李滨生　常品超　池振合　石磊　苏珊　张君 …………………… 301
11. 社会养老服务体系建设发展报告　向运华　姚虹 …………………… 343
12. 政府间社会保障权责划分理论与实践　柯卉兵　丁建定 …………………… 383

1 社会保障基本理论体系[*]

邓大松　薛惠元　孟颖颖

一般而言,社会保障基本理论体系由社会保障的基础理论、社会保障的基本理论、社会保障的应用理论和社会保障的发展理论四个方面的内容构成。

1.1 社会保障的基础理论

社会保障的基础理论,主要是指社会保障基本原理的思想依据和渊源,向人们说明社会保障为什么是这样。例如,现阶段全球社会保障为什么是多层次、多种形式的社会保障制度模式?因为是由现阶段多层次的生产力水平决定的。又如,为什么社会保障权利和义务是相对对等,而不是绝对对等?因为社会保障是一种准公共产品。再如,社会保障制度推行为什么法制要先行?因为社会保障具有强制性。可见,基础理论是指在社会保障背后发挥作用的思想体系。按学科来划分,社会保障的基础理论包括社会学中的社会保障基础理论、法学中的社会保障基础理论和经济学中的社会保障基础理论。

1.1.1 社会学中的社会保障基础理论

社会学中的社会保障基础理论,包括社会学中的公民权利学说、人本学说、社会关系学说等。具体包括人们基本生活条件保障学说、弱势群体保障说、教育权利保障说、劳动就业权保障说、人的需要本质理论、老年论、过早死亡论、空想社会论、

---

[*] 邓大松教授被聘为新疆大学"天山学者"。李昭威、赵羚雅、段奕秋、郭婷、赵英丽、陆博文等硕士研究生也参与了本研究部分内容的撰写,并在资料搜集中做了大量的工作。本研究同时受到教育部人文社会科学重点研究基地重大项目"中国社会救助制度改革研究"(项目批准号:15JJD630009)的资助。

感性主义伦理说、理性主义伦理说等。

一、人们基本生活条件保障学说

人们基本生活条件保障学说包含了两方面的内容：要保障人们的基本生活，使每个公民享有最基本的权利——生存权；"保障人们的基本生活条件"是社会保障要遵循的基本原则之一。

（一）基本生活条件保障权是生存权的重要内容

生存权是指在一定社会关系中和历史条件下，人们应当享有的维持正常生活所必需的基本条件的权利。关于生存权的概念，还存在一定的争议。如《科学发展观百科辞典》[①]中提到，"生存权的基本内容主要包括生命权和基本生活保障权。生命权是生存权的自然形式，基本生活保障权是生存权的保障方式。生存权的实现是其他人权实现的基本前提，生存权是首要的人权"。又如，中国政府发表的《中国的人权状况》白皮书中所说的生存权，包括生命权和温饱权，但侧重指温饱权。再如，还有学者指出，生存权就是《国际人权公约》上的相当生活水准权，即基本生活条件保障权，它包括食物权、衣着权、住房权、健康权等具体内容。《世界人权宣言》第25条第1款规定："人人有权享有为维持他本人和家属的健康和福利所需要的生活水准，包括食物、衣着、住房、医疗和必要的社会服务。"《经济、社会及文化权利国际公约》第11条第1款规定："本公约缔约各国承认人人有权为他自己和家庭获得相当的生活水准，包括足够的食物、衣着和住房，并能不断改进生活条件。"一般认为，这是对相当生活水准权的规定。学者们认为，"享有维护相当生活水准权，其最低限度需要每个人应享有必需的生存权：足够的食物和营养权，衣着，住房，和在需要时得到必要照顾"，并认为《世界人权宣言》第25条和《经济、社会及文化权利国际公约》第11条等是对生存权的国际性保障。

虽然关于"生存权"概念的外延还存在一定的争议，但不可否认的是，基本生活条件保障权是生存权的重要内容，保障人们的基本生活，是实现每个公民享受最基本的权利——生存权的重要保证，同时这也是社会保障的直接目的。《世界人权宣言》第25条是将相当生活水准权（即生存权）与社会保障权放在一起规定的，在规定人人享有相当生活水准权之后，紧接着规定："在遭到失业、疾病、残废、守寡、衰老或其他不能控制的情况下丧失谋生能力时，有权享受保障。"可见，要真正享有生存权，过上相当水准的生活，就必须享有社会保障权，国家必须建立起完善的社

---

① 奚洁人主编：《科学发展观百科辞典》，上海辞书出版社2007年版。

会保障制度。

（二）社会保障以保障人们的基本生活条件为原则

人们基本生活条件保障学说将"保基本"作为社会保障的原则。如早在1942年的《贝弗里奇报告》中提出的社会保障应遵循的四个基本原则，其中一个就是"保障基本生活原则"，即社会保障只能确保每一个公民最基本的生活需求。又如，我国1999年颁布的《城市居民最低生活保障条例》第1条规定，"为了规范城市居民最低生活保障制度，保障城市居民基本生活，制定本条例"。又如，《中华人民共和国社会保险法》第3条规定，"社会保险制度坚持广覆盖、保基本、多层次、可持续的方针，社会保险水平应当与经济社会发展水平相适应"。再如，中共十八大报告也提出："要坚持全覆盖、保基本、多层次、可持续方针，以增强公平性、适应流动性、保证可持续性为重点，全面建成覆盖城乡居民的社会保障体系。"

将"保基本"作为社会保障的原则，这就要求社会保障水平要与该国或该地区的经济发展水平相适应，既不能过低又不能过高，过低无法保障人们的基本生活需要，过高会给财政和经济发展带来负担；此外，为了实现"保基本"的目标，社会保障待遇应随着物价变动和经济发展适时进行调整。

二、弱势群体保障说

"弱势群体"（social vulnerable groups），也称社会脆弱群体、社会弱者群体、依赖人群等，它主要是一个用来分析现代社会经济利益和社会权力分配不公平、社会结构不协调、不合理的概念。弱势群体原是一个社会学概念，目前已经成为社会学、政治学、社会政策研究领域中的一个核心概念。弱势群体的含义有广义和狭义之分。广义的弱势群体是针对强势群体而言，弱势群体可以泛指所有在维护自己正当权益方面处于弱势的社会群体。狭义上的弱势群体，有其"特指"的含义，是指因某些障碍或者由于社会急剧转型和社会利益结构分化导致缺乏经济、政治和社会机会，而在社会上处于不利地位，且依靠自身的力量或能力无法保持个人及其家庭成员最基本的生活水准、需要国家和社会给予支持和帮助的社会群体。①

弱势群体作为社会学的研究对象，始于19世纪末、20世纪初的美国。当时以帮助社会弱者为己任的早期的社会工作者将弱势者的问题归结为弱势者个人、家庭和不可抗拒的环境，而社会工作者们的助人理念则是怜悯。在20世纪50年代，著名的英国社会学家和社会政策专家托马斯·马歇尔全面论述了公民权理论，认

---

① 伍晓斌、贺云海：《关于加快建设弱势群体保护体系的思考》，《经济前沿》2006年第12期。

为公民权由公民的民事权利、政治权利和社会权利组成,而社会权利主要体现在教育制度和社会福利方面,即所有拥有完全公民资格的公民都有享受社会服务和社会福利的权利。这一理论为弱势群体问题带来新的理解,即弱势群体问题产生于社会福利制度的不完备。因为在充分满足人们需求的情况下,社会弱者是不存在的。所以,解决弱势群体的问题就是给他们以机会,发挥和增强他们被压抑的能力。这样,弱势群体就被视为在市场竞争中、在社会财富和权力的分配过程中不公平地受到排斥而处于边缘地位的群体。①

2002年3月,朱镕基总理在九届全国人大五次会议上所作的政府工作报告中使用了"弱势群体"这个词,从而使得弱势群体成为一个非常流行的概念,引起了国内外的广泛关注。目前,我国弱势群体的类型一般包括生理性弱势群体、自然性弱势群体和社会性弱势群体三大类。② 其中生理性弱势群体主要包括残疾人、老年人和处境困难的儿童;自然性弱势群体主要包括生态脆弱地区的贫困人口和灾民等;社会性弱势群体主要包括下岗失业人员、城乡低保对象、城乡赤贫人口、城市孤老孤儿、所有老年人口、城乡社会救助对象、城市流浪乞讨者等。这三种类型的弱势群体的共同特征包括物质生活的贫困性、政治生活的低影响力、公共服务的稀缺性、市场竞争的劣势地位和承受力的脆弱性等等。

持这一学说观点的学者认为,做好弱势群体工作的基本原则是:关心、支持、自助、增权。所谓关心,就是全社会都应当关心弱势群体。关心弱势群体不只是政府的责任,也是全社会的责任,更是社会强势群体的责任。关心弱势群体意味着要平等地对待弱势群体,要注意倾听弱势群体的声音,而不能怀着救世主的心态,居高临下地怜悯弱势群体,更不能片面宣传、强化强势群体的价值观,并把这种价值观强加给弱势群体。如果这样的话,是难以真正改变弱势群体的弱势地位的。所谓支持,就是这个社会应当建立健全相关社会政策,为弱势群体提供有效的制度性支持。所谓自助,就是使弱势群体走向自立、自尊、自强。俗语云"自助者天助之",完全依赖外部支持,是无法彻底改变一个人、一个群体的弱势地位的。所谓增权,实际上可以看作弱势群体能力建设的一个重要组成部分。他们呼吁,应当尊重和保障弱势群体的政治、经济和社会权利,特别是要加强民主制度建设,保障弱势群体的参与权利,尤其是保障其参与与其有关的各项决策的权利,使其能够表达和维护自身的权益。

---

① 王思斌:《社会转型中的弱势群体》,《中国党政干部论坛》2002年第3期。
② 伍晓斌、贺云海:《关于加快建设弱势群体保护体系的思考》。

三、教育权利保障说

受教育权是一项基本人权,是公民所享有的并由国家保障实现的接受教育的权利。换句话说,受教育权是指公民享有从国家接受文化教育的机会和获得受教育的物质帮助的权利。受教育权包括两个基本要素:一是公民均有上学接受教育的权利;二是国家提供教育设施,培养教师,为公民受教育创造必要机会和物质条件。受教育权是宪法赋予的一项基本权利。例如,我国《宪法》第46条规定,"中华人民共和国公民有受教育的权利和义务";第45条规定,"国家和社会帮助安排盲、聋、哑和其他有残疾的公民的劳动、生活和教育"。虽然从宪法方面看,受教育权只是20世纪才出现的宪法权利,但是,随着世界范围内人们温饱问题的逐步解决,它越来越受到关注。

保障公民的受教育权具有重要的现实意义。第一,接受教育是社会发展的客观要求。任何社会发展,都是以人的文化素质的不断提高为前提,而人的文化素质又是通过各种形式的教育来形成的。从这个意义上说,接受教育不仅是公民个人的事,同时也是为国家和社会的不断发展所应尽的义务。第二,接受教育是公民个体发展的需要。在现代社会,每个公民都面临着两方面的需要,一是生存需要,二是发展需要。这就要求公民能自觉地接受教育,通过受教育使自己得到全面发展。第三,接受教育是公民享受权利的需要。宪法和法律为公民规定了许多权利,而这些权利最终能否实现,往往取决于公民的文化素质。

由于教育是以一定的经济条件为基础的,因而贫困家庭的子女往往会因为贫困而难以完成学业甚至失去受教育的权利,这对他们来说是不公平的。而教育救助就是针对这种现象而产生并发展起来的。此外,受经济发展水平、城乡二元户籍制度等因素的影响,部分特殊群体,如残疾人、进城务工人员随迁子女等不能平等地实现受教育的权利,因此,针对残疾人、进城务工人员随迁子女等特殊群体的教育权利保障问题不断受到重视,其保障制度也逐步建立起来。

四、劳动就业权保障说

(一)劳动就业权的定义

劳动就业权是劳动者(雇员)得向国家或(和)雇主(用人单位)主张的、以获得或(和)保持职业工作机会为核心利益,从而实现其生存与发展目的的劳动权利。于此必须强调的是:"职业工作机会的获得和保持"这一核心利益指向(或目的利益)乃就业权之本质属性所在。尽管此所谓"职业工作或职业劳动",即劳动法上之劳动,包含着"据之以谋生"的意义,也就内在地隐含着"为报酬而从事的雇佣劳动"之意思①,但"劳动报酬权的获得"仍被排除于就业权的核心内涵之外。其他诸如工时、休息、安全卫生等劳动关系上的利益指向更不在内。这些利益不属于就业权(或工作权)的对象,而是"工作中的权利"之目的的利益。至于"劳动就业权"概念的外延,笔者认为就业权在范围上包括五项具体权利(或自由),分别是工作自由权、平等就业权、解雇保护权、就业服务权和失业保障权。

综上,我们可以将劳动就业权描述为:劳动就业权是一个以职业工作机会的获得或(和)保持为核心利益指向,以工作自由权、平等就业权、解雇保护权、就业服务权和失业保障权为内容的权利群或权利族的概括称谓。它以《劳动法》上之"劳动权"或"劳动权利"为上位概念,而以上列五项具体权利为其下位概念。

（二）劳动（就业）与人性尊严的契合

就业属于职业劳动的范畴,职业劳动是广义劳动的一种类型。劳动是人类为满足自身需要对自然界进行积极改造并占有自然物的活动,是人和自然之间物质变换和能量交换的过程。

劳动与人类有着天然的密切关系,首先,劳动创造了人本身。恩格斯在《自然辩证法》一书中,就"劳动在从猿到人转变过程中的作用"作了专门的深入研究,并在达尔文人类起源论的基础上,得出了"劳动创造了人"的理论结论——劳动促成了由猿到人的进化,以制造工具为标志的劳动是"人猿揖别"的分水岭。其次,劳动是人的本质属性。劳动是专属于人和人类社会的,纯粹自然界并无真正意义的劳动。因此,它是人和人类社会区别于自然界的本质特征或标志——是与人类社会同始终的"人的类本质"。最后,劳动是个体生命和人类社会存在的基础和源泉——通过与自然之间的物质和能量交换,使个体和社会个体生存和发展下去。因此,它"是整个人类生活的第一个基本条件"。②

由此可知,就职业劳动与人的本性和尊严的关系而言,劳动本身是合乎人的本性的,甚至就是人的本性的一部分,是人的内在本质。人类正式通过自己的劳动把自己从动物界中分离出来,体现出自己独具的人性和尊严。

---

① 史尚宽:《劳动法原论》,正大印书馆(台湾)1978年版,第1页。
② 关于劳动与人类的关系,参见恩格斯:《自然辩证法》,载《马克思恩格斯选集》第3卷,人民出版社1972年版,第508页。但这些观点并非恩格斯所独有,此前,康德就说过:劳动是人生终极目标;黑格尔也提出过"劳动是人类的自我实现"的观点。参见黄越钦:《宪法中工作权之意义暨其演变》,《法令月刊》2000年第10期。

(三) 异化与失业对人性尊严的侵害

职业劳动是合乎人的本性与尊严的。但在私有制条件下的雇佣劳动中，劳动发生了异化。在现象层面的社会学研究中，恩格斯对资本主义初期英国社会底层的一般工业雇佣劳动者的悲惨生活作了真实的记录。① 美国社会学家米尔斯则以20世纪的高级雇佣劳动者——白领中产阶级为对象，勾画出了他们的异化劳动下的生存状态。白领们呈现在人们面前的是："在不信任和受操纵的背景下与共同体和社会的疏远；与工作的异化，以及在人格市场上与自我的异化；个体和理性的被剥夺和政治上的冷淡感。"②

在理论层面，马克思对此做了最为深入的研究和总结：劳动的异化，首先是劳动者同自己的劳动产品的异化——劳动产品归资本家占有，成为与劳动者相敌对的、统治劳动者自己的异己的力量。其次是劳动者与劳动行为本身相异化。雇佣劳动者不能自由地支配自己和自己的劳动，而是被迫的强制性劳动——"因此他在自己的劳动中不是肯定自己的体力和智力，而是使自己的肉体受到折磨、精神遭到摧残"。再次，由于上述两种原因，雇佣劳动也就把人的类本质变成了异己的本质，使劳动者和人的类本质相异化——导致了人的异化。最后，上述事实造成的直接后果就是人同人相异——工人通过自己的雇佣劳动生产出一个压迫自己的敌对阶级，整个社会陷入分裂。③

简言之，雇佣劳动导致了劳动的异化。劳动异化的后果是，劳动者失去了劳动的自主与自由；劳动的价值和意义由"为己的"变成"为他的"；劳动者由"作为目的的人"变成"他人的工具"——资本家赚钱牟利的肉体工具。显然，雇佣劳动引致的劳动异化是对人的本性和尊严的疏离、悖反和亵渎。然而，还有比异化劳动更可怕的，那就是失业。如果说雇佣劳动是对人性尊严的疏离和悖反的话，失业则堪称是对人性尊严的摧残和毁灭。因为失业意味着人性作为"赚钱机器"的这样一种工具价值也被否定了。它把威胁直接指向人的生存——而没有了生命这种载体的话，所谓人性尊严自必归于幻灭。

(四) 就业成为源于人性尊严的自然权利

异化劳动和失业对人的价值和尊严的凌辱与戕害，当然激起了劳动阶级的反抗，也激发了他们对劳动和就业的权利认知和权利要求——1831年法国里昂工人

---

① 《马克思恩格斯全集》第7卷，人民出版社1959年版，第276页。
② 赖特·米尔斯：《白领——美国的中产阶级》（杨小东等译），浙江人民出版社1987年版，第13页。
③ 马克思：《1844年经济学—哲学手稿》，人民出版社1985年版，第48页。

起义即以"生活、工作或死亡"的主张为诉求和号召。这样就开始打破从前那种认为劳动是谋生的手段,也仅仅是谋取经济生存的手段,与权利无关的旧的观念。

这种悖反人性的状态,也震撼着整个人类社会的良知和灵魂。关怀和守护人的精神世界是宗教的本职和特色。前后相距百年的两份罗马天主教廷的教皇通谕对此做出的反应,也许是佐证这一历史现实的最好材料。1891年,教皇利奥十三世在宣示天主教会之社会与劳工政策的《新事》通谕中教示说:"正义要求(工人)的人性尊严得到尊重……把人用作东西以牟利以及除肌肉与精力外对工人漠不关心是可耻的和没有人性的。"一百年后的1991年,教皇保罗二世的《百年》通谕说:"上帝按照自己的肖像和模样造人,赐予他无比的尊容,正如《新事》通谕)一贯坚持的那样。诚然,在辛勤工作所换来的权利之外,人还有与工作无关的其他权利,而这些权利出自其作为人必有的尊严。"①

在法律界,长期担任德国联邦劳动法院院长的尼波代说:"唯有确立劳工人格权的保护才能使劳工不像牛马或机器一般工作。"德国劳动法之父胡果更早在19世纪末便不断地强调:"劳动法的精神就在于视劳工为一个人!"②

如此,为着人性尊严的救赎,依据自然法学关于自然权利源于人性尊严的理论逻辑,就业权或劳动权(工作权)也就陆续地被许多自然法学家宣告为自然权利或作为权利来主张——尽管也许不如宣扬财产权那么普遍和大声:

早在17世纪,洛克,恰恰是这位被公认为是"财产权神话"创造者的洛克,基于其对"劳动创造一切人类财产与价值"的认识,将工作权、生存权与生命权、自由权、财产权一道宣布为自然权利。洛克认为,有某些关于我们人类地位的权利,这些权利延伸到我们的身体,因而也延伸到生命、自由、生存、工作。工作权意义深远,因为只有通过工作,我们才能规定我们的独立和生存。③

在18、19世纪,卢梭主张,对于生存之物(包括劳动),所有的人均享有一种自然权利。④ 另一个法国思想家摩莱里在其《自然法典》中就未来社会的构建提出的三项基本法则之一是"人人有工作"。⑤ 德国哲学家费希特在《自然法权基础》中力

---

① 约翰·W.巴德:《人性化的雇佣关系——效率、公平与发言权之间的平衡》(解格先、马振英译),北京大学出版社2007年版,第29页。
② 刘士豪:《劳动基本权在我国宪法基本全体系中的定位》,《政大法学评论》2005年第87期。
③ 帕特丽霞·H.威尔汉等:《就业和员工权利》(杨恒达译),北京大学出版社2005年版,第1页。
④ 玛丽·安·格伦顿:《权利话语——穷途末路的政治言辞》(周威译),北京大学出版社2006年版,第46页。
⑤ 摩莱里:《自然法典》(黄建华、姜亚洲译),商务印书馆1982年版,第123页。

证:国家在人们遇到不幸时有扶助其生活的义务,主张赋予人们以"教育权",使人们皆可凭其工作而生存。① 傅立叶提出并详细地论证了劳动权是最主要的天赋人权的理论。② 奥地利学者门格尔·安东主张劳动权"是应当与现代私法秩序接合的生存权的一种"。③ 至于马克思主义者的观点,已是众所周知,无待多论。④

到了 20 世纪,有关就业的权利主张更为普遍和强烈。在法律学术界,"当人们逐渐品味到就业以及对身份与安全的社会协助所具有的重要意义时候……法律理论家便开始尝试着用新型的财产权(概念)来重新概括工作和福利"。⑤ 在立法领域,罗斯福提出人所共知的"四大自由论",并据此极力主张国会通过包括工作权、食物权、休息权、社会保障权、健康权和受教育权在内的"第二个《权利法案》"。"第二个《权利法案》"虽未在美国诞生,但罗斯福的思想观念最终被载入《世界人权宣言》的序文,成为世界人权法案的思想基础,并直接导致《世界人权宣言》第 23 条和《经济、社会及文化权利国际公约》第 6 条至第 8 条等有关工作权的条款的产生。⑥

五、人的需要本质理论⑦

既然人是一个客观存在的、活生生的实体,他们的存在和发展就必然要不断地从自然界和社会获取各种需要的满足。据此,马克思主义认为,人的需要是人的本性之一。当然,人的需要与动物的需要是不同的。动物的需要只是一种简单的、肉体上或生理上的需要,而人类的需要则是一种包括生理上的需要在内、更为复杂的社会需要。这种社会需要的基本特征是:

(一)生存需要

马克思和恩格斯共同指出:"一切人类生存的第一个前提也就是一切历史的第一个前提,这个前提就是:人们为了能够'创造历史',必须能够生活。但是为了生活,首先就需要衣、食、住以及其他东西。因此第一个历史活动就是生产满足这些需要的资料,即生产物质生活本身。同时这也是人们仅仅为了能够生活就必须每

---

① 陈新民:《宪法基本权利之基本理论》,三民书局(台湾)1992 年版,第 98 页。
② 《马克思恩格斯选集》第 4 卷,人民出版社 1972 年版,第 444 页。
③ 大须贺明:《生存权论》(林浩译),法律出版社 2001 年版,第 212 页。
④ 应予说明的是,门格尔·安东、傅立叶、马克思等未必为据自然法而立论者。
⑤ 玛丽·安·格伦顿:《权利话语——穷途末路的政治言辞》(周威译),第 46 页。
⑥ A.艾德等:《经济、社会及文化的权利》(黄列译),中国社会科学出版社 2003 年版,第 14 页。
⑦ 邓大松等:《中国社会保障若干重大问题研究》,海天出版社 2000 年版,第 31—35 页。

日每时都要进行的(现在也和几千年前一样)一种历史活动,即一切历史的基本条件。"①恩格斯还说"正像达尔文发现有机界的发展规律一样,马克思发现了人类历史的发展规律,即历来为繁茂芜杂的意识形态所掩盖着的一个简单事实:人们首先必须吃、喝、住、穿,然后才能从事政治、科学、艺术、宗教等等"②。

然而,马克思主义又认为,人的这种同动物一样的需要与动物相比较,严格说来是有区别的。"本质区别在于,动物最多是搜集",大自然提供什么,就需要和消费什么,消极地被动地适应环境。"而人则能从事生产"③,能制造工具,并利用工具,积极、能动地通过劳动生产,有意识、有计划和有目的地改造自然界,取得各种物质资料,以满足人类自己的物质和文化需要。

(二) 相互需要

马克思主义认为,人们的需要是相互提供和相互满足的。"正象社会本身生产作为人的人一样,人也生产社会。活动和享受,无论就其内容或就其存在方式来说,都是社会的,是社会的活动和社会的享受。自然界的人的本质只有对社会的人说来才是存在的;因为只有在社会中,自然界对人说来才是人与人联系的纽带,才是他为别人的存在和别人为他的存在,才是人的现实的生活要素;只有在社会中,自然界才是人自己的人的存在的基础。只有在社会中,人的自然的存在对他说来才是他的人的存在,而自然界对他说来才成为人。因此,社会是人同自然界的完成了的本质的统一,是自然界的真正复活,是人的实现了的自然主义和自然界的实现了的人道主义。"④"人们从一开始,从他们存在的时候起,就是彼此需要的,只是由于这一点,他们才能发展自己的需要和能力等等"⑤,这就是说,人类的生产活动从来不是个人单独进行的,鲁滨逊式的人物根本不存在。人类需要生存和发展,他们相互之间必然要发生广泛的联系,因为"只有在这些社会联系和社会关系的范围内,才会有他们对自然界的关系,才会有生产"⑥。在社会生产过程中,人是社会性的人,人们的生产是社会性生产,人们的需要也就是由人们相互提供满足的社会性的需要。

---

① 《马克思恩格斯选集》第1卷,人民出版社1972年版,第32页。
② 《马克思恩格斯选集》第3卷,第574页。
③ 《马克思恩格斯全集》第34卷,人民出版社1972年版,第163页。
④ 《马克思恩格斯全集》第42卷,人民出版社1979年版,第121—122页。
⑤ 同上书,第360页。
⑥ 《马克思恩格斯选集》第1卷,第362页。

(三) 多种需要

马克思主义认为,动物的生产是片面的,需要是简单的;而人的生产的全面性,决定其需要具有与一般动物有着本质上差别的特征:

(1) 人的需要是全面的、多层次的。恩格斯概括这种多层次需要为:第一,生活资料的需要,即生存需要,指劳动者为了生存和延续后代而需要满足吃、穿、住、用、行的物质生活资料。生存需要是人类最低层次的需要。第二,享受资料的需要,指劳动者为保持身心健康所需要的物质资料与劳务(如医疗、卫生、体育、文化艺术、休假、旅游等的物质资料与服务)。第三,发展资料的需要,即劳动者为了逐步摆脱旧式分工的束缚和影响,使自己的体力和智力获得充分、自由的发展和运用所需要的物质资料(如教育、科研设施,各种培训机构、图书馆、书籍、报刊以及为保证人们正常生产生活和自由发展条件的保险保障等)。后来,斯大林又把人的需要概括为物质生活需要和文化生活需要。

(2) 人的需要层次是发展的。由于人们消费的内容与方式由生产决定,生产水平的不断发展,必然使人们的消费质量发生变化。于是,从人的需要的长期过程看,它呈现出明显的由低需求层次逐渐向高需求层次发展的过程。那就是,不论对个人还是对一个社会而言,开始追求的是生存需要,只有在满足了低层次需要之后,若还有收入剩余,人们才可能要求满足享受需要。同样,当人们的生存和享受需要得到满足后,还有收入剩余,这时候,人们才有可能有追求发展需要的奢望。随着社会生产力的发展、人们收入水平的提高,从绝对量上来说,三种需要所消耗的物质资料都会增加,但从比重上来看,生存需要所消耗的资料将逐渐减少,享受和发展需要所消耗的资料将逐渐增多。

总之,马克思主义关于人的需要本质的理论,揭示了人的需要的自然性、多样性和社会性特征,指出满足这种需要不是单个人的孤立行为和过程,而是一种社会活动和社会过程,并且只有通过社会过程,人的需要满足才能真正实现。这就为建立社会保障制度提供了理论依据。

美国心理学家马斯洛把人的需要从低级到高级归纳为五个层次的需要:生理需要——吃、住、行需要;安全需要——保险保障需要;社交需要——友谊、情感、归属、亲切感的需要;尊重需要——自尊和受到人们的尊重的一种心理需要;自我实现的需要(相当于马克思主义的发展需要)。马斯洛的需要理论本质上是以个人为中心的,并把满足需要当作激励动机的手段,而不是作为目的,这样难免有局限性。但是,马斯洛重视对人的需要的研究,把生理需要作为一切需要的基础,还明确提出了安全需要,这些观点是符合马克思主义的人的需要本质论的,对于研究社会保障理论有很大的参考价值。

六、老年论①

老年论是指对老年人的状况、特征、规律和老年问题及其处理等进行的分析与概括。老年论的基础是生物学、社会学、心理学、政治学和经济学。它产生于社会对老年问题开始重视和注意的时代,发展在人的寿命延长、老年人口增多的现代工业社会。老年理论对社会保障制度的影响在历史上是一种"共生"现象,具有必然性和普遍性。老年理论涉及的问题较多,既有老年生理、心理、卫生、医疗、保健等内容,又有老年政治、经济、家庭、社会关系方面的内容。下面仅就与社会保障制度建立密切相关的老年本质特征论和老年经济问题论作简要的概述。

(一)老年本质特征论

该理论包括角色、活动、年龄分层、亚文化群、脱离和社会重建六种学说。

(1)角色学说。这是由早期的社会学家库利、托马斯和米德首先提出的一种老年理论。② 他们认为,一个人的一生如同演员在舞台上一样,扮演着不同的角色,履行着不同的义务和发挥着不同的作用。角色论者指出,角色是人们社会地位、权利和荣誉的体现,它是由人的年龄、素质和技能决定的,同时与社会环境和其他外界的反应有密切联系。一般来说,人们的角色改变及适应新角色,在儿童、少年、青少年和中年阶段,是比较容易做到的,可在老年阶段,人们的角色更替就比较困难。因为,在老年群体中,伴随着年龄增长和内在素质的变化,他们面对的是失去以前扮演的角色,而不是得到新的角色。一旦人们失去以前的角色而又无新的角色代替时,其社会身份和自尊就会受到损害。为此,角色论者主张,作为国家政府应采取适当的干预政策,动员社会力量,建立角色变换的服务机制,创造出更多的令老年人满意且富有自信和自尊的新角色,为老年人安度晚年,实现角色顺利过渡准备条件。

(2)活动学说。这是一种符合常识的理论。持这种观点的学者认为,如果要保持老年人的幸福感,就必须使其尽其所能参加社会活动,始终保持活跃,使老年人以活力、繁忙来抗拒年老的侵袭,尽可能长久地维持中年的生活方式和价值观念。因此,老年人出现与行为不适时,政府就应当制定政策和采取措施,帮助老年

---

① 邓大松:《美国社会保障制度研究》,武汉大学出版社1999年版,第104—121页。
② 理查德等:《老年学》(毕可生等译),甘肃人民出版社1986年版,第120页。

人用新的活动方式或社会关系取代因年老退休或丧偶而失去的活动方式或社会关系。

(3) 年龄分层学说。这是由马蒂利达·怀特·赖利和福纳提出的一种非正式的老年理论。① 其主要思想是：首先，人根据年龄可分为青年、中年和老年等几个年龄层次，每一年龄层次都有与它相适应的一组权利、角色、义务和机会，当人们从某个年龄层进入到下一个年龄层时，他们就会获得该年龄层应有的权利、角色、义务和机会；其次，每一个年龄层次中均有与年龄相关的角色期望，人们的行为符合各自的角色期望，就会得到满意的回报，否则，背离角色期望的行为定会受到惩罚。就老年人而言，如果社会强制他们保持年轻人的价值观、信念和规范，那么，他们的愿望与可能之间就会发生冲突。相反，如果社会尊重老年角色的期望，充分考虑老年层次里物质和精神上的需要，那么，老年人就会顺利度过最后的生命期。

(4) 亚文化群学说。亚文化群是指社会中的一个群体，它除了显示一般社会的许多文化特点外，还具有社会其他部分所不具备的特点。导致老年亚文化群形成的原因则是：首先，老年人占全部人口的比例不断增大；其次，现代社会在一定程度上将老年人排挤出一般社会，会促使老年人和社会上其他人发生分割；最后，年龄意识的增长，即老年人已意识到他们进入老年层，在生活方式、兴趣、需要和行为等方面同年轻人存在着明显的差异，某些方面甚至格格不入。这就使老年人因共同性而把他们团结为一个统一的社会群体。老年亚文化群的形成，能产生一种集体精神和群体自豪感，在一定程度上丰富老年人的晚年生活乃至使部分绝望者增强生活自信心。但是，老年亚文化群的形成隐藏着一些社会问题，诸如老年人同其他人的隔离可能会发展为代际隔阂，社会和谐将面临挑战；老年层社会经济地位低，机遇不平等，常导致部分老年人自我憎恨；老年人自愿性和非自愿性隔离后，依赖社会服务和有求于他人的老年人必然增加，社会负担加重。

(5) 脱离学说。即老年人随着年龄增长，而逐渐退出重要的工作角色，由年轻人替代留下的空缺，以便社会更好地发挥其功能。这种理论由伊莱恩·卡明和威廉·亨利提出②，是引起争论最多最激烈的老年论。他们认为，对于社会中的任何人来说，脱离是一种规范，是不可避免的现象；脱离不仅对社会有利，而且对个人也是一种满足。为此，脱离论者极力主张，社会服务部门不应该谋求恢复老年人的生

---

① N. R. 霍曼等：《社会老年学——多学科展望》(冯韵文等译)，社会科学文献出版社1992年版，第76页。

② 同上书，第68页。

气和工作,而应该提供其退休后的生活保障条件,鼓励他们在适当的时候退出社会工作领域。

(6)社会重建学说。这是依据老年人因独立自主能力衰退,变得越来越消极而提出的一种干预消极环境的理论。持这种理论的人认为,人的衰老本身并不是什么问题,问题是没有足够的收入和保健照顾或住房的老年人所面对的社会条件,因此,主张对消极的社会环境进行干预。其方式有二:一是改善社会大环境,为老年人自我判断提供框架,减轻老年人所承受的环境压力;二是提供官方资助,解决老年人住房不足、缺少保健和贫困等问题,使老年人过上比较满意的生活,以增强其自信心和自主性。

(二)老年经济问题论

自19世纪中叶以来,老年经济问题(包括老年人人数、老年人寿命、老年人生活、老年人健康和老年人保障等)成为包括美国在内的所有工业化国家关注和研究的重点之一。老年经济问题的实质是:

(1)退休期延长,生产期缩短。退休期指劳动者从退出工作领域到死亡为止的这一段时期。生产期即为劳动者从开始参加工作到退休的全部就业时间。在人的寿命已定的情况下,退休期同生产期成负相关;在生产期已定时,退休期同经济无保障成正相关。即退休期延长,意味着生产期缩短,退休期越长,经济越无保障。在工业化社会,劳动者的退休期延长是一种必然现象。其一,由于生产专业化、机器化和自动化,劳动者过去积累的生产经验变得过时无用,雇佣工人尤其是老年工人凭借经验垄断劳动市场的局面被先进的机械手打破,某些行业的新技术工种更将手工劳动永久性地排除。其二,现代工业社会以其本身的优势和魅力,把大量农业人口吸引到城市,工业劳动者增加,人才市场竞争激烈,老年人常常被体力好、精力旺盛的青年劳动者排斥。其三,生产不景气,企业规模缩小或破产等,都会迫使上了年纪的劳动者提前离开工作岗位。其四,具有相当学识和较高技能的生产者与管理者,是现代高技术经济的决定性要素,然而,培养和造就高级劳动者必然延长正规教育年限,推迟人们进入劳动市场的时间。其五。人均寿命的延长,也是退休期延长的一个重要原因。退休期延长,生产期缩短的直接后果是,它使老年人的晚年生活缺乏可靠的物质基础,即使劳动者在就业时期收入高、积累多,在较短生产期内提供的"剩余劳动"也无法抵偿较长退休期的物质和精神消费开支。

(2)部分老年人收入不足。社会保险学者卡罗琳·韦弗认为,老年人收入不足的根本原因在于现代工业社会本身。他认为,老年人收入不足和贫困,是由一些人们不能控制的因素造成的。① 比如,工资劳动者的收入偏低,在进行各种扣除后,所剩无几。又如,意外事故和各种疾病的发生,需要适当的费用开支,对于普通劳动者来说,即使有一点积攒,也因此而耗尽。为维持起码的生活条件,那些无积蓄的老年人不得不加入穷人行列,投亲靠友,或者依靠私人及公共慈善性机构救济度日。

同时,部分老年人收入不足还表现在老年人所拥有的资产上。退休者金融资产少或金融资产不足是由以下原因造成的:第一,部分工人并未意识到他们将来退休的需求,因此,养老储蓄不足;第二,许多工人在他们就业生涯中经历了长期的失业过程,耗尽了他们拥有的金融资产;第三,退休提前,缩短了就业生产期,结果总的收入减少,用于储蓄的收入也因此减少;第四,许多工人在就业期间工资较低,除维持基本生活外,没有剩余用于养老储蓄;第五,通货膨胀,高所得税,健康不佳和个人不幸等,花掉了大部分或全部金融资产。

此外,老年人收入不足还可以从退休劳动者的全部收入来源中看出。分析老年人的收入来源发现:第一,构成总收入的社会保障给付和补充保障收入的部分,实际上就是维持老年人基本生活水平的缺口或不足部分;第二,社会保障收入(包括补充保障收入)占总收入的比例越大,其收入缺口就越大;第三,即使收入较高的老年人,因受各种因素影响,在一定时期和特定条件下,收入不足的现象也是不可避免的。由此推论,社会保障是补充收入不足的最可靠方式,并且,举办社会保障事业不仅有利于贫困者,而且也有助于富裕者,即它是所有老年人的共同需要。

(3) 老年人人数增加,穷人增多,负担沉重。由于营养、卫生条件改善和医学进步,人们的平均寿命延长,老年人口占总人口的比例越来越大,老年穷人日益增多,养老、护老成为社会的沉重负担。正如美国学者乔治·雷伊达指出的那样,老年人劳动能力减退,收入减少或者失去就业机会,或者退休,收入中断等,均会使老年人收入不足,贫困现象日趋严重。② 如此之多的老年人和老年穷人,其基本生活费用由谁提供?以何种方式提供?老年人的生活、疾病如何得到照顾、医治?显然,这些问题如果仅仅依靠家庭、个人、社区或政府单方面解决是非常困难的,只有采取社会保障的形式和借助社会各方面的力量,才能承担起繁重的养老、护老义务,解决老年人口增多带来的社会问题。

---

① C. L. Weaver, "The Crisis in Social Security: Economic and Political Origins," *American Political Science Review*, 1982, Vol. 77, No. 4, p. 1060.

② G. E. Rejda, *Social Insurance and Economic Security*, New Jersey: Prentice Hall, 1991, pp. 63-67.

七、过早死亡论[①]

过早死亡，是指家庭主要成员即户主未能完全履行自己的经济义务（如资助亲属、子女教育、抵押支付和其他分期付款债务等）而死亡。概括其内容，主要分为过早死亡引发的社会问题及其处理两个方面。

（一）过早死亡引发的社会问题

过早死亡论者反复强调，人生必有死，这是自然规律。但是人若过早去世，必然给死者家庭带来不幸。首先是人生价值丧失，家庭成员永远无法分享死者劳动收入。其次是对家庭经济的冲击。过早死亡论者从以下三个方面加以论述：

（1）不同家庭结构所遭受的冲击。第一，传统家庭。传统家庭的特征是：丈夫在外工作，妻子在家料理家务和照看子女。显然，传统家庭中的户主过早死亡，必然造成家庭经济上的无保障。因为在多数情况下，抚养子女的遗孀谋生能力较差，即使被迫参加工作，也很难弥补因户主去世而失去的家庭收入。第二，单亲家庭。即由未婚、离异、分居夫或妻出走或其中任何一方死亡形成的家庭。相对双亲家庭而言，单亲家庭的收入较少，生活比较困难。如果单亲家庭的户主过早死亡，无疑会加重和强化其本就面临的贫困和经济无保障。第三，双创收家庭。即夫妻双方都参加工作的家庭。此种家庭其处境比单亲家庭和传统家庭要好很多，但如果创收的任何一方过早去世，在死者没有足够的人身保险金，或无充分的其他收入来源替补的情况下，也会面临家庭生活标准下降和经济无保障的境地。第四，混合家庭。指由离婚后一方，或幸存的丈夫或妻子及其子女同新配偶生育的子女一道共同组建的家庭。混合家庭的特点是：子女多，子女培养成本高，家庭生活开支大，为子女接受高等教育和为退休而积累资金能力受到限制。根据混合家庭的特点，如果工作配偶过早死亡，幸存配偶所面临的家庭财政困难、子女教育及经济上无保障的程度是可想而知的。第五，"三明治"家庭。即抚养子女的夫妇同时资助他们的父母一方或同时资助"双方"。"三明治"家庭的突出特点是"上有老、下有小"，老少的物质与精神生活均靠中间一代人支撑和负担。十分明显，在"三明治"家庭里，一旦工作的户主过早死亡，其家庭即刻失去财政支持，幸存配偶和其他家属有可能全面陷入经济无保障的境况。

（2）户主临死期间的冲击。过早死亡会在两种情况下发生：其一，事先没有任何迹象，突然死亡；其二，慢性死亡。在此，我们将这一段时期称之为临死期。户主

[①] 邓大松：《美国社会保障制度研究》，第95—104页。

临死期对家庭冲击较大,主要表现在:第一,正常生活方式遭破坏。户主患恶性疾病后,家庭其他成员要么怨恨、愤怒,要么悲痛、内疚与自责,工作无兴趣,社会交际活动热情低,正常的饮食规律和其他生活规则,尤其是未来的家庭计划因此遭破坏。第二,就业机会减少,家庭收入下降。严重的健康问题不仅使患者本人失去工作的能力和机会,而且其配偶和其他亲属因受拖累和情绪波动影响,就业和提升机会乃至某些高薪职位的聘任也将受到限制。由于病期延长,就业机会和劳动时间减少,家庭收入水平相较过去而急剧下降。第三,实质性医疗开支增加。随着病期延长,家庭支付的医疗费用相当惊人。如果家庭缺乏足够的医疗健康保险,那么,要实现家庭经济有保障是相当困难的。

（3）户主死亡后的冲击。户主过早去世后对家庭的主要冲击是:第一,孤独和悲伤。充当户主的丈夫或妻子死亡后,大多数幸存配偶承受着悲痛的感情折磨。第二,生命保险不足。身患晚期病的户主通常没有足够的个人生命保险,甚至许多户主在临死时还不是人身保险的被保险人。第三,生活标准下降,经济无保障情况加重。有工作的户主去世,意味着家庭收入的主要来源中断,加之死者生前的沉重债务负担,迫使绝大多数单亲家庭降低生活标准而加入贫困阶层队伍。

（二）过早死亡问题的处理

（1）死前（含临死期）处理。即为减轻病人的痛苦和亲属的悲痛,解决家庭经济困难,以至于降低死亡率而采取的措施。具体包括损失预防、救济院照顾和集体帮助。第一,损失预防。它分为私人预防和公共预防两个方面。过早死亡论者认为,以上两种预防均能减少像心脏病、癌症、糖尿病、高血压和中风等此类高死亡风险的概率,因此,它是处理过早死亡风险最理想的技术之一。第二,救济院照顾。这是为减轻晚期病人的医疗痛苦和提供医疗服务,以及向病人和死者家庭提供援助的一种福利设施。其根本目的是使临死的病人尽可能感觉舒适和帮助他们的家庭正确对待所面临的经济和精神压力。第三,集体帮助。这也是一种死前处理的可行方法。实施的方式是,把所有晚期病人集中在一起,相互交流共同面临的病情和临死的感受,使他们消除顾虑和恐惧,以便安然死去。同时,有关社会团体为幸存配偶和失去亲人的其他家庭成员制订"不幸方案",在此方案下,遗属定期或不定期举行聚会,共同研讨与亲人死亡有关的内疚、孤独、怨恨、愤怒、沮丧和其他类似的感受和问题,以使所有幸存的家庭成员能够更快地调整失去亲人的情绪和更容易地渡过不幸的阶段。

（2）死亡后的处理。这是指有关方面对死者家庭给予经济上的支持和帮助,以使其保持正常的生活水平,以及保证其子女有接受高等教育的机会。死亡后处理的主要方式通常包括私营人寿保险、私人年金给付、就业、投资、亲戚朋友和慈善事业资助、公共救济和其他多方面的收入来源等。但过早死亡论者认为,以上措施由于缺乏弹性,作用非常有限,不可能从根本上解决幸存者配偶和其他遗属收入不足的问题。因此,需要由政府出面,建立社会保险制度,采取强制性、统一性的保障措施,才能最终克服过早死亡者家庭的经济困难,即社会保险最适合处理各种风险,是防止各种保障不足,使人们获得理想经济保障的最佳方案。实践证明,只有社会保障中的月领遗属给付,才能够维持过早死亡者家庭的正常生活标准和预防家庭财政困难。

八、空想社会论①

空想社会论是由于人们对现存社会制度不满而由少数人提出来的,因受到历史条件局限,不论他们的主张多么合理,构想多么美好,也只能是一种空想而已。但是,空想社会论坚持社会不断进化原则,并更多地从人道立场出发设计未来的理想社会模式,因此,某些主张和建议对于后来唤起人民为争取民主和自由而进行斗争,推动社会改革,建立健全社会保障制度,影响极其深远。

(一)外国空想社会论

外国空想社会论主要产生于欧洲,最著名的代表有柏拉图、托马斯·莫尔、闵采尔、康帕内拉、梅叶、摩莱里、马布利、巴贝夫、圣西门、傅立叶、欧文。

(1)柏拉图的理想国。柏拉图是古希腊著名的哲学家和古典空想社会论者。他在《理想国》一书中,设计了一种他认为是理想完美的或健康的国家制度。根据柏拉图的构想,"理想国"具有以下特征:第一,国家由三种人(或三个阶级)组成:一是有丰富知识与无穷智慧以及具有政治头脑的哲学伟人——统治者;二是具有勇敢精神和坚强意志并作为统治者的辅助者或助手、"执行统治者法令"的护卫者;三是为社会创造物质财富和精神财富的普通公民。第二,财产公用。第三,妇女、儿童共有。第四,国家官员廉洁奉公。第五,男女平等。第六,在理想国里,由于财产公有,"内部没有纷争",没有诉讼,没有暴力,没有贫富对立,"彼此和平共处"。柏拉图还严厉批评了私有制,指出"不正义是心灵本身最大的丑恶,正义是最大的美德"。可见,柏拉图的理想国是西方最早的乌托邦思想。

尽管柏拉图所构想的社会制度是一种由哲学伟人统治的、等级森严的共产共

---

① 邓大松:《社会保险比较论》,中国金融出版社1992年版,第109—137页。

妻奴隶制,并非人民都能得到幸福和保障的理想国,但在当时的历史条件下,他的批评私有制、主张公有制,反对以权谋私,提倡奉献精神,并主张一定范围的社会平等和社会关系缓和协调等思想,对后来的空想社会主义发展有直接的影响。

(2)托马斯·莫尔的"乌托邦"。托马斯·莫尔是16世纪初期英国著名的政治家、思想家,1516年他写作和出版了《乌托邦》一书,"乌托邦",希腊意为"没有的地方"。没有的地方自然就是一种虚构和空想。按照莫尔的构想,乌托邦的政治和经济制度是:第一,不存在私有制,一切生产资料和消费品都是公有的,任何人没有私心和私有财产,人人所关心的是公共占有财产和如何共同富裕;第二,生产由社会统一组织和指挥,人不分男女,一律参加劳动,尽自己的义务,没有懒汉、寄生虫和游手好闲者;第三,保证一切公民在体力劳动后,有充分的时间让心灵自由自在并且得到启发,他们认为这就是人生的幸福;第四,消费品分配以个人需要为原则;第五,货币和商品关系已消除,乌托邦生产的不是商品,而是直接满足社会全体成员需要的产品;第六,乌托邦在公共食堂用餐,但不强制,也可以在家用餐,老人得到尊重,儿童得到照顾;第七,乌托邦医院设备齐全,医生技术精湛,实行免费医疗;第八,乌托邦的首长是由民主选举产生,除最高首长外,其他行政人员每年选举一次。

莫尔在资本主义还处在原始积累的时期,就批判了资本主义制度;在尚未具备建设共产主义前提的历史条件下,就深信实现公有制的可能性,并猜想到共产主义社会的若干因素,这是有进步意义的。但是,莫尔在他的著作中把自己的宗教信仰加到了乌托邦人身上,宗教似乎成了巩固乌托邦经济制度和政治制度的手段。他揭露了资本主义的历史地位,描绘了未来社会,但没有指出达到这种理想社会的途径,尤其是从未涉及消灭旧制度、建立新制度的问题。

(3)闵采尔的"天国"。闵采尔是16世纪初期德国伟大的革命家和农民起义领袖。在政治上,他主张通过暴力革命建立人民的政权,即在世界上建立千载太平之国。在经济上,他主张消灭私有制,一切财产都归公,人民是财富的所有者,消费品实行共同分配,每个人都能免费从公社领取自己所必需的东西。

由于闵采尔时代的物质条件只能为建立一个新的剥削制度提供基础,他所代表的阶级才刚刚在形成,距离推翻一切剥削制度的时代还相当遥远,因此,闵采尔的设想和要求是超越历史的,"只能是蛮干的超出,空想的超出"。

(4)康帕内拉的"太阳城"。康帕内拉是16世纪后期至17世纪初期意大利著名的思想家。在其《太阳城》一书中,他设想了完美的社会制度。这种制度没有私有财产,一切生产和生活资料归全民所有,全社会有计划地组织生产和消费,商品交换关系已不存在,即使有货币也是专门用来进行对外贸易。人人尽其所能地为社会劳动,并把全部劳动成果交给社会,财富是人们共同享有和使用的对象,不再是奴役人们的手段。太阳城保证每个人的基本生活需要,对老年人、病人及弱者,社会都适当安排和特殊照顾,残疾人也有适当的工作,使其为社会发挥力所能及的作用。

康帕内拉在《太阳城》中谴责了旧制度,向往一种美好的未来社会,并且还参加了反对外国入侵者的统治和教会统治的斗争,希望通过起义夺取政权。但是,他同前人一样,对历史发展的客观进程和改造社会的物质力量并没有科学的认识,而且在"太阳城"的理论中带有明显的宗教色彩和神秘主义因素。

(5)梅叶、摩莱里、马布利、巴贝夫设计的理想社会。梅叶、摩莱里、马布利、巴贝夫均是18世纪法国著名的思想家。他们所构想的社会制度基本相同。第一,在政治上人人享有政治权利,主张实行民主政治,制定和颁布各种法律,并提倡在法律面前人人平等。第二,在经济上主张废除私有制,实行一切财富公有制度。第三,在社会关系上,提倡人们之间互帮互助、互教互爱。巴贝夫指出:"社会公正地对待一切人,并负责对儿童、病人和老弱给予同等的关怀。社会帮助青年人,这是在他们身上投资,使他们长大成人时能为社会服务,社会照顾病人和老弱的人,这是向他们还清债务,如果他们丧失做有用工作的能力,社会就尽人道的义务。"① 第四,在消费品分配方面,他们主张人人尽其所能地为社会劳动,根据个人生活需要,领取充分的消费品。但由于社会财富的有限性,他们又提倡平均分配和禁欲主义。

梅叶、摩莱里、马布利、巴贝夫设计的理想社会基本上是以先前的空想社会为蓝本,区别在于,他们不是以纯粹虚构的幻想、用文学的方式去描绘海外仙境的理想王国,而是面对现实,试图通过各种法律,以法律的形式实现他们的理想社会。同以往的空想社会论一样,因受历史局限,"理想社会"在理论上难免存在许多缺陷,如既主张按需分配又提倡禁欲主义,这显然是矛盾的。

(6)批判的空想社会论。空想社会主义学说在19世纪进入鼎盛时期,这一学说的杰出代表有法国的圣西门、傅立叶和英国的欧文。其学说包括圣西门的实业制度、傅立叶的和谐制度和欧文的"公社制度"。由于他们的空想社会学说是在批判现存社会制度的基础上建立起来的,所以,马克思和恩格斯称之为"批判的和空

---

① 《巴贝夫文选》,商务印书馆1962年版,第90—91页。

想的社会主义和共产主义"。纵观批判性的空想社会主义理论,其主要内容可概括为以下几点①:第一,他们设计的未来理想社会称为美好的"新道德世界",并认为这种"美好社会"的精髓是知、慈、善、爱、诚。② 第二,未来社会生产的目的是为了满足人们的需要,尽可能提高一切阶级的福利,使人们吃得最好、穿得最漂亮、住得最舒适,能够随意旅游。第三,博爱就是人人以兄弟相待。圣西门认为,人的观念与情感的联系和相互适应,使得爱天下众生成为人们的共同感情。第四,人们的个人幸福有赖于他人幸福的实现。欧文认为,任何个人幸福只有在增进和扩大周围一切人的幸福的基础上,才能最终实现。这是人的行为必须遵循的原则。

恩格斯指出,空想社会主义者"发明一套新的更完善的社会制度,并且通过宣传,可能时通过典型示范把它从外面强加于社会。这种新的社会制度是一开始就注定要成为空想的,它愈是制定得详尽周密,就愈要陷入纯粹的幻想"③。不过,科学社会主义永远不会忘记,它是依靠圣西门、傅立叶和欧文这三位思想家而确立起来的。

(二) 中国历史上的空想社会论

在中国历史上,最为典型和影响最大的空想社会论有"大同世界"说、"小国寡民"社会论和"太平盛世"说。

(1) "大同世界"说。该学说最早由孔子提出,他构想了一个理想的社会,即"大同社会"。他说:"大道之行也,天下为公,选贤与能,讲信修睦。故人不独亲其亲,不独子其子;使老有所终,壮有所用,幼有所长,鳏寡孤独废疾者皆有所养;男有分,女有归。货恶其弃于地也,不必藏于己;力恶其不出于身也,不必为己。是故谋闭而不兴,盗窃乱贼而不作,故外户而不闭,是谓大同。"此后,康有为在《大同书》中,通过对现有社会的"破"和对未来大同社会的"立",描绘出一个充满痛苦的世界和一个充满极乐的世界,并通过两相对照而形成一种去苦求乐、去恶向善的无形引力。孙中山在创立"三民主义"时一再称述《礼运·大同篇》的理想,认为"社会进化以民生为重心","人类之进化原则,与物种之进化原则不同,物种以竞争为原则,人类以互助为原则"。指出人类进化的目标,就是孔子所说的"天下为公",在全社会范围内人们互助互利。

大同社会论是儒家思想的重要组成部分,它的产生与发展确实是中华民族关于未来社会思想的结晶,它吸引了无数仁人志士为之奋斗,也在某种意义上推动着

---

① 邓大松:《美国社会保障制度研究》,第78—79页。
② 《欧文选集》下卷,商务印书馆1965年版,第4页。
③ 《马克思恩格斯全集》第19卷,人民出版社1963年版,第299页。

社会保障事业的发展。但它毕竟是空想主义,并存在历史局限性。

（2）"小国寡民"社会论。"小国寡民"社会论的创始人是老子。他在《道德经》中提到"至治至极,民各甘其食,美其服,安其居,乐其俗,邻国相望,鸡犬之声相闻,民至老死不相往来",进而设计出了一个他认为是最理想的社会——小国寡民社会。受老子"小国寡民"思想影响,陶渊明在《桃花源记》中构想出了一种理想的社会制度——世外桃源,描述了一个没有阶级、没有剥削、自食其力、自给自足、和平恬静、人人自得其乐的社会。

（3）"太平盛世"说。这是中国历代农民起义军所构想的理想社会。如东汉末年黄巾军起义领袖张角提出了"人人无贵贱,皆天之所生"的平等思想,主张救穷周急,扶弱敬老,并主张通过斗争推翻旧制度,建立起财产公有、大家平等的"太平"理想世界;唐末农民起义领袖王仙芝自称"天补平均大将军",黄巢自称"冲天太保平均大将军";明末农民起义领袖李自成提出了"均田免赋""除暴恤民"的革命纲领,主张实行"散财赈贫,发粟赈饥"、"抚流亡,通商贾,募民垦田"等措施,以发展经济,改善人民生活;清末太平天国起义时颁布的《天朝田亩制度》中提出,要建立一个"有田同耕,有饭同食,有衣同穿,有钱同使,无处不均匀,无人不饱暖"的太平盛世。

总之,中国历史上的空想社会论,在历朝封建统治集团制定经济政策、发展生产、建立救灾设施和赈济扶贫等方面发挥了积极作用,但由于受历史和阶级的局限,加之自然观和认识论方面的缺陷,不论是"大同世界"说、"小国寡民"社会论,还是"太平盛世"说,对中国社会发展只能起一定的影响和推动作用,不可能改变封建统治的实质,更不可能实现其所设计的理想王国。

九、感性主义伦理说①

感性主义伦理思想是指人性在于人的感觉欲望的伦理思想。其特点是,强调外部事物或物质利益在道德中的重要作用,用人的感觉欲望来说明道德的来源、内容和标准,并依此指出人们求善的道德修养途径。主要代表有伊壁鸠鲁、培根、洛克、赫起逊和费尔巴哈。

伊壁鸠鲁以人的感触为标准来判断一切的善,并把快乐作为最高的善和最大的幸福,进而作为判断道德行为的标准。由于伊壁鸠鲁把快乐作为善的出发点和归宿,强调"快乐是我们最高的善",人们称他的伦理思想为快乐主义伦理学,其主

---

① 邓大松:《美国社会保障制度研究》,第55—64页。

要内容有:第一,不赞成禁欲主义,同时也反对纵欲主义。他认为人们要从事一切活动,要保持身体健康和心灵安宁,就必须满足人们的基本生活需要,即必须有维持人的生命的物质需要。他也认为快乐是有限和有节制的,任何快乐都应以不损害身体健康和心灵安宁为原则。第二,他主张"宁可有理性而不幸,不愿无理性而幸运"。即人们虽然以快乐为最高目标,但它并不主张盲目享受各种快乐,排斥一切痛苦。快乐的取舍在于理性的调节,当理性认为快乐有助于灵魂安宁则取,反之则舍。可见,伊壁鸠鲁追求的是理性快乐主义。第三,强调公正是实现快乐的手段之一。伊壁鸠鲁认为公正是人们为把社会生活过得更好,彼此快乐和谐而共同制定、共同遵守的社会契约。在关于公正问题上,伊壁鸠鲁十分强调诚实和友爱,他认为,人与人之间只有诚实,才有友谊;只有友爱之心,才能团结、相互关照和共求快乐。他得出结论说:"在智慧提供给整个人生的一切幸福之中,以获得友谊最为重要。"①

弗兰西斯·培根是一个唯物主义经验论者,他反对中世纪的经院哲学,主张认识世界要从感性经验出发,提倡实验和观察方法,把感性认识看作是所有知识的源泉。他以自己确立的唯物主义经验论分析人的本性,解决道德来源和标准问题,在批判中世纪的宗教伦理道德的基础上,试图建立起科学的伦理学,为近代伦理思想的发展做出了重大贡献。培根伦理思想的全部内容表现了以下几个特点:首先是实践性。伦理学的真正任务不在于描述,而在于告诉人们如何才能过一种善的幸福生活。即认识世界不是目的,改造世界以至于使哲学、科学和知识为人类的真正福利服务,才是目的。其次是社会性。培根把他人的幸福和公众的福利看成是道德的基础和标准,认为道德必须以社会为前提,道德的核心问题是养成对别人有义务有责任的观念,并在现实中实践各种观念。最后是情感性。培根十分重视人的情感在道德中的作用,他从人的本性出发,认真地分析了各种情感对人的道德性格的影响,开辟了从心理学角度探讨道德问题的新途径。培根认为,一切情感都能振奋心灵,可是它们都会使人的心灵兴奋过度而出现丑态怪相,因此,只有仁爱的情感,才能使人的精神升华,使人的心灵宁静安泰。

约翰·洛克是新兴的资产阶级代表,其伦理思想的主要观点有:第一,把人对客观世界的认识所遵循的原则,称之为思辨原则;把人按照一定规则处理人与人之间的道德关系,称之为实践原则,认为实践之学就是伦理学。这种学问的任务就在

---

① 周辅成主编:《西方伦理学名著选辑》上卷,商务印书馆1987年版,第96页。

于找寻出人类行为方面能招致幸福的规则和尺度来,并找寻出实践它们的方法来。因此,伦理学也可以说是使人幸福之学。① 第二,洛克把人看作是一个有感性、有理性和追求幸福的存在物,人的本性就是追求快乐和幸福。第三,洛克主张以人们的长远的最大快乐作为道德的内容和标准。即人们在追求个人幸福时,必须考虑他人幸福、社会幸福和长远的幸福与快乐,个人利益和近期利益的追求以不损害他人的、公共的和长远利益为原则,因为社会总体的幸福包含了个人的幸福,长远利益则为大众的最根本的利益。

弗朗西斯·赫起逊是道德情感理论的系统化者。他把利于人的天然情感看作是道德的唯一来源,认为仁爱心或博爱是排斥自爱心的,人的道德行为应当不计较个人的利害得失。他指出,能使他人幸福是仁爱的目标,使幸福的人越多,它就越有道德价值,最高的善是"产生最大多数之最大幸福的行为","德行是善的量与享受的人数的乘积"。② 在这里,赫起逊把追求最大多数人的最大幸福作为最高的道德。

路德维希·费尔巴哈是一个唯物主义者和无神论者,他把自然和人看作是哲学研究的中心问题,因此,他的唯物主义哲学被称为人本主义或自然主义。在伦理思想方面,费尔巴哈以他的人本主义唯物论和无神论为基础,根据感性主义人性论,建立起他的伦理思想体系。这一伦理体系包括以下几点主要内容:首先,费尔巴哈认为人是自然的产物,人的本性必然是利己的。其次,费尔巴哈主张"完全的合理利己主义"。这种合理利己主义的内容是:道德的基本原则是幸福,不仅使自己幸福,而且使你、我、他都幸福。最后,费尔巴哈把人们的良心和同情心归结为一个"爱"字。当涉及爱的行为标准和爱的功能时,费尔巴哈解释说,爱就是既爱自己又爱他人,既使自己幸福又使他人幸福,"爱增强弱者和消费强者,降低高者和提高低者,将物质理念化和将精神物质化","爱还非常幽默地把我们的高贵的贵族同布衣小民同一起来"③,爱可以克服现实生活中贫富对立的阶级根本利益上的冲突,可以医治社会百病,铲除人间的一切不公正,使人类走向道德和幸福。可见,在费尔巴哈那里,人们之间彼此相爱成了调和个人利益与社会利益、利己与利他矛盾的重要手段和唯一方法,因此,爱也就成为伦理道德的最高原则。

---

① 约翰·洛克:《人类理解论(下)》(关文运译),商务印书馆1983年版,第721页。
② 周辅成主编:《西方伦理学名著选辑》上卷,第807页。
③ 《费尔巴哈哲学著作选集》下卷,商务印书馆1984年版,第76页。

十、理性主义伦理说①

理性主义伦理思想以柏拉图、斯多葛派、基督教派、昆布兰、伏尔泰、卢梭、康德、费希特和黑格尔为主要代表。他们认为，人性来源于人的主观精神或客观精神或神等，人性在于人的理性或神，以此来说明道德的来源、内容和标准，指出人们求善的途径，强调人的精神力量在道德中的重要作用。其伦理思想的主要内容除含有感性主义伦理学者的大部分思想外，还突出了以下特点：

（一）人的功能在于理性

这是理性主义伦理学家十分强调的观点。他们认为，人的功能不在于人的生命和感觉经验，因为所有生物都具有这些因素。人的特殊功能在于"人的行为根据理性原理而具有的理性生活"②。人的功能也就是心灵遵循理性原理的主动行动。此外，他们还认为，人们的心灵分为理性部分和非理性部分，心灵中的理性又可分为理智理性和实践理性。作为实践理性则能够指导和支配人的道德行为。总之，理性部分在人的心灵中占支配地位，它不仅能够控制人的欲望，而且使人的行为合乎社会公正与道德规范，使自己和他人快乐和幸福。

（二）善即真，真即善

柏拉图针对智者（感性主义伦理思想的一个派别）否定普遍善的观点，提出道德并不是相对的，在现实生活中不仅存在具体的个别的善，而且也存在普遍的绝对的善。他认为，具体事物善的本源在于理念世界中的善本体，即善范型。善的本体是一，具体事物的善是多，它们只有分得了善的本体才称其为善。柏拉图在客观唯心主义的基础上把真和善结合了起来——善即真，真即善。并根据善的本体学说，提出了同善的本体相适应的四种美德，即灵魂理智部分的美德——智慧；社会各组成部分都积极主动执行自己职能和履行自己义务的美德——公正；抑制欲望服从理性的美德——节制，和忠于职守与社会生活规范的美德——勇敢。

（三）提倡人人平等的世界主义泛爱

安提丰在《真理》一书中，从唯物主义自然观出发，认为人生于自然，死后归于自然，人都是平等地从自然界吸取维持生命的物质。就是说，人都是用鼻呼吸，用双手拿东西，因此，人的本性和天赋乃至道德都应一律平等，没有高低贵贱之分，也没有主人和奴隶、希腊人和蛮族人之分。斯多葛派则从人权神授、命运在天出发，

---

① 邓大松：《美国社会保障制度研究》，第64—71页。
② 周辅成主编：《西方伦理学名著选辑》上卷，第287页。

认为世界万物产生于神，人也产生于神，人人分有神性，人人都是神的儿子，所以，世界上任何个人在灵魂上都是平等的①、相同的，均具有同样的理性和道德品质，不应该区分什么人种、民族、阶级和高贵卑下。人与人之间也不应有仇恨和彼此敌对，应该以"我是一个宇宙的公民"，或者说"我是一个世界公民"而彼此相爱，即所谓的人人平等的世界主义泛爱。19世纪以后，一些西方资产阶级哲学史家认为斯多葛派的世界主义泛爱是近代资产阶级革命时期资产阶级天赋人权理论的思想来源。特别值得指出的是，斯多葛派的伦理思想后来被中世纪的基督教神学伦理思想继承和发挥，演变为基督教的博爱和在神的面前人人平等观。

（四）道德德行以中道为核心

理性主义伦理学认为，在道德领域中，人的感情和行为的过度与不及都是恶的表现，只有适度才是善。在理性主义伦理学家看来，人们不能过美、过强、过贵和过富，但也不能太丑、太弱、太贱和太穷，趋向任何一端，都不利于人们服从理性引导，反而会酿成社会无德缺善。因此，社会只有遵循中道这一原则，才能使人们顺应理性，从而成为有德有善之人。

（五）德行可教

理性主义伦理学者一方面宣扬人的善恶取决于灵魂和神的安排，另一方面又承认人们的德行通过苦心学习和别人的努力传授，可以达到完善的程度。亚里士多德指出，从词语学来说，道德德性是由"习惯"这个词稍加变化而来的，人的德性可以通过训练而改变。德性是人力所及的，可以通过自己努力和训练而完善起来。例如，一个人"由于实行公正，而变为公正的人，由于实行节制和勇敢而变为节制、勇敢的人"②。同样，德谟克利特把人们现实的道德生活放在一个相对的动态领域中，认为人们通过教育、道德修养等主观努力，可以从善去恶，成为有德行的人。在教育方法上，德谟克利特主张"用鼓励和说服的言语来造就一个人的道德，显然是比用法律和约束更能成功"。③

（六）强调人的本性利他的特点

部分理性主义伦理学者依据基督教的仁爱思想，把上帝作为道德的来源，从神爱人出发，论证人人应当互敬互爱，提出以他人利益和社会共同利益作为道德的普

---

① 周辅成主编：《西方伦理学名著选辑》上卷，商务印书馆1964年版，第33页。
② 同上书，第292页。
③ 《古希腊罗马哲学》，商务印书馆1982年版，第107、114、119页。

遍准则和最高规律。他们说"成为一个人,并尊敬他人为人"①,"由自爱而产生的对他人的爱,是人类的正义的本原"②。宇宙最根本的规律就是"每个有理性的行为者对于人类全体所怀有的极大仁爱就构成一般方面的全体人和特殊方面的各个人在其能力所及范围以内所能求得的最幸福的状态,而且也是达到他们所能企求的最幸福状态的必要条件;因而全体人的共同利益就是最高规律"③。理性主义伦理学如同感性主义伦理学一样,认为个人利益和社会利益,单个幸福和整体幸福是完全一致的,并且互相促进和保证。昆布兰说:"各个人所可能获致的最大幸福就包括在这个共同幸福中,并且也是最有效地被共同幸福所促进的。"他人幸福是自己幸福的外在原因,一个人损害了他人幸福或社会幸福,就无法实现个人的幸福。为此,他得出结论:"除了通向全体人的共同幸福的那条道路而外,再没有其他道路可以使个人能够遵循着它达到自己的幸福。"④

(七) 只有在公有制条件下,才能实现真正的美德

这是古希腊哲学家柏拉图强调的观点。他认为,作为"国家的目的并不是为了某一阶级的单独突出的幸福,而是为了全体公民的最大幸福"⑤。可是,在私有制社会,人们争名夺利,尔虞我诈,根本谈不上什么积德行善,反而会产生心灵本身最大丑恶的不正义行为。为此,柏拉图设计出了自己的"理想国"。在"理想国"里,人们除了绝对必需品以外,一切财产,包括妇女儿童和全部教育都为公有或共有⑥,没有任何私有财产,大家共同劳动,各自履行规定的义务,共同享有教育和劳动成果,"内部没有纷争",没有诉讼,没有暴力,没有贫富对立,"彼此和平相处",生活美满幸福。⑦ 在柏拉图看来,只有在这种条件下,"正义是最大的美德"才能真正实现。

1.1.2 法学中的社会保障基础理论

法学中的社会保障基础理论,包括法学中的各种社会规范和行为规范学说。例如,宪法中的人权的维护和保障、公民的基本权利与义务;民法中的平等主体关

---

① 黑格尔语,见其《法哲学原理》(范杨、张企泰译),商务印书馆1961年版,第46页。
② 卢梭语,见其《爱弥儿(上卷)》(李平沤译),商务印书馆1983年版,第326页。
③ 昆布兰语,参见周辅成主编:《西方伦理学名著选辑》上卷,第694—695页。
④ 同上书,第698—699页。
⑤ 柏拉图:《理想国》(郭斌和、张竹明译),商务印书馆1986年版,第133页。
⑥ 同上书,第312页。
⑦ 同上书,第63页。

系、人格利益的延伸和保护、私人财产的维护和保障、无形财产的保障、精神损害赔偿等;各种经济法中的规制性和经济性、平衡协调性和国别与时代性等;婚姻法中的人性化、父母和子女的权利与义务以及他们的社会权利与义务等。

一、宪法中的社会保障基础理论

(一)人权的维护和保障

人权,是人作为人依据其自然属性和社会本质所应当享有的权利。人权思想源远流长,但从人权思想到人权理论再到人权制度,历经了漫长而曲折的道路。在人权制度的形成过程中,宪法的产生和发展起了决定性的作用。

英国是最早进行资产阶级革命并建立资产阶级政权的国家,也是近代宪法的发祥地。英国早期的宪法,如1679年的《人身保护法》、1689年的《权利法案》和1701年的《王位继承法》,主要是一些反映资产阶级利益和要求、以保障人权和限制王权为内容的宪法性文件。这些宪法性文件最早确认了公民的权利和自由,并通过规定人身权利的某些保障来对付王权的专横。

最早一批将资产阶级人权理论加以规范化、法律化,即以成文宪法形式确认人权原则的当属美国1776年的《独立宣言》和法国1789年《人权与公民权宣言》以及美国1787年宪法和法国1791年宪法、1793年宪法。

在17、18世纪资产阶级宪法确立以后,伴随着资本主义世界体系的形成,资产阶级的宪法逐步向全球扩展,资产阶级宪法所确认的人权思想和人权原则也被普遍接受。在其后各国的立宪进程中,虽然各国的生产力发展水平不同、历史文化传统不同、经济文化条件不同,各国宪法所确认的人权范围也不同,但保障人权已成为各国立宪的基本价值目标。

在人权的保障体系中,宪法保障是首要的,也是最富有成效的。宪法是一个国家的根本大法,具有最高权威和最高的法律效力。[1] 没有宪法保障,任何人权保障都将成为无源之水、无本之木。

(二)公民的基本权利与义务

基本权利,是指由宪法规定的公民享有的主要的、必不可少的权利。基本权利决定着公民在国家中的法律地位,是公民在社会生活中最主要、最基本的权利,具有稳定性和排他性。公民的基本义务也称宪法义务,是指由宪法规定的公民必须

---

[1] 周叶中主编:《宪法》,高等教育出版社2005年版,第206—208页。

遵守和应尽的法律责任。① 公民的基本权利与基本义务共同反映并决定着公民在国家中的政治与法律地位,构成普通法律规定的公民权利义务的基础和原则。

公民基本权利和义务是对立统一的关系。权利和义务的对立,主要表现为二者是有差异的。权利是国家通过法律规定允许并保障公民可以做某种行为,而义务则是国家通过法律规定要求公民对国家必须履行的责任。权利和义务作为对立的双方各自包含特定的内容,不能混淆和互相代替。权利和义务的对立又不是绝对的,而是辩证统一的。主要表现在权利和义务的互相依存不可分离,正如马克思说的"没有无义务的权利,也没有无权利的义务"②。

基本权利的主体主要是公民,公民是指具有一国国籍的自然人。我国现行《宪法》第33条第1款规定:"凡具有中华人民共和国国籍的人都是中华人民共和国公民。"这就表明,任何自然人要成为我国公民,除具有我国国籍外,并无其他资格要求。宪法关于公民基本权利和义务的规定,反映了公民与国家的关系,体现了公民的宪法地位,并成为公民其他权利义务的法律基础。

二、民法中的社会保障基础理论

(一)平等主体关系

从历史角度看,平等主体说源于德国学者保罗·拉邦德提出的公私法识别的"平等说",他认为公法是调整隶属性关系的法,私法是调整平等关系的法,即民法是调整平等主体之间关系的法。③ 德国民法学家普遍认为自启蒙运动以来,与封建国家的社会等级划分相比,法律上的平等已经得到落实。20世纪50年代,布拉都西主编的《苏维埃民法》规定:"苏维埃民法调整社会主义社会中一定范围(即平等主体之间)的财产关系和与此相关系着的人身非财产关系。"④德国民法学和苏联民法学对我国的民法学一直有着重要的影响,我国《民法通则》的起草不可避免地借鉴了其学说和思想。

近代民法上作为主体的人并非是现实中的人,而是对现实中的人的抽象,即法律的抽象人格。民法所体现的最基本的价值就是自然人权利能力的平等,这种平等就是抽象人格的平等,是宪法关于法律面前人人平等的规定在民法中的体现。

---

① 董和平主编:《中国宪法学》,中国政法大学出版社2002年版,第247页。
② 《马克思恩格斯选集》第2卷,人民出版社1972年版,第137页。
③ 王利明:《民法总则研究》,中国人民大学出版社2003年版,第13页。
④ 布拉都西主编:《苏维埃民法》(中国人民大学民法教研室译),中国人民大学出版社1954年版,第3页。

形式意义上的平等在民法主体制度中的体现即为人只能作为民事主体而不能作为客体而出现。自20世纪开始,民法开始关注实质意义上的平等。在当代民法中,从保障社会的公平正义、维护交易安全等考虑,民法越来越强调实质意义上的平等。

(二)人格利益的延伸和保护

在法律上,"权利"和"利益"这两个概念一直是紧密相连的,同时人格利益与法律人格也有密切联系,是法律所确认和保护的一种人身利益。人格利益既包括"人格尊严""人格独立"等抽象的概念,也包括"名誉利益""肖像利益"等具体的概念。① 人格利益多体现为不同于财产利益的精神层次的利益,尤其是名誉、隐私等无形利益,都是以人的精神性活动为主要内容。

人格利益的延伸保护,是指法律在依法保护民事主体人格利益的同时,对于其在出生前或死亡后所依法享有的人格利益,所给予的延伸至其出生前和死亡后的民法保护。② 当民事主体享有民事权利能力时,这种人格利益通过公民的人身权享有和支配;当民事主体出生前或死亡后,作为权利主体是不存在的,但围绕人身权而存在的先期人格利益和延续人身利益是客观地存在的。延伸保护的延伸,是在权利取得之前或权利消失之后,将法律对该种权利所体现的人格利益的保护向前延伸或向后延伸。向前延伸的保护为自然人的出生前,向后延伸的保护为公民死亡后,其界限均以民事权利能力取得前或终止后为准。

对于向前延伸的人格利益的法律保护,主要采取时间延长,待胎儿出生直接取得权利后,作为权利主体提出请求的办法来实现其权利。当胎儿出生即死亡的,其人格利益自然消失;对于向后延伸的人格利益的保护,各国采取的办法均由死亡人亲属和遗嘱受益人提起诉讼,但对近亲属范围的确定有不同做法,有的规定为配偶和子女,有的规定为配偶、子女和父母,也有的只规定为亲属。

(三)私人财产的维护和保障

私人财产也可称为个人财产或私有财产,是指公民个人享有所有权的财产。所谓保护私人财产,就是保护私人财产的财产权。私人财产权是一种法律上的权利,是法律对事实上已经存在的财产关系的确认与保护,用来防止他人或国家对私人财产的侵犯。③ 私人财产权包括以所有权为主的物权、准物权、债权、继承权和

---

① 王利明:《人格权法研究》,中国人民大学出版社2005年版,第6—8页。
② 杨立新、王海英、孙博:《人身权的延伸法律保护》,《法学研究》1995年第2期。
③ 刘剑文、杨汉平:《私有财产法律保护》,法律出版社2000年版,第260—262页。

知识产权等,一般具有物质财富的内容,并可进行货币计算。

私有财产权的主体应包括全体国民、一切私人公司及私人组织;客体范围应由法律规定,不应禁止私人拥有除毒品、武器等违禁物品外的财产;私有财产权的内容范围应当包括占有、使用、收益和处分权。①

在资本主义萌芽时期,古典自然法学家们就用自然法、自然权利、社会契约等理论论证了私有财产权的神圣不可侵犯性。近代以来,很多国家的宪法都对私有财产权做了规定,重要的国际公约也都对私有财产权进行了界定。如美国宪法规定:"人民有保障其人身、住所、文件和财物不受无理搜查和扣押的不可侵犯的权利。"《世界人权宣言》规定:"公民的财产权意味着人人有权单独占有或与他人合有财产,任何人之财产不容无理剥夺。"

在我国,对保护私人财产的认识经历了一个长期的过程。过去由于传统社会主义理念的影响,人们在社会生活中过分强调国家利益与集体利益,个人正当的利益在法律体系中没有得到应有的重视,缺乏保障私有财产的基本制度与理念。随着市场经济的发展、公民个人财富的积累与公众法律意识的提高,公众对私有财产权保护的关注度逐年上升,并开始寻求国家法律的有效保护。《中华人民共和国合同法》《中华人民共和国担保法》《中华人民共和国物权法》等法律的颁布施行,都表明全社会十分重视对私有财产的保护。

(四) 无形财产的保障

无形财产与有形财产的主要区别在于无形与有形,前者是凝聚在有形载体中的无形的脑力劳动成果,而后者是体力劳动物化后的有形成果。现实中,人们对无形财产有几种不同的理解:(1)无形财产指不具备一定形状,但占有一定空间或能为人们所支配的物。如电、热、声、光等能源以及空间等,在当代已具备了独立的经济价值,并能为人们进行排他性的支配,因而也成为所有权的客体。(2)无形财产特指知识产权,这主要是基于知识产品的非物质性而做出的界定。另外,通常基于知识产品的无形性,学术界在习惯上将知识产品本身也视为无形财产。(3)无形财产沿袭罗马法的定义和模式,将有形物的所有权之外的任何权利称为无形财产,知识产权仅是其中的一种无形财产。②

作为一种不同于传统财产权的权利形式,无形财产权在当代经济生活中越来越发挥出不可替代的作用;无形财产权以权利客体划分为创造性智力成果权、经营

---

① 江平:《私有财权的保护》,《中国司法》2006 年第 6 期。
② 吴汉东:《无形财产权的若干理论问题》,《法学研究》1997 年第 2 期。

性标记权、经营性资信权；无形财产权具有非物质性、开放包容性以及权利客体不稳定性等特征。

(五)精神损害赔偿

精神损害赔偿是指公民因人格权受到侵害而遭受心理上的损害导致精神痛苦时，要求获得一定的赔偿予以抚慰。心理上的损害是对人的精神活动的损害，主要包括对人的情绪、感情、思维、意识等活动的侵害，使人产生愤怒、悲痛、绝望等精神痛苦。

人的姓名、肖像、名誉等人格权利，本身是没有财产价值的，但是，这些民事权利对于公民来说，具有精神上的利益。在市场经济社会中，公民的精神利益可以为其带来物质上的利益。而对公民精神利益的损害，也是可以带来物质利益上的损害。因此，对侵害公民人格权所进行的精神损害赔偿，应兼具精神和物质上的双重功能。

在对受害者进行精神损害赔偿时，应该遵守精神抚慰为主、物质赔偿为辅的原则。精神损害不同于物质损害，这种损害很难像物质损害那样可以用数字来统计。法律上规定精神损害可以物质赔偿的目的，在于这种方式有利于缓和受害人在精神上受到的痛苦，起到抚慰作用。这说明精神损害赔偿本身并不是主要目的和唯一方式，只不过作为一种手段，通过在经济上对受害人的补偿达到抚慰受害人的目的。①

我国对精神损害赔偿制度的首次确认在于1986年颁布的《民法通则》，其第120条规定："公民的姓名权、肖像权、名誉权、荣誉权受到侵害的，有权要求停止侵害，恢复名誉，消除影响，赔礼道歉，并可以要求赔偿损失。"在此之后，最高人民法院颁发的《最高人民法院关于审理名誉权案件若干问题的解答》《最高人民法院关于确定民事侵权精神损害赔偿责任若干问题的解释》和《最高人民法院关于审理人身损害赔偿案件适用法律若干问题的解释》等司法解释中，也有一些精神损害赔偿的规定，并扩展了精神损害赔偿的范围，进一步推动了我国精神损害赔偿制度的发展。

三、经济法中的社会保障基础理论

(一)规制性和经济性

经济法的规制性是指经济法能够把促进与限制、奖励与惩罚结合并用，以实现宏观经济目标和立法目的。任何统治阶级要想有效地实现对国民经济的组织领导

---

① 郭洪波：《对精神损害赔偿法律制度的若干思考》，《当代法学》2001年第2期。

与管理,就必然根据不同时期的经济形势和经济任务的要求,针对经济活动和经济关系的实际情况,相应地制定和颁布促进性与限制性相对应、奖励性与惩罚性相结合的经济法律规范,以便指导各种经济活动走上健康正确的发展轨道,调整好经济关系,处理好经济纠纷,为生产力发展提供良好的社会经济秩序和创造最佳的社会经济环境。

经济法虽然属于上层建筑,属于政治范畴,但它的经济性质最为明显,它与经济的关系最为直接和密切,是其他法律无法相比的。经济法的经济性主要表现在:(1)经济法是顺应经济发展的需要而产生的,任何一项经济法律规范,都是针对一定的经济关系、一定的经济现象和一定的经济问题,适应一定的经济形势,为了完成一定的经济任务和实现一定的经济目的而制定和颁布的。(2)经济法调整的是特定的经济关系——经济管理关系和经营协调关系。(3)经济法作用于市场经济,以降低经济运行的交易成本,提高经济效益为己任。(4)经济法反映经济规律,包括价值规律、竞争规律、投入产出规律等。(5)经济法主要运用的是经济手段,而不是民事、行政、刑事手段。总之,经济法产生于经济基础,服务于经济基础,受经济基础的决定和制约。

在经济法的制度中,大量的都是法律化的经济政策。法律化的经济政策当然要力求反映经济规律,因而它必然具有突出的经济性。而具有经济性的这些法律化的政策,必须通过积极的鼓励、促进和消极的限制来体现或实现,因而它本身就具有规制性。所以,两大特征之间存在着内在的联系,并共同存在于经济法制度之中,体现在经济法的各个部门法之中。

(二)平衡协调性

所谓平衡协调,是指经济法的立法和执法从整个国民经济的协调发展和社会整体利益出发,来调整具体经济关系,协调经济利益关系,以促进、引导或强制实现社会整体目标与个体利益目标的统一,保证社会经济持续、稳定、协调地发展。

在良好的竞争环境中,经营者凭借优质的服务、低廉的价格、过硬的产品质量去争夺市场份额,获取利润。企业与企业之间就形成正常的利益关系,消费者的利益有了实现的基础,长此以往,国家的竞争力增强,社会的整体利益必然增加。市场竞争是残酷的,由于赢利动机的驱使,破坏竞争机制的行为会大量涌现。在市场没有足够力量去维护好重要但又脆弱的竞争机制时,在无法直接引导经营者正当竞争的情况下,经济法通过禁止性规范明确告知市场主体,法律既反对破坏公平竞争的不正当竞争行为,也反对破坏自由竞争的垄断行为。如此一来,经济法以反向禁止的方式来规制市场主体的行为，使偏离方向的经营者回到正常的竞争轨道上来，再通过市场良好的竞争环境本身去协调利益冲突。

市场机制以各微观经济主体的利益作为经济活动的出发点，所以容易造成微观经济主体的行为短视，最终导致宏观经济不平衡，经济运行中的利益冲突增加。为此，政府需要进行宏观调控，将各市场主体的利益加以协调，统一到追求社会整体利益最大化的轨道上来。在调控的过程中，为不破坏市场机制作用的发挥，经济法必须保证政府宏观调控的间接性。即政府不能通过权利和义务的法律规范直接规定市场主体的行为，而只能依法借助各种经济杠杆和经济政策先调节市场运行的外部环境，然后再引导市场主体根据环境的变化，为自身利益考虑自觉调整各自的经济行为。由此，经济法通过营造良好的宏观经济运行环境，为当前利益与长远利益的平衡、个体利益与整体利益的协调提供了可能。

（三）国别与时代性

经济法与其他部门法的重要区别之一就在于其特有的国别性与时代性。与传统的民法、行政法不同，经济法在不同国家间，特别是不同政治制度的国家间的表现差别巨大。国别性与时代性是与经济法的经济性密切相联系的。不同的时代，不同的国家，其经济发展状况和对经济发展模式、道路的选择是存在明显差异的，由于各国经济法诞生的经济制度环境与经济法诞生的直接原因各不相同，也就导致了各国经济法间的巨大差异。此外，政治是经济的集中表现，政治制度的差异当然也是经济法国别差异的重要原因。①

在现代经济法诞生后的这几十年中，我们除了可以鲜明地感受到经济法作为现代法所特有的时代性之外，还认识到既有的政治制度、经济制度还在不断完善与发展中，因而作为新兴部门法的经济法也必然需要不断随之完善。

四、婚姻法中的社会保障基础理论

婚姻法中的社会保障基础理论包含了人性化、父母和子女的权利与义务以及他们的社会权利与义务等。下面仅介绍父母和子女之间的权利和义务。

父母对子女有抚养和教育的义务。抚养，是指父母为子女的生活、学习等提供物质条件。这种义务对未成年子女是无条件的，对成年子女则是有条件的，即当其不能独立生活时，父母仍应承担抚养义务。如果子女已年满18周岁，能够独立生活，父母就不再承担相应的抚养义务了。抚养义务是父母最重要的义务，即使父母

---

① 李昌麒：《中国经济法现代化的若干思考》，《法学研究》1999年第3期。

已经离婚,抚养义务也不会随之消失。我国《婚姻法》第21条第2款规定:"父母不履行抚养义务时,未成年的或不能独立生活的子女,有要求父母付给抚养费的权利。"只要要求合法,法院就会根据子女的需要和父母的抚养能力要求父母给付抚养费。如果父母拒不给付,恶意遗弃未成年子女已经构成犯罪的,还应该依据我国刑法的规定追究其刑事责任。教育,是父母从思想文化、科学知识上给予子女一定的指导和帮助。

子女对父母有赡养扶助的义务。赡养父母,为父母提供物质上、经济上的帮助是子女不可推卸的义务。子女不履行赡养义务时,无劳动能力的或生活困难的父母,有要求子女付给赡养费的权利。

父母有保护和教育未成年子女的权利与义务。我国《婚姻法》第23条规定:"父母有保护和教育未成年子女的权利和义务。在未成年子女对国家、集体或他人造成损害时,父母有承担民事责任的义务。"

1.1.3 经济学中的社会保障基础理论

经济学中的社会保障基础理论,包括经济学中的生产力发展水平与发展规律学说、福利经济学说、贫困经济学、有效需求理论、保障水平学说、再生产理论、持久收入学说、生命周期理论、权利与义务对等学说、市场失灵论、政府失灵说、分配学说、人口学说、经济管理学说等等。

一、生产力发展水平与发展规律学说

(一)生产力发展水平决定社会保障产生的条件,决定社会保障的范围、内容和水平①

首先,现代社会保障制度的产生必须满足一定的物质条件、社会条件和政治条件。物质条件表现为:社会生产力有了较大发展,社会剩余产品增多,国家直接掌握了足够的物质和货币财富,有能力支付巨额社会保障金。另外,人们提供的必要劳动,除满足正常生活需要外,还有一定的剩余,使人们及其企业有能力缴纳社会保险费。社会条件是指,农业经济、手工业和家庭工业为工业经济、机器工业和工厂工业所代替,小生产者人数逐渐减少,工资劳动者不断增加,社会生产和社会生活领域发生重大变革,人们的生产和生活方式日益社会化,同时,经济发展带来的各种工业风险对社会的威胁愈来愈严重。政治条件表现为:资本主义生产发展使

---

① 邓大松等:《中国社会保障若干重大问题研究》,第64—66页。

资本主义的基本矛盾日益尖锐、激化,生产相对过剩的经济危机频繁爆发;工人阶级日益壮大,他们紧密地团结在一起,以各种形式同资产阶级展开斗争,并提出为了生存,不仅要求获得适当的劳动报酬,而且在特殊情况下收入中断时,也要求获得最基本的生活资料和必要的医疗服务。人们有建立社会保障制度的迫切要求,资产阶级政府则有安定社会、稳定政局的压力。现代社会保障制度就是在这种内外部因素共同作用下产生的。可以说,现代社会保障制度是生产力发展到一定阶段的产物。

其次,生产力发展水平决定社会保障的范围、内容和水平。随着生产力发展水平的提高,社会保障的覆盖范围从职工(劳动者)及其家属扩大到全体公民,保障内容从社会救助扩大到包含社会保险、社会救助、社会福利、慈善事业和商业保险在内的多层次的社会保障体系,保障水平从满足人们的最低生活需要提高到满足人们的基本生活需要,并且随着经济发展和物价变动,保障水平在不断提高。

(二)生产力发展规律决定着社会保障的制度安排

如生产力由低级向高级进化演变的发展规律,要求社会保障的保障范围不断扩大,保障项目不断增加,保障水平不断提高,管理服务水平不断走向网络化和信息化;又如,生产力发展不平衡性的规律,导致生产力呈现多层次性,生产力的多层次性决定了劳动者个人能力、企业经济效益以及地区经济发展水平的差别性,为了体现按劳分配原则、企业经济效益和地区发展水平的差异,调动各方的积极性,社会保障的制度安排不应当搞"一刀切",而应当建立多层次的社会保障体系;再如,生产力要素最佳组合规律,要求在社会保障经办管理的过程中,要分门别类地提高生产力要素的素质或性能,实行要素的最佳匹配,提高运行效率。

二、福利经济学说

福利经济学是西方经济学家从福利观点或最大化原则出发,对经济体系的运行予以社会评价的经济学分支学科,研究从各种可能的经济状态中选择从社会角度来说是最佳的状态。

(一)旧福利经济学

1920年,英国经济学家庇古出版了《福利经济学》,第一次将福利经济学作为一门独立的学科来研究,并首次建立了福利经济学的理论体系,他因此享有"福利经济学之父"的美称。庇古的福利经济学相对于他以后的福利经济学来说,被称为旧福利经济学。庇古的主要观点有①：

（1）一个人的福利寓于他自己的满足之中，这种满足可以由于对财物的占有而产生，也可以由于其他原因（如知识、情感、欲望等）而产生，而全部福利则应该包括所有这些满足。

（2）效用就意味着满足，一个人的经济福利就是由效用构成的，并且遵循边际效用递减规律。

（3）福利有广义和狭义之分，广义福利是指社会福利，它是一个整体的概念，指社会全体成员的个人福利的总和；狭义福利则是指经济福利，也就是社会福利中能够直接或间接用货币来衡量的那部分社会福利，而经济学的研究对象就是经济福利。经济福利与国民收入有联系。其表现在：首先，经济福利和国民收入两个概念是对等的；其次，国民收入是一国国民个人福利的总和，因此，国民收入总量越大，意味着国民收入或全社会的福利越大；最后，要增加经济福利，就要增加国民收入，增加国民产品的数量，消除国民收入分配的不均等。他指出，任何能增加国民收入而不减少穷人在其中占有的绝对份额，或者使穷人占有的绝对份额增加，而不减少国民收入的措施，都一定会增加经济福利。

（4）增加国民收入总量，主要有两条重要途径：一是实现生产资料最优配置，使生产资料在各个生产部门中的分配达到最佳状态；二是收入转移措施，即把富人的一部分收入转移给穷人。收入转移的依据是，一个人收入越多，其边际效用越小；收入越少，其边际效用越大。至于收入如何从富人转移至穷人，庇古认为主要有两种转移措施，即自愿转移和强制转移。所谓自愿转移，是指个人或企业自愿捐出一部分收入剩余，用于举办娱乐、教育、保健等福利事业。强制转移则指国家通过征收累进所得税，把集中的一部分国民收入再补贴给穷人。关于转移的方法，庇古认为可采取直接式和间接式两种。所谓直接转移法，就是以举办社会保险和社会服务设施的办法，向穷人支付养老金、失业救济金、医疗给付金、教育补助和住房补贴，直接增加穷人的实际所得。所谓间接转移法，就是对于能为穷人提供最迫切需要的日常用品的生产部门和服务单位，政府给予税收优惠或补贴，促使这些部门和单位降低商业成本或服务价格，使穷人受益。

（二）新福利经济学

社会福利是一个比较复杂的社会问题，它涉及社会生活的各个方面，与政治、

---

① 邓大松：《美国社会保障制度研究》，第87—89页。

经济、文化、历史及伦理道德有着密切的联系。而以庇古为代表的资产阶级福利经济学,把福利这一复杂的社会现象归结为"社会福利是个人福利的总和","国民收入的总量越大,全社会的福利就越大"的简单公式,显然不能解释不断变化的资本主义现实。于是,罗宾斯、艾伦、勒纳、卡尔多、希克斯、帕累托、萨缪尔森、伯格森、格拉夫、李特尔、西托夫斯基、鲍莫尔、阿罗、黄有光等经济学家,对福利经济学进行了一系列新的探索,丰富和完善了庇古的福利经济学。①

新福利经济学家认为福利经济学应该研究效率而不是研究水平,只有经济效率问题才是最大福利的内容。新福利经济学的改进体现在:(1)使用"序数效用论""无差异曲线""边际替代率""消费可能线"等分析法,在微观经济学中对福利问题进行深入讨论,丰富了旧福利经济学中对福利和效用的解释。(2)发展了"最适度原理",认为交换的最适度条件就是在完全竞争条件下,交易双方通过交换而使彼此得到最大满足的条件;而生产的最适度条件是在完全竞争条件下,生产要素最有效地配置,从而使产品最有效地生产出来所必需的条件。(3)提出了"社会福利函数"理论,主张把福利最大化放在最适度条件的选择上,不赞成补偿原理,认为福利最大化应该以个人自由为前提。(4)突出福利的主观和相对色彩,认为个人收入与福利并无直接联系,而人的福利欲望也是无法满足的,否定收入均等化措施。②

福利经济学对现代社会保障制度的建立和发展产生了深远的影响:第一,福利经济学对政府公共政策的决策,尤其是在社会福利领域的制度安排有明显的影响;第二,福利经济学对民主制度和政治过程的相关研究拓宽了人们对社会福利的认识;第三,福利经济学的发展推动了政府和学界对公平和效率关系的深入认识;第四,福利经济学的发展使得人们日益重视社会和经济发展的质量与公平问题,认识到不同经济政策中存在的伦理难题。③

三、贫困经济学

长期以来,人们主要是从物质层面和经济学意义上来理解贫困的,他们把贫困看成食不果腹、衣不蔽体、住不能避风雨的那种不能满足居民基本生活需要的状态。尽管后来人们对"贫困"的概念的认识有所发展,但主要还是属于经济学的范

---

① 邓大松:《美国社会保障制度研究》,第89—90页。
② 钱宁主编:《现代社会福利思想(第2版)》,高等教育出版社2013年版,第113页。
③ 同上书,第120页。

畴。① 对于贫困问题,学者们把它称为经济发展中的"哥德巴赫猜想",或称为"经济王国的沼泽地"。说明贫困现象的存在是一个无法回避和难以消除的客观现实,贫困问题的理论探索也是一项复杂和艰巨的历史任务。迄今为止,贫困问题的理论总是被镶嵌在其他经济学科的理论分析中,诸如政治经济学、人口经济学和发展经济学等。

(一)古典政治经济学对贫困的解释②

古典政治经济学在贫困问题上的基本观点是:在自由市场经济的条件下,贫困是个人的选择行为和市场调节的结果。根据亚当·斯密的劳动价值理论,工人赖以维持生活的工资有两种价格:一是"自然价格",即工人维持自己及其家属生存所必需的生活资料的价值;二是"市场价格",也就是工人所获得的实际工资。市场价格围绕自然价格波动。当劳动力供大于求时,劳动的市场价格降到自然价格之下,部分工人因此而陷入贫困。反过来,贫困会使劳动者的供养能力降低,从而抑制人口的增加,这样会减少劳动力的供给,使劳动的市场价格回升。因此,贫困是自由市场经济条件下劳动力供求关系波动的结果;只有通过市场的调节作用来抑制工人的人口增长,才可以解决贫困问题。按照这种逻辑,政府和社会对穷人的帮助和救济完全是多余的。

(二)马尔萨斯对贫困的解释③

马尔萨斯人口论对贫困的解释基本上是在古典政治经济学的框架中进行的,但它更多地强调人口增长因素对贫困的作用。马尔萨斯的人口理论从土地肥力递减规律出发,认为食物的增长落后于人口的增长,因为前者按算术级数增长,后者按几何级数增长。据此,马尔萨斯提出了三个命题:一是"生活资料增加,人口必增加";二是"人口增长,必然受生活资料的限制";三是"占优势的人口增加,为贫困及犯罪所抑制,致使现实中人口与生活资料相平衡"。这就是所谓的"增殖理论""抑制理论"和"平衡理论"。在他看来,一方面贫困是"人口法则"不可避免的结果,也就是说,在"人口法则"的作用下,穷人生育过快,导致劳动力供大于求,从而引起失业和贫困;另一方面,贫困也起到抑制人口增长的作用。因此,消除贫困的方法只能是抑制穷人的人口增殖,采用济贫和社会改革的方法不仅无济于事,反而会造成穷人更多地生育,使其仍然陷在贫困当中。

---

① 吴理财:《"贫困"的经济学分析及其分析的贫困》,《经济评论》2001年第4期。
② 张奇林主编:《社会救助与社会福利》,人民出版社2012年版,第21—22页。
③ 同上书,第22页。

(三) 马克思主义的贫困理论

马克思、恩格斯完全不同意古典经济学家和人口学家关于资本主义社会无产阶级贫困化的解释。他们认为，工人阶级的贫困既不是由于社会中财富不足，或工人阶级懒惰或无能，也不是由于工人阶级的人口出生太多，导致劳动力供大于求，而主要应该归因于生产资料的不平等占有。在资本主义生产方式和生产关系下，没有掌握生产资料的工人在经济过程中处于被剥削的地位，而占有生产资料的资产阶级榨取了工人创造的剩余价值，因而造成了无产阶级的贫困化。

此外，资本家为了攫取更多的剩余价值，就不断地用剥削来的剩余价值的一部分转化为资本，扩大再生产。随着资本集中，在扩大再生产过程中，把资本越来越大的部分转化为生产资料，越来越少部分转化为劳动力。这就是说，资本有机构成随着资本积累的增长而提高，用于购买生产资料的不变资本相对地增大，用于购买劳动力的可变资本相对地减少，从而雇佣工人相对减少，不断地产生出一个相对的超过资本增殖所需要的过剩人口。这个相对过剩人口的经济生活状况每况愈下，挣扎在贫困线上，这是伴随资本积累发展的无产阶级贫困化的明显趋势。

因此，失业和贫困完全是资本主义制度的产物，要解决资本主义社会中的贫困问题，只有彻底改变资本主义制度。马克思、恩格斯的理论为后来关于贫困的"社会根源"理论倾向奠定了理论基础，而且引导了后来通过建立社会主义制度来消除贫困的社会革命。

(四) 发展经济学中的贫困理论

发展经济学作为一门新兴学科，所涉及的贫困理论问题研究取得了新的进展。1953年，美国发展经济学家纳克斯在《不发达国家的资本形成问题》一书中，系统地提出了发展中国家存在着一种贫困恶性循环理论。他认为，资本匮乏是阻碍发展中国家发展的关键因素。由于发展中国家的人均收入水平低，投资的资金供给（储蓄）和产品需求（消费）都不足，这就限制了资本形成，使发展中国家长期陷于贫困之中。贫困恶性循环理论包括供给和需求两个方面：在供给方面，形成了"低收入→低储蓄能力→低资本形成→低生产率→低产出→低收入"的恶性循环；在需求方面，形成了"低收入→低购买力→投资引诱不足→低资本形成→低生产率→低产出→低收入"的恶性循环。对此，纳克斯总结成了一句话，即"一国穷是因为它穷"。要打破这种贫困恶性循环，必须进行大规模、全面的投资，通过同时在许多工业部门之间相互提供投资引诱，使各部门的投资有利可图，资本形成就能实现，恶性循环就能摆脱。

1950年,美国著名经济学家舒尔茨写过探讨贫困问题的文章,如《农业内部贫困的反映》和《一项经济进步之损失的再分配政策》;另外,他在《劳动力和农业人口》中也谈到了贫困问题;舒尔茨在他的《人力投资》第一章《贫困经济学》中,以对世界上绝大多数穷人关注和发展经济学者的使命感,简要地阐明了建立和掌握贫困经济学的深远意义及其在整个经济学科中的重要地位。①

发展经济学中的贫困理论,除了纳克斯的贫困恶性循环理论、舒尔茨的人力资本投资理论外,还有纳尔逊的"低水平均衡陷阱"理论、莱宾斯坦的"临界最小努力"理论、缪尔达尔的"循环积累因果关系"理论、阿玛蒂亚·森的权利贫困理论等。② 限于篇幅,此处不再赘述。

四、有效需求理论

有效需求,通俗地说是指市场上有支付能力或购买力的社会总需求。欧洲从中世纪以来就有许多思想家提到需求,但却否认资本主义存在需求不足的可能。直到19世纪初英国的马尔萨斯反对"萨伊定律",才第一个系统表达了有效需求思想。1820年,英国经济学家马尔萨斯发表《政治经济学原理》,指出有效需求是一种能满足商品供给的自然和必要条件的需求,是需求者为了使所需商品能不断获得足够供给必须支付的代价,当社会产品的主要购买者——地主阶级的有效需求不足时,企业家提供市场的产品价值将无法实现,资本主义经济停滞的威胁性潜伏于有效需求不足造成的比例失调中,他主张运用国内外商业和维持高额租税等手段,刺激财富增长,并由此认为资本主义存在经济危机的可能。同时代的法国经济学家西斯蒙第也对消费需求不足现象进行过探讨。由于19世纪中后期,供求矛盾并未尖锐到不可收拾的地步,马尔萨斯等人的主张未得到重视。

1929—1933年爆发了世界资本主义经济大危机,1936年凯恩斯发表《就业、利息和货币通论》,舍弃了马尔萨斯需求学说中的微观内容,摆脱其从乡村角度考察问题的局限,立足国家垄断资本主义,确立宏观需求分析,着重阐述经济萧条与失业的原因及消除病症的途径,建立起比较完整的有效需求不足论。他认为,"有效需求"是指在技术资源与生产要素成本不变的条件下,总需求价格与总供给价格相等时的总需求。在一个封闭经济中,有效需求主要由消费需求和投资需求构成,总就业量决定于有效需求,失业是由于有效需求不足造成的。根源于三大基本心理

---

① 朱栋梁、宁晓青:《贫困经济学研究》,《财经理论与实践》2000年第4期。
② 叶普万:《贫困经济学研究》,西北大学博士论文,2003年5月,第24—30页。

规律,他强调由于对未来预期的不确定性,消费者才增加储蓄(边际消费倾向递减规律),持有现金(流动偏好规律),企业家预期收益才不稳定(资本边际效率递减规律)。为此,凯恩斯极力主张放弃自由放任原则,扩大政府直接干预经济的权力;建议国家通过扩大政府支出,实行赤字财政政策和税收政策吸引资本家投资,并由政府直接兴办公共工程,实行社会保障,扩大社会福利设施,增加消费支出,扩大有效的总需求,实现充分就业。[①]这一原理是凯恩斯就业理论的出发点,是凯恩斯理论的核心。第二次世界大战后,凯恩斯的有效需求理论成为西方国家克服经济衰退和制定宏观经济政策的理论依据。近年来,有效需求理论吸收了诸如理性预期理论等现代经济学最新成果,得到进一步发展,仍在不断影响世界各国的经济政策。

五、保障水平学说

国内最早研究社会保障水平的是辽宁大学的穆怀中教授,1997年其在《经济研究》杂志上发表了《社会保障适度水平研究》一文,首次提出并论证了"社会保障适度水平"理论;其中关于社会保障适度水平模型,中外社会保障适度水平的具体测量,中国社会保障适度水平的近远期预测等研究,在全国学术界产生很大影响。其社会保障适度水平理论的主要内容为:

(一)社会保障水平的概念[②]

在最微观的层次上,社会保障水平是指社会成员享受社会保障经济待遇的高低程度,可以用受益给付与社会平均工资之比(即替代率)来测量。从政府的角度看,社会保障水平是社会保障支出占政府财政支出的比重。在最宏观的层面上,社会保障水平是指社会保障支出总额占GDP的比重,它反映的是一国或地区社会保障发展的深度。由于社会保障支出总额与GDP的比重这一指标能准确地反映一国或地区经济实力的总体状况,同时在做国际比较时具有较强的可比性,因此,穆怀中在研究社会保障水平时主要采用了这一定义。

(二)社会保障水平的"适度"性[③]

社会保障水平是质与量的统一体。社会保障水平的"量"是指社会保障费用支出占GDP的比重。社会保障水平的"质"是指它要与国民经济发展相适应,既要保证公民的基本生活,又要激励公民去积极劳动,推动经济社会健康持续发展。社

---

① 邓大松:《美国社会保障制度研究》,武汉大学出版社1999年版,第93页。
② 李珍主编:《社会保障理论》,中国劳动社会保障出版社2001年版,第167页。
③ 穆怀中:《社会保障水平研究(一)——社会保障水平的"度"》,《中国社会保险》1997年第2期。

会保障水平的"度"是指保持社会保障水平质和量的限度、幅度,即社会保障支出水平在多大限度内既能保障公民的基本生活又能激励公民去积极劳动,推动经济社会健康、持续发展,超过了这个限度就会对公民的劳动积极性和经济社会健康发展产生不利影响。

社会保障水平的"度"存在着极限或界限,即有关节点或临界点。社会保障水平的度,就是关节点范围内的幅度,在这个范围内社会保障将对经济社会发展起推动作用,超出了这个范围,社会保障就会制约经济社会健康发展。

适度保障水平的确立,从本质上说,它要与社会保障的基本功能相适应。社会保障的基本功能为:第一,既保证社会稳定,又促进经济发展;第二,既有利于社会公平,又有利于提高效率;第三,既保证公民基本生活,又激励公民积极劳动;第四,提高公民素质,促进社会进步。

(三)社会保障适度水平标准①

社会保障支出水平应该与实际需求相适应,其支出下限应该满足达到最低生活保障标准(社会救助)和基本生活标准(社会保险)。社会保障支出不仅要着眼于当前的需求,而且还要着眼于未来的需求,由于社会保障支出具有刚性特征,当前支出水平不宜定得过高,但又不能太低。从总体来看,影响社会保障需求的因素主要包括以下几个方面:保障规模、保障项目、给付水平、给付条件等。

当社会保障支出水平达不到下限时,称为社会保障支出水平"不足"。社会保障支出水平的下限应该介于受保障人口相对应阶层的平均收入水平和贫困线之间。如果受保障人口的保障水平高于相对应阶层的平均收入水平,就会养懒汉,易产生贫困陷阱和失业陷阱,影响在职者的工作积极性;如果受保障人口的保障水平低于贫困线标准,受保障人口的基本生存需要得不到保证。社会保障支出水平"不足"的后果有:一是老年人和贫困者的基本生活得不得保障,影响社会的安定和发展;二是医疗保障不足,人口身体素质降低,影响国民身体素质的提高;三是教育包括再就业培训受到影响,制约民族文化素质的提高和科技发展。

社会保障支出水平还会受筹资水平的限制,其支出上限应该与社会保障资金的筹集能力和筹资水平相适应。具体来说,社会保障支出水平受 GDP、财政收入、居民收入、社会保障基金增值能力、国有固定资产数量、社团和民间捐献等因素的影响。从本质上说,社会保障支出水平主要取决于国民经济的总体发展水平。

---

① 穆怀中:《社会保障水平初探》,《辽宁大学学报(哲学社会科学版)》1997年第3期。

当社会保障水平超过上限时,称为社会保障水平"超度"。社会保障水平"超度"的客观原因是失业率增高、人口老龄化加重、医疗费用膨胀等。主观原因有:一是政策性原因,主要是保障项目过多、保障水平过高;二是认识上的误区,以为社会福利项目越多表示社会越进步。社会保障水平"超度"的后果有:一是不断加大财政赤字,进而影响国民经济的良性运行;二是社会保障和津贴标准高,提高了企业产品成本,进而影响国家对外经济竞争能力,同时也影响私人企业的再投资;三是劳动者中滋长了依赖、懒惰情绪,影响了经济效益;四是资金外溢,科技人才外流;五是形成了一些不利的政治后果。

(四)社会保障水平测定模型①

选用社会保障支出占 GDP 的比重这一指标来衡量社会保障水平,社会保障水平的测算公式为:$S = Sa/G = Sa/W \cdot W/G = Q \cdot H$。式中,$S$ 表示社会保障水平;Sa 表示社会保障支出总额;G 表示 GDP;W 表示工资收入总额;$Q = Sa/W$,表示社会保障负担比重系数;$H = W/G$,表示劳动生产要素分配比例系数。

根据柯布-道格拉斯生产函数可知,劳动生产要素分配比例系数 $H = 0.75$。社会保障负担比重系数 $Q = O + Z + E + J + M$,其中,$O、Z、E、J、M$ 分别表示养老保险支出、失业保险支出、医疗保险支出、工伤生育保险支出、社会福利社会优抚支出占工资收入总额的比重。

根据构建出的社会保障水平测定模型,穆怀中测算出的社会适度水平的上限值为 26.16%。他指出,社会保障水平"度"的下限数值的计算与上限数值的计算不同,上限值的设定以未来人口老龄化高峰期为条件而计算,下限值的设定是以当时的人口和经济情况为条件而测算。根据其测算,2010 年中国社会保障适度保障水平的上限为 13.73%,下限为 11.86%。

六、再生产理论②

马克思主义认为,人类社会要生存和发展,就必须连续不断地进行生产,"或者说,必须周而复始地经过同样一些阶段。一个社会不能停止消费,同样,它也不能停止生产。因此,每一个社会生产过程,从经常的联系和它不断更新来看,同时也就是再生产过程"③。社会再生产过程是由生产、分配、交换和消费四个环节构成的。四个环节中生产是决定性环节,处于再生产过程中的主导地位,它决定和支配

---

① 穆怀中:《社会保障适度水平研究》,《经济研究》1997 年第 2 期。
② 邓大松等:《中国社会保障若干重大问题研究》,第 35—39 页。
③ 《马克思恩格斯全集》第 23 卷,人民出版社 1972 年版,第 621 页。

着分配、交换和消费过程。不过,分配、交换和消费三个环节对生产也有反作用。就再生产过程看,马克思主义主要有五个基本观点:

观点之一:为使社会再生产过程周而复始地进行,社会总产品不能全部地"不折不扣"地分光、吃光、用光,而首先必须扣除用于补偿生产消耗和增加生产的部分,再扣除用于意外事件发生后进行施救部分,以及扣除用于发展公共事业和公益事业的部分,作了上述扣除后,方能进行个人消费品的分配。

观点之二:消费是社会再生产过程中不可缺少的环节,消费既是生产的归宿与终点,也是生产的起点(通过生产消费与生活消费,不断再生产出生产的要素)。消费作为一个过程,它是由生产决定的,生产决定着消费的质量、内容、方式与结构。所以,马克思说"没有生产,就没有消费"①。但马克思十分强调消费对生产的反作用,认为只有消费,才能使产品成为现实的产品,创造产品的行为才算最终完成;只有消费,才能创造出新的需要和动机,保证生产过程最基本的要素——劳动力的再生产。因此,马克思得出结论:"没有消费,就没有生产。"显然,要保证社会再生产过程顺利进行,就必须通过一定的分配方式和分配政策,使劳动者拥有必要的货币收入,促进和扩大社会消费。

观点之三:在生产诸要素中,人是最基本的要素。马克思说过,只有把生产资料和劳动力结合起来,才能进行物质资料的生产。② 并指出,"最强大的一种生产力是革命阶级本身"③。在这里,马克思主义之所以强调人在生产中的重要作用,就在于人是掌握和利用生产工具去改造劳动对象的,在社会物质变换过程中处于主动、创造的地位。所以,生产要发展,社会要发展,人的素质提高是关键,而要提高人的素质,除满足人的基本生活需求外,还要求社会尽可能地满足劳动者全面发展的需求。

观点之四:资本主义社会再生产分为三种再生产,即物质产品的再生产、劳动力再生产和资本主义生产关系的再生产。马克思在分析资本主义再生产过程时指出,"把资本主义生产过程联系起来考察,或作为再生产过程来考察,它不仅生产商品,不仅生产剩余价值,而且还生产和再生产资本关系本身:一方面是资本家,另一方面是雇佣工人"④。那么,要保证人口再生产的质量,就必须有计划地增加对人

---

① 《马克思恩格斯选集》第2卷,人民出版社1972年版,第94页。
② 《马克思恩格斯全集》第24卷,人民出版社1972年版,第44页。
③ 《马克思恩格斯选集》第1卷,第160页。
④ 《马克思恩格斯全集》第23卷,第634页。

类再生产的各种投入,使人们幼有所长,长有所教,病有所医,老有所助,促进全体人民素质提高。

观点之五:马克思主义把物质生产资料的生产划分为生产资料的生产和消费资料的生产两大部类,并根据技术进步的扩大再生产条件下的客观经济规律,提出了生产资料生产的增长较快于消费资料生产的增长的科学断论。马克思关于两大部类生产的原理告诉人们一条真理,生产的目的不是为了生产而生产,而是为了消费而生产。因此,要使社会生产不断进步、不断发展,通过各种方式保持一定的社会消费水平是非常必要的。

总之,马克思主义关于分配与扣除、生产与消费、人的要素与物的要素、人的生产与物质产品的生产以及两大部类生产原理的分析探讨,为建立社会保障基金,实施社会保障制度奠定了基础。

七、持久收入学说①

米尔顿·弗里德曼在1957年出版的《消费函数理论》一书中阐述了持久收入假说,认为消费与收入的基本关系是持久消费(C_p)取决于持久收入(Y_p),两者有着恒常不变的比例关系$C_p=kY_p$。这个假说建立在以下三个基本命题之上。

首先,一个家庭事实上取得的因而在统计资料上可以观察的收入Y由持久收入Y_p与暂时收入Y_t两部分组成,即$Y=Y_p+Y_t$。与收入相对应,现实的即可观察到的消费支出C也由持久消费C_p和暂时消费C_t两个部分组成,即$C=C_p+C_t$。弗里德曼把一个家庭借以取得的收入的财富分为两种财富构成,即人力资本与非人力资本两个部分组成。鉴于人力资本无法从统计资料测得,所以他引入持久收入这个概念,把持久收入视为财富(人力资本和非人力资本)的预期收入的现值,并把持久收入作为持久消费的自变量。

其次,弗里德曼假定,持久消费在持久收入中所占的比例是固定不变的常数,即$C_p=kY_p(0<k<1)$。弗里德曼还进一步假定,用持久消费和持久收入来表达的消费对收入的比率,即k的数值,在所有不同的收入水平的家庭都是一样的,这就意味着"富人"和"穷人"在他们的"持久收入"中以相同的比例储蓄。

最后,弗里德曼还假定,暂时消费与暂时收入无关。这意味着暂时收入的边际消费倾向为零。这就是说,获得一笔意外之财的家庭不会增加其消费支出,意味着全部暂时收入成为储蓄。同样,蒙受意外损失的家庭不会削减消费支出,而是减少

---

① 邓大松等:《中国社会保障若干重大问题研究》,第6—9页。

储蓄。简言之,现实的消费不受"意外"收入或损失的影响,现实的消费取决于持久收入,因为暂时的(即意外的)收入(或损失)全部表现为储蓄的增加(或减少)。

弗里德曼的持久收入假说说明了个体的消费行为包含有长期因素,消费者在任何年龄上的消费支出与即期收入完全无关,而是要依靠其持久的收入,这就意味着个人的消费支出在其生命周期的各个年龄段上都要选择一个稳定的、接近于他新预期的平均消费率进行消费,而不能采取即期收入即期消费的分光吃光政策。人的一生除未成年外,分为创收时期和无收入时期两个阶段。在无收入时期即年老退休时期的消费只能依靠创收时期额外的储蓄准备。因此,人们要有风险和忧患意识,在有工作、有收入、生活富裕的阶段,要考虑到老年时期无工作无收入的困难。于是,这就不可避免地涉及养老金计划问题。养老金计划不论是自愿性还是强制性的,均为一种特殊的社会性储蓄计划。这种储蓄计划可弥补个人储蓄计划的不足,能使公众预期到老年退休时的收入,从而使人们的跨时消费平滑稳定。

持久收入假说虽然并未直接探讨社会保障问题,但是却为社会养老保险的研究提供了理论和实证思路,并从该假说的全部分析中导出了养老保险计划的必然性。正因如此,许多西方学者在充分肯定持久收入假说的成功之处的同时,还称该假说是社会保障的经济学理论基础。

八、生命周期理论①

生命周期假说是由美国经济学家弗兰科·莫迪利亚尼等人创立的。其主要观点是②:

(1)一个理性的消费者能以符合理性的方式消费自己的收入,以实现消费的最佳效用。就是说,各个家庭在每一时点上的消费与储蓄决策都或多或少反映了该家庭谋求在生命周期内达到消费的理想分布的企图。

(2)根据边际效用递减规律,要使一生中的消费总效用达到最大,要求每一个人都必须依据他自己一生中的全部预期收入来安排他的消费支出,"选择一个合理稳定、接近于他所预期的毕生平均消费率进行消费"。这样,人们的现期消费就不取决于现期收入,而是决定于一生的收入。

(3)个人拥有的财产(包括金融资产、遗产和捐赠)也影响边际消费倾向,即财产越多,边际消费倾向越大。反之,财产越少,边际消费倾向越小。从而说明劳动

---

① 邓大松等:《中国社会保障若干重大问题研究》,第9—13页。
② 《莫迪利亚尼论文选》(林少宫译),商务印书馆1993年版,第360页。

收入和财产共同影响消费。

(4) 人的一生中有正储蓄和负储蓄。在工作期间,收入大于消费,形成正储蓄;退休后,没有劳动收入,只得用以前的储蓄进行消费,这就是负储蓄。个人储蓄在工作期间呈上升趋势,在退休期间却是一个逐渐减少的过程。在生命结束时,工作期的正储蓄与负储蓄相等,一定的收入与消费相等。人们的这种消费行为构成了个人储蓄和财产在其生命周期内的驼峰分布。

除此之外,生命周期假说还探讨了人们面临信用市场不完善、未来收入前景和人的寿命不确定性以及人们自身目光短浅无适当储蓄的风险。为规避这些风险,其前提条件就是要求人们有相当高度的合理行为和自我控制能力,能为退休期均匀消费做好物质准备。可以看出,从生命周期假说产生的过程和全部内容看,更多地涉及年轻人的储蓄和老年人的消费问题,这就为养老金制度的建立提供了理论依据。

另外,与生命周期假说相关的由阿莱、萨缪尔森和戴蒙德创立并分析的代际交叠模型,较好地证明了社会保险产生和存在的必要性。该模型的基本形式是一个跨时的一般均衡模型,其主要特点是突破了生命周期假说不涉及两代人之间关系的局限,假定在任何一个时刻都有不同代的人活着,并可以相互交易,每一代人在其生命的不同时期和不同代人做交易。它把每一个人的生命分为年轻和老年两期。在第一期消费加储蓄,储蓄产生资本存量;第二期则消费掉全部储蓄,取得一生中效用的最大化。由于净投资取决于年轻人的储蓄与老年人的动用储蓄之差,又因商品供给等于需求,投资等于储蓄,使商品市场达到均衡。显然,代际交叠模型为建立现代社会保障制度奠定了理论基础。

九、权利与义务对等学说

权利与义务的对等性是对相互制约、相互依存关系态势中的对立双方内在联系、相反相成关系的表达和概括。对等性即同位性,侧重于"相对应",而"相对应"是指两个事物之间的联系是内在的、逻辑的、对称的、双向的,即有一项权利,必然有一项义务与之对应。反之,亦然。对等性是相关性的一个方面,"相关性"还包含非等性,这意味着"相关性"是指相互关涉的,意味着权利和义务并不必然是直接的、内在的关系,但总体上是联系在一起的。[1]

---

[1] 王文东:《论权利和义务关系的对等性和非对等性》,《首都师范大学学报(社会科学版)》2007年第5期。

"权利与义务相对等、二者不可分离",这是马克思主义一贯坚持的权利义务观。马克思在1864年10月为第一国际起草的《协会临时章程》中,对于权利与义务的辩证关系做了科学的概括。这就是"没有无义务的权利,也没有无权利的义务"。① 这一著名的论断,是完整的马克思主义权利与义务观中一个极其重要的组成部分。该论断表明:(1)权利与义务相对等,二者不可分离。权利与义务相对应而存在,公民既是权利的主体,又是义务的主体。权利的实现需要义务的履行,义务的履行确保权利的实现。或者说,人对权利的拥有是以履行相应的义务为条件的,而义务的履行同样赋予他享有相应的权利,这实质是权利和义务的对等性关系所表达的最基本的意义。② (2)权利与义务具有统一性,二者相辅相成。一方面,国家保障公民充分享有和行使权利;另一方面,公民应自觉履行义务。因此,不能把公民的权利与义务对立起来。

1891年,恩格斯针对当时德国社会民主党的《爱尔福特纲领》草案的错误观点又指出:"我提议把'为了所有人的平等权利'改成'为了所有人的平等权利和平等义务'等等。平等义务,对我们来说,是对资产阶级民主的平等权利的一个特别重要的补充,而且使平等权利失去道地资产阶级的含义。"③在这里,恩格斯坚持了马克思关于权利与义务不可分离的基本观点,并把它作为无产阶级民主制与资产阶级虚伪民主的显著区别之一。马克思主义历来认为,所谓"平等权利"不仅仅就权利这一个侧面而言,它还包括义务这另一个侧面。权利与义务是互为条件的。一个人在享有权利的同时,必须履行相应的义务;同样地,在他履行义务的时候,也意味着就享有相应的权利。一旦权利与义务相分离,平等也就不可能存在了。马克思、恩格斯通过对资产阶级社会的"平等权利"的透彻分析,指出:要根除权利义务相脱节的不合理现象,就必须消灭私有制。只有社会主义社会,消灭了阶级,人民成为国家的主人,权利义务才真正实现统一。

马克思主义的权利与义务对等学说,为社会主义社会保障制度尤其是社会保险制度的建立提供了理论基础。

十、市场失灵论④

商品市场机制在某些场合不能导致资源的有效配置,不能实现收入的公平分

---

① 《马克思恩格斯全集》第16卷,人民出版社1964年版,第16页。
② 王文东:《论权利和义务关系的对等性和非对等性》。
③ 《马克思恩格斯全集》第22卷,人民出版社1965年版,第271页。
④ 邓大松等:《中国社会保障若干重大问题研究》,第13—19页。

配和经济的高效率,这种情况被称为"市场失灵"。"市场失灵"理论是相对"市场万能"理论提出来的。自由放任主义的奠基人和代表亚当·斯密在其经济学中极力推崇经济自由竞争原则。他认为:在商品生产条件下,人都是"经济人","经济人"都受个人利益的支配,这是一种无形的力量,是一只"看不见的手"。由于人们"受着一只看不见的手的指导,去尽力达到一个非他本意想要达到的目的……他追求自己的利益,往往使他能比真正出于本意的情况下更有效地促进社会利益"。[1]

需要指出的是,经济自由主义者对完全竞争市场的分析是以许多理想化的假定条件为前提的。但资本主义经济发展的实践证明,完全具备这些假定条件是不可能的,"看不见的手"的定理在现实的资本主义经济中并不完全成立,资本主义市场机制在许多方面不能够促成资源的有效配置,以至于帕累托最优状态无法实现,从而导致"市场失灵"。

例如,在垄断条件下,由于市场的不完全性,这就客观地为部分企业提供了免于竞争压力的庇护场所,也就没有必要去追求成本的最小化和利润的最大化。加之市场经济本身固有的生产和消费的矛盾与垄断企业和劳动者之间在经济利益分配上的矛盾,常常使商品的市场价格大于边际成本,出现资源配置和运用低效率或无效率状态。

又如,经济活动的外部性也会导致资源配置失当。因为在市场经济条件下,存在着个别生产成本和社会生产成本的差别以及个人利益和社会利益的矛盾。当某企业做出的经济决策和采取的经济行为所产生的经济成本大于企业利益,小于社会利益时,如果得不到额外的补偿,该企业就不会采取同样的经济行为。另外,当某企业采取的经济行为所取得的企业利益大于所耗成本和社会效益,或者损害社会利益时,若无任何其他约束,该企业可能进一步扩大生产,社会利益也就会在更大程度上遭受损害。在以上两种情况下,帕累托最优状态都不可能实现。

再如,公共产品的大量存在,使市场规律对这类产品调节的作用微乎其微。公共产品属于公众共享的产品,其利益体现为社会整体利益而非某些人群的个人利益和私人财产权利。在消费和生产中所表现出的基本特征为:非排他性、非竞争性和"搭便车"现象。因此,公共产品的提供和分配,在多数场合下不可能由个别人做出决策,也不会按通行的市场原则决策。

最后,不完全信息或信息不对称,也是市场失灵的重要表现。以保险为例,在

---

[1] 亚当·斯密:《国民财富的性质和原因的研究》下卷(郭大力、王亚南译),商务印书馆1972年版,第27页。

保险领域引起市场失灵的主要表现有:(1)逆向选择。高风险者觉得买保险划算,低风险者认为保险价格太贵而不愿意投保,加之承保人无法完全了解投保人是高风险者还是低风险者,结果承保人招徕的大都是高风险的顾客,保险经营如按平均风险收取保费必定发生亏损。(2)道德风险。如投保人故意放火,人身保险中故意制造保险事端,医疗保险中的医患合谋、骗保等。(3)侥幸心理。由于人们的信息不对称性,对未来自己处于什么状态缺乏理性预期,因此,常为眼前的少花费而忽视长远利益。(4)滥用保险资源。如参加了失业保险的人员有可能不珍惜现在的工作机会,失业后也不去努力找工作。(5)保险交易成本高。私营保险公司经营的分散性与保险业务具有规模经济的性质相矛盾。(6)商业性保险市场不可能为每一个人提供适当的保险。

总之,市场失灵理论的提出以及市场失灵的种种表现,说明市场经济社会出现某些问题已不能通过市场关系本身来解决,而需要依靠市场之外的力量施加影响才能弥补市场调节不足,达成资源配置高效目标,实现帕累托最优状态。例如,政府可以通过建立强制性的不能完全由市场安排的社会保险和严格社会保险给付制度,填补不能由商业保险市场提供全民适当保障的缺陷,在更大的范围内分配社会资源,完成帕累托改进,使社会保险资源利用效益最大化,促进全民福利。

十一、政府失灵说①

政府失灵是以布坎南为代表的公共选择学派在分析市场经济条件下的政府干预行为局限性或非市场缺陷时所涉及的一个主题,也是公共选择理论的一个核心论题。从西方市场经济的理论与实践来看,市场失灵被认为是政府干预的理由。然而,政府本身的行为也有其内在局限性,政府同样会失灵。所谓"政府失灵",是指个人对公共产品的需求在现代代议制民主政治中得不到很好满足,公共部门在提供公共产品时趋向于浪费和滥用资源,公共支出成本规模过大或者效率降低,政府的活动达不到预期的目的这样一些情况。布坎南对政府干预行为的局限性的表现及其原因进行了较为深入的研究,主要有以下几个方面:

(一)公共决策失误

相对于市场决策而言,政治决策是一个更加复杂的过程,具有相当程度的不确定性,存在着诸多困难、障碍或制约因素,使得政府难以制定并实施好的或合理的公共政策,导致公共决策失误。在布坎南等人看来,导致公共决策失误的原因是多

---

① 黎民主编:《公共管理学》,高等教育出版社2003年版,第35—40页。

方面的,包括:(1)社会上实际并不存在作为政府决策目标的所谓公共利益,"阿罗不可能定理"已经证明了将个人偏好或利益加总为集体偏好或利益的内在困难。(2)即使现实社会中存在着某种意义上的公共利益,但现有的公共决策机制却因其自身的内在缺陷而难以达到实现这种利益的目的。(3)决策信息的不完全。(4)选民的"短视行为"。(5)选民的"理性而无知"。由于选民做出决策需要支付一定的成本以收集有关候选人的信息等,作为理性的"经济人",许多选民往往出于"搭便车"心理而寄希望于别人去投票以使自己坐享其成,这被称为选民的"理性而无知"。这将导致通过选票上台的政治家并不代表多数人的利益,其指定的政策充其量只能代表一部分人的利益。

（二）政府工作机构的低效率

政府工作机构的低效率是指政府机构执行政策和公共产品供给的效率不高,官僚主义作风严重,而这必然影响政策执行的结果,有可能使好的政策产生恶的结果,从而导致政府失败。在布坎南看来,政府机构工作低效率的原因在于:(1)缺乏竞争性的压力;(2)没有降低成本的激励机制;(3)缺乏监督信息。

（三）政府的内部性与扩张

政府的内部性是指公共机构尤其是政府部门及其官员追求自身利益或组织自身的目标而非公共利益或社会福利。犹如外部性被看成是市场失灵的一个重要原因一样,内部性被认为是非市场缺陷以及政府失灵的一个基本原因。政府部门的扩张包括政府部门组成人员的增加和政府部门支出水平的增长。布坎南指出,政府官员也是个人利益最大化者,他们总是希望不断扩大机构规模,增加层次,扩大其权力,以相应地提高其机构的级别和个人的待遇,同时也使他们去制定更多的规章制度,增加自己的俸禄和享受,结果导致社会资源浪费,经济效益降低,资源配置效率低下,社会福利减少。

（四）政府的寻租活动

寻租活动是指人类社会中非生产性的追求经济利益活动,或者说是指那种维护既得的经济利益或是对既得利益进行再分配的非生产性活动。寻租是政府干预的副产品。当政府干预市场时,就会带来以"租金"形式出现的经济利益。在布坎南等人看来,租或租金是指在支付给生产要素所有者的报酬中,超过要素在任何可替代用途上所能得到的那一部分,是超过机会成本的收入。寻租则是为对己有利的行政干预而进行的游说活动,是用较低的贿赂成本获得较高的收益或超额利润。寻租活动的特点是利用各种合法或非法的手段,以获得拥有租金的特权。寻租活动导致"政府失灵",因为他导致经济资源配置扭曲,或说它是资源无效配置的一个根源;作为一种非生产性活动,它并不增加任何新产品或新财富,只不过是改变生产要素的产权关系,把更大部分的国民收入装进私人腰包;它也导致不同政府部门间官员的争权夺利,影响政府的声誉和增加廉政成本,导致社会资源浪费。

政府失灵的存在,决定了在社会保障领域,政府不能大包大揽,而应该有一定的作用边界,同时还应该发挥好市场的作用,实现政府与市场在社会保障领域的合作与互补。

十二、分配学说①

马克思在《哥达纲领批判》中阐述社会产品分配时指出,在分配之前应该有一定的必要的扣除,即著名的"六个扣除"理论,又称为"扣除说"。他认为,社会总产品中应该扣除:"第一,用来补偿消费掉的生产资料的部分。第二,用来扩大生产的追加部分。第三,用来应付不幸事故、自然灾害等的后备基金或保险基金。"②以上三项扣除后剩余的社会总产品是作为消费资料的,但在进行个人消费品分配之前,还必须从里面扣除:"第一,和生产没有关系的一般管理费用。……第二,用来满足共同需要的部分,如学校、保健设施等。……第三,为丧失劳动能力的人等等设立的基金,总之,就是现在属于所谓官办济贫事业的部分。"③

根据马克思的思想,在国民收入分配的过程中,社会保障具有十分重要的地位,即从国民收入的初次分配中进行扣除用来应付不幸事故、自然灾害的发生和劳动者丧失劳动能力后的经济补偿和给付,以保证生产正常运行和社会稳定的需要。马克思的论述从社会产品分配的角度高度概括了社会保障的性质和内容,提出了广义的社会保障学说,成为社会主义国家社会保障的重要理论依据和实践指导。

十三、人口学说

人口学说是关于人口发展的基本观点、理论,是人们对人口发展一般过程的系统化、理论化的认识。最早专门论述人口理论的著作,是马尔萨斯的《人口论》。马克思主义人口理论的产生,是人口理论的革命,具有划时代的意义。19世纪后半期特别是20世纪以来,西方人口学的研究发展迅速,提出了众多的人口理论、学说。其中影响较大的如:新马尔萨斯主义、社会学派人口理论、生物学派人口理论、

---

① 邓大松等:《中国社会保障若干重大问题研究》,第182页。
② 《马克思恩格斯选集》第3卷,人民出版社1972年版,第9页。
③ 同上书,第9—10页。

适度人口论、人口转变论、人口爆炸论、人口零增长论,等等。尽管这些理论在总体上说未能达到科学真理的水平,有些纯属假说或得出完全错误的结论,但也包含有合理的成分和有价值的资料。限于篇幅,下面仅介绍马尔萨斯的人口理论和马克思主义的人口理论。

(一)马尔萨斯的人口理论

马尔萨斯的《人口论》发表于1798年,它的发表引起了英国社会的巨大关注。马尔萨斯的人口论主要包括三个基本内容。

(1)两个公理。马尔萨斯认为,人类自古以来一直遵循着两个不证自明的公理:"一是食物为人类生存所必需,二是两性间的情欲是必然的,且几乎会保持恒状。"因此,"人口的增殖力无限大于土地提供人类生活资料的能力",这两者的矛盾决定了人类永远不会"完善"或"至善",人类社会的发展始终要受到这对矛盾的制约。马尔萨斯的全部人口思想是以这两个公理为基础的,其他的观点也都是从这两个公理中推理演绎得到的。

(2)两个级数。这是指物质资料是按照算术级数率增长;人口是按照几何级数率增长。人口增殖力和土地生产力是不平衡的,前者要大于后者,即人口的增长总比物质资料的增长要快,因此就不可避免地出现绝对的人口过剩。

(3)两个抑制。这是指两个"阻止"人口增长的手段或力量:现实抑制,即通过贫困、罪恶、饥饿、瘟疫、灾荒、战争等来抑制人口的增长和消灭现存的多余的人,使物质资料与人口之间保持平衡;道德抑制,也即通过晚婚、不结婚、不生育等来阻止人口的增加,实现人口增长和生活资料的增长一致。前者是一种自然的、客观的手段,一般来说,也是不以人的意志为转移的。后者是一种人为的、自觉的、主观的手段。

马尔萨斯的人口理论无疑是代表资产阶级利益的,它的原本目的是反对社会改良,为资产阶级推卸造成社会灾难的责任。马尔萨斯为人类描绘了一幅阴郁的未来图景:人口增长会达到食物供应的极限,这将引起贫穷和饥荒,由此也会带来无穷的灾难。马尔萨斯的人口理论从问世开始,就遭到了猛烈的抨击。道德论者批评其规律的残酷性,认为它不符合人类的永恒正义;生物学家批评它人口按几何级数增长的观点不可靠,认为人类越文明、越发达则增长速度就会越慢。而马尔萨斯将贫困、灾难归之为自然规律,对人类的苦痛持冷漠不关心的态度,多年来更是一直受到人们的指责。但是,不管怎样,马尔萨斯的人口理论在客观上提醒了人们注意人口与生活资料比例协调,防止、抑制人口的过速增长的作用,从而成为现代人口理论的开端。①

（二）马克思主义的人口理论

马克思主义的人口理论是由马克思所创立并为列宁和毛泽东等人所进一步丰富和发展的人口理论体系。马克思主义的人口理论以辩证唯物主义和历史唯物主义为理论基础，具有鲜明的阶级性和实践性。马克思主义人口理论的主要观点有：第一，认为社会生产是人类自身生产与物质资料生产的统一，两种生产相互依存，相互渗透，相互制约。第二，社会发展决定于社会生产方式，人口增长不是社会发展的主要力量，但人口增长对社会发展有促进和延缓的作用。第三，提出人口规律是由生产方式决定的社会规律，不同的社会生产方式有不同的人口规律，相对过剩人口规律是资本主义特有的人口规律。第四，提出了不同社会条件下解决人口问题的不同途径，指出只有变革资本主义制度，才能解决资本主义的人口问题。第五，指出人是生产者和消费者的统一。作为生产者，人能创造社会财富；作为消费者，人需要消费社会财富。人在社会经济生活中的这种二重作用，是正确认识人口与社会经济相互关系的出发点。

十四、经济管理学说

（一）马克思主义的经济管理学说

马克思认为，不是任何经济活动都需要管理，单个人的经济活动并不需要也不可能分离出各种管理职能，而管理起源于社会结合的劳动。他指出，"凡是直接生产过程具有社会结合过程的形态，而不是表现为独立生产者的孤立劳动的地方，都必然会产生监督劳动和指挥劳动"②；"一切规模较大的直接社会劳动或共同劳动，都或多或少地需要指挥，以协调个人的活动，并执行生产总体的运动——不同于这一总体的独立器官的运动——所产生的各种一般职能"③。这里所阐述的就是管理。可见，管理是社会结合劳动的必然产物，有社会劳动就有管理。上面的论述也阐明了管理的三种基本职能，即指挥、监督和协调职能。

马克思在《资本论》中也阐述了经济管理的性质。他指出，"一方面，凡是有许多个人进行协作的劳动，过程的联系和统一必然要表现在一个指挥的意志上，表现在各种与局部劳动无关而与工厂全部活动有关的职能上，就象一个乐队要有一个指挥一样。这是一种生产劳动，是每一种结合的生产方式中必须进行的劳动。

---

① 杨淑艳、任瞳：《马尔萨斯人口理论浅析》，《中国科技信息》2009年第11期。
② 《马克思恩格斯全集》第25卷，人民出版社1974年版，第431页。
③ 《马克思恩格斯全集》第23卷，第367页。

另一方面,——完全撇开商业部门不说,——凡是建立在作为直接生产者的劳动者和生产资料所有者之间的对立上的生产方式中,都必然会产生这种监督劳动。这种对立越严重,这种监督劳动所起的作用也就越大"①。可见,马克思认为经济管理具有二重性,即一方面,经济管理与生产力和社会化大生产联系,具有组织生产的自然属性;另一方面,经济管理又同生产关系相联系,具有维护生产关系的社会属性。

马克思的经济管理理论,虽然还没有形成一个完整的体系,但其关于管理职能、管理二重性的论述,为经济管理一般原理奠定了基础;此外,马克思关于人性的理论、关于人的需要的理论,为管理理论确立了正确的立足点,有利于管理的实践。②

(二)资本主义的经济管理学说

资本主义经济管理学说的产生和发展,大体上经历了科学管理理论、行为科学理论、新管理理论三个阶段。

(1)科学管理理论。从19世纪末到20世纪40年代,称为"古典管理理论"阶段或"科学管理"阶段。这阶段以美国工程师泰勒为代表,泰勒在管理科学史上占有重要地位,被称为"科学管理之父"。科学管理理论讲述了应用科学方法确定从事一项工作的"最佳方法",概括为:科学,而不是单凭经验办事;和谐,而不是合作;合作,而不是个人主义;以最大限度的产出,取代有限的产出,每人都发挥最大的工作效率,获得最大的成功,就是用高效率的生产方式代替低成本的生产方式,以加强劳动力成本控制。

(2)行为科学理论。从20世纪40年代到60年代,称为"现代管理理论"阶段或"行为科学"阶段。这个阶段的代表人物有美国哈佛大学教授梅奥等。行为科学研究人的行为产生、发展和相互转化的规律,以便预测人的行为和控制人的行为。该理论的主要特点有:第一,把人的因素作为管理的首要因素,强调以人为中心的管理,重视职工多种需要的满足;第二,综合利用多学科的成果,用定性和定量相结合的方法探讨人的行为之间的因果关系及改进行为的办法;第三,重视组织的整体性和整体发展,把正式组织和非正式组织、管理者和被管理者作为一个整体来把握;第四,重视组织内部的信息流通和反馈,用沟通代替指挥监督,注重参与式管理和职工的自我管理;第五,重视内部管理,忽视市场需求、社会状况、科技发展、经

---

① 《马克思恩格斯全集》第25卷,第431页。
② 李军:《论〈资本论〉中的经济管理理论》,《佛山科学技术学院学报(社会科学版)》2000年第1期。

济变化、工会组织等外部因素的影响;第六,强调人的感情和社会因素,忽视正式组织的职能及理性和经济因素在管理中的作用。

（3）新管理理论。从20世纪70年代起至今,称为"新管理理论"阶段。这个阶段,以1978年度诺贝尔经济学奖获得者西蒙为主要代表。西蒙在管理学上有两个贡献:一是提出了管理的决策职能;二是建立了系统的决策理论,并提出了人有限度理性行为的命题和"令人满意的决策"的准则。西蒙认为,完全理性的"经济人"模式有两个缺陷:其一,人不可能是完全理性的,人们很难对每个措施将要产生的结果具有完全的了解和正确的预测,相反,人们常常要在缺乏完全了解的情况下,一定程度地根据主观判断进行决策;其二,决策过程中不可能将每一个方案都列出来,一是人们的能力有限,二是决策过程的成本限制,人们所作的决策不是寻找一切方案中最好的,而是寻找已知方案中可满足要求的。

1.2 社会保障的基本理论

社会保障的基本理论主要说明社会保障是什么和社会保障的研究方法。社会保障是什么主要包括对社会保险五大项目、社会救助和社会福利的分析与阐述。

1.2.1 社会保险的种类①

由于各国经济发展的水平不同,在一定时期内国家间所能提供的经济保障水平存在着较大的差别,因此,各国社会保障实施的范围、内容是不一样的,但就基本的方面看,可以概括为五种:

一、老年、残障和遗属(死亡)保险

社会养老保险是指国家和社会根据一定的法律法规,对劳动者达到法定年龄或退休,由社会保险机构或由指定的其他单位按规定给付养老金的保险。残障保险是对那些因各种原因导致无工作能力、无法自谋生活,而又无人抚养的人们,由政府或社区或社会保险机构按法定条件和标准给付残障年金的保险。遗属(死亡)保险,是指当有条件有资格领取社会保险给付金者去世之后,由政府或社会保险机构对其遗孀或鳏夫或父母及其未成年子女,定期或一次性给付遗属年金的保险。老年、残障和遗属保险由德国首创。因各国的条件和政策不同,老年、残障和

---

① 邓大松主编:《社会保险(第三版)》,中国劳动社会保障出版社2015年版,第17—21页。

遗属保险制度与保险形态以及保险的对象也有所不同,但在保证被保险人安度晚年和遗属的安定与正常生活这一点上,各国是一致的。

老年、残障和遗属保险的保险范围,是由各国建立保险制度的年代和经济发展水平决定的。社会保险制度建立较早,经济发展水平较高的国家,其保险的范围就广泛,保险对象就多。反之,保险范围就窄,保险对象就少。但就各举办国来说,保险的对象究竟包括哪些劳动者,则都有严格的规定。不过,多数国家在举办老年、残障和遗属保险的初期,家庭佣人、家庭工人、临时工、农业工人、自由职业者、技工、农民等,是不被列入保险范围的。

老年、残障和遗属保险的保险基金来源,由被保险人、企事业主缴纳和政府资助。也有部分国家规定全部由企事业单位负担,或者普遍企业年金全部由政府负担。关于被保险人、企事业单位和政府三方负担保险税(费)的比例,各国也不尽相同。政府负担部分,一般从财政总收入中拨付,或者指定从特别税中支付。有些国家的社会保险制定规定,在一定条件下,可减少和免除最低工资者的保险税(费),其所负担的部分由政府拨给或由企事业主缴纳。

关于老年、残障和遗属保险业务与行政管理,绝大多数国家由专设的社会保障机构管理或由中央监督筹划专设的半独立机关或基金会负责管理;少数国家由劳资双方和政府各派代表组成的委员会管理。

二、疾病和生育保险

疾病保险是指被保险人因疾病或患病而失去劳动收入时,保险机构或保险组织按规定支付医疗费和生活费的保险。所谓生育保险,是指被保险人因怀孕和生育需求的检查、保胎、医疗、助产而支出的医疗费用,以及在生育期间的工资收入,均由保险机构按约定条件承担给付的保险。

疾病保险为德国于 1883 年创立,是德国社会保险制度,也是现在社会保障制度的最早立法。1883 年首创《疾病社会保险法》,1884 年设立《工人伤害赔偿保险法》,1887 年加进了生育保险的内容。因生育保险的护理照顾与医疗卫生有连带关系,德国就将生育医疗护理列入了疾病保险的范围。后来,举办疾病和生育保险的国家,多将两种保险并列为同一保险项目。如今,部分国家根据本国的实际情况和人们的习惯,把疾病保险称为医疗保险或把疾病保险和生育保险统称为医疗保险。

疾病和生育保险的基金来源,主要是被保险人与企事业单位缴纳的保险税(费)。实行国民健康服务的国家,对所有居民普遍实施免费医疗服务,其经费从一般税收中拨付,或征收国民健康服务费。

关于疾病和生育保险的业务与行政管理,多数国家由全国性的社会保障机构管理。实行国民健康保险制度的国家,由相对独立的、不由政府管理的各种保健基金会或各种协会负责。

三、工伤保险

工伤保险也叫做职业伤害保险、工业伤害保险、工人伤害补偿保险或因工伤害保险,它是指国家通过立法建立的,由社会集中筹集资金,对在经济活动中因工负伤致残,或者因从事有损健康的工作患职业病导致完全或者部分丧失劳动能力者,以及对职工因工死亡后无生活来源的遗属提供物质帮助的制度。

工业伤害保险由德国于1884年首创,较之疾病保险制度建立晚一年。事实上,在德国未创立此项保险前,部分国家已有保险性质的互助组织对遭遇伤害工人的生活和医疗提供补偿。自德国建立伤害保险制度后,各工业发达国家都先后试行,工伤保险成为社会保险中历史悠久和开展最普遍的制度。

伤害保险有两种基本类型:一是社会保险基金式的社会保险制度。这种制度要求企事业单位必须向保险机构缴纳工伤保险税(费),然后由保险机构支付应发的伤残抚恤金或工伤补助费。在举办伤害保险的国家中,大约三分之二的国家实行这一制度。二是雇主直接负责赔偿式的社会保险制度。这种制度一般在有工人伤残赔偿法律的国家实施。此项制度的特点是:它并不要求企事业单位为其职工投保,只是根据法律规定,对于工伤职工及其遗属,企事业单位用自有基金直接支付伤残补助金。

四、失业保险

失业保险是指国家通过立法强制实行,由社会集中建立基金,对在法定范围内靠工资度日的劳动者因失业暂时中断收入而提供物质帮助和职业介绍服务相结合的制度。第二次世界大战后,各工业发达的国家都加强推行失业保险,目前,发达国家和许多发展中国家都建立了失业保险制度。多数国家实行强制性的失业保险制度,也有部分国家采取失业救助制度,对于收入调查后符合规定的救助条件的失业者,发放失业救助金。也有国家采取强制失业保险与失业救助相结合的双重制度。

失业保险的范围各国没有统一的规定。采取强制性失业保险的国家,多以有固定工作的职工为主要对象,临时工、季节工、短期工及家庭佣人或公务人员一般不列入保险范围。采取失业救助制度的国家的失业保险范围,则由各国所能提供的失业救助金数额来决定,国家经济实力雄厚、提供的失业救助金多,保险范围就大;反之,保险范围就小。

采取强制性失业保险的国家,保险基金来源于企事业单位、被保险人缴纳的社会保险税(费)和政府资助。在实行失业救助制度的国家中,多数国家的失业救助费全部或大部分从政府一般税收中支付,被保险人和企事业单位不负担。

失业保险的业务与行政事务,通常由政府部门或由政府专设机构,或由企事业主、职工和政府三方选派代表组成基金委员会负责管理。失业救助制度下的失业保险业务由工会或企事业单位的联合委员会在政府专管部门监督指导下实施管理。

五、家庭津贴制度

家庭津贴制度是指为减轻多子女家庭的负担,稳定职工的工作情绪,促进抑制人口或刺激人口增长政策的实施,由保险机构或政府定期为有关家庭支付一定数量的生活费用的制度。它分为两种类型。一是普通家庭津贴制度。它规定,只要家庭的儿童在特定年龄和人数内,都可以享受津贴。二是职工家庭津贴制度。它规定,只有工薪劳动者家庭,才能享受家庭津贴。

家庭津贴制度由新西兰于1926年最早立法,但家庭津贴的办法,欧洲各国自19世纪初就开始试行了。第二次世界大战后,家庭津贴制度发展更为迅速,并逐步制度化。目前,各经济发达国家,都已实行了不同形式和程度的家庭津贴制度。

家庭津贴制度的范围,最初是以未成年子女为对象,后来津贴范围逐步扩大到学校补助、生育补助、母婴健康服务,以及正在领取疾病、失业、伤害、残障给付金的人们。有的国家(如智利、阿根廷、波兰)的家庭津贴范围,还包括依赖劳动者为生的妻子、残障丈夫、寡母、孤儿、残障和65岁以上的老人。

关于家庭津贴的经费来源,两种类型有所不同。普通家庭津贴制度经费,多由政府拨付。职工家庭津贴制度的经费则有企事业主或由国家、企事业主与被保险人共同承担。

需要指出的是,家庭津贴制度与以上介绍的诸险种是有区别的。作为职工家庭津贴制度同其他社会保险制度基本一致,津贴享领者的家庭,既有受益的权利,也有缴纳社会保险税(费)的义务,即权利和义务基本对等。而普通家庭津贴制度的津贴费用,全部由政府财政或有关救济单位负担,其津贴获得者事先不必尽缴税(费)义务,就可以有享受津贴补助的权利。

1.2.2 社会保险与社会救济、社会福利的关系①

一、社会保险与社会救济的关系

社会救济是指国家对那些因社会、自然、经济、个人生理和心理等原因而造成生活困难,以致无法正常生存的公民给予资金或物质帮助,使其克服困难、摆脱困境的一种社会保障制度。在社会保障制度中,社会救济的历史最为长远,它可上溯到远古和中古时期的各种慈善事业及国家实施的各种救灾备荒措施。事实上,早期的社会保险事业多以社会救济的形式出现。随着商品经济关系的确立与发展,社会救济的内容更丰富,其措施更完备,制度更健全,成为缓解现代社会矛盾,促进社会文明与进步的不可缺少的调节机制。

(一)社会救济的特征

(1) 社会救济同社会保险一样,具有较强的法制性和政策性,社会救济从救济的范围、对象、内容,到救济的形式和标准,均受各国政府制定的法律和政策调控。

(2) 社会救济因社会制度不同而富有不同的意义。在以剥削为基础的社会里,社会救济被看作是国家对公民的恩赐,富者对贫者的施舍,接受救济者将丧失自己部分或全部社会权利,并且个人的名誉、地位和人格受到严重损害。可见,在封建社会和资本主义社会里,社会救济体现的是封建专制的人身依附关系和资产阶级特权与伪善的人权关系。在社会主义社会,由于消灭了剥削制度,建立了新型的社会关系和经济关系,因此,社会救济成为人们应得的社会帮助和应享的权利;对于国家和社会来说,社会救济不是自上而下的恩赐,而是他们应负的社会责任和应尽的义务。尤其在我国,社会救济工作不只是提供资金或物质帮助,单纯地解决生活问题,它还扶持部分有一定生产和经营条件的救济对象发展生产,实现自产自救,以摆脱贫困,减少消极因素和对救济的依赖性。可以看出,社会主义国家救济体现了社会主义人道主义和互救共济的集体主义,体现了政府对人民的关心、爱护和为人民服务的宗旨,体现了劳动人民既是生产资料的所有者,又是劳动成果的占有者和享有者的主人翁地位。

(3) 社会救济虽然是每一个公民应享的权利,但是,社会救济的社会效用只是在公民因各种原因不能维持最低生活水平时才产生的,这就要求社会救济的管理部门有一套完整科学地确定公民生活是否陷入困境的工作制度,以防止社会救济

---

① 邓大松主编:《社会保险(第三版)》,第70—78页。

工作的随意性、盲目性和社会负效应。由此也说明,确定社会救济对象所实行的不是普通性原则,而是有选择地个别性和部分性原则。就是说,社会救济的直接对象不是所有人,它只能是那些无力谋生的孤、寡、老、弱、病、残者和遭遇意外事件而生活发生特殊困难的人们。

（4）由社会救济特有的权利与义务关系所决定,社会救济的资金与实物来源,主要由政府提供,同时接收各社会团体、各经济单位和国际组织与个人的资助,以充实救济基金。社会救济的标准,由各国根据国家的财政经济状况、所筹集的救济基金和城乡人民的生活水平决定,一般以保证被救济对象的最低生活需求为原则。

（5）关于社会救济的形式与种类,各国没有统一的规定,通常依据现实生活中出现的贫困原因、贫困性质及贫困持续的时间来划分。如贫困现象时间有长有短,则可分为定期或长期救济和临时救济;贫困现象由自然灾害意外事故、市场与行业竞争、个人生理与心理、个人能力与人们为社会尽义务等原因引起的,则可分为灾害事故救济、失业救济、老弱孤寡病残救济、城乡困难户救济和优抚救济等。

（二）社会保险与社会救济的共性

（1）社会保险和社会救济共同构成社会保障制度的主要内容,其根本目的都是为了保障人们遭遇事故、收入中断时的基本生活条件,消除人们的后顾之忧,稳定社会秩序,发展社会生产。

（2）社会保险与社会救济都具有较强的法制性和政策性。社会救济同社会保险均为社会震动的"减震器"、阶级统治的"稳定器"与"安全网",都是统治集团实施社会政策和经济政策所必须利用的工具。

（3）社会保险同社会救济一方面由生产决定,即社会救济的规模、范围、形式和救济水平受制于一定生产力水平,另一方面,社会救济对生产具有反作用。

（4）社会保险也部分地贯彻了社会救济的原则。社会保险尤其是社会主义国家的社会保险,一方面坚持权利与义务对等原则,即劳动者领取的社会保险金数量与他们过去扣除的必要劳动量相等。另一方面,在现实生活中,社会保险又部分地贯彻了"互助共济"原则。人们常说的社会保险基金统筹使用,实际上是指社会保险基金由投保劳动者共储,由政府在全体投保劳动者之间相互调剂使用。对于每一个被保险人来说,他们享受社会保险待遇的权利与他们承担的义务并不是绝对相等的。有的被保险人享受的权利可能大于所承担的义务;相反,有的被保险人享受的权利可能小于所承担的义务,等等。这样,在社会主义制度下,社会保险基金的筹集和使用,在很大程度上发扬了社会主义国家劳动者之间互帮、互助、互济精神,体现了社会主义市场经济条件下人民新型的合作互利关系。

（三）社会保险与社会救济的差异

（1）产生的历史不同。现代社会保险产生于商品经济高速发展、资本主义由自由竞争向垄断阶段过渡的19世纪后期。距今只有一百多年历史,而有章法有组织的社会救济形式,自国家出现后的远古自然经济时代就存在了。

（2）保障所体现的权利与义务关系不同。社会保险强调权利与义务对等原则,参加社会保险者,必须先尽缴纳保险税（费）的义务,然后才享有领取社会保险待遇的权利,权利与义务关系较密切。社会救济则不讲求权利与义务对等关系,只强调国家和社会对个人的责任和义务。为此,救济金领取者只有受惠的权利,无纳税（费）的义务,所享受的权利与义务之间没有直接联系。

（3）保障对象不同。社会保险保障的主要对象是依法规定的有固定职业与正常收入的劳动者和其他工作人员,对丧失工作能力和失去劳动条件与机会等风险事故承担给付保障责任。社会救济的主要对象则是无力谋生的孤、寡、老、弱、病、残者,或者无固定职业和正常收入的人们,当他们的生活陷入困境,或收入减少,无法维持正常生活时,国家和社会承担救济保障责任。

（4）保障资金来源不同。社会保险基金依靠劳动者个人、企事业单位和政府三方面筹集,绝大部分来源于劳动者的必要劳动。社会救济大部分由政府拨款和社会赞助,小部分由某些专项基金支拨,它基本上来源于劳动者提供的剩余劳动。

（5）保障水平确定的依据和标准不同。社会保险给付的待遇标准一般由保障对象原有的生活水平、尽纳税（费）义务多少和国家的财政实力决定,因此,社会保险给付能保证被保险人的基本生活需求。确定社会救济的待遇标准则不考虑被救济对象原有的生活水平,主要依据各地政府的经济实力大小和已经筹集的经费来确定与调整。这就决定了社会救济的待遇标准通常低于社会保险给付水平,它只能满足被救济者的最低标准的生活需求。

（6）保障提供的物质内容不完全相同。社会保险给付的物质内容主要是货币,小部分采取劳务的形式;社会救济除支付货币外,很大部分以实物和劳务的形式供给。

（7）保障行为方式不尽相同。在社会保险关系中,大部分保险事故（如年老、残疾、死亡、疾病、生育、家庭困难等）发生后,由社会保险机构依法按事先约定的条件和标准自动履行保障给付义务。社会救济则不同,当需要救济的事件发生后,首先须由个人或单位提出申请,经有关方面调查、审核、确认,上级主管部门批准后,才履行救济义务。相反,如果个人或单位不提出救济申请,则作为自愿放弃救济要求处理。

可见,社会保险与社会救济既有同一性,又有差异性,阐明两者这种关系,目的在于区别两个概念,加深认识两个范畴各自的本质性规定,以利于有关部门根据社会保险和社会救济不同的发展要求与需要,制定不同的法规和政策,防止将社会保险救济化,而助长人们只求索取不尽义务的观念,加重国家和社会的负担。

二、社会保险与社会福利的关系

社会福利,是指国家和社会根据需要与可能,通过一定形式向人民提供的物质利益。社会福利内涵丰富,外延广泛。从广义上说,它包括所有维持、改善、提高人民物质和文化生活水平的保障措施,如消费品分配、社会保险、社会救济以及一切公共消费等,都可称为社会福利。从狭义上讲,社会福利是指除社会保险和社会救济以外的其他所有改善和提高人民生活水平的保障措施与公益性事业。这里分析的是狭义的社会福利。

(一)社会福利的特征

(1)社会福利具有普遍意义。从政治意义上看,社会福利作为实施政策的工具,为统治阶级和各种政治势力实现某种目的服务。从经济意义上看,社会福利属于再分配范畴,是消费品分配的一种补充形式。有些消费资料与内容,如学校、医院、幼儿园、托儿所、孤儿院、养老院、康复中心、文化中心、游乐场所等,是不可能以工资形式分配的,只能以国家、集体或职工福利的形式分配给劳动者。从社会意义上看,社会福利作为一种社会进步事业,是政府最为关注和人民最乐于接受的社会保障措施。同时它的存在不以社会制度的性质为转移,不论社会制度如何更替,社会福利在人们生活领域总是占有一席之地。从意识形态领域看,传统的慈悲、慈善、仁爱思想和互助共济的社会伦理道德观念,在人类历史上延续了几千年,它根深蒂固,具有相对的独立性。这些思想和观念不仅影响到普通人的行为,而且对统治者制定政策也产生积极影响。

(2)机会均等,待遇平均。首先,社会福利保障没有特定的对象,凡属国家法定范围内的公民都有权享受福利待遇。其次,社会福利提供的保障项目对每个劳动者来说都是一致的,不受职业、年龄和性别的限制。如国家开办的医院、学校和福利工厂,社区建立的各种福利设施等,人人都可以根据需要享受。最后,社会福利提供的待遇标准是同一的。如我国的过渡性价格补贴和其他生活、生产、交通、出差等津贴,包括社区和企业在一定范围内提供的福利性津贴,对所有享有者只有同一标准,不存在一部分人高,另一部分人低的问题。

（3）权利和义务脱节,保障侧重服务性。社会福利是一种公共产品,其所需经费来源于国家拨款、社区自筹、企业提留和福利工厂本身,作为受益者个人不直接承担任何义务。因此,社会福利关系所体现的也不是权利与义务对等的关系,同其他社会保障措施相比,则更强调国家和社会对个人的义务和责任。在保障方式上社会福利也提供一定数量的货币,但更多的是提供服务和设备。可见,社会福利侧重满足人民享受和发展的需求,为保障劳动者的全面发展提供条件。

（二）社会保险与社会福利的共性

（1）社会福利同社会保险和社会救济共同构成社会保障制度的主体,其直接目的都是为了保证人们的基本生活条件,丰富人们的消费内容和提高人们的消费水平与消费质量。

（2）社会福利同社会保险和社会救济都是国家社会政策和经济政策的重要组成部分。在资本主义国家,随着社会生产力进一步发展,资本主义基本矛盾日益尖锐化,劳动关系日趋紧张,为调和缓解矛盾,维护资产阶级统治,资产阶级政府被迫立法和制定措施,举办社会保障事业。于是资本主义国家的社会保障政策也就成为资产阶级政府制定的旨在实现资本主义基本经济规律、延续和发展资本主义制度的政策的一部分。不仅如此,在资本主义国家,社会保障各项目还经常成为竞争、竞选必须运用的筹码和经济大亨们成为政治主宰的敲门砖。在社会主义国家里,虽然消灭了剥削制度,建立了以生产资料公有制占主导地位的经济基础,但是,生产关系和生产力的矛盾、上层建筑和经济基础的矛盾等,还将长期存在。社会主义国家为淡化和解决上述矛盾,在利用和改造旧的社会保障体系的基础上,采取积极措施,大力发展社会主义社会保障事业,毫无疑问,社会主义社会的社会保障也是执政党和政府制定的旨在实现社会主义基本经济规律,巩固和发展社会主义制度的政策的重要组成部分。

（3）社会福利同社会保险和社会救济一样,与生产关系是一种作用和反作用的关系。首先,一国的社会福利提供的形式、内容,以及福利的水平和质量,是由该国的经济水平和财政实力决定的,一般来说,在社会制度相同的国家,谁经济水平高,财力雄厚,谁的福利水平就高。其次,社会福利对生产又有反作用,它表现在：第一,人们福利水平提高,能增强社会的凝聚力,调动人民群众参加经济建设、努力发展生产的积极性。特别是那些生产性福利措施,直接扩大了社会再生产。第二,由于社会福利产品的消费具有非排他性、非竞争性和普遍存在的"搭便车"现象,于是,当社会福利水平超过一定限度时,就会加强人们的依赖心理,削弱人们的劳动积极性,对提高社会生产力产生不利影响。

(4) 社会福利水平同社会保险保障水平一样,对经济水平的关系缺乏弹性。社会福利水平虽然受制于一定的生产力发展水平和各国的财政状况,但是,社会福利的待遇标准一旦确定,由于人们受"保利护权"心理影响,很难再把它降下来。因此,在判定社会福利计划和确定福利待遇标准时,务必应从实际出发,统筹兼顾,把人民的目前利益与长远利益、局部利益与整体利益、个人利益与集体和国家利益有机结合起来,防止出现脱离实际,只顾眼前利益的高福利标准,保证社会福利事业稳定地、循序渐进地发展。

(三) 社会保险与社会福利的差异性

(1) 保障的对象不同。社会保险和社会救济以特定范围内的人们为保障对象,而社会福利则以全社会的公民为保障对象。

(2) 经费来源不完全相同。社会福利同社会救济一样,不要求受益人尽缴纳税(费)义务,它所需要的经费主要依靠社会筹集、各企事业单位自筹,部分由各级政府财政拨款。

(3) 分配原则不同。社会保险基金分配通行的是权利与义务基本对等原则,被保险人领取的保险待遇与其为社会保险基金筹集的贡献直接相关。社会福利待遇的分配则不考虑享受者对社会福利事业的贡献,多以人人有份的平均分配为原则。

(4) 满足需要的层次不同。社会保险是为被保险人提供基本生活保障,主要满足人们的生存与安全需要。而举办社会福利事业是为了提高人民的消费水平和消费质量,主要满足人们的发展和享受需要。

(5) 保障提供的物质内容不完全相同。社会福利提供的物质内容不像社会保险那样以货币形式为主,而是以各种服务设施为主。

(四) 阐明社会保险与社会福利关系的意义

(1) 确保社会福利事业的良性发展。从某种意义上说,社会福利贯彻没有任何前提条件的普遍性原则,人为因素在全部过程中发挥着重要作用。不过,社会福利事业的发展也并不是随心所欲的,它毕竟要受到一定的经济条件和人们思想觉悟程度的限制和制约。如果社会福利水平超出这种限制,盲目提高标准,从长远看,由于脱离实际和超前消费,必然加重国家和企业负担,社会也难以承受。于是,国家为寻求生产发展和利益分配之间的平衡,最后不得不砍掉一些福利项目和降低某些福利待遇标准。这样做的结果又如何呢？国内外的经验证明,它不仅会引起人民群众对政府的不满,影响安定团结,而且还会使社会福利事业大起大落,不利于其正常发展,最终损害人民的长远利益。

（2）保证社会福利终极目的的实现。现代社会福利事业不是古代社会那种人们顺从上帝的意志的慈善行为,而是作为一种社会调节机制,发挥着调节社会现实矛盾和社会政策的巨大作用。因此,任何一个国家的社会福利计划,都有其特定的终极目的性,这就是：通过实施社会福利计划,使人们亲身体会到社会发展与进步的意义,以及每一个人存在的社会价值,感受到人人都具有向社会正当索取的权利,从而培养人们的社会责任感和整体意识,增强社会的凝聚力。如果不区分社会福利与社会保险,把社会福利社会保险化,讲求直接的义务和权利对等关系,显然达不到社会福利的终极目的。相反,如果将社会保险福利化,强调普遍性、"人人有份"的平均分配原则,那就会使社会保险(保障)陷入"大锅饭"的泥潭,社会保险也就失去存在的意义。

1.2.3 社会保障研究的方法

马克思主义的辩证唯物主义和历史唯物主义是社会保障研究的基本方法。这种方法在社会保险研究实践中的运用,则表现为理论与实践相结合方法、逻辑与历史相结合分析法、定性与定量相结合分析法和全面系统分析法。

一、理论与实践相结合方法

实践的观点是辩证唯物论的认识论的首要的、基本的观点。社会实践既是理论的来源,又是检验理论正确与否的唯一标准。社会保险,以社会保险关系、社会保险活动及其管理的基本原理和方法为主要内容,这些原理和方法是否正确与适用,还得依靠社会保险实践来检验。因此,理论与实践相结合的方法是研究社会保险首要的方法。运用这一方法研究的具体要求是：第一,作为对社会保险实践的抽象与概括的社会保险理论,还必须重新回到实践过程中去,为实践服务,并接受实践的检验。一种理论,特别是应用理论,如果脱离实践或不服务于实践,不仅失去它的应用性和实用性,也将失去其不断完善和发展的意义。第二,对社会保险关系及其运行模式的研究和探讨要从我国社会主义市场经济制度的实质与特征出发,并以我国自己的社会保险事业为立足点。社会主义经济建设和社会保险事业发展的丰富实践经验,是本学科理论的主要来源。第三,开展广泛深入的社会调查,掌握大量的第一手资料。社会保险是一种实践性强、形式多样和情况复杂的社会经济现象,只有进行全面的、系统的调查研究,掌握足够数量的事实材料和数据资料,并对这些材料和数据进行筛选、分析、比较、去粗取精、去伪存真,才能从社会保险现象中找出最本质的东西,归纳、提炼出适用的社会保险理论。第四,在社会保险运行及其管理方面,反映社会保险生产力发展规律的一般原理和原则,具有普遍适用性,它既可以为资本主义的社会保险实践服务,也可以为社会主义的社会保险实践服务。因此,对于资本主义国家尤其是资本主义发达国家某些反映社会保险生产力发展规律一般要求的经验与方法,我们应该学习和借鉴,以丰富自己的社会保险理论。不过学习外国经验,需要结合我国国情和社会主义社会保险的实际,有分析、有选择和开拓性地学习、运用,而不是不加分析地盲目照抄照搬。

二、逻辑与历史相结合分析法

逻辑方法是研究各种客观事物时所采用的辩证思维推理法。在研究社会保险这一客观经济现象时,依照思维进程,由其产生到发展、由低级到高级、由简单到复杂、由现象到本质、由个别到一般进行探讨,并进行科学的抽象分析,舍弃社会保险现象之间的偶然的表面的联系,抓住隐藏在社会保险现象背后的必然的本质的联系,揭示出社会保险保障内在的规律性。所谓历史的方法,就是在研究社会保险经济关系时按照社会保险的历史发展变化过程来进行研究的方法。任何客观事物都有一个产生、发展和变化的历史过程,同时,任何客观事物又都是一定历史条件下的产物。所以探讨客观事物,如对社会保险关系及其运行模式的研究,不仅应放在一定的时代下进行历史的客观的评价,而且还要认识它的历史及其将来发展变化的趋势。马克思主义认为,思维是社会历史发展过程的反映,思维逻辑和历史逻辑是统一的,离开社会历史发展进程的思维逻辑论必将陷入不切实际的空谈。因此,研究社会保险活动及其管理,必须引用逻辑与历史相结合的分析法。

三、定性与定量相结合分析法

社会保险的一系列理论与实务问题,除了需要从质的方面进行分析以外,还需要从数量方面揭示社会保险运行管理的规律性。任何事物(当然也包括社会保险),都包含着质与量这两个不可分割的方面,并且在许多场合,客观事物的本质规律往往蕴藏在一定数量当中,离开数量分析,就无法明清事物的本质特征。所以,将定性分析与定量分析结合起来,是研究社会保险的重要方法之一。另外,当代社会保险运行与管理以先进的科学技术和高度社会化分工为基础,它要求社会保险管理工作能够掌握瞬息万变的国内外社会保险信息和动态,并及时加以处理,为社会保险决策提供依据。如此复杂的管理活动,必须要对大量的数据进行科学分析,否则其管理目标是无法实现的。在社会保险运行过程中采用先进的管理手段,运用系统论和控制论等知识,通过科学模拟,选择最佳的社会保险运行与管理方案,对于优化社会保险资源配置,降低成本,提高经济与社会效益,有着积极的作用。可见,研究社会保险,运用定性与定量相结合分析法,是现代化、社会化社会保险管理的客观要求。

四、全面系统分析法

国民经济是一个大系统,它是由多个复杂的、多层次的、多功能的部门和子系统组成。同时,这些部门和子系统相互联系、相互制约,形成国民经济整体的有序运动。社会保险作为国民经济的一个重要组成部分和子系统,同其他部门和子系统自然有着千丝万缕的联系,它在一定时期内发展的规模和速度,也必然要受制于其他部门和子系统的发展。因此,研究社会保险运行与管理,不能把它作为一个孤立的过程来考察,而应该把它摆在国民经济这个大环境中,与整个社会主义建设事业紧密地结合起来,进行系统的而不是零碎的、全面的而不是片面的、多角度的而不是单向的分析、权衡和比较,才能使确定的社会保险目标和任务、制定的社会保险管理方案和工作程序,以及提出的解决社会保险管理中的实际问题的办法富于科学性和现实性。

1.3 社会保障的应用理论

社会保障的应用理论主要说明社会保障同其他经济和社会范畴的关系、社会保障的功能作用以及社会保障的历史地位。比如,社会保障与经济发展、社会保障与分配、社会保障与财政、社会保障与人口、社会保障与法制建设、社会保障与储蓄、社会保险与社会伦理、社会保障文化、社会保障基金运用、社会保障与风险、社会保障技术,等等。

1.3.1 社会保障与经济发展①

作为国家调节生活生产、交换、分配和消费的一种机制,社会保障对经济发展究竟能够产生何种效应、多大效应,一直是人们关注和议论的话题。当前我国正处

---

① 邓大松等:《中国社会保障若干重大问题研究》,第61—81页。

在经济转轨与社会转型的关键时期,研究社会保障与经济发展的关系具有重要的理论意义与现实意义。

一、经济发展对社会保障的决定作用

经济发展是人类社会发展的必然,同时又是推动人类社会不断进步和文明的物质基础。社会保障不是人为的产物,它是随着生产力发展、商品经济发展而产生和发展起来的。并且,社会保障的形式、范围、内容和水平也取决于一定的经济发展水平。

(一)经济发展水平决定社会保障产生的条件

这一问题笔者在《社会保险比较论》一书中已做过阐述。其主要论点是:现代社会保障制度的产生必须有一定的物质条件。这里的物质条件是指社会生产力的发展导致社会剩余产品增多,国家直接掌握了足够的物质和货币财富,有能力支付巨额社会保障金;人们提供的必要劳动,除满足正常生活需要外,还有一定的剩余,使人们及其企业有可能缴纳保险费。

(二)经济发展水平决定社会保障的范围、形式和内容

在远古和中古时代,生产力水平低下,人们在生产上自给自足,很少往来,简单的手工业和各生产单位及各种生产之间的松散关系,决定了封闭的社会结构、简单的产业结构和狭小的生产规模,进而决定了当时的社会保障也只能是一些原始的、处于萌芽状态的简单形式,其保障的内容则是一些带有慈善性质的社会救助和济贫项目,并在一个群体内或者某个团体内部的狭小的区域范围实行。

到近代,生产力的发展引起了社会产业结构的巨大变化。古代简单的产业结构被复杂的机器制造业、动力工业、大农业和国内外贸易代替,经济水平较之先前大大提高。近代生产力的发展,导致以自然风险为主的风险结构发展为自然风险、经济风险、政治风险和人为风险等多种风险并存的风险结构。为了有效地控制和处理风险,在出现近代商业性保险发展与繁荣的同时,产生了现代社会保险形式。这时,社会保障的范围包括所有受雇者及其家属,保险的内容包括生、老、病、死、伤、残、失业等。

人类进入现代社会,由于电子、通信、激光、红外以及仿生等技术的发展和应用,产业结构发生了划时代的革命,创造了巨大的物质财富。与此同时,对人类生存与发展构成威胁的各种风险较之以往变得更多、更集中,波及面更广,破坏性也更大。现代生产力引发的现代风险特征,使人们将社会保险的范围扩展到全体公民,保险的内容囊括"从摇篮到坟墓"的方方面面,从而建立起国家保险、地方保

险、企业保险、社区保险和个人自保等多层次的社会保障体系。

二、社会保障对经济发展具有反作用

从社会保障事业发展的全过程看,社会保障同经济水平的关系,并不完全是一种受制约的关系。作为一种社会经济行为,社会保障是国民经济的重要组成部分和社会市场经济的基本要素,因此其发展必然直接或间接、正向或负向地影响到经济发展。

第一,社会保障对那些由于各种原因造成生活困难的人们进行保险保障,使他们能够保持最基本的生活条件,这实际上免除了人们生活无着落的恐惧和后顾之忧,消除了社会不安定的因素,起到了定国安民促发展的作用。但是,社会保障项目和给付水平必须与经济发展水平和人们的觉悟程度相适应。若社会保险保障项目太多,给付水平超出人们最基本生活需要的界限,那么社会保障必然会对经济发展起消极作用;若社会保险保障项目太少,给付水平过低,乃至不能维持被保险人的最低生活需要,那么势必会挫伤人们参加社会保险的积极性,进而影响社会和谐稳定。

第二,社会保障法规规定,作为社会保险被保险人,不论是下岗待业、失掉工作、收入中断,还是遭遇伤害等意外事故,都可获得经济上的补偿和再就业培训的机会以及保险医疗。这样做,一方面可以满足被保险人的基本生活需要,提高劳动者的劳动技能、就业素质与就业能力,稳定就业;另一方面,增加了劳动力资源丰富和经济不景气国家的就业困难,扩大了就业与待业之间的矛盾。

第三,凡实施社会保险保障的国家,一是要求企事业单位对职工承担一定的保险保障责任,二是社会保障机构会同有关部门从基金上给予企事业单位大力支持,有利于减少人民的生命和财产损失,有利于逐步消除贫困现象。然而,社会保障机构的"慷慨解囊"会导致企事业单位和个人产生过分依赖社会、依靠国家的思想,特别是易助长企事业单位的短视行为。

第四,社会保障再分配功能的发挥,能够保障被保险人的基本生活条件,扩大消费能力,改善人们的消费结构,有效地引导和适度刺激社会需求。不过,在盲目扩大再生产,造成国民经济发展中的各种比例严重失调的情况下,扩大社会需求将会使通货膨胀进一步恶化。

第五,社会保障机构利用社会保险税(费)收取到组织保险金给付的时间差,将处于暂息状态的社会保险基金运用于投资,能为国家积聚发展资金,给资本市场增添新的竞争活力,完善资本市场。不过,在投资膨胀、国家宏观调控失灵的条件下,增大社会保险投资量,必将使基建规模更加失控,国民经济发展中的各种比例更加失调,浪费更加严重。尤其是,如果社会保险投资缺乏可行性分析,导致投资决策失误,项目选择失当,那么社会保险投资不仅无增值可言,就连投资本金都无法收回。

1.3.2　社会保障与分配[①]

从本质上讲,现代社会保障制度是由主权国家的政府出面对分配领域实行干预的一种手段,属于收入再分配范畴。

一、社会保障的收入再分配效应

社会保障分配以其特有的方式,可以对已经形成或正在形成中的收入分配格局进行必要的调整和修正。概括地说,社会保障分配是通过两个"系统"、三种实现形式来完成的。

(一)社会保障分配的两个"系统"

第一,社会保障以"社会扣除"的形式将一部分国民收入集中到政府预算,通过转移支付来保障一些特殊社会成员的基本生活需要。政府在社会总产品或国民收入分配过程中,凭借其政权力量参与,以所得税形式把社会成员中的高收入者的一部分收入集中到国家,再通过社会救济、优抚等方式支付给上述无收入保障的另一部分社会成员,使他们能在国家福利保障制度下得到基本生活所需的物质条件。

第二,社会保障以"专项预算"形式把分散在各个企业和居民手中的自我保障基金,通过基金征集或特种税收如社会保障税(费)集中起来,形成国家"社会保障基金",建立国家"社会保障预算"或"社会保障特别账户"。

(二)社会保障分配的三种实现形式

社会保障的收入再分配,从其实现形式来看,有以下三种:

第一,劳动者个人收入的再分配,是指劳动者的收入在不同年龄段的再分配,即劳动者劳动期间部分收入由于保障制度的作用被延迟到退休期间使用,从而体现出个人收入的再分配效应。在不同的保险模式中,这种分配效应的表现形式各异,如在实行个人账户管理的储蓄积累式养老保险模式中,个人收入再分配效应表现非常直观,退休收入在形式和内容上均表现为劳动者退休前工作期间的一种积累,是延期或转移部分收入的结果,而在其他的保险模式中,这种个人收入再分配

[①] 邓大松等:《中国社会保障若干重大问题研究》,第177—221页。

的表现形式较为间接。

第二,劳动者代际收入的再分配,集中体现在采用现收现付的筹资模式的养老保险计划中。在这种计划中,现有老年人口的退休费用由生产性劳动人口负担,而现有生产性劳动人口的退休费用将顺延由下一代劳动者承担。如此体现出劳动者代际收入的再分配。从经济关系上看,现有劳动者是上一代人抚养的结果,并抚养下一代,下一代人未来将赡养现有劳动者,现有劳动者赡养上一代,如此形成一种"反馈抚养模式"。

第三,同代劳动者之间的收入再分配,指收入高低不同的劳动者之间的再分配。无论是西方资本主义国家的"工资—利润"分配还是中国实行的"按劳分配和按要素分配"相结合,其核心都是在初次分配领域内引入市场机制。市场机制下的收入分配依据是人们拥有的生产要素的市场稀缺程度及要素价格。不同的要素所有者,由于他们拥有要素的数量和质量不同,竞争机会也不均等,从而他们的收入也就不均等。政府以税收(包括社会保险税和其他税种)或费的形式,集中一批国民收入,形成财政收入,再以财政支出的手段分配给大量失去最低生活来源的人及其家庭或其他需要保障的人群,从而实现对初次分配结果的矫正和弥补。这不仅不是对初次分配规则的违背和破坏,相反,更有利于保障市场原则的顺利运行。

二、收入分配差别与社会保障分配

社会保障的分配效应主要体现在对收入差别的调整上。收入分配差别通常具有两层含义。其一是收入水平的绝对差异。一部分社会成员因劳动能力或天灾人祸限制,其劳动所得相当有限,无法满足基本生活需要,甚至根本没有任何收入。另一部分社会成员在为社会提供较多较高质量的劳动后,取得了与其劳动数量和质量相适应的收入,生活比较宽裕。其二是收入水平的相对差异,即社会成员都取得了基本生活保障以上的收入水平,但生活的享受程度不同,贫富差别依然存在。从社会保障的根本属性来看,保障分配所涉及的主要是前一种收入差别,可以称之为"绝对贫困化"的保障调整。但同时"绝对贫困"的标准又是一个经常变化的定量,一般地,随着经济发展水平的提高,基本生活的水准会提高,因而保障标准也是在不断提高的。

社会保障制度通过两个"系统"和三种分配方式,一方面使一部分收入最低的居民增加收入份额,保证基本生活需要;另一方面,为劳动者提供全过程的生活和劳动保障,免除后顾之忧,使其全身心投入劳动,调动其劳动积极性。并且,社会保障也改变着社会不同阶层、不同成员及同一阶层、同一成员在不同时期——劳动前、劳动中、劳动间断、劳动后的收入分配状态。

三、公平与效率——不容回避的话题

公平与效率是一个两难命题,贯穿于社会发展的整个过程。社会保障制度如何更好地兼顾公平与效率原则,自然也是一个难题,作为国家社会政策的体现,社会保障应通过适当的收入再分配机制来强调社会公平原则,实现社会的稳定协同发展;作为经济运行机制的一个重要环节,它又必须高度重视激励和效率机制问题,以促进而不是阻碍或制约经济发展。那么,社会保障制度怎样才能找到一个公平与效率的结合点呢？第一,社会保障制度的项目设置、覆盖范围和给付水平应与经济发展水平相适应;第二,坚持义务与权利相结合的原则,将公民享受社会保障的权利与缴纳费用的义务联系起来,强化个人责任,以促进劳动者的积极性;第三,在社会保障基金的管理和运营方面引入竞争机制,以减少基金管理成本,提高基金使用效率。

1.3.3 社会保障与财政

从本质上讲,社会保障与财政均体现了一种分配关系,二者联系密切。

一、社会保障与财政的含义

社会保障源于"社会安全"一词,最早是由美国罗斯福政府于20世纪30年代初提出来的。1935年,美国颁布了《社会保障法案》,此后,"社会保障"成为法律文献中的一个规范名词,被全世界各国采用。社会保障的含义是,国家为促进经济发展和保持社会稳定,对公民在年老、疾病、生育、伤残、失业、死亡、遭受自然伤害和发生意外事故、面临生活困难时,由政府和社会依法或根据事先确定的条件和标准给予货币和物质帮助,以保障公民的基本生活需要的制度。一般而言,社会保障的内容包括社会保险、社会救济、社会福利、社会互助、优抚安置等,其中社会保险是社会保障的核心内容和主要部分。

财政是伴随着国家的产生而产生的,它既是一个经济范畴,也是一个历史范畴。关于财政的含义,不同的学者有不同的定义。我们认为,所谓财政,是指国家根据其职能,凭借政权力量集中取得一部分社会财富并用于满足社会公众的需要,以实现优化资源配置、保障国家安全和稳定社会秩序的目的。

二、社会保障与财政的关系

（一）社会保障与财政的共性

（1）二者同属分配范畴。从社会保障与财政的定义来看，社会保障与财政在本质上均体现了一种分配关系，二者同属分配范畴。

（2）分配主体相同，均为国家。社会保障的分配主体是国家，任何个人和集体都没有力量担负全体社会成员的各种保障，劳动者的自我保障和保险公司的人身或养老保险等，从质的规定性上只能成为社会保障体系的补充环节，尽管这两种保障或保险在量上都是十分重要的。财政也是一种以国家权力为主体的分配，财政分配所涉及的分配关系，必须以国家为一方，并且在分配双方中，国家居高临下，只要财政分配所依据的客观经济现象和经济规律一定，国家可以"主宰分配"，国家处于无可争议的主导地位，成为分配双方的主体。

（3）分配客体相同，社会保障与财政的分配客体均为社会总产品中的剩余产品。

（二）社会保障与财政的区别

（1）就分配主体而言，社会保障分配的主体除国家外，还包括劳动者个人、商业保险机构等；而财政分配的主体只有国家。

（2）财政分配以无偿为基本原则，不直接返还；而社会保障尤其是社会保险主要遵循权利与义务相结合的原则。

（3）就集中分配程度而言，因为社会保障分配属于财政分配的一个组成部分，所以其集中分配程度较财政分配低。

（三）社会保障与财政相互依存，不可分割

（1）就社会保障的分配内容与财政分配的内容看，社会保障分配是财政分配的组成部分。因为，社会保障分配的一部分社会产品，在价值构成上由必要劳动 V 和剩余劳动 M 组成。其中，劳动者的养老保障中相当大的数量是属于 V 的部分，其余的则主要属于 M 的性质。从社会保障再分配的 M 部分考察，其分配的实现基本依赖于财政分配，即通过国家的财政专项预算，有计划地集中和给付。

（2）财政是社会保障基金的主要来源。总体而言，社会保障基金主要来源于国家、企事业单位和个人，其中政府财政负担的比重较大，在社会保障基金筹集中扮演了重要角色。据统计，目前我国社会保障占财政支出的比重在 12% 左右，远低于发达国家的 30%—50%，尽管如此，财政仍是社会保障基金的主要来源。

（3）社会保障基金的收支状况直接影响财政的分配状况。从社会保障基金的

收入来看,社会保障税(费)既是社会保障基金的重要筹资手段,又是财政收入的主要来源之一。较高的社会保障税率虽然会增加政府的财政收入,但同时也增加了企事业单位和个人的负担,影响其参加社会保障的积极性;较低的社会保障税率使社会保障基金积累不够充足,保险偿付能力弱小,在社会保障事件发生后,无法给被保险人以基本保障,为贯彻社会保障给付的一般原则,只有加大国家和地方财政的支持力度,于是较低的社会保障税率有可能增加日后国家和地方的财政负担,或者使社会保障不能发挥拉动内需、刺激消费等的作用。从社会保障基金的支出来看,近年来,我国对社会保障事业的关注和重视程度逐渐提升,用于社会保障的财政支出规模不断扩大,这将直接影响到财政的分配格局。

1.3.4 社会保障与人口①

人口是社会经济活动的基础和主体,也是社会保障的基础和主体,人口因素在建立与健全社会保障制度过程中的作用是十分重要的。

一、实现人口再生产需要社会保障

(一)人口再生产的含义

人口再生产是指人类为了世代延续,即为了自身的增殖或种的繁衍所进行的生产。它是原有人口生命的生产和新一代人口生命的生产的统一。所谓原有人口生命的生产,是指原有人口把自己劳动获得的生活资料通过消费转化为自己的体力、智力的过程,它包括原有人口生命的延续、体力的增加、智力的发展等。所谓新一代人口生命的生产,是指现有人口通过生育、抚养等方式,使新一代人口诞生和成长。

工业革命虽给人类带来了诸多好处,但也给人类带来了新的风险,如工伤、失业、疾病、人口老龄化等,尤其是严重的工业伤害和职业病,导致劳动者暂时或永久丧失劳动能力,收入来源中断。在这种情况下,原有人口生命的生产和新一代人口生命的生产受到威胁,客观上要求政府建立社会性的社会保障制度,以保证人口正常再生产。

(二)劳动者收入的保障需要社会保障

在市场经济条件下,失业或待业的现象总是不可避免的。劳动者失去工作意味着收入中断,从而失去生活来源,劳动者生命的延续、体力的增强、智力的发展必

---

① 邓大松等:《中国社会保障若干重大问题研究》,第146—152页。

将受到影响。因此,需要对失业者和生活困难者提供基本生活保障,使这部分劳动者的劳动能力得到保护。

(三)劳动者劳动能力的恢复需要社会保障

在工业化生产条件下,劳动者在劳动过程中遭遇工业化带来的副产品——工伤事故导致的伤残、疾病(包括职业病)或为哺育后代暂时中断工作时,劳动者暂时丧失劳动能力。为恢复劳动能力,满足生存和发展需要,需要社会保障机制提供收入保障和医疗服务保障,使劳动者获得基本的生活资料和必要的医疗服务,以使劳动能力能够恢复和再生产出来,并延续后代和培育新一代劳动力。

(四)"纯消费"人口需要社会保障

"纯消费"人口包括潜在劳动人口和老年人口。潜在劳动人口是新一代人口生命生产的结果,是指暂时没有劳动能力的"纯消费者"。现代化生产要求劳动者必须具备一定的文化素质和技能素质,潜在劳动者要想在日后的就业竞争中获胜并得到发展,需要国家将教育纳入社会保障体系,并开展就业前的劳动教育,使潜在劳动者的基本素质得到保证和提高。

随着社会经济的发展和医疗卫生事业的进步,人均预期寿命不断延长,同时家庭结构日益小型化和核心化,使得家庭或个人单方面难以承担繁重的养老、护老责任。因此,必须建立社会保障制度,以社会保障的形式和借助社会各方面的力量,解决社会老年阶层带来的实际问题。

二、社会保障对人口再生产的意义

人口再生产实质上是人口数量再生产和人口质量再生产的统一。人口的数量和质量处于对立统一之中,二者相互联系,相互制约,关系十分密切。作为社会稳定的重要机制和经济、社会发展的辅助机制,社会保障的意义在于它能够协调人口数量与质量之间的关系。

(一)社会保障是控制人口数量的重要经济措施

伴随着人口数量过多引起资源开发过度,环境污染严重已经成为一个国际性的重大问题。一国为控制人口数量,可采取行政强制手段或经济措施。但实践证明,通过行政强制措施控制人口数量不能从根本上改变社会成员的生育观念和生育行为,只有利用经济手段尤其是采取社会保障措施,才是影响生育率乃至控制人口数量的最佳选择。建立社会保障制度,通过集合社会力量承担养老义务,将有利于破除陈旧生育观念,降低生育率,从而控制人口数量。

（二）社会保障能促进人口质量提高

人口质量泛指人口在社会经济及其他生活的诸多关系中所表现出来的若干特质，这些特质包括思想道德素质、文化技术素质和体力劳力素质三个方面。自产业革命后机器大工业化迅速发展以来，社会生产力的发展由主要依靠劳动者的数量增加转变到劳动者质量的提高，劳动者技术、文化等人口质量方面因素的作用越来越重要。社会保障是促进人口质量提高的重要机制，这是因为纳入社会保障体系的基础教育能提高潜在劳动者的基本素质；对失业者的职业培训，能提高这部分劳动者的技能素质，使其适应科学技术进步和产业结构调整的要求；医疗保障的实施，能保证劳动者有充沛的体力和较高的智能从事生产活动等。

1.3.5 社会保障与法制建设①

社会保障的政策主体是国家，在国家立法监督下，中央政府制定社会保障的各项政策，而其实施社会保障政策的手段则是国家的法律、法规。

一、社会保障立法的意义

现代社会保障制度是依法建立起来的，有关社会保障的立法已成为当代各国法律体系的重要组成部分。社会保障法制化是一个国家实施各项社会保障政策的根本保证。

（1）建立健全社会保障法律体系是完善社会保障制度的基本要求。纵观现代社会保障制度的发展历程，它产生于社会化大生产和现代民主制度建立之后，涉及每个单位及千家万户。它既是社会稳定和经济发展的基石，也是依法治国的重要环节，它的完善和发展必须依托于法律制度，依法办事是完善社会保障制度的基本要求。

（2）完善的社会保障立法体系是维护公民人权和劳动者合法权益的根本保证。社会保障权是人类在社会化大生产和市场经济条件下维护自身生存和人格尊严的基本权利。建立和完善社会保障法律制度，从立法上确定社会成员和劳动者在年老、患病、工伤、失业、生育时的基本生活条件，是保护人权和劳动者合法权益的直接体现，对保护人权和劳动者合法权益具有十分重要的意义。

（3）社会保障问题的国际性，要求加快社会保障立法，促进国际交流。现代社会保障制度从其产生至今，经历了从一国到多国、从单一项目到多个项目、从特殊

---

① 邓大松等：《中国社会保障若干重大问题研究》，第530—553页。

对象到普遍对象、从国内立法到国际立法的发展过程。随着经济全球化,社会保障问题已超出个别国家的范围,而成为国际社会共同关注的重要课题。基于各国立法的经验和教训,国际社会保障立法得以发展。国际社会力图在社会保障问题上达成广泛的国际合作,建立和逐步推广社会保障领域的国际标准。社会保障问题的国际性向各国提出了加快国内社会保障立法的客观要求。

二、建立和健全社会保障法律制度的基本原则

社会保障法律制度是调整社会保障关系的法律规范的总和。建立和健全社会保障法律制度,需要遵循以下五点原则。

(1)保障人权,确保公民的基本生活需求。生存权是最基本的人权,社会保障法律的本质应是对人类生存的保护。因此,社会保障立法必须从保障公民的生存权出发,确保人们能过上健康而又具有文化性的最低限度生活。

(2)普遍性与特殊性相结合的原则。社会保障立法要坚持普遍性原则,"普遍性"有两层含义:一是保障范围的普遍性,应建立从救贫、防贫到完善的社会福利一整套范围广泛的社会保障法律制度;二是适用对象的普遍性,即社会保障立法要以全体社会成员为对象,同时全体社会成员都享有社会保障的共同权利,遵循普遍适用的保障标准。特殊性原则即区别性原则,指针对不同类型的社会成员制定的适用法规。在社会保障的立法过程中,在坚持普遍性原则,确保全体公民都有平等地享受社会保障权利的同时,还应正视城乡之间、各地区之间经济发展与社会文化的差别,有针对性地制定适合不同经济发展水平和生活水平的社会保障标准。

(3)社会保障水平与生产力发展水平相适应的原则。社会保障是对人们经济生活进行调节和补偿的一种制度,是由一定的生产力决定的。生产力的发展既为社会保障制度的产生创造了物质条件、社会条件、政治条件,又决定了社会保障的范围、形式和内容。① 同时,作为整个国民经济架构的重要组成部分,社会保障的发展必然直接或间接地影响生产力的发展。社会保障的发展必须与经济发展水平相适应,超前或滞后都是有害的,都会影响经济的发展。因此,在制定社会保障法律时,既要确保社会保障水平建立在一定的生产力发展水平之上,又要让社会保障有利于促进生产力的发展,使社会保障与社会生产力的发展相互协调、相互促进。

(4)权利与义务相统一的原则。权利是与义务相对应的范畴。社会保障法律关系的立法必须贯彻权利与义务相统一、相一致的原则。但是,在社会保障立法中

---

① 邓大松:《社会保险比较论》,中国金融出版社1992年版,第170—174页。

贯彻权利与义务相统一的原则,并非意味着权利与义务绝对相等,也不意味着缴费者在任何条件下都能享受社会保障权利。

(5)公平与效率兼顾,保障功能与激励机制并重的原则。社会保障法律的本质是保障人类的生存权、福利权和发展权,追求社会公平是其应有之义。因此,社会保障的立法必须考虑到社会公平。同时,还应充分考虑到效率问题,体现激励机制,激发参保者的积极性。

三、社会保障的立法体系和基本内容

社会保障的立法体系是指一个国家的全部社会保障法律规范,按照一定的标准分类组合所形成的,具有一定纵向结构和横向结构的有机整体。① 从立法体系上讲,社会保障体系应包括三个层次:

第一个层次:社会保障基本法。根据法律体系的构成理论,任何一个法律部门都必须以某一项法律(基本法律)为统帅,辅以各种低层次的部门法规,以及各种实施条例、规定、办法、细则等规范性文件。因此,需要制定一部社会保障基本法,用以统领各种单行的社会保障法律、法规、条例和实施细则。

第二个层次:社会保障单行法。它仅次于社会保障基本法,属于第二层次的法律法规,主要对社会保障基本法规定的某一方面的内容做具体规定,如社会保险法、社会救济法、社会福利法等。

第三个层次:社会保障配套法。它是低于社会保障单行法的第三层次的法规,根据社会保障单行法制定一系列条例和实施细则等,是社会保障单行法的进一步具体化。

1.3.6 社会保障与储蓄②

近年来,学术界关于社会保障与储蓄关系的研究不断增多,成果较丰富。根据国内外目前的研究现状,我们试图从以下两方面阐述社会保障与储蓄的关系。

一、社会保障与储蓄的关系

(一)社会保障与银行储蓄的共同性

(1)从社会保障收取保费到保险金给付的全过程可以看出,社会保障带有事先储蓄、预期支出或预防意外需要的性质。

---

① 覃有土、樊启荣:《社会保障法》,法律出版社1997年版,第108页。
② 邓大松等:《中国社会保障若干重大问题研究》,第88—100页。

（2）社会保障和银行储蓄的全部过程表现出某些方面的共同性。例如，两种经济机制都经历了同样的转化过程。在商品经济条件下，劳动者的劳动都分为必要劳动和剩余劳动两部分。人们缴纳社会保障税（费）或存储劳动收入的一部分，属于劳动者的必要劳动。但是，在现实生活中，社会保险关系和储蓄信用关系一旦确立，由于消费基金转化为保障基金和信贷基金，推迟的生活消费品购买力转化为现时增加的生产资料购买力。从这种意义上说，劳动者的必要劳动也就转化为剩余劳动了。

（3）社会保险和储蓄存款的某些作用是相同的。其一，社会保障资金和储蓄存款两种资金形式都能够转化为投资、增加积累、支持和满足国家经济建设对资金的需要。其二，社会保障基金量和储蓄存量同人们货币持有量呈反比关系，因此发展社会保障与储蓄事业，可调节市场货币流通量，缓解市场供需矛盾，使社会购买力与商品供应保持平衡。其三，社会保障缴纳税（费）和储蓄存款同人们的收入和消费有着十分密切的联系，通过保险或储蓄机制运行与调节，可促使公众养成节约开支的良好习惯，有效地引导人们消费和有计划地安排生活，促进消费结构与生产结构相适应。

（二）社会保障与银行储蓄的差别

（1）对象不尽相同。社会保障的对象通常为法定范围内的人，即只有社会保障法规定的劳动大众才有义务按规定缴纳社会保障税（费），参加社会保障；储蓄无特定对象，任何人均可自由存款。

（2）两种行为体现的关系不一样。社会保障行为受社会法规制约，体现的是保险人同被保险人之间的权利与义务关系；储蓄行为受个人意志支配，体现的则是国家同公民之间的一种信用关系。

（3）资产构成不完全相同。社会保障税（费）通常由国家、企事业单位和被保险人三方共同负担，由劳动者的基本生活基金（劳动收入的一部分）、企业收入和国家预算基金构成；储蓄存款由城乡居民个人收入构成。

（4）目的不尽相同。人们参加社会保障，并按规定缴纳保险税（费），其目的是为了在社会保障事件发生后，通过社会保障给付，保障其最基本的生活条件。从社会保障金的运动过程看，它与人们储蓄存款以防止不测事件和可测事件有相似之处，但是，人们将拥有的货币财产或结余的一部分收入存入银行，还有获取利息、自我表现和完善嗜好等动机。

（5）货币的流动性不同。储蓄是个人单独形成的准备金，根据个人需要，随时都可提取和转变为现实的购买力,不受其他条件限制,其流动性强于社会保障税(费)。

(6)需求提出及需求满足的极限不一样。储蓄动机是储蓄者根据个人需要产生,储蓄需求是由单个人提出的;社会保障动机则是国家组织、社会团体和个人依据社会需要产生,社会保障需求是由国家、企事业单位和个人三方提出。在满足需求的极限上,储蓄能够满足储蓄者更多、更高标准和更新的需要,而社会保障只能满足人们最基本的生活需要。

(7)社会诸因素制约的作用不一样。例如,储蓄量直接受制于消费基金和消费结构;在现代社会,社会消费基金量和社会消费方式只是对社会保障给付标准及其内容有制约作用,不会影响社会保障事业的发展。

二、社会保障对储蓄的影响

关于社会保障对储蓄的影响,在国外主要有两种观点。

其一,社会保障计划的实施减少了个人储蓄,降低了资本积累率。持这种观点的主要代表是美国经济顾问委员会前主席、哈佛大学经济学教授马丁·费尔德斯坦(Martin Feldstein)。这种观点的依据是:投资率低;生产增长率低;联邦政府赤字多,债务重。至于社会保障为什么会减少储蓄?其原因是:首先,在社会保险制度下,劳动者视缴纳税(费)如同储蓄,因此,对社会养老保险金的缴纳大大减少了劳动者为自己退休所准备的储蓄;其次,现收现付的社会保障模式,联邦政府将社会保险供款视为收入,并及时支付,结果是,社会保险供款没有直接或间接地被引导进入国内资本市场进行投资。

其二,社会保障不仅不会减少储蓄,相反,它还会鼓励人们增加个人储蓄。国外学者认为,那些指责社会保障减少储蓄的学者们犯了个错误,他们把社会普遍存在的弊端,甚至没有社会保障也可能会发生的事情都归咎于社会保障制度。

美国社会保障总署的研究者们认为,就被保险个人并从短期看,社会保障采取现收现付制度,对个人储蓄是有影响的。但是,判定社会保险是否减少了储蓄,不能仅仅以一种筹资模式的利弊为尺度,更不能以税(费)孤立的运行过程及其短期效应为依据。事实上,在社会保障采取部分积累制或完全积累制的国家,社会保险的筹资工具不论是"税",还是"费",集中起来的资金,都可视为一种公共储蓄资金。这种公共储蓄资金在其运动和促进经济发展方面所起的作用同个人储蓄资金是完全一致的。从长期看,现收现付制不仅不会减少个人储蓄,相反还有可能增加储蓄。美国的实践证明了:社会保障制度的实施若着眼于其发展过程,就可得出社会保障对储蓄乃至资本积累不会产生负面影响的结论。

1.3.7 社会保障与社会伦理[①]

一、社会伦理的概念

不论在中国还是外国,"伦理"和"道德"这两个概念,在一定的词源意义上可视为同义异词,指的是道德现状。伦理学只是一门关于道德的科学,只能以道德观作为自己的研究客体。[②] 对于"道德"范畴的规定性,可以从质和量两方面考察和分析,从质的规定性来看,所谓道德就是人类现实生活中,由经济关系所决定,用善恶标准去评价,依靠社会舆论、内心信念和传统习惯来维持的一类社会现象。这就是说道德是社会范畴和社会意识形态,属于社会上层建筑,道德之量的规定性则是相当广泛的。

二、社会保障与社会伦理的关系

社会保障制度(不论是原始的还是现代的)和一定的社会伦理属于上层建筑的不同方面。两者都是社会存在的反映,都根植于一定社会的经济关系;并最终受到一定社会经济关系的制约。

不过,社会伦理在发挥作用的过程中又表现出一定的特征:其一,社会伦理可以而且必然按照自己的特有功能,以不同于上层建筑其他成分的角度、方式和范围,去反映和实现社会经济关系的某些特殊要求;其二,在发展过程中,社会伦理要不同程度地直接接受上层建筑其他成分的作用和影响,同样,上层建筑的其他成分在各自的发展过程中,也会不同程度地直接接受当时社会伦理状况的作用和影响;其三,社会伦理在同上层建筑其他成分的关系中,也显现出伦理的相对独立性。

因此,社会伦理在其发展过程中,既受制于社会经济关系,也程度不同地直接接受某种微观社会制度如社会保障制度的作用和影响。同样,社会保障制度在其发展过程中,不仅受到社会经济关系的制约,而且也要不同程度地直接接受当时社会伦理状况的作用和影响。

三、近现代社会保障制度的实施和发展对社会伦理的作用和影响

(一)社会保障制度促进社会伦理的发展

(1)社会保障制度促进了社会互助、互济精神的发展。在现代社会保障制度

[①] 邓大松等:《中国社会保障若干重大问题研究》,海天出版社2000年版,第101—123页。
[②] 罗国杰、马博宣、余进:《伦理学教程》,中国人民大学出版社1985年版,第2页。

出现以前,为了规避因自然灾害、疾病等产生的贫困,人们通过组织一些民间互助团体来救助贫困和不幸者。现代社会保障制度建立以后,由国家出面组建,通过在全社会范围内筹集财富和劳动,为全体社会成员提供各种福利、救济和保险,并使之成为一种经常化、制度化的保障方式,这样一种覆盖全体社会成员的保障形式更易于促进社会成员参与意识的提高,在社会范围内弘扬互助、互济精神,并使互助、互济的含义更加深刻。

(2) 适度的再分配有助于缓解社会各阶层经济利益的矛盾,有助于形成和谐、积极向上的社会风气。社会保障制度的建立除缓和了资本主义的基本矛盾外,还通过社会成员间的收入再分配为社会脆弱群体提供生活保障,在全社会范围内实现了一定程度的社会平等。从客观结果上看,现代社会保障制度使社会弱者的基本生存权利得到保障,使他们树立生存的信心,促进了社会和谐与良好社会风气的形成。

(3) 社会保障制度促进社会成员文化素质的提高,推动社会文明进步。社会福利除了旨在提高穷人的消费水平外,有些项目还着眼于福利享受者的精神生活和提高个人发展能力的需要。这样不仅提高了个人谋生的能力,而且还提高了个人的科学文化素质,促进了其全面发展,推动社会文明进步。

(二) 社会保障制度对社会伦理的消极作用

(1) 高福利、高保障政策导致主动失业,使社会上出现了一批"躺在福利上"的社会成员。在一个社会保障制度比较完善的国家,当一个劳动者知道失业后会有一条基本生活保障线支撑着他的生活,使他"衣食无忧",那么就不会有太大的动力去努力工作和不断提高劳动生产率。对那些收入水平本来就很低的社会成员来说,失业反而会给他带来更高的效用。与其说是某种形式的福利供给创造了依赖性的文化氛围,倒不如说是人们理性地利用了福利制度。

(2) 社会化养老对家庭养老功能的完全替代减少了个人和家庭自我保障的责任感。随着社会发展和经济水平的提高,社会化养老逐渐取代家庭养老、强制性储蓄取代自愿性储蓄似乎是一种必然趋势,也是社会的进步。但是,当社会和政府完全接管了原来由家庭和个人自己负责的众多保障义务后,许多人可以完全不顾及对父母的赡养义务和对配偶的生活责任,从而导致传统家庭观念淡化。

(3) 高福利必然导致高成本,从而促使社会成员通过偷税、逃税、骗税等方式逃避纳税义务。随着社会保障项目和保障功能的不断完善与健全,保障待遇也不断提高,个人和企业的税收负担必然加重。为了减轻社会保障负担,许多企业和个人采取了偷税、逃税、骗税等手段逃避纳税义务。

（4）项目齐全、福利水平较高的保障政策，导致道德风险发生。社会保障领域中最易产生道德风险的莫过于医疗保险和工伤保险，主要表现为以下三点：其一，个人一旦知道当他患病（雇主知道他的雇员因工伤或职业病）时可以从社会保险机构获得医疗费和生活费时，他就会毫不顾及受保期间的个人健康问题（雇主就会放松对生产的劳动保护以及向雇员提供安全的工作环境）；其二，医疗方与患者之间信息不对称，患者往往缺少有关医疗服务方面的充分信息，这种情况下，医疗方出于自身利益的考虑可能会误导患者过度使用医疗资源而造成不必要的浪费；其三，也会出现医疗方与患者之间的"串谋"，共同骗取社会保险机构的医疗福利。所有上述行为都可能导致受保人和雇主丧失个人道德，医疗方丧失职业道德。特别是当社会保障制度还不够健全或福利水平较高时，这些道德沦丧的行为更易发生。

（5）社会保障制度实施过程中的平均化，使人们产生了对社会和政府的依赖心理。现代社会保障制度谋求条件平等和机会平等，尽可能地缩小结果不平等。但是这种平均化的福利政策，一方面破坏了社会的激励机制——奖励和惩罚，阻滞了经济效率的提高；另一方面，使人们对社会和政府产生依赖，形成了一种不干或少干工作都可以照样生活的社会观念。同时，这种制度还打消了失业人员寻找工作的积极性，鼓励懒惰，有害于社会勤勉精神和工作道德的建立，弱化社会的生机和活力。

1.3.8 社会保障文化

社会保障制度的产生与经济因素、社会因素和政治因素密不可分，此外，文化因素在社会保障制度的形成与发展过程中也起了重要作用。

一、社会保障文化的内涵

社会保障文化是指人们关于社会保障的思维方式、价值观念、伦理道德、社会习俗、行为规范和组织制度的总称，它决定着人们对社会保障所持的社会心态、认同程度、行为方式及受这些因素影响所构成的社会保障关系；从体系上看，社会保障文化包括社会保险文化、社会福利文化、社会救助文化，从内容上，社会保障文化包括社会保障文化理论、社会保障价值取向、社会保障伦理道德、社会保障社会习俗等。①

二、社会保障的文化起源

在西方早期思想家、政治家的"天赋人权"的思想和卢梭的"主权在民"的主张里,忽略其指导思想和出发点,有一点是明确的,即人生来就有人身的权利。这种权利在人与人之间是平等的;人身的权利有多种,但第一权利是人的生存权。人类只有获得生存权,才能从事一切生产活动和社会活动,从而保证其他各项人身权利的实现。然而,由于各种风险的存在,加之个人能力、家庭境况不同和社会制度安排上的缺陷,任何制度、任何国家、任何时期内,都有相当部分人的基本生存权利无法获得保障。于是,部分思想家、政治家、文人学者等有志之士从人的需求本质和人的基本生存权利出发,多角度地阐述了通过各种方式保障人们基本生活条件的重要性和必要性,从而形成影响或指导各个时代实施社会救助和社会保障的基本理论和思想文化基础。

例如:人们从人与人之间的关系和一定社会经济形态下形成的风俗、习惯、信念、道德与规则的角度,探索人类互爱互助和社会保护,于是产生了感性主义和理性主义伦理思想②;人们基于对现存社会制度的不满而向往未来社会,由此对理想社会公民生产和生活条件保障的描绘而产生了既含有人性和人道关系,又反映一定社会现实的空想社会理论,如孔子的大同世界学说、老子的小国寡民理论、墨子的兼爱学说、历代农民起义军的太平盛世论、柏拉图的理想国理论、闵采尔的天国论、托马斯·莫尔的乌托邦理论、康帕内拉的太阳城学说,以及圣西门、傅立叶和欧文的批判的空想社会主义理论。

中西方福利实践活动是人类行为的一种,这种行为所依据的道德是和人类发展息息相关的。西方一些自由主义者断言,在人类道德的进步中,起主导作用的是"互助",而不是互争。③ 西方另一种社会意识认为:贫困产生于个人的缺陷和失误,那些老人、精神病患者、盲人、残疾人、非自愿失业者都是由于天灾人祸等非个人所能控制的因素而处于贫困境地的,都是"合格"的需求者,都应该得到食品、衣服、住房、工作安排等方面的扶助。总之,中西方社会保障思想和文化对社会发展产生了极其深远的影响,它不仅制约着普通人的行为,而且对执政者制定社会保障政策,促进社会保障制度的建立与发展发挥了积极作用。

---

① 张锋:《社会保障文化刍议》,《企业经济》1994年第5期。
② 邓大松:《美国社会保障制度研究》,第54—82页。
③ 周弘:《福利的解析——来自欧美的启示》,上海远东出版社1998年版,第33页。

三、社会保障制度对社会保障文化的影响

社会保障制度和社会保障文化属于上层建筑的不同方面,二者都是社会存在的反映。社会保障文化在自己的发展过程中,不仅会影响到其他上层建筑如社会保障制度的发展,而且还会不同程度地受到社会保障制度的作用和影响。社会互助、互济精神是人类社会的传统美德,这种利他主义行为在道德上是善的,它推进行为者和他周围人的幸福和完善,同时这种行为也是他人的社会义务。现代社会保障制度是一种制度化、经常化的保障方式,通过为全体社会成员提供各种福利、救济和保险,促进了社会互助、互济精神的发展。同时,社会保障制度的不断完善与保障范围的不断扩展进一步深化了社会保障文化的内涵、丰富了社会保障文化的体系和内容。

1.3.9 社会保障基金运用

《全国社会保障基金投资管理暂行办法》明确规定了社会保障基金的定义,即全国社会保障基金,是指全国社会保障基金理事会负责管理的由国有股减持划入资金及股权资产、中央财政拨入资金、经国务院批准以其他方式筹集的资金及其投资收益形成的由中央政府集中的社会保障基金。社会保障基金是社会保障制度得以正常运行的经济基础和前提,而社会保障基金的保值增值是社会保障基金运用的关键。

一、社会保障基金运用的必要性

(1) 人口老龄化给社会保障基金支出带来巨大压力。中国于1999年进入老龄化社会后,人口老龄化速度持续加快。截至2014年年底,我国60周岁及以上老年人约为2.12亿人,占总人口的比重为15.5%,其中65周岁及以上老年人约为1.38亿人,占总人口的比重为10.1%。① 据预测,2025年中国老年人口将突破3亿,2034年将突破4亿,2050年将增加到4.8亿。② 伴随人口老龄化而来的是庞大的养老和医疗需求,严重影响了社会保障基金的未来支付能力。

(2) 社会保障基金存在贬值风险。《全国社会保障基金投资管理暂行办法》严格规定了社会保障基金的投资范围,即"限于银行存款、买卖国债和其他具有良好

---

① 数据来源于《2014年国民经济和社会发展统计公报》。
② 吴玉韶、党俊武主编:《老龄蓝皮书:中国老龄产业发展报告(2014)》,社会科学文献出版社2014年版。

流动性的金融形式,包括上市流通的证券投资基金、股票、信用等级在投资级以上的企业债、金融债等有价证券"。若只从利息的角度考虑,将社会保障基金存于银行和买卖国债,确实可以增加社会保障基金的绝对数额;但若考虑到通货膨胀与不断上涨的物价水平及消费者物价指数,并将其与银行存款利率和国债利率比较,可以发现社会保障基金早已遭受基金贬值的隐性损失。

(3) 由于监督和管理体系的不健全,有关机构挤占、挪用全国社会保障基金的行为屡禁不止,严重影响、威胁社会保障基金的安全性和完整性。2012 年《全国社会保障资金审计结果》显示,截至 2011 年年底,部分地区扩大范围支出或违规运营社会保障资金共 17.39 亿元,其中用于基层经办机构等单位工作经费 5.95 亿元,用于平衡市级、县级财政预算 1.14 亿元,用于购建培训中心和体育场馆等 2.94 亿元,用于购建基层单位办公用房等 8590.28 万元,用于购建基层单位职工住房 3664.80 万元,用于购买汽车等 295.74 万元,用于购置设备等其他支出 6623.81 万元,委托理财 5.44 亿元。①

(4) 为国家积聚发展资金与完善资本主义市场的需要。社会保障的某些保障项目,如社会保险的各险种从收取税(费)到组织保险金给付,中间有一段十几年甚至几十年的时间距离。在这一段时间内,社会保险主管部门必然掌握着巨额社会保险基金。这笔基金在尚未发生给付前,事实上都以各种形式成为经济发展资金的重要组成部分。某些发达国家仅养老基金一项就占资本市场资金的三分之一以上,可以说没有养老基金的投入,既不可能形成完整的资本市场,也不会有今天西方发达国家经济持续增长的繁荣。此外,社会保险基金的运用,使其投资者成为资本市场的稳定力量和竞争对手,必定打破资本市场保持的原有平衡,给资本市场增添新的竞争活力。这不仅能增加经济增长所必需的资本投入,增大长期资本投入的比例,而且还有助于投资者实行稳健的投资策略,适时调整投资结构,加强和改善投资管理,提高投资质量和效益。

二、社会保障基金运用的原则

社会保障的目的和性质,决定了基金运用必须遵循两条基本原则。

(1) 安全性原则。社会保障基金是关系到社会保障制度能否有效运行和发展的物质基础,是广大参保人员的"养命钱""看病钱",受到全社会各个阶层的普遍关心和关注,也直接影响社会的安定团结,因此必须保证其绝对安全,不能因宏观

---

① 《全国社会保障资金审计结果(2012 年 8 月 2 日公告)》,中央政府门户网站,2012 年 8 月 2 日。

经济形势或微观经营状况的变化而遭受损失。

（2）增值原则。即社会保障基金必须借助适当的资产运作尽可能达到最佳幅度的增值，以最大限度地满足社会保障的需要。

安全性原则与增值原则是相互关联的，只有确保安全，才有整体增值的基础。只有在确保安全的前提下取得最佳增值，才能避免实质性贬值，并发挥最大的社会保障功能。

三、社会保障基金运用需要注意的问题

为规避社会保障基金投资风险，使社会保障基金既按照增值的目标运行，又不因如此而冲击、扰乱投资市场和金融市场，需要注意以下几个问题。

（1）建立健全有关社会保障基金投资的法律法规，保证各投资机构运用社会保障基金的合法地位和权益，保证社会保障基金运用的各项原则得以实现，保障社会保障基金投资所获得的利益不因其他原因而受侵害。同时，国家以法律法规形式对社会保障基金的投向、范围、项目投资比例给出原则规定，是社会保障基金规范运作和良性发展的基石。

（2）建立和完善资本市场以及发展多种金融工具，为社会保障基金从储蓄顺利地向投资转化，或从闲置资金向生产资金转化提供优越的外部环境，这是社会保障基金运营的关键条件。

（3）构筑包括社会保障基金管理监督系统、基金营运监督系统和基金监督法制体系在内的社会保障基金监督体系，从系统管理和防护入手，通过层层监督与环环制约，使不利于社会保障基金的行为和因素无所遁形，使社会保障基金不受任何侵蚀，从而为社会保障制度的有效运行奠定坚实的物质基础。

1.3.10 社会保障与风险

风险，由风险因素、风险事件和风险损失等因素构成，是指未来发生某种事件的不确定性及某种事件发生导致损失的可能性。而社会保障风险是指社会保障制度从建立、运行到发展过程中可能发生的一切损失的总称，包括各类社会保障事件的发生及其造成的确定性或不确定性损失。① 风险始终存在于社会保障制度的整个发展历程中，准确把握社会保障风险的定义、识别和分类，对防范、规避和化解社会保障风险具有重要的理论意义和实践意义。

---

① 邓大松、何晖：《社会保障风险及其防范的几点理论认识》，《求实》2011年第4期。

一、社会保障风险的识别

所谓社会保障风险识别,是指人们借助各种科学方法和技术工具,全面收集社会保障风险因素、风险事件和风险损失等方面的信息,系统地认识和分析社会保障制度面临的各种显性与隐性风险,揭示社会保障风险的性质、促成因素与可能性后果。社会保障风险识别是社会保障风险管理的第一步,处于社会保障风险管理的基础地位。只有正确识别社会保障制度在发展中面临的风险,才能采取有效的措施,防范、规避和化解社会保障风险。

社会保障风险识别的步骤依次为筛选、监测和诊断,筛选是将威胁社会保障制度有效运行的各种风险因素进行分类;监测是对社会保障风险事件、发生过程、现象及可能性后果等进行观测、记录和分析;诊断则是以社会保障风险的症状与可能性后果为依据,评价和判断社会保障风险的等级和发生的主要原因,并仔细检查。需要注意的是,在识别社会保障风险的过程中,要在系统性原则、全面性原则、动态性原则和有效性原则的指导下,综合运用多种、符合实际情况且有效的识别方法,着重把握社会保障风险因素、风险事件和风险损失这三个要素。

二、社会保障风险的分类

根据风险来源的不同,可将风险划分为不同的类型。同样,依据不同的划分标准,也可以将社会保障风险分为多种不同的类型。依据风险的来源,可将社会保障风险分为内部风险和外部风险;依据风险的性质,可将社会保障风险分为纯粹风险和投机风险;依据风险发生的原因,可将社会保障风险分为自然风险、社会风险、经济风险、政治风险、道德风险;依据风险的层次,可将社会保障风险分为宏观风险、中观风险和微观风险;依据风险的影响范围,可将社会保障风险分为财务风险、管理风险和社会风险;依据风险的等级,可将社会保障风险分为可忽略风险、轻度风险、中度风险、重大风险;从社会保障的项目构成分类来看,社会保障风险包括养老风险、医疗风险、工伤风险、失业风险和生育风险;从社会保障的制度管理流程来看,社会保障风险可分为设计风险、执行风险、监管风险;从社会保障制度的运行过程来看,社会保障风险可分为筹资风险、给付风险、投资风险。

三、社会保障风险的防范

社会保障风险防范,是指在识别风险来源、厘清风险成因、确定风险等级和预测可能性后果的基础上,有意识、有目的地制定相关策略计划来防范社会保障风险损失的发生,最大限度地削弱社会保障风险的损失程度。加强社会保障风险防范可以从以下四个方面进行①：

(1) 提高全民社会保障风险及其防范意识。具体措施包括：第一，加大社会保障政策宣传力度，普及社会保障知识；第二，增强公众对社会保障改革的关注，构建管理部门风险文化；第三，借鉴商业保险风险管理经验，提升民众的风险防范方法和技巧。

(2) 建立有效的社会保障风险预防与应对机制。具体措施包括：第一，建立严格内控制度；第二，建立可行的社会保障风险分散机制；第三，加强社会保障基金管理，确保社会保障偿付能力；第四，建立社会保障风险管理信息系统。

(3) 建立社会保险精算制度。具体建议包括：第一，建立社会保险精算专业人才培养机制；第二，完善专业的社会保险精算组织；第三，发展社会保险精算报告制度。

(4) 建立健全社会保障法规制度，加强社会保障监管。具体措施包括：第一，加快立法进度，加强法律监管；第二，制定完善的地方社会保障法律法规体系；第三，建立完善的行政机关监督机制；第四，探索建立社会监督制度。

1.3.11 社会保障技术

《辞海》对"技术"一词的定义有两层：一是"泛指根据生产实践和自然科学原理而发展成的各种工艺操作方法与技能"；二是指"除操作技能外，广义的还包括相应的生产工具和其他物质设备，以及生产的工艺过程或作业程序、方法"。② 根据"技术"的定义，并结合社会保障的内涵、性质和特点，尝试对"社会保障技术"一词进行定义，即在社会保障制度的建立、运行与发展过程中，借助一定的媒介，如理论、方法等，创造、改善并应用于社会保障的知识、方法和手段等。社会保险是社会保障体系的主体部分，关于社会保障的技术也主要集中在社会保险领域，因此，从这个角度来看，社会保障技术主要包括社会保险精算和社会保障管理。

一、社会保险精算

社会保险精算就是运用保险精算理论与方法，对人们面临的生、老、病、死、残等风险进行评价，对社会保险基金的未来经营成本、财务收支等做出估计，以保障社会保险制度的财务稳定性。社会保险精算的研究内容主要包括社会保险项目的

---

① 邓大松、何晖：《社会保障风险及其防范的几点理论认识》。
② 夏征农主编：《辞海》，上海辞书出版社1999年版，第1903页。

风险特征和损失规律、长期偿付能力、社会保险基金的收支及财务状况等;其目标是在实现社会保障基本功能的前提下,保证社会保险制度和社会保险基金持续、稳定运行。

按保险的标的进行划分,社会保险精算包括社会养老保险精算、社会医疗保险精算、失业保险精算、工伤保险精算以及生育保险精算,社会养老保险属于寿险精算的范畴,而医疗保险、失业保险、工伤保险和生育保险都属于非寿险精算的范畴。寿险精算和非寿险精算在原理上存在较大的差别,寿险精算以利息理论和生命表为基础,而非寿险精算则以风险理论为基础,当然,二者的基本原理都是一样的,那就是收支平衡。

二、社会保险管理

社会保险管理是指社会保险管理机构对社会保险业务进行计划、组织、指挥、协调的过程。在社会保险目标确定以后,必须对社会保险业务运转过程进行有计划的组织、指挥、协调和控制,以达到既定的保障目标,获得最大的社会效益。社会保险管理的职能,可概括为规划、组织、指挥、调节和控制五项职能。

社会保险管理的主要内容包括社会保险行政管理、社会保险业务管理、社会保险财务管理、社会保险偿付能力管理。社会保险行政管理活动主要是通过行政执法来实施的。依据社会保险基金的来源与流向,社会保险业务管理是指对社会保险业务正常运行所必须经过的各个环节进行全面规范管理。社会保险经办机构是社会保险业务管理的主体,社会保险业务管理的内容包括社会保险档案管理、数据库管理和个人账户管理。

马克思主义认为,在生产社会化条件下,管理具有自然属性和社会属性。社会保险管理也同样具有二重性。在社会主义制度下,社会保险管理必须坚持按经济规律办事原则和管理现代化原则。社会保险管理的方法可分为定性方法和定量方法。社会保险管理的方式有社会保险宏观管理和微观管理。社会保险微观管理,即社会保险自我管理,是指社会保险机构为运筹和实施经营决策而对社会保险各环节进行的管理。社会保险管理机构是进行社会保险管理的组织形式。社会保险的管理体制中应设置以下四个层次的管理机构:决策协调机构;业务执行机构;资金运作机构;监察监督机构。

1.4 社会保障的发展理论

社会保障发展理论是对社会保障制度完善与发展的必然性与规律性的理论阐释。包括社会保障生态理论、社会保障偿付能力理论、社会市场经济论、国家垄断资本主义、第三条道路论、社会保障改革理论和社会保障发展趋势理论。

1.4.1 社会保障生态理论

社会保障生态理论是将生态学引入到社会保障领域的研究中。其中,"生态"是方法,"社会保障"是对象,目的在于为社会保障提供新的理论框架。生态学强调的是有机体与其周围环境之间的相互关系。在生态学看来,没有一种生命有机体是可以孤立存在的,都必须同周围环境进行物质和能量的交换才能生存,同时也会对周围环境产生影响。① 依此类推,社会保障制度的完善和发展同样受周围环境的影响,反过来社会保障也会对周围环境产生反作用。社会保障生态理论包括人文生态、社会生态和自然生态。

社会保障人文生态是社会保障与思想观念的相互作用。乐善好施,社会应该济贫救穷,满足人民最基本的生活需要,注重和重视公共福利。人们之间互助友爱、与人为善、助人为乐乃至为他人利益而宁愿牺牲自己利益的人道主义意识形态,长期以来为各个国家所普遍接受。此外,对人的生存权的保护成为社会保障发展乃至人类社会永恒的主题,即人生来就有人身的保护和发展的权利,这种权利在人与人之间是平等的,生存权是人的第一权利,人类只有获得生存权,才能从事一切生产和社会活动,生存权具有自然性,伴随着人的出生同时产生,是人们天然应享有的权利,而非某些个人或组织、机构的恩赐,也不应该被任何组织、机构或者个人剥夺,而能够提供公民生存权保障的,也不是某个组织或者个人,只能是具有绝对权威的国家政府。因为任何时代、任何国家,只有政府才具备向公民提供生存权保障的资源和条件。② 社会保障为全体成员提供各种救济、福利和保险,这种覆盖全体社会成员的保障形式又更易于促进社会成员参与意识的提高,在社会范围内弘扬互助、互济精神,特别是社会保障提倡的尊老、扶弱、济贫、社区服务、志愿服务

---

① 梁平、滕琦、董宇翔:《统筹城乡社会保障的制约因素探讨——基于社会生态环境视角》,《乡镇经济》2008 年第 5 期。
② 邓大松、林毓铭、谢圣远等:《社会保障理论与实践发展研究》,人民出版社 2007 年版,第 80—82 页。

及鼓励捐赠等,更能促进社会成员自觉参与社会保障活动,促进社会互助、互济精神的发展。同时,现代社会保障思想倡导提供社会救助是国家和社会义不容辞的责任,受助是每个公民的权利,使施救者和受助者有平等的地位,从而使互助、互济的含义更加深刻。另一方面,社会保障通过适度的再分配缓解各阶层经济利益矛盾,为社会脆弱群体提供生活保证,使社会弱者的基本生存权利得到保障,在全社会范围内实现了一定程度的社会平等,促进了社会和谐及良好风气的形成。

社会保障社会生态是指影响社会保障与社会条件的相互作用。随着生产力的发展和生产的社会化,尤其是市场经济的发展,社会财富逐步集中到少数人手中,家庭保障和慈善机构已经无力解决劳动者在生产活动中的风险及教育、医疗、赡养等问题,贫富差距进一步拉大,社会矛盾突出,进而可能会引起社会动荡。社会保障通过对国民收入的再分配,统一筹集社会保障基金,分配给无法维持基本生活的贫困者,使他们有稳定的基本生活来源,也会将一部分高收入者的收入转移给低收入者,从而在一定程度上缓解了市场机制造成的收入差距过大,维护了社会稳定。

社会保障自然生态是指社会保障与自然环境的相互作用。自然环境的恶劣和自然资源匮乏是导致贫困问题的主要原因之一,甚至会给劣势生态环境地区社会成员带来生存危机。因此就需要社会保障制度来保障其基本生存。如果没有社会保障,为获得生存与发展,这些地区的人员只能通过对自然界掠夺式开发的方式获得足够的生产资料和生存资源,其结果就是生态环境遭到严重的破坏,进而加深人类生产资料的匮乏和生产条件的恶化。社会保障一方面对社会成员中的弱势群体给予现金、物资、服务、机会以及其他方面的援助,使弱势群体可以获得最基本的生活保障,并尽可能使其获得教育、培训、就业等能力和机会,进而降低对自然环境的依赖,减少其对自然界掠夺式开发的行为,实现人与自然的和谐共处。

1.4.2 社会保障偿付能力理论[①]

一、社会保障偿付能力的概念

社会保障偿付能力是指社会保障的总资产在一定的积累模式下的给付能力。它表示社会保障经办机构的资产与负债之间的一种关系。社会保障偿付能力的经济内容表现为社会保障经办机构所拥有的社会保障基金总额,一般由社会保险税(费)收入、国家预算拨款和投资赢利之和来代表。社会保险税(费)收入、国家预

---

① 邓大松等:《中国社会保障若干重大问题研究》,第498—504页。

算拨款和投资赢利构成社会保障经办机构的偿付准备金,偿付准备金的增减体现着偿付能力的长消。现代社会保障制度,其偿付能力是以国家信用作为保证的,政府负有社会保障偿付的最后责任,因此社会保障应该具有较稳定的偿付能力。

社会保障是由社会保险、社会救济和社会福利组成。其中社会救济和社会福利资金主要由国家财政负担,部分来自于民间团体的捐赠等。这部分社会保障支付水准主要视国家财政收入状况而定,如果国家经济状况好、财政收入多,社会保障中社会救济和社会福利支出就多,否则支出就少。即社会保障中属于社会救济和社会福利支出的标准不是刚性的,而是具有较大的弹性。因此社会保障中社会救济和社会福利的偿付能力不会因偿付总额的大小变化而出现偿付危机。而作为社会保障核心部分的社会保险,其保障水平具有刚性,一旦偿付能力出现障碍,要么由国家承担最后财政责任,要么由社会保障机构负债运作。可见研究社会保障偿付能力实质上是研究社会保险的偿付能力。

探讨社会保障的偿付能力,必须确定社会保障的支付水平和收入水平。社会保障的支付水平用社会保障支付率表示:社会保障支付率=社会保障金支付总额/社会保障金收入总额×100%。

只有在当期社会保障的收费额总和大于或等于社会保障费支付额总和(即社会保障支付率必须小于或者等于1)时,社会保障偿付能力才不至于出现障碍。衡量社会保障偿付能力的指标是一个相对指标而不是绝对指标,它能够反映在相当长的一段时间内,社会保障偿付能力的状况是好转还是恶化,所以应该动态看待社会保障偿付能力,并且将社会保障偿付能力放在一个较长时间去考察,也就是说在实际保障水平没有降低而且逐年提高的条件下,来评价社会保障的偿付能力是提高、不变还是降低。由于社会保障基金收入与支出的净差额最终形成基金的积累,所以衡量社会保障偿付能力主要从社会保障基金的积累状况来考察,而社会保障基金的积累涉及社会保障基金的政策制定、人口结构和规模、基金的收入和支付以及基金的管理水平等多种因素影响,因此可以用积累率的变化趋势作为描述社会保障偿付能力的动态指标,积累率是支付率的互补指标:积累率=积累额/社会保障基金收入额×100%。

二、影响社会保障偿付能力的因素

(一)经济发展水平

经济发展水平决定了整个国家的综合实力,也决定了社会保障的偿付能力。

一般而言,国民收入越高则社会保障偿付能力越强,因为工资收入水平与经济发展水平密切相关,经济发展水平越高工资收入越高。中国社会保障收费是以工资收入的一定比例来提取的,所以社会保障偿付能力与经济发展呈正相关。

（二）通货膨胀

通货膨胀是指由于货币供应量过多而引起的货币贬值、物价普遍上涨的经济现象。它通过影响实际工资增长率和实际养老金增值率对社会保障基金偿付能力产生作用。物价水平越高社会保障偿付能力越低;反之,物价水平越低社会保障偿付能力越高。

（三）利率

利率的变动主要是影响社会保障基金的投资收益水平。在以银行存款和国债作为主要投资渠道的条件下,利率高意味着投资收益高,社会保险基金偿付能力强;反之,社会保险偿付能力因投资收益少而显得不足。

（四）人口结构

人口结构对社会保障偿付能力的影响主要反映在两个方面:首先,老龄人口占就业人口比重,比重越大,社会保障偿付能力越低,反之,越高。其次,失业人口占就业人口比重,即失业率的高低,失业率越高,社会保障偿付能力越低,反之,越高。

（五）社会保险缴费率

在其他条件不变的情况下,缴费率较低,有利于企业自身积累;反之,不利企业积累。企业的积累和发展受影响,国民经济发展水平就会受制约,未来的社会保障积累水平和偿付能力就难以提高。

（六）社会保险筹资模式

社会保险筹资模式对社会保障偿付能力有直接影响。如现收现付制最大的特点是积累原则上为零,而人口老龄化等周期因素的变动是一个长期趋势,一旦零积累均衡点被打破,向负积累方向变动,基金的缺口将越来越大,社会保障偿付能力越来越小。在完全积累模式下,职工及其所在单位的缴款是养老基金的收入来源,并全部进入个人账户,基金积累数额大,社会保障偿付能力较高。在部分积累模式下,积累率大于零、支付率小于1,并且根据以支定收原则,使目标期内养老保险基金的收支基本平衡,部分积累模式下社会养老保险基金当年收支可能是不平衡的,但长期来看应平衡的。

1.4.3 社会市场经济论

"社会市场经济论"是一种强调经济秩序的理论。"社会市场经济"的概念由米勒-阿尔马克首次提出,最终由艾哈德作为经济政策的实践者制定完成。

社会市场经济是"一种将市场自由与社会平衡有机结合在一起的方式",从而将社会进步、公平正义这样的社会政策目标的重要性提高到与利用充分竞争的市场繁荣经济实现增长的经济政策目标相同的高度。① 社会市场经济的根本特征是自由竞争,同时自由竞争也是实现经济繁荣的基本手段。"竞争是致获繁荣和保证繁荣的最有效的手段。只有竞争才能使作为消费者的人们从经济发展中受到实惠。它保证随着生产力的提高而俱来的种种利益,终于归人们享受。"②社会市场经济论关于自由竞争的理念包括自由是公民的基本权利;保持物价和通货稳定,反对政府管制;反对垄断;对外贸易自由四个层面。虽然自由竞争是社会市场经济的核心准则,然而必须在一定的秩序内进行。因此,为了实现充分的自由竞争,国家必须制定"秩序政策",即运用法律和政策手段确定"竞争秩序"的框架。在社会市场经济中,自由竞争与政府干预的关系是:竞争是国家保障下的真正的、充分的自由竞争,国家干预是以促进自由竞争为目的的有限干预;积极的、间接的、有限的政府干预是保证自由竞争的手段,自由竞争是政府干预的目的。这既区别于传统的自由放任的市场经济,又区别于凯恩斯主义的国家干预政策。

社会市场经济论认为,社会市场经济自身有为社会成员提供社会福利的功能,因为经济越自由,经济效率就越高,相应社会福利就越好。虽然社会市场经济本身具有能力提供社会福利,但是也不应该否认社会福利政策措施的作用,因为即使经济政策十分完善,同样需要社会政策作为有益补充。社会市场经济论遵循"适度"原则来建立有效的社会福利政策。"适度"原则包括两方面内容:首先,社会福利政策与国民经济发展水平相适应。其次,社会福利政策要与市场经济制度的基本原则相一致,意味着社会福利政策以不损害市场经济的竞争性和国民经济生产率为前提。

艾哈德认为"社会市场经济"的基本目标是实现"大众福利",并把这种目标具体化为"三位一体":生产和生产率的增长、名义工资的增长及由于低廉而稳定的物价带来的进一步繁荣,即通过生产与生产率的提高,名义工资的增长,低而稳定的物价来实现大众福利。社会市场经济要实现大众福利,意味着消灭社会贫富悬殊的现象,使绝大多数人可以享受经济发展的成果。艾哈德虽然主张实现公平,但是不提倡通过收入再分配政策实现公平与大众福利,他坚持生产优于分配,实现"大众福利"目标的根本途径是发展生产,提高生产率,而不是收入再分配政策。

---

① 李稻葵、伏霖:《德国社会市场经济模式演进轨迹及其中国镜鉴》,《改革》2014年第3期。
② 路德维希·艾哈德:《来自竞争的繁荣》(祝世康译),商务印书馆1983年版,第11页。

他反对"公平分配",认为即使现有的分配制度不是十全十美或公正的,也不应该立刻改革分配制度实现公正,因为那会引起激烈争论,发生提高工资的斗争,导致罢工,使储蓄和资金积累减少,激化社会矛盾,进而消耗国家的经济活力,从而无法实现大众福利。此外他还反对"福利国家",他认为,现代国家中社会福利支出应该不断增加,然而有效的福利计划是以国民收入的不断增加为前提条件的。如果在国民收入没有大幅度增加的前提下,反而大规模增加福利支出会引起财政赤字,种下通货膨胀的祸根,这种通货膨胀将破坏经济的发展,从而使社会福利成为无本之木、无源之水。同时过多的福利也会磨灭人的积极性和主动性,从而导致经济停滞,进而使大众福利成为一种幻想。总而言之,社会市场经济要实现的大众福利是通过发展生产来实现的,而不是通过收入分配公平,或者以收入分配均等化为目标的再分配政策,也不是由政府不断增加福利支出来实现。

1.4.4 国家垄断资本主义

国家垄断资本主义是国家政权同垄断资本相结合,国家对社会经济生活进行全面的、稳定的和经常性的干预和调节。其中凯恩斯主张的政府积极干预经济的理论与政策主张,是资本主义国家克服市场缺陷、对付经济危机、制定经济政策和社会保障制度的主要理论依据,标志着国家干预理论的形成。为西方资本主义国家干预政策的广泛实施提供了理论基础,第二次世界大战后,西方资本主义国家社会保障制度的发展,尤其是福利国家的建立和发展,正是凯恩斯主义与国家干预政策的直接结果。

凯恩斯主义的理论核心是如何扩大社会有效需求。其认为经济危机的根源在于社会的有效需求不足,有效需求不足源于消费和投资的不足,而消费和投资的不足则是由边际消费倾向递减规律、资本边际效率递减规律和流动偏好规律所致。有效需求的不足导致生产的相对过剩和非自愿失业,从而不可避免地出现经济危机。因此,凯恩斯认为,只要社会能够提供足够的有效需求量,就可以避免危机,也可以解决失业问题,而市场机制本身没有力量使总需求与总供给平衡,因此要保持足以维系充分就业的有效需求量,国家就必须对经济生活进行直接干预。国家对经济的调节和干预是为了弥补市场职能的缺陷,而并不是要完全取代市场机制。

一、凯恩斯的政策主张

凯恩斯的政策主张主要是有效需求管理政策和刺激消费,引导需求政策。主张政府干预的重点应该放在刺激总需求方面。其中,财政政策居于主导地位,货币政策则处于次要地位。因为在危机期间,资本家对未来失去信心,借贷资本又需要支付利息,因而货币政策对刺激总需求的作用不大。主张由国家直接进行投资和消费来弥补私人投资和消费的不足,从而提高国民收入和就业水平。政府要推行扩张性的财政政策,即反对财政年度预算平衡,用举债的方法来扩大政府的支出,认为财政赤字可以弥补有效需求不足,特别是投资需求的不足。还主张实施补偿性财政政策,即逆经济波动风向采取扩张或者紧缩的政策。在货币政策方面,他指出,有效需求不足表现为流通中没有足够的货币去购买,因此推行扩张性货币政策,即政府增加货币发行量。极力主张通货膨胀政策,因为这样做一方面可以扩大社会支付能力,降低利率,既刺激消费又刺激投资,从而有利于经济增长和增加就业。另一方面,货币量的增加能够压低工人的实际工资,增加资本家的利润,从而促使资本家雇佣更多的工人,实现充分就业。此外,凯恩斯把国家干预经济的范围扩大到再分配领域。他主张国家通过高额累进税进行收入再分配以提高消费倾向。他认为,社会的根本缺陷之一是财富和分配的不合理,这种分配不均会降低消费倾向,从而减少有效需求,不利于经济增长和增加就业。因此,他主张国家应该改变税收体系,通过累进税来缩小收入分配差距,增加消费需求,进而刺激经济增长,提高就业水平。同时,政府还要提高转移支付水平以提升消费倾向。包括支付失业救济金、养老金等福利费用,延长失业救济金领取年限,为特殊群体提供额外津贴等。

二、凯恩斯"有限责任"的社会保障

社会保障在凯恩斯的干预思想中占有重要地位。他认为,国家建立社会保障制度一方面可以提高消费倾向。因为通过社会保障的转移支付将富人的部分收入转移给穷人,而穷人的边际消费倾向高于富人的边际消费倾向,从而提高了整个社会的平均消费倾向。另一方面可以稳定宏观经济。社会保障"自动稳定器"的作用可以熨平经济波动。凯恩斯的政策主张是从生产者角度出发的,目的是为了维持再生产,强调的是要刺激需求和实现充分就业。因此,以该理论为指导的社会保障是一种强调个人责任,国家提供"有限"保障的制度。其价值取向是以生产为导向,以实现充分就业为目的,并非对民众福利的真正关心。

1.4.5 第三条道路论

第三条道路是第二次世界大战后西方资本主义经济社会政策发展变化的直接产物,是一种中间道路,既不同于传统的左翼(即以国家干预为主要特征的社会民主主义），也不同于右翼（即奉行新自由主义）。伦敦经济政治学院院长安东尼·吉登斯是第三条道路理论的集大成者。第三条道路的总目标是帮助公民在当今时代的重大变革中找到自己的方向。这些变革是：全球化、个人生活的转变、人与自然的关系。吉登斯认为，回应新时代的种种变化就必须超越传统左右二分的简单思维，重新发展一种思维框架或政策制定框架，于是提出"第三条道路"理论。在"第三条道路"看来，目前西方社会面临的问题不单纯是经济增长的问题，而是更广泛、更深刻的问题。"第三条道路"试图从政治、经济、社会等多领域入手，找到一个全面医治的方案。

一、政治

左派和右派是基于阶级。第三条道路是以新联盟为基础，抛弃了阶级政治。在明确承认它所关注的问题范围比旧的左——右分野架构下更加广泛的同时主张社会正义问题是核心的关注点。第三条道路接受与社会公正有关的社会主义价值观念，寻找的是一种跨越阶级，可以得到支持的基础，反对权威主义与仇外。同时第三条道路认为个人的自由有赖于集体的资源，反对自由主义。"无责任即无权利，无民主即无权威"是第三条路的规则。

二、经济

第三条道路支持一种"新型的混合经济"。老式的混合经济，一种涉及国家与私人领域的划分，但仍有很多企业掌握在政府手中，另一种在过去和现在都是一种社会市场，在两种情况下，市场都在很大程度上受制于政府。而"新型的混合经济"则试图在公共部门和私人部门之间建立一种协作机制，在最大限度地利用市场的动力机制的同时，把公共利益作为一项重要的因素加以考虑。它既涉及国际、国家和地方各层次上的调控与非调控之间的平衡，也涉及社会生活中经济因素与非经济因素之间的平衡。[①] 同时指出高度不平等不是经济繁荣的必然伴生现象，因此是可以避免的。

三、政府与公民社会

左派热衷于扩大政府，对公民社会持怀疑态度；而右派想要缩小政府，认为如果缩小了政府干预，公民社会就会繁荣发展。第三条道路则认为有必要重构国家，认为问题并不在于是要更大的政府还是更小的政府，而是目前的治理方式必须适

---

① 安东尼·吉登斯：《第三条道路：社会民主主义的复兴》（郑戈译），北京大学出版社、生活·读书·新知三联书店 2000 年版，第 104 页。

应全球化时代的新情况,构建新型的民主国家,即权力下放、双向的民主化、公共领域更加透明,行政效率不断提高,直接的民主机制,作为"风险管理者"的政府。同时认为政府应当而且能够在更新公民文化方面发挥重要的作用。国家和公民社会应当开展合作,每一方都应当同时充当另一方的协作者和监督者。政府和公民社会之间并不存在永久的界限,根据情况的不同,政府有时需要比较深入地干预公民社会的事物,有时又必须从公民社会中退出来。

四、民族国家

左派认为民族认同并不具有高于其他文化主张的优先权,民族认同经常被认为是来历不明和被建构的,并且服务于统治集团的利益。右派认为"一元的民族"必须占据至高无上的地位,"单一的民族"是从过去继承下来的,而且必须得到严格的保护,使之免受文化污染。第三条道路倡导"世界性民族",世界性民族是一个积极的民族,民族认同的建构更具开放性和反思性,认为如果缺乏了广泛的民族共同体的支持,文化多元主义政治意图即反对剥削群体无法实现。世界性民族意味着在全球化的层面上进行运作和世界性的民主。①

五、福利国家

左派认为一个高度发达的福利体系是一个人道和正义社会的基石。右派认为大幅增加社会会保障方面的支出使人们对福利系统产生了普遍依赖,对福利国家持否定态度。第三条道路认为福利国家需要做根本性改革,使其成为"积极福利社会中的社会投资国家"。意味着将福利支出主要引向人力资源的投资上,同时"积极福利"的福利开支将不再是完全由政府来创造和分配,而是由政府与其他机构(包括企业)一起通过合作来提供,福利社会不仅仅是国家,还延伸到国家之上和国家之下,自上而下的分配福利资金的做法让位于更加地方化的分配体制。此外,在积极的福利社会中,个人与政府间的契约也发生了转变,自主与自我发展将成为重中之重。福利不仅关注富人,也关注穷人。从更一般的意义上讲,福利供给的重组是与积极发展公民社会相结合。

1.4.6 社会保障改革理论

社会保障制度是基于一定时期的社会经济条件设计的,当社会经济条件发生

---

① 安东尼·吉登斯:《第三条道路:社会民主主义的复兴》(郑戈译),第 143 页。

变化时,与原来社会经济条件相适应的社会保障制度就有可能暴露出很多问题,甚至出现制度危机。20世纪70年代以来,社会保障依存的经济社会环境发生了重大变化,为社会保障的改革创造了推动力量。

一、社会保障改革的动因①

社会保障改革的动因包括政治、经济和人口。其中,改革的政治动因是福利国家在发展过程中不断累积并暴露其负面作用,其导致的最为直接的消极后果有三个:一是社会保障开支增多,财政不堪重负;二是企业成本上升,国际竞争力降低;三是增加了个人对国家和社会的依赖,整个社会缺乏活力,扭曲了劳动力市场供给行为,损害了经济效率,阻碍了经济发展。20世纪70年代以来,"福利国家"制造的问题比它解决的问题还多,对其进行改革在所难免。改革的经济动因是20世纪70年代两次石油危机导致西方主要国家的经济发展速度明显减缓,国家对社会保障的投入相对减少,同时带来严重的失业和贫困问题,但是随着社会保障制度的不断发展,尤其是"福利国家"的不断完善,社会保障制度已经具备了一种刚性向上的自我发展机制,在这种情况下,社会保障费的持续攀升使日趋衰落的经济更加恶化。改革的人口动因是人口老龄化成为当今世界一个共同的社会问题。退休人口数量的增加、人类寿命的延长及"少子化"使劳动力短缺,加重了劳动人口与整个社会的负担,由人口老龄化引起的社会保障基金危机成为各国政府面临的突出困难。

二、社会保障改革的措施

面对社会保障制度发展的困境,社会保障理念开始发生变化,即强调国家、社会与个人的共同责任,主张自助、互助与国家保障相结合。这种社会保障理念认为,社会问题的出现及加剧兼有社会原因和个人原因,政府、社会和个人对社会问题的解决均承担责任。社会保障不仅仅依靠国家,社会力量和个人都应该发挥作用。改革的方向是实现公平和效率的平衡;由单支柱走向多支柱;由政府经营走向市场化运作。改革的措施包括:其一,设法扩大和增加社会保障基金来源,同时控制社会保障给付。具体做法是将社会保障基金投资于风险分散、见效快、利润丰厚的企业或部门,增加社会保障收入,扩大社会保障给付能力;提高缴纳社会保险税(费)的上限,扩大税基;提高社会保险税(费)率,直接增加社会保险收入;削减社

---

① 邓大松主编:《社会保险(第二版)》,中国劳动社会保障出版社2009年版,第188—193页。

会保障给付项目,修订社会保障给付金的调整办法,延长退休年龄和推迟社会保障给付时间,相对减少社会保障支出,延缓社会保障支出增长的速度;规定对社会保障收入征收所得税,所收税用于充实社会保障基金。其二,改变社会保障制度结构,建立国家基本保障、企业补充保障和个人商业性储蓄保障等多层次、多支柱综合体系,减轻国家财政负担,增强社会保障的保障功能。其三,建立高效、统一、专门化的社会保障管理机构,同时分散社会保障管理权限,调动地方社会保障部门的积极性,提高社会保障整体经济效益和社会效益。其四,改革社会保障模式单一和大一统的保障格局,鼓励有条件并符合有关规定的地方、社区、法人单位和个人举办社会保险事业,以缩小政府负担的保障范围与项目,分散保险风险,增加社会保障的安全性与稳定性。①

1.4.7 社会保障发展趋势理论②

21世纪,全球化、信息化与老龄化带来的机遇和挑战与失业、贫困和疾病等"古典"忧患交织在一起,对人们生活产生极大影响。作为社会稳定器的社会保障制度也顺应历史大潮,发生深刻变化,呈现以下五大发展趋势:

一、社会保障多维化

社会保障多维化是指社会保障体系多层次化、社会保障筹资渠道多元化和社会保障目标多样化。其中社会保障体系多层次化指各国将逐步建立完善包括基本养老保险、补充养老保险、个人储蓄养老保险、社会救助、优抚安置、社会福利等在内的多层次社会保障体系;社会保障筹资渠道多元化特指各国将提供退休收入或其他福利的责任由政府部门部分或全部转移到职工个人或者企业身上,政府将减少这种义务;社会保障目标多样化是指养老保险制度的目标将由单一的保障老年人基本生活需要向促进储蓄和经济增长、消除贫困等多重目标转化。

二、社会保障商业化

社会保障商业化是从社会保险基金运作机制上讲的,指社会保险基金实行市场化运作,保障社会保险基金保值增值。社会保险基金运营商业化包含两方面含义:一是政府对社会保险基金减少补贴或者不补贴,政府为社会保障制度提供法律

---

① 邓大松主编:《社会保险(第二版)》,第24页。
② 邓大松等:《中国社会保障若干重大问题研究》,第710—744页。

保障,给予税收优惠,基金运营遵循商业化原则,自我平衡,最大限度地保值增值。二是将社会保险基金交由金融或者非金融机构经营运作,基金的管理由公营管理趋向民营管理,政府的责任只限于基金投资的法律约束和最后担保。

三、社会保障产业化

"产业化"是一种经营模式,即产业经营的专业化、市场化、规模化、企业化,其中最重要的是企业化。社会保障产业化是指用产业化的观点来实施社会保障计划,包括基金投资营运和物质服务的供给。在这里,社会保障产业化主要是针对老年人而言的,主要是对由国家提供的基本生活保障以外的附加需求或者特殊需求实施产业化经营和管理。

四、社会保障一体化

经济全球化和金融国际化对社会保障的影响主要体现在两个方面,首先,社会保障区域集团化、一体化。经济全球化主要通过人员自由流动的加强和各国经济协调发展和公平竞争的需要两方面促进社会保障区域集团化、一体化。其次,养老基金投资自由化。21世纪,世贸组织及其他一些区域性贸易组织的建立,将使投资更为便利,资金流动更为自由,养老基金的自由投资面临更为广阔的空间。经济全球化过程中社会保障发展的一体化趋势表现在两个方面:第一,政府就社会保障进行合作,以利于人员的跨国流动和经济发展的平衡,从经济金融全球化及欧盟的实践看,社会保障正从主权国家内部走向政府间合作或区域集团化并进而走向全球性联盟或合作。第二,社会保障基金国际投资比重将大为增加。随着人口老龄化,社会保险基金的增值显得尤为重要,经济全球化、金融自由化为基金的投资创造了良好的外部环境,资本的趋利性将引导社会保险基金流向收益高的项目和地区;同时为了分散基金投资的项目风险和区域风险,社会保险基金投资的国际化程度及社会保险基金投资的制度趋同和协调化将不断提高。

五、社会保障网络化

21世纪是知识和信息社会,信息技术的突飞猛进给社会保障带来的影响和机遇体现在三个方面:首先,全新的社会保障服务模式。社会保障网络化将实现以满足人们的需要为中心的多功能服务模式,包括:以便捷的方式提供社会保障的政策信息、文化物资信息、活动信息,并以良好的交互性提供自动性、无实体的缴付款等相关服务。其次,全新的社会保障运作模式。随着高科技的迅猛发展,社会保障的运作模式趋向虚拟化和智能化。最后,低成本、高效率。开展网络化社会保障只需要投入硬件、软件、少量智能资本,比传统成本低很多,因特网连接全球各个角落,信息传递快,提高服务效率。网络社会保障处于初步发展阶段,目前主要是社会保障管理部门在互联网上建立了自己网址、宣传社会保障政策。为此要积极探索开展网络社会保障之路。首先着眼未来,做好规划。其次加强网络建设和实体服务网点建设。最后加强调研,完善法制。

2 养老保险基础养老金全国统筹政策研究*

林毓铭

《人力资源和社会保障事业发展"十二五"规划纲要》提出:全面落实城镇职工基本养老保险省级统筹,实现基础养老金全国统筹。然而,养老保险省级统筹并不顺利,"十二五"实现基础养老金全国统筹的时间表迫在眉睫,养老保险省级统筹走向基础养老金全国统筹的路径还异常艰难。理顺体制,完善机制,调整利益分配格局、建立公平的政策矩阵是成功的关键。

2.1 至 2012 年是否已真正实现养老保险省级统筹尚存争议

《社会保险法》于 2011 年 7 月 1 日起实施,其亮点之一就是基本养老保险基金逐步实行全国统筹,其他社会保险基金逐步实行省级统筹。《"十二五"时期人力资源和社会保障事业发展规划纲要》提出:全面落实城镇职工基本养老保险省级统筹,实现基础养老金全国统筹。2015 年是实施"十二五"规划的最后一年,养老保险基础养老金全国统筹的改革步伐并不顺利。2015 年养老保险改革的热点频频,机关事业单位养老保险改革、拟定延迟退休年龄政策 2017 年出台、养老保险待遇并轨,这些改革或话题是否延缓了基础养老金全国统筹的改革步伐,或许出于顶层

---

* 本研究同时获得国家哲学社会科学基金项目"健全社会保障管理体制和经办服务体系研究"(课题编号:14BSH108)、教育部重大攻关项目"渐进式延迟退休年龄政策的社会经济效应研究"(项目批准号:14JZD026)、教育部重点研究基地重大项目"社会保障与公共危机管理研究"(项目批准号:12JJD840007)资助。

设计考虑的要求,高层决策机构有什么新的战略安排。

养老保险省级统筹,是个人养老基金的一种集资方式。是指包括企业和职工个人缴费比例、基本养老金计发办法、发放标准、基金管理、基金调剂等内容在内的整个企业职工基本养老保险制度和体系以省、自治区、直辖市为单位实行统一管理方式。省级统筹是企业职工基本养老保险制度改革发展到一定阶段后的一种较高层次的管理方式,是深化基本养老保险制度改革的必然结果。

我国扩大养老保险覆盖率,提高养老保险统筹层次,有助于降低养老保险的社会风险。早在中共十六届三中全会上的《关于完善社会主义市场经济体制若干问题的决定》中就明确提出:"建立健全省级养老保险调剂基金,在完善市级统筹基础上,逐步实行省级统筹,条件具备时实行基本养老金的基础部分全国统筹。""十一五"期间,在完善养老保险市级统筹的基础上,尽快提高统筹层次,加强省级基金预算管理,基本实现基本养老保险省级统筹,个别有困难的地区,建立健全省级调剂金制度。

实现养老保险全国统筹,必须实现社会保险税费改革,变费为税,建立由中央政府负责管理的全国统筹的基础养老金制度。2010年10月28日,第十一届全国人大常委会第十七次会议通过了《社会保险法》,自2011年7月1日起施行。《社会保险法》关于社会保险基金一章中第64条规定,"基本养老保险基金逐步实行全国统筹"。中共中央十七届五中全会关于"十二五"规划的建议,提出"实现基础养老金全国统筹",然而长期以来,中央政府和地方政府在偿还养老金隐性债务的责权上一直模糊,既不利于债务的偿还,也间接危害到养老保险制度的可持续发展。养老保险制度省级统筹是提高统筹层面、增强制度的互济共助作用,提高财政兜底能力和基金支付力,最终实现制度统一的重要途径。1987年我国首次提出"养老保险省级统筹"的概念,国务院曾要求1998年年底实现养老保险省级统筹的目标,但最终目标落空。2007年,国务院要求养老保险省级统筹的期限在2009年年底完成。2009年7月,人保部透露,全国已经有25个省份建立了省级统筹制度,比2008年年底增加了6个,其他7省也正在积极研究制定省级统筹方案。至2011年,人力资源和社会保障部部长尹蔚民在十一届全国人大四次会议举行记者会宣布:"十一五"期间我国社会保障体系建设取得"突破性进展",并宣称现在养老保险基金统筹层次还比较低,我们在"十二五"期间要实现基础养老金的全国统筹,在更大范围内进行资金调剂,化解风险。至2012年,国家审计署8月2日公布的社保审计报告显示,目前我国尚有17个省份未能按照规定真正实现养老保险省级统筹。① 而同期人社部认定,全国仅有广东、山东、江苏、浙江四个发达省份养老保险省级统筹不达标。不论国家审计署与人社部在省级统筹标准上存在什么分歧,都意味着2009年全国全部实现省级统筹的目标落空,致使国务院曾提出2012年实现全国统筹的期望也成为泡影。

养老保险省级统筹要求实施"统一养老保险政策、统一缴费基数和比例、统一计发办法和统筹项目、统一业务经办机构和规程、统一计算机信息管理系统"等"五个统一"的省级统筹标准。实现了省级统筹的四个标志包括:

(1)统一制度。在全省(自治区、直辖市)范围内,城镇各类企业及其职工、城镇个体经济组织及其帮工、城镇私营企业主,均应参加国家的基本养老保险,实行统一的基本养老保险制度。

(2)统一标准。在全省(自治区、直辖市)范围内,统一确定缴纳基本养老保险费的比例和基本养老保险待遇支付标准。各类企业和个体经济组织、职工和帮工,都按照全省(自治区、直辖市)统一确定的缴费比例缴纳基本养老保险费;对不同所有制、不同用工形式的劳动者,按照全省(自治区、直辖市)统一确定的项目与计发办法支付基本养老保险待遇。

(3)统一管理。基本养老保险业务统一由省(自治区、直辖市)级社会保险经办机构负责管理,并达到全省(自治区、直辖市)规范、统一;社会保险经办机构实行省(自治区、直辖市)级垂直管理。

(4)统一调剂管理基金。建立以省(自治区、直辖市)为单位的基本养老保险基金,各地、市、县征缴的基本养老保险费用于支付当期养老保险待遇后,结余基金除按规定留存外,其余应上缴省级社会保险经办机构纳入财政专户管理。省级社会保险经办机构统一组织实施对各地、市、县的基金调剂。

养老保险省级统筹的管理体制要求:

(1)各级政府要切实加强领导,从大局出发,坚决执行上级下达的基本养老保险基金征集计划。省与市、州要签订责任状,并作为考核各地政府工作的重要依据。

(2)各级社会保险经办机构有权稽核企业有关账目报表,督促企业按规定按时足额缴纳基本养老保险费,企业应如实提供情况,积极配合。凡弄虚作假故意少报、少缴养老保险费或多报冒领养老金,除如数追缴追回外,还要根据有关法律处

---

① 《审计署发布全国社会保障资金审计结果》,《中国劳动》2012年第9期。

以一定数额的罚款,罚款转入养老保险基金。对拒绝缴纳养老保险费,社会保险经办机构可以依法申请人民法院采取强制措施。

(3) 社会保险经办机构的工作人员玩忽职守、徇私舞弊,行贿受贿,致使社会保险费少征、漏征、流失等,给予有关责任人行政处分,构成犯罪的,提请司法机关依法追究刑事责任。

至2012年,养老保险省级统筹的工作已启动二十多年的时间,并做了多次部署,但进度缓慢、成效不大,如表2-1:

表2-1 养老保险省级统筹时间进度表及执行情况

时间	政策文件	主要内容	政策执行结果
1987	国家体改委、劳动人事部下发通知	在全国大多数市、县实行退休费用社会统筹,有条件的地方也可以进行全省统筹的试点	"省级统筹"概念首次使用
1991	《国务院关于企业职工养老保险制度改革的决定》	尚未实行基本养老保险基金省级统筹的地区,明确提出要积极创造条件,由目前的市、县统筹逐步过渡到省级统筹	
1995	《国务院关于深化企业职工养老保险制度改革的通知》	提出将改革的重点放在地市	各方意见分歧增大,进程停滞在县市级养老保险统筹,条块分割、企业负担不均衡、基金共济能力弱等缺陷愈演愈烈
1998	《国务院关于建立统一的企业职工基本养老保险制度的决定》和《国务院关于实行企业职工基本养老保险省级统筹和行业统筹移交地方管理有关问题的通知》(国发〔1998〕28号)等文件	要求各省区逐步推行养老保险的省级统筹,1998年在全国实现省级统筹,建立养老保险基金调剂机制;2000年省、区、市范围内基本实现统一企业缴费比例,统一管理和调度使用基金,对社会保险经办机构实行省级垂直管理	国务院提出实行省级统筹的时间表和标准;时间表因各地进展不理想而未能实现。只有少数省市如北京、上海等实现,大部分省份仍是市、县一级统筹

续表

时间	政策文件	主要内容	政策执行结果
2006—2007		2007年,国务院要求养老保险省级统筹的期限在2009年年底完成	湖南、西藏、江西、河南4省(自治区、直辖市)和新疆生产建设兵团相继出台省级统筹办法
2007	原劳动和社会保障部、财政部联合印发《关于推进企业职工基本养老保险省级统筹有关问题的通知》	明确了省级统筹标准;田成平在2007年9月表示,力争用两年左右的时间在全国基本实现养老保险省级统筹	劳动和社会保障部首次明确公布工作时间表:2009年年底实现全国省级统筹;截至2007年9月,除为数不多像北京、上海等省市实现,大部分省份仍停留在市、县一级统筹
2008	中共十七大报告和十一届全国人大一次会议通过《政府工作报告》	中央明确提出要加快企业职工基本养老保险省级统筹步伐。劳动和社会保障部有关负责人表示:力争用两年左右的时间在全国基本实现养老保险省级统筹	计划2009年年底在全国实现养老保险省级统筹。海南、安徽、湖北、河北、山西5省份规划启动省级统筹。截至2008年3月北京、天津、吉林、黑龙江、上海、福建、重庆、云南、陕西、甘肃、宁夏、青海、新疆等13个省(自治区、直辖市)实现省级统筹
2009		人力资源和社会保障部工作会议决定,在2009年实现养老保险省级统筹;表示决策层已下定决心,"在本届政府任期内实现养老保险的全国统筹"	2009年有望迈出实质性的改革步伐。广东、广西、贵州、内蒙古、江苏、浙江、四川、辽宁、山东9省(自治区)规划启动省级统筹。2008年年底,北京、天津、新疆等17个省(自治区、直辖市)实现养老保险省级统筹;海南和新疆生产建设兵团出台了养老保险省级统筹办法;其余省份仍停留在县市统筹,统筹单位超上千个。截至2009年7月,河北、山西两省实现养老保险省级统筹。已建立或开始建立省级统筹制度的省份已增至22个。2009年7月,人力资源和社会保障部透露,全国已经有25个省份建立了省级统筹制度,比2008年年底增加了6个,其他7省也正在积极研究制定省级统筹方案

续表

时间	政策文件	主要内容	政策执行结果
2012			2009年年底实现省级统筹目标没有完全实现。国家审计署2012年8月公布的全国社会保障资金审计结果显示,17个省(自治区、直辖市)未能按照规定真正实现养老保险省级统筹

注:本表根据相关法规文件资料整理。

省级统筹基金主要用于当年下拨各地的调剂资金;解决后备金赤字的地方欠发养老金的部分资金;应付重大自然灾害或突发性事件造成养老金不足所需部分资金。

对照"五个统一",原先纷纷宣告已实现养老保险省级统筹的相当部分省份未能通过国家审计署的社保审计。何平认为:实行省级统筹,说白了就是要求基金结余较多的地、市,拿出一部分基金支援基金有缺口的地、市,确保全省的养老金按时足额发放。所以,省级统筹并不是一个理论问题,而是一个现实利益的调整问题,涉及地方财政的责任担当问题和一个省之内各个统筹地区之间的利益调整问题,这才是根本症结所在。"真正实现"还是"虚拟实现",是人社部的统筹标准与国家审计署的统筹标准不一致,还是政府诚信问题?一旦是后者,这就有悖政府的诚信原则,参保者有权力启动问责机制。

2.2 养老保险省级统筹的制度障碍与基础养老金全国统筹的发展难点

2009年全国实现养老保险省级统筹的目标踏空,而最高决策部门早在《国务院关于深化企业职工养老保险制度改革的通知》(国发〔1995〕6号)中就曾提出了建立全国统一养老保险制度的问题,1997年各地33个养老保险方案并轨,曾不理智地提出了养老保险下世纪初实现养老保险全国统筹的要求;进入21世纪,国务院又再次提出2012年年底实现养老保险全国统筹,计划再次踏空;现又提出"十二五"规划期间实现养老保险全国统筹。国家发改委将"研究制定基础养老金全国统筹方案"列为2013年深化经济体制改革的重点,大有泰山压顶之势。人力资源和社会保障部部长尹蔚民在2014年年底参与全国人大的质询时表示,设计养老金全国统筹、投资运营等方案,需要解决很多矛盾和难点,很难找准其中最佳利益平衡点,人社部将争取在2015年完成该方案的设计。①

在表2-1中,政府一次次提出省级统筹的时间表,目标一次次地被设定,但执行效果总未达到预期。上有政策、下有对策,总是走不出叶公好龙的制度困境。《2012年度人力资源和社会保障事业发展统计公报》称,全国31个省(自治区、直辖市)和新疆生产建设兵团已建立养老保险省级统筹制度,但事实上,我国只有为数不多的几个省份实现了基础养老金在省级的统收统支,绝大多数省份养老保险统筹层级仍然停留在市县一级,全国统筹单位多达2000个。② 真正意义上的省级统筹为什么如此困难?主要原因在于:

2.2.1 地方利益作祟,统筹层次无法提高的阻力在于政府本身

养老保险统筹涉及最主要的问题是直接的利益关系,无论省内各地市之间还是各省之间,只要养老保险基金的利益问题无法平衡,实行省级统筹或是全国统筹的任务就难以推行。中央政府是政策制定者,省级政府是政策实施监督调控者,而地方政府是执行者。对于中央政府和省级政府而言,实现省级统筹是提升养老保险保障能力的有效办法,但省级政府存在一定的顾虑,按照惯例,哪一级统筹就由哪一级财政负责,因为财政责任的上移,无疑给省级政府增加了财务负担以及更多的行政管理责任。已经实现省级统筹的地方,除了4个直辖市之外,大多属于欠发达地区,比如甘肃、青海、宁夏、新疆;没有完全实行省级统筹的地方,大多属于发达地区。③ 出现这种经济较不发达地区先完成省级统筹任务的现象,主要由于中央财政对欠发达地区实行省级统筹给予一定的中央财政补助,再加上省级财政补助,省级就有足够的资金开展养老保险省级统筹,且省内地市由于结余少也愿意将责任上移。而发达省份无法得到养老保险基金的中央财政补贴,省内养老保险基金结余又滞留地市级,若省内经济差异化大,则各地市不愿将养老保险金上缴省级补差调剂,就产生了越发达地区省级统筹越困难的现象。

对于省内各地市来说,养老保险的属地管理规则,基金限制在各个行政片区内,基金的上解就可能导致利益受损,涉及当地财政收入、经济和政绩,地市政府对

---

① 降蕴彰:《养老保险统筹今年拿方案 整体顶层设计尚存难题》,《经济观察报》2015年1月16日。
② 郭晋晖:《养老金全国统筹22年无大进展 阻力在政府本身》,《第一财经日报》2013年6月4日。
③ 杜萌:《养老保险省级统筹年底实现,利益平衡成最大阻力》,《法制日报》2009年7月13日。

养老保险基金痛爱有加,经济好的地市担心省级统筹劫富济贫,降低本地居民养老待遇水平,损害本地利益;而经济差的地市希望得到外援降低自身支出压力。当出现局部利益与全省利益冲突的时候,各个市、县往往选择局部利益。① 各级政府都在衡量自己的利益得失,风险与收益,对是否接受省级统筹受利益驱使。在论及2011年养老保险财政补贴2200多亿元时,社科院世界社保研究中心主任郑秉文表示:养老金尚未实现全国统筹,广东等省份的余额,不能转移给西部收不抵支的省份,财政必须要拿出两千多亿来补贴分割的养老制度,主要流向那些当期收不抵支的省份。

养老保险省级统筹的困难,不是理论或技术上的困难,而是利益平衡问题。在当前以及今后很长一段时间内,各省级行政区间的巨大经济差距将继续存在,各地对自身利益的争夺与地方保护主义将继续存在,中央政府也很难在短期内完全协调好各省级行政区的利益诉求。

2.2.2 碎片化管理导致无法统一养老保险制度

按照我国公共政策制度设计,中央往往仅负责养老保险制度宏观政策的制定和指导,具体细则由各地政府依据自身特点、经济状况以及地区居民的收入水平进行设定,如缴费基数、缴费模式、费率水平等不同,导致养老保险制度的碎片化,不仅省际制度不一,甚至省内各地市也差异也非常大,不易进行统一管理。因此,省内经济差异化、工资水平差异化和养老待遇发放数额不同等,使省级统筹障碍重重。以广东省为例,珠三角地区外来人口多,参保覆盖率高,基金结余较多,单位缴费普遍在9%—12%的低缴费区,深圳、珠海、佛山为10%,东莞只有9%,缴费工资较低,普遍低于全省在岗职工平均工资的60%,企业负担较轻;而欠发达地区则相反,覆盖率低,参保缴费人数少,基金结余较少,有的地市出现当期赤字,单位缴费比例普遍高于15%,韶关、河源、汕尾基本养老保险企业缴费率达到18%,最高的达到22%,缴费工资普遍已达到或接近全省在岗职工平均工资的60%,企业负担较重。各地参保人员和企业对实现养老保险均衡发展的诉求日益强烈。中国社科院社会政策研究中心秘书长唐钧认为,推进养老金全国统筹,必然会出现用东部盈余的养老金来弥补处于亏空状态的中西部地区,这势必会引发东部地区的不满,对提高养老金统筹层次形成很大阻力。② 2014年年末基本养老保险基金累计结存

---

① 杜萌:《养老保险省级统筹年底实现,利益平衡成最大阻力》。
② 李唐宁、杨烨:《基础养老金全国统筹方案年内将出》,《经济参考报》2015年3月10日。

35,645亿元,全国各区域之间,主要存在养老基金结余不平衡、养老人口赡养比例不平衡问题。东部地区具有养老基金结余的巨大优势,东部地区合计起来能占到全国养老金结余的一半以上,而中西部地区却基本都是靠中央财政转移支付。在这样的背景下设计全国统筹方案,很难处理好中央与地方的关系、地方区域之间的关系。推进养老金全国统筹,用东部盈余的养老金来弥补处于亏空状态的中西部和东北地区,这势必会引发东部地区的不满。

中西部地区青壮年劳动力向东部地区的流动,候鸟式地变换用工单位,在不同统筹地区反复退出养老保险关系,反复退保也为东部地区留下了巨额的养老统筹基金,而他们大多数人基本上都享受不到养老金待遇。即使后来的可转移12%的统筹基金到不同的统筹地区,留下的8%的统筹基金其数字也是非常可观的。

课题组与广州市白云区地税局在白云区农民参保意愿的问卷调查中发现,在被抽取的5133名参保人中,在广东省务工曾经有退保经历的人的比率竟然高达51.78%,有些难以置信,见表2-2:

表2-2 请问您在穗退保次数

		频数	百分比	有效百分比
	1次	1834	35.7	68.7
	2次	491	9.6	18.4
	3次	213	4.1	8.0
	4次及以上	120	2.3	4.5
	合计	2670	52.0	100.0
	系统缺失	2463	48.0	
合计		5133	100.0	

注:资料来源于广州市白云区农民工参保意愿调查。

2.2.3 统筹调剂基金部分用于做实个人账户,地市参与省级统筹积极性降低

按照一般理解,人们常常把"统账结合"这个基本养老保险制度的统筹部分称为"基础养老金"。全国各省级养老保险统筹要求从各地市上调养老保险调剂金,如广东省规定从2009年1月1日起,将省级养老保险调剂金上缴比例由3%统一调整为企业养老保险单位缴费的9%,养老保险基金调剂金上移至省级主要用于补差欠发达的地市统筹资金的支付缺口。由于养老保险制度从现收现付转制到部分

积累制时,统筹账户对个人账户的侵占,导致个人账户"空账"运行。地市的统筹账户基金,除了向省人保上缴调剂金之外,一部分还要用来做实个人账户。2006年之后实施养老保险"新政",中央政府要求积极做实个人账户,除财政补贴和转移等方法,也在利用提高统筹层次的方式来筹集基金以弥补个人账户无法支付的部分。这进一步影响较发达地市政府进行省级统筹的积极性。本可留在本地提高当地居民福利、提高政府政绩的养老保险基金,不仅要用做补差其他地市养老金支出,还要用做个人账户做实,从当地短期收益来看,收益远小于支出,地市将倾向于将基金截留本地。

2006年开始的养老保险"新政"要求做实个人账户,每做实1个百分点,中央财政补助0.75个百分点,最高不超过3.75个百分点;每做实1个百分点,地方财政补助0.25个百分点。到2012年,我国养老保险的"空账"规模大约2.25万亿元,整体做实个人账户计划落空,反呈扩大化趋势,发达地区省级统筹难,在于做实账户的制度性诱惑使改革陷入纠结症。其实,真正做实个人账户,遭遇我国不景气的资本市场,基金贬值的压力更大。一方面基金贬值,另一方面大量的财政补贴,这是改革之大忌。

在真正意义上的省级统筹尚未做实的情况下,"十二五"期间走向养老保险全国统筹,考验着决策层的智慧与胆识。郑秉文认为,统筹层次无法提高的阻力在于政府本身,上级政府在提升统筹层次这一问题上的"叶公好龙",导致社保碎片化制度不能根绝。① 最大的问题在于我国经济发展的严重不平衡,我国养老金储存结构的严重不平衡、我国人口老龄化程度的严重不平衡,最终导致利益失衡问题引起中央和地方之间的博弈。

2.2.4 全国养老保险水平、规模与结构及赡养率等指标差异之大难以平衡利益关系

按照"统一制度政策、统一缴费基数和比例、统一待遇、统一基金管理、统一基金预算、统一业务规程"的六个统一标准。面临双轨制待遇调整、促进行政事业单位养老保险改革的舆论压迫、养老金缺口与延迟退休年龄等难题,加上全国复杂的经济社会环境与经济发展差距,不同地区在经济水平、基本养老保险历史债务和现状等方面的巨大差距严重制约着基本养老保险统筹层次的提高。现行的省级统筹之所以不是真正意义的省级统筹:一是存在统而不筹的问题,省级统筹仅仅停留在

---

① 郭晋晖:《养老金全国统筹22年无大进展 阻力在政府本身》。

市级基金统收统支,省级调剂的层面,事实上属于分散管理的状态;二是缴费基数和缴费比例在省级范围内难以统一;三是基本养老金计发基数不统一。

中共十八大报告明确提出:"逐步做实养老保险个人账户,实现基础养老金全国统筹",然而,人口老龄化与高龄化、经济指标下行、国际局势动荡、社会矛盾日益尖锐,加之我国严重的地区差别与养老负担差别,致使养老保险全国统筹的目标实施难度加大,根源在于哪一级统筹需要哪一级财政负责,中央财政的压力突显,城乡居民整体缴费标准较低的问题依然存在,而要增加城乡居民养老金额的发放,就需要延长缴纳年限或提高缴费标准。延迟退休年龄并不是养老保险制度本身的原因单独所致。东部、中部与西部地区经济与发展差距带来一系列的养老保险发展不平衡的问题,我们可以借用 Theil 提出的熵来研究养老保险水平在不同地区之间的差异:

$$T_{全国} = T_{地区间} + T_{地区内} = \sum_{i=1}^{3} Y_i \log(Y_i/GDP_i) + \sum_{i=1}^{3} Y_i [\sum_j Y_{ij} \log(Y_{ij}/GDP_{ij})]$$

式中,T 代表熵,Y_i 为第 i 个地区的养老保险费用支出份额,GDP_i 为第 i 个地区的 GDP 份额。以 Theil 表示的各地区之间总差距可以直接分解为组间差距和组内差距,比如我们将养老保险份额与 GDP 的份额之比分解为东部地区、中部地区与西部地区,了解三大地区差距(组间差距)和各地区内部差距(组内差距)各自的变化趋势及其对总差距的影响。式中,$i=1,2,3$,时,分别表示东部地区、中部地区与西部地区;j 表示省(自治区、直辖市),ij 分别表示我国东部、中部、西部各自对应的省(自治区、直辖市),Y_i 表示东部、中部地区或是西部地区的养老保险费用支出份额占全国三大地区总额的比重,GDP_i 表示东部地区、中部地区或是西部地区的 GDP 占全国 GDP 总额的比重;Y_{ij} 表示某省(自治区、直辖市)养老保险费用在相应东部地区、中部地区或是西部地区总额中的比重;GDP_{ij} 表示某省(自治区、直辖市)的 GDP 在相应东部地区、中部地区或是西部地区 GDP 的比重。

赡养率在全国极大不平衡,它是制约省级养老保险统筹的重要因素,更是影响全国养老保险统筹的重要因素,以广东省为例,新兴发达地区人口红利期延长、赡养率低,老城区赡养率高。2010 年,深圳在职参保人数 686.73 万,离退休人员只有 15.62 万人,赡养率为 2.3%,珠海为 5.4%,东莞为 5.1%,惠州为 5.6%;而与此相反,湛江、茂名、汕头、韶关,包括广州等地区的养老负担较为沉重,赡养率分别为 36.1%、35.3%、33.5%、31.9%、21.3%。① 广州市赡养率相对较低些是由于大量劳动

---

① 根据广东省 2010 年度社会保险基金决算表数据计算得出。

力进入广州市就业延长了人口红利期。赡养率问题影响缴费率,在全国养老保险统筹时,不同省份巨大的赡养率差距会引起基金再分配问题,中央政府与省级政府之间的博弈将更加激烈。

2.2.5 基础养老金全国统筹再分配问题存在制度不公

现实的情况是,一方面是财政对收不抵支地区进行年复一年的财政补贴,另一方面,发达地区社保金躺在银行内缩水。没有解决保值增值问题,银行利率跑不赢CPI,就意味着社保基金一直在缩水,而且养老金的基数越大,缩水越多。所谓全国统筹,将要求发达省份大量的剩余养老金转移给不发达地区,基础养老金全国统筹要求加大收入再分配功能,实现全国统筹后基本养老金计发标准由省级统筹在岗职工平均工资变为全国在岗职工平均工资后,分析对地区间基本养老保险收入再分配的影响,将基本养老保险的计发基数中的在岗职工平均工资表示为:

$$C = \lambda W_n + (1-\lambda) W_p \quad (0 \leq \lambda \leq 1)$$

其中,C 为计发基数中的在岗职工平均工资,W_n 为全国在岗职工平均工资,W_p 为地区养老保险省级统筹后在岗职工平均工资。当 $\lambda = 0$ 时,$C = W_p$,基本养老金的计发标准为各地养老保险省级统筹后在岗职工平均工资,各地区之间收入再分配功能最小,基本养老金发放越注重效率;当 $\lambda = 1$ 时,$C = W_n$,基本养老金的计发标准为 W_n,各地区之间收入再分配功能最大,基本养老金发放越注重公平;当 $0 < \lambda < 1$ 时,各地区之间的收入再分配功能介于两者之间,收入再分配功能随着 λ 的减小而逐步减小。由此可见 λ 是决定收入再分配功能强弱的重要参数,λ 在 0—1 之间取不同的值,可以实现不同程度的收入再分配功能。

2009 年 2 月 5 日,人力资源和社会保障部在其官方网站公布了《农民工参加基本养老保险办法》和《城镇企业职工基本养老保险关系转移接续暂行办法》(简称"两个办法"),进城务工农民离开原统筹地,原统筹地区可以留置 12% 的统筹基金(基础养老金),8% 的统筹基金拨给农民工新务工的统筹地区,不论如何分割企业以农民工名义上缴的统筹基金,农民工大部分都不享受这一部分共有财产权,尽管已经部分地实现了不同统筹地区的基础养老金的再分配,它是以牺牲农民工利益的制度性剥夺,这会对未来养老保险城乡统筹产生十分不利的影响。其实这 12% 的统筹基金的转出并不顺利,因为一是全国并未全部实现养老保险转移接续功能,二是并非所有的养老保险制度都能接续,三是接入地担心增加支出,不愿意接收缩水的统筹账户的劳动者,四是转出地由于可以截留 8% 的统筹资金,特别是经济发达地区,仍可能热衷于农民工向其他非统筹地区的转移。

2.3 实现养老保险全国统筹要解决的问题

基础养老金又称社会性养老金,是退休人员基本养老金的重要组成部分。新计发办法规定,基础养老金是指职工退休时上年度所在岗职工月平均工资与本人指数化月平均缴费工资之和的平均值(即两个数之和的一半)作为计发基数,缴费每满1年(含视同缴费年限,计算到月)发给1%。全国各地企业养老保险的覆盖率、缴费比例和缴费基数、计发办法和计发基数、待遇水平均存在一定差异,短期内实现养老保险基础养老金全国统筹有重大的阻力与意想不到的困难,需要进行以下改革:

2.3.1 全国养老保险统筹制度模式的改革

分税制财政管理体制,中央与地方养老保险责任的划分不清晰,中央财政与地方财政的养老保险补贴无严格的制度性规定,从十几年的中央与地方养老保险基金财政补贴比率来看,基本无规律可循,近几年统计报告中没有细分中央与地方财政的补贴比例。分税制改革后,中央财政财力相对雄厚,加之几十年计划经济财源向中央的集中,中央财政理应负担更高的财政补贴责任。

2010年通过的《社会保险法》中规定:"基本养老保险基金逐步实行全国统筹,其他社会保险基金逐步实行省级统筹。"之后,国家"十二五"规划以及社会保障"十二五"规划表述变为"实现基础养老金全国统筹",即中央负责基础养老金及待遇调整,地方负责个人账户,这种分工可以是养老保险全国统筹的第一步战略,在未来改革的过程中可以向基本养老金统筹过渡。我国养老保险的替代率应当适当进行改革,多缴多得是将不合理的工资制度带进了养老保险,为了实现养老保险缓解贫富差距的功能,可适当地采取高收入者低替代率、低收入者高替代率的制度。在实行国民年金的基础上实行全社会统一制度的全国统筹,在目前情况下难度较大,全国养老保险改革一体化的步伐不一致,如果将职工养老保险、城市居民养老保险、"新农保"整合在一起,牵涉的因素太多,全国统筹的适用人群适宜分步走战略。养老保险全国统筹以后,省际养老保险关系转移的政策主要是农民工的问题,现阶段基础养老金按8:12的方式分割于原务工城市与新务工城市未必合理,本文主张将农民工的基础养老金与"新农保"联系在一起。不要制度性剥夺农民工与城镇职工享有共有财产权(基础养老金)的权利。

养老保险全国统筹如果采用税务全责征收模式,执行主体将移位于国家税务局,在全国范围内,经办规程在推出一站式服务、三方协议、缴费方式创新与多元,推动企业社保费稽查与清理欠缴,完善社会保费的税式管理等都是一个难题。统一的基金流程与统一的基金预算需要银行、财政、人保、国税进行全方位的整合,完善真正意义上的费源管理、欠费管理、分类管理、征收管理、档案管理、咨询管理与入库管理。

2.3.2 养老保险基金预算改革

养老保险基金预算要根据养老保险制度的实施计划和任务编制,经过法定程序审批执行基金财务计划。经办机构在年末,应按人社部下达的主要指标计划和财政部门的要求,根据本年度执行情况和下年度基金收支增减变动预测,编制下年度基金预算草案,按照法定程序得到审批后,严格执行。养老保险全国统筹后,养老保险基金预算管理包括以现金收支为基础的财务收支预算与结余管理。

一、编制要求与编制原则

预算编制一是要坚持以收定支、以筹定支原则,充分考虑全国范围内多重因素对基金预算编制的影响;二是提高养老保险质量,努力扩大征缴面与征缴额,清理有意拖欠与恶意欠缴基金,确保支付及时到位;三是在现收现付体制下,实施当年基金收支平衡、略有节余原则。实施基金制,要努力研究积累系数与积累率对企业生产经营的影响,考虑企业与个人的承受能力。

二、养老保险基金预算审批

预算编制要根据基金收支增长和平衡指标的宏观调控计划,在省级基金预算的基础上,做好基金增减变动因素的年度预测,提出基金预算草案上报,中央政府根据上报的基金预算草案,分类审核汇总后报财政部门审核,按法定程序审核批准后的预算,由财政部门及时向人保部门批复执行。

三、养老保险基金预算的执行与调整

采取各种措施,严格执行养老保险基金预算,理顺征缴关系,强化征收管理,做到应缴尽缴,确保收缴任务的完成。预算支出管理要严格防止基金流失,杜绝假冒领取行为。在统筹范围内合理调度基金,以保证养老保险基金的支出需要。经办机构要认真分析基金收支情况与动态发展、掌握投资盈利情况,定期向同级财政和人保部门报告收支情况,加强基金运行的财务监督,确保预算的顺利进行。养老保险基金经营管理机构要及时调整预算方案,说明更改理由,上报人保部门和财政部门审核。经同级政府批准后,由财政部门及时向人保部门下达预算调整计划,并报上级财政和人保部门备案。

四、养老保险基金决算

每年年末,养老保险基金经营管理机构要根据财政部门规定的表式、时间和要求编制年度基金财务报告,在规定期限内经省人保部门审核并汇总,报中央人保和财政部门审核,对不符合法律、法规及政策、制度规定的,财政部门有权予以调整,经财政部门审核无误后,由同级政府批准。批准后的年度基金财务报告为基金决算。财务报告包括基金资产负债表、基金收支表、财务情况说明书、附注及明细表。养老保险基金经营机构编制财务报告时,应做到数字真实、计算准确、手续完备、内容完整、及时报送。在办理决算的过程中,要十分重视财务报告及基金决算的收支分析和情况说明,认真分析基金财务收支的增减变动情况,经办机构可根据实际需要增加基金当年结余率、养老保险费实际收缴率等有关财务分析指标。

五、中央和地方政府责任划分改革

据社科院世界社保研究中心测算:由于目前各地养老金各自封闭运行,养老保险基金收不抵支的地区,每年需要财政大量转移支付确保发放。而有大量基金结存的地区,也不能实现全国范围的调剂和统一管理。因此,为了不断提高企业退休人员的基本养老金的水平,中央财政还要每年拿出1500亿元以上的资金来支持这个系统的运行。[①] 养老保险全国统筹,一大有利条件是,我国至今养老保险滚存积累基金2万多亿元,发达地区最担心的是自身多年积累的滚存积累基金被收缴统筹,寄希望于改革之前的基金留存于省级政府,改革后重新起步。如果这样,改革伊始要完善中国财政补贴制度,着手建立中央调剂金制度。通过全国基金预算管理明确中央与地方政府责任,对于预算内基金缺口,一是动用滚存积累基金;二是通过中央调剂金进行余缺调剂;三是直接中央财政补贴。第三种办法是现在常用的办法,包括部分地方财政补贴在内,如果养老保险全国统筹之后,取消这种办法,会有财政退位之嫌;第二种办法建立中央调剂金制度,需要一个缓冲期更宜。在实行"六个统一"之后;第一种办法动用滚存积累基金,必然遭遇发达地区的抵制,殊不知,发达地区巨额的滚存积累基金其中的大部分是由不发达地区大量劳动力进

---

① 《养老保险省级统筹远未完成,全国统筹更需时日》,《华夏时报》2013年10月23日。

入后积累的养老金。如果发达省份强烈反对养老保险全国统筹,有悖于社会公理。

养老保险全国统筹起步阶段仍需通过调整现行中央财政补助进行调剂,暂不上解各省份中央调剂金。待建立中央调剂金的条件成熟之后,再逐步建立中央调剂金,当然这是矛盾与利益冲突的集中点,缴费率、覆盖率、缴费基金基数、赡养率、人口红利期的长短等指标的差异,都会使中央调剂金的上缴与再分配产生利益冲突。建立中央调剂金的规模和作用,要动态进行跟踪管理与精算分析。滚存积累基金继续滚存下去还是在中央财政补贴和启用中央调剂金一段时期之后动用,需要择机而行,可以考虑一定比例的基金留存地方,其他部分集中于中央管理,可以在人口老龄高峰期使用于全国统筹。

六、经办管理与信息系统的改革

目前的养老保险经办管理体制面临着"省级统筹统而不筹"、垂直和平行管理模式不一致、信息系统不一致、服务体系和窗口管理不一致等问题,尤其是发达地区,人员少、任务重,劳动力流入与流出频繁,导致经办能力不足,信息系统建设相对滞后。

实现养老保险全国统筹,养老保险经办管理体制最重要的元素是信息流和资金流。信息流的前提是,社保机构起着关键的信息纽带的作用,在全国整体构建居民个人信息库和征信制度的基础上,建立与居民联系紧密的公安、民政、税务、银行等相关部门的共享数据库,减少重复建设成本,实现资源交集。社保机构现有的金保工程要发挥核心作用,政府、企业的很多业务系统都要围绕金保工程进行系统化建设,以实现各种信息资源的数据整合、信息交换和网络共享。在全国养老保险统筹统一网络平台上,构建中央、省、市三级人力资源和养老保险系统网络;在此基础上建立网络互联、信息共享、安全可靠的全国统一的养老保险参保信息服务网络;以网络为依托,优化业务处理模式,建立规范的业务管理体系、完善的社会服务体系。

养老保险经办管理就是对养老保险进行费用征收、档案管理和账户管理、政策咨询、基金使用与投资等各种具体事务提供具体服务的管理,经办规程需要做顶层设计,从上至下做好流程设计。养老保险经办管理体制建设主要有三个方面内容,一是确立养老保险"六个统一"的管理原则;二是明确养老保险行政管理、业务管理和监督管理的责任、机构和分工;三是确立管理方式和管理手段,以此提高养老保险的管理效率。从社会实践看,高效的养老保险经办管理体制应表现为:全国统筹后养老保险经办管理决策高度统一、科学管理;养老保险的行政管理、业务管理和监督机构分工明确、职责分明;以现代技术为依托,养老保险实行信息化、社会化管理。

为了有效履行养老保险的管理职能,确保各项养老保险制度的实施,需要按照养老保险经办管理的一般原则,建立社会化和专业化的管理机构。这些管理机构通过法律规定和政府授权而成为养老保险经办管理的权威组织。

全国统一的基金预算库,其关键是预算的科学性与合理性,预算与决算相结合、常态预算与应急预算相结合,预算要考虑的因素或指标众多,从基金缴费率、征缴基数、待遇增长率、欠缴率、当年离退休率、死亡率、基金增值率等均需要进行测算和预算。养老保险基金预算国家数据库从下至上层层递进,汇集至中央政府进行总基金预算,按照严格的预算管理与控制执行预算计划。

第一,规范养老保险业务经办管理。一要研究制定既相对独立又相互制约、既有内部控制又有外部监督的统一操作程序的业务经办流程。二要研究设定工作内容明确、工作程序清晰、工作职责分明的科学合理的工作岗位,规范岗位设置。三要加强标准管理,统一制定经办工作管理标准、业务操作和流程设计管理标准、基金营运和监督管理标准、对外服务管理标准、网络建设和信息技术管理标准等,实行标准化管理。四要疏通业务申报渠道,统一开发业务软件,实现网上、磁盘或光盘等多种形式申报业务,尽量减少手工操作,提高工作效率。五要明确养老保险经办机构与人保行政部门之间的业务职责分工,经办机构的主要职责是按照政策规定具体操作业务,而不是研究制定政策,仅是政策的执行者。

第二,实现服务方式的转变。一是在前台服务全能化上有所突破,通过建设"综合服务窗口",实现所有业务可在一个窗口实现"一站式"办理。二是在服务平台网络化上有所突破,推行分散式、下沉式的服务形式,实现经办服务功能向街道和社区延伸,近距离接触服务对象,使服务更方便也更加个性化。三是在服务手段多样化上有所突破,改变原来单一的服务手段,尽快实现网上办理、就近办理、一站式办理和"一卡通"办理。

第三,实行垂直管理。一要遵循不断提高养老保险统筹层次的发展方向,对养老保险部门实现垂直管理,省以下养老保险部门的人、财、物统一由省级养老保险部门管理,包括干部任免、编制配置、经费拨付、业务管理等等。二要适应规范统一办理各项养老保险业务的要求,统一流程,不断提高经办业务的水平和效率。三要优化经办机构的组织架构,创建管理、服务、监督三位一体的管理模式,加强管理,优化服务,实现信息共享,加大监督力度,不断提高依法办事能力。四是包括组织架构、岗位职能、业务流程、运行机制、信息系统和内控体系等各个方面。

第四,确保政令畅通,明晰中央与地方责任体系。彼得·鲍尔曾提出,福利国家的根本问题不是经济问题,而是道德问题。其问题在于人们是否对他们所管理的事务负有责任感。履行政府的社会保险职能,中央政府与地方政府应各负其责、各有分工,这种划分主要通过中央与地方养老保险职能部门之间的权力配置与责任体现出来。施蒂格勒认为:与中央政府相比,地方政府更接近民众,因此地方政府比中央政府更了解辖区内的公民需求与偏好;奥茨也认为:相当部分公共物品由地方政府提供优于由中央政府提供。特里西的偏好误识论认为:中央政府在提供公共物品时必然会受到失真信息的误导,提供的物品或者太多造成浪费,或者太少满足不了需要,从而不能达到淘汰配置优化与社会利益最大化。如果由地方政府来提供公共物品,情形就不一样,就不会发生偏差。①

养老保险责任机制是旨在实现养老保险责任的一套制度安排或确保责任实现的途径。养老保险行政机构中的各个部门要履行其所承担的行政责任与业务责任,都必须具有相应的行政权力。各级行政机构中部门的责任与权力,必须是内在统一的,行政权力的配置应当同机构承担的行政责任相对称和相平衡,从而形成权责统一,达到事权统一。各部门专司其职,权责统一,有利于形成部门间的职权分离和彼此制约的权力运行机制。养老保险作为最贴近于公众的民生问题,地方政府具有相当的知情权与处置权,中央政府的调控不可替代。根据契约理论,一种有效率的责任分配方式可以是中央政府和地方政府通过协商机制确定一个养老保险边界,一边是明确规定由中央政府负责,那么就由中央政府来提供;另一边是明确的地方养老保险事务则要由地方政府来负责。完成这个任务,需要的是一个有高度权威的中央政府和政令统一、令行禁止的行政体系。地方政府搞"上有政策,下有对策",既阻碍了科学发展观的落实,也破坏了中央与地方关系的和谐。因此,坚持中央与地方政府在社会保险职能分工上的权责对称原则、集中与分散管理相协调原则、法律规范原则,才能克服地方本位主义,发挥中央与地方两方的积极性。

养老保险行政机构的组织划分与业务分工,应该本着专业化、效能化和顾客利益至上的原则进行;机构设置以及组织与业务的分配与划分,要试图在专业分工与事权整合之间寻求平衡,以期达到业务专门化,同时又避免叠床架屋、事权冲突、责任不清,协调困难等问题,使政府组织事权集中,职掌明确,责任清晰,从而达到精

---

① 乔林碧、王耀才:《政府经济学》,中国国际广播出版社 2002 年版。

简、效率、统一的效果。一是要适度集中事权。在合理范围内集中事权,避免分散决策,形成高效率的作业;二是要适时裁撤、重组或根据需要增加机构,随着政府社会保险职能角色的变化,机构可予以强化或是裁减:包括阶段性任务已经完成或任务已改变的、任务或职能明显与其他机关重叠或职能萎缩,可以实行机构裁减、重组或是以作业外包方式委托民间机构办理。

3 完善职工大病保险制度研究

吕国营　程翔宇

3.1 现存职工大病保险制度问题突出

3.1.1 不同制度间待遇失衡,制度公平性不足

一、职工、居民医疗保险制度缴费差距大

近年来,随着城镇居民医疗保险和新型农村合作医疗制度不断提高待遇,城乡居民基本医疗保险政策范围内的报销比例已经达到70%以上,逼近城镇职工基本医疗保险待遇水平。与待遇趋同相对的是缴费差距较大:以武汉市为例,2014年城镇居民(18周岁及以上的非从业、就学居民)参加城镇居民基本医疗保险个人缴费标准为340元/年,农村居民参加新农合个人缴费标准为70元/年,而城镇职工参加基本医疗保险个人缴费标准为本人年工资的2%,以武汉市2013年职工平均工资4478.8元/月计算,职工个人平均缴费约为1075元/年。待遇与缴费上的差距不相对应,凸显了医疗保险不同制度间的不公平。

二、城乡居民大病保险加剧了制度间的不公平

2012年,国家发展和改革委员会等六部门出台《关于开展城乡居民大病保险工作的指导意见》,多地开始试点城乡居民大病保险制度。2015年7月,国务院办公厅印发《关于全面实施城乡居民大病保险的意见》,提出2015年年底前,大病保险覆盖所有城乡居民基本医保参保人群。城乡居民大病保险在不增加城乡居民负担的情况下,进一步提高城乡居民的保障水平,使得居民医保待遇进一步逼近甚至超过职工医保待遇。湖北省自2012年起开始实施城乡居民大病保险,保险起付线为8000元,较多患病居民可以享受大病保险待遇。职工方面,大额医疗保险制度

需要额外缴费,且起付线较高(以武汉市为例,统筹基金最高支付限额为24万元,按此计算个人需负担4万元才能享受大额医疗保险待遇),能够享受大额保险待遇的职工较少。这进一步加剧了制度间的不公平。

城乡居民大病保险制度建立之后,居民医保待遇进一步逼近职工医保,甚至超过职工医保待遇,职工心理落差较大。根据《关于开展城乡居民大病保险工作的指导意见》中提出的"有条件的地方可以探索建立覆盖职工、城镇居民、农村居民的统一的大病保险制度",职工要求建立职工大病保险制度的呼声强烈。不少地方已经比照城镇居民大病保险制度,开展职工大病保险制度试点工作。

3.1.2 职工大病负担沉重,制度有效性不足

近年来,我国医疗保障事业取得巨大进展,基本医保已经基本实现了全覆盖,职工医保和城镇居民医保、新农合政策范围内的住院费用报销水平已达75%、70%以上。职工虽然获得大额医疗保险覆盖,但重特大疾病医疗费用负担依然沉重。2015年"两会"期间,政协委员罗茂乡指出"困难职工三分之一以上因病致贫",并以其同事"厅级干部为看病把房卖了"举例佐证。连厅级干部都难以承受大病负担,普通职工遭遇大病时,困难可想而知。

> 在政协会议的总工会会场,委员罗茂乡:三分之一困难职工因病致贫。我们单位一个主席,厅级干部,为了看病把房子卖了。得到的大病医保补助非常少。医药分开这个问题,涉及千家万户。困难职工三分之一以上因病致贫。(中国经营报记者索寒雪两会现场报道)①

职工大病负担沉重的一个重要原因是,基本医保药品目录未纳入治疗重特大疾病的部分高值药品。比如治疗恶性肿瘤的靶向药物,由于其价格昂贵未纳入药品目录范围,但与传统治疗方法相比,靶向药物治疗效果较好、副作用小,且能有效控制病情,减轻重特大疾病患者痛苦,让患者有尊严地工作和生活。如果医疗保险可以适当分担一部分费用,则能有效缓解大病患者负担。部分省市和地区,如江苏省、浙江省、青岛市,已探索将靶向药物纳入医保支付范围,职工要求将靶向药物纳入医保报销范围的呼声越来越高。

---

① 《委员罗茂乡:厅级干部卖掉房子看病》,财经网,http://economy.caijing.com.cn/20150309/3835549.shtml。

3.2 关于医疗保险的理论分析

当前,在实际工作中对基本医疗保险存在不少错误认识,扰乱了医疗保险事业的正常发展。有必要澄清大病和医疗保险的含义,厘清有关基本医疗保险制度的误解,拨乱反正。

3.2.1 "大病"是一个经济概念

一、医学意义上的"大病"

在医学上,一般按病种界定大病,即划定一个大病目录,属于目录范围内的疾病则为大病。原卫生部新农合重大医疗保障就是以病种界定大病的:2010年,卫生部提出把20种疾病纳入农村居民重大疾病保障中;2012年,卫生部又在三分之一的新农合统筹地区试点增加了12类大病医保病种。

二、经济学意义上的"大病"

在经济学上,一般按照治疗疾病所产生的医疗费用界定大病,即划定一个费用标准,诊疗费用超过该标准的则为大病,否则不属于大病。在实践中,世界卫生组织提出的"灾难性医疗支出"是其典型。灾难性医疗支出是指,一个家庭的卫生支出达到或超过其家庭收入(扣除生存必需品支出)的40%。可见,大病是一个经济范畴的概念。

灾难性卫生支出

如果将卫生服务费用占家庭有效支付能力(家庭有效支付能力可以用家庭收入扣除生活必需支出,比如食品支出后剩余部分来衡量)的40%以上,那么从国家水平来看,与患者直接支付相关的灾难性支出发生率可以高达11%。而低收入国家的该比例一般都在2%以上。在各国,灾难性支出的发生率一般在富有的人中较低。但是,对于最贫穷的人来说,如果在这种特定的定义下,他们的状况并不是最差的。因为他们根本就没有钱去使用卫生服务,也就不会产生卫生服务费用,自然也就不会出现灾难性支出。最近的研究还表明,有残疾人和有儿童或老人的家庭更有可能遭受家庭灾难性卫生支出。①

三、大病保险中的"大病"

在大病保险中,若以病种界定大病,存在两大缺陷,一是不稳定,二是不全面。人类已经认知的疾病种类数以十万计,哪种疾病是大病、哪种疾病是小病,很难区分、很难操作。而且疾病谱还在不断变化之中,医疗卫生技术也在不断进步,以病种划分的大病范围是动态不稳定的,也有可能遗漏部分病种。因此,以医疗费用界定大病是一个更为合理、更具有可操作性的选择。

2012年至今,我国大病保险试点工作已在多地推开。截至2015年4月底,分别有287个和255个地级以上城市开展了城镇居民和新农合的大病保险工作,其中不少地方采取了以医疗费用界定"大病"的做法。但在界定标准上,各试点地方有不同做法,如河南省参加城镇居民医保的居民,只要在一个保险年度内住院(含规定的门诊慢性病)累计发生的费用超过1.8万元,就可在经过基本医保报销的基础上,获得大病保险的"二次报销";甘肃省规定,只要参加城乡居民医保的患者个人支付的合规医疗费用超过5000元以后,都可以得到大病医保报销。②

2015年7月印发的《关于全面实施城乡居民大病保险的意见》明确指出,"参保人患大病发生高额医疗费用,由大病保险对经城乡居民基本医保按规定支付后个人负担的合规医疗费用给予保障"。很明显,该意见是将高额医疗费用作为大病保险中"大病"的界定标准。

3.2.2 疾病风险与医疗保险

一、保险的产生与作用

保险的产生必须具备两个条件,一是事件发生是不确定的,二是事件发生时对人们的正常生活造成重大冲击。不确定性导致人们无法计划。如果一切都是确定的、可计划的,就没有风险,保险就没有存在的必要。然而不确定性的存在只是保险的必要条件而非充分条件,对于轻微事件,人们可以自担风险,只有人们承担不起的重大事件才需要保险。保险针对的是意外的沉重打击,用以缓解意外发生的

---

① 马彦民等:《2010年世界卫生报告概要——卫生系统筹资:实施全民覆盖的道路》,《中国卫生政策研究》2010年第11期。
② 《"双保险"能否让居民就医更"有底气"?》,新华网,2015年8月2日,http://news.xinhuanet.com/health/2015-08/02/c_1116116800.htm。

沉重经济负担。

二、疾病风险与医疗保险

就疾病而言，人们无法计划何时生病、生什么病，但是如果疾病带来的经济负担个人可以承受，就不需要医疗保险，只有那些可能导致因病致贫、因病返贫的疾病才需要医疗保险。只有这样才能保证保险能给投保人和保险人双方都带来好处。这一点不仅适用于商业医疗保险，也适用于社会医疗保险。

必须明确的是，社会医疗保险属于保险范畴而非福利范畴。商业医疗保险是保险，社会医疗保险也是保险，如果把社会医疗保险误解为福利项目，那就大错特错了。① 另外，也不能把社会医疗保险混同于社会救助。二者的区别很清楚，前者强调权利与义务的统一，享受医疗保险待遇以缴纳保费为前提，后者则属于转移支付。

3.2.3 厘清有关基本医疗保险制度的几点误解

我国的社会医疗保险具体体现为基本医疗保险，从理论上讲，应该保大病而不是保小病。在基本医疗保险制度建立之初，这一点得到充分的体现。在城镇职工统账结合的模式中，个人账户用以解决小病问题，真正具有保险意义的统筹部分重点针对大病问题：《国务院关于建立城镇职工基本医疗保险制度的决定》（国发〔1998〕44号）中明确规定，"起付标准原则上控制在当地职工年平均工资的10%左右"②。2003年，新型农村合作医疗制度建立，《国务院办公厅转发卫生部等部门关于建立新型农村合作医疗制度意见的通知》（国办发〔2003〕3号）中明确说明，"新型农村合作医疗制度是以大病统筹为主的农村医疗互助共济制度"③。2007年，城镇居民基本医疗保险制度建立，《国务院关于开展城镇居民基本医疗保险试点的指导意见》（国发〔2007〕20号）中明确该制度"以大病统筹为主"④。

然而，随着时间的推移，一些地方和部门对基本医疗保险，尤其是城乡居民基本医疗保险的认识发生了偏差，近年来越来越远。厘清这些误解，是基本医疗保险发展的基础。

---

① 吕国营：《基本医疗保险实质上就是大病基本医疗保险》，《中国医疗保险》2013年第8期。
② 《国务院关于建立城镇职工基本医疗保险制度的决定》（国发〔1998〕44号），《中国医疗保险》2013年1月7日，http://www.mohrss.gov.cn/SYrlzyhshbzb/ldbk/shehuibaozhang/yiliao_86829.htm。
③ 《国务院办公厅转发卫生部等部门关于建立新型农村合作医疗制度意见的通知》（国办发〔2003〕3号），中国人大网，2014年5月20日，http://www.gov.cn/zwgk/2005-08/12/21850.htm。
④ 《国务院关于开展城镇居民基本医疗保险试点的指导意见》（国发〔2007〕20号），中央政府门户网站，2008年3月28日，http://www.gov.cn/zwgk/2007-07/24/content_695118.htm。

一、保基本不是保小病

常见的误解是把基本医疗保险中的"基本"二字错误理解为"小病",把"保基本"误解为"保小病"。殊不知这里的"基本"是与"豪华"相对应的,基本医疗保险就是用基本药物、基本诊疗项目、基本医疗服务设施解决大病问题。换句话说,如果某人欲享受"豪华"药物、"豪华"诊疗项目、"豪华"医疗服务设施,请参加商业医疗保险。

二、普惠是起点的普惠而非结果的普惠

对"普惠"的错误理解是,把"保小病"以便使更多人得到医疗保险的报销误解为"普惠",撒胡椒面儿,也就是所谓的扩大"受益面"。殊不知,作为一种保险,社会医疗保险的普惠性在于广覆盖,是起点的普惠而非结果的普惠。如果是结果的普惠,保险将蜕变为福利。保险的意义在于,让参保者有安心的心理预期。基本医疗保险的普惠性在于广大人民群众花钱买到了放心。换句话说,不生大病,谢天谢地,放心;生大病,有医疗保险,也放心。

三、通过"保小病"、撒胡椒面儿来提高参保率的做法违背原则

部分地方为了解决"参保积极性"问题,不惜牺牲原则性,通过"保小病"、撒胡椒面儿来提高参保率。殊不知,逆向选择是商业医疗保险永恒的困境,社会医疗保险的强制性是解决逆向选择的有效方法。

基本医疗保险实质上就是大病基本医疗保险。[①] "保小病"和撒胡椒面儿的做法,严重削弱了基本医疗保险"保大病"的能力,城乡居民大病负担依然沉重。一些地方和部门提出了更加错误的认识:基本医疗保险只能"保小病",没有能力"保大病",欲"保大病"必须建立大病医疗保险。

3.2.4 大病保险属于基本医疗保险

一、城乡居民大病保险

为切实解决重特大疾病患者的因病致贫问题,2012年8月24日,国家发展改革委、卫生部、财政部、人力资源和社会保障部、民政部、保监会等六部门联合出台了《关于开展城乡居民大病保险工作的指导意见》(发改社会〔2012〕2605号);2015年7月28日,国务院办公厅印发《关于全面实施城乡居民大病保险的意见》。

---

① 吕国营:《基本医疗保险实质上就是大病基本医疗保险》。

两份文件中都指明,"城乡居民大病保险(以下简称大病保险)是基本医疗保障制度的拓展和延伸,是对大病患者发生的高额医疗费用给予进一步保障的一项新的制度性安排"。

该制度自2012年开始试点,2014年在全国推广,2015年年底前将全面推开、覆盖所有城镇居民基本医疗保险、新型农村合作医疗参保人群,大病保险支付比例达到50%以上。大病保险无须参保居民另外缴费,而是从城乡居民基本医保基金中划出一定比例或额度作为大病保险资金。其中,城乡居民基本医保基金有结余的地区,利用结余筹集大病保险资金;结余不足或没有结余的地区,在年度筹集的基金中予以安排。①

二、职工大病保险

职工大病保险是个别地方正在试点的覆盖城镇职工的大病保险制度。试点的支撑政策是,2012年六部委印发的《关于开展城乡居民大病保险工作的指导意见》中提出"有条件的地方可以探索建立覆盖职工、城镇居民、农村居民的统一的大病保险制度",及2015年国务院办公厅印发的《关于全面实施城乡居民大病保险的意见》中提到的"鼓励有条件的地方探索建立覆盖职工、城镇居民和农村居民的有机衔接、政策统一的大病保险制度"。

试点的原因有两个:一是响应职工要求,提高职工的医保待遇,同时增加大病保险参保人群,以缓解居民大病保险的筹资压力;二是平衡制度待遇差,完善职工大额医保制度。

虽然2015年《关于全面实施城乡居民大病保险的意见》鼓励覆盖职工的大病保险制度与城乡居民大病保险制度政策统一,但各地在试点时,只是按照城乡居民大病保险的制度框架设计了职工大病保险制度,资金来源却截然不同:城乡居民大病保险制度资金来源于居民基本医保基金,无须个人缴费;而职工大病保险资金则完全或部分来源于职工个人缴费。从资金来源这一点来说,职工大病保险更像是职工大额保险的一个变形。

三、职工大额医疗保险

在居民享有大病保险之前,多地职工就已经享有大额医疗保险。职工大额医疗保险是由政府牵头的、互助性的补充医疗保险,旨在解决参保人员因大病、重病

---

① 《国务院办公厅关于全面实施城乡居民大病保险的意见》(国办发〔2015〕57号),人力资源中文网,2015年8月5日,http://www.gov.cn/zhengce/content/2015-08/02/content_10041.htm。

产生的超过基本医疗保险统筹基金最高支付限额的医疗费用。参保人员缴纳了大额医疗保险费,即享受大额医疗保险待遇,发生超过基本医疗保险统筹基金最高支付限额的医疗费用时由大额医疗保险支付其医疗费用。大额医疗保险支付医疗费用的范围一般同基本医疗保险相同,但个别地方目录外的医疗费用也给予报销。如武汉市大额医疗保险文件规定保险人对因病情需要,经市劳动和社会保障行政管理部门批准的目录外医疗费用,保险人也应予赔付。

四、大病保险属于基本医疗保险,大额医疗保险属于补充医疗保险

大病保险属于基本医疗保险。虽然大病保险是2012年另外建立的,但它并未提高保险层次,不能算作补充保险,而是基本医疗保险的一部分。从理论上分析,对大病给予保险是基本医疗保险的应有之义,大病保险应该是基本医疗保险的组成部分。从实际操作上来说,按照2015年《关于全面实施城乡居民大病保险的意见》精神,职工大病保险比照城镇居民不需要额外缴费,对城镇职工基本医疗保险补偿后需个人负担的合规医疗费用给予保障。此外,职工大病保险并未提高保险层次,不属于补充医疗保险。

职工大额医疗保险属于补充保险。大额医疗保险资金由职工个人缴纳大额医疗保险费筹集,报销基本医疗保险封顶线以上不能报销的部分,保障水平高于基本医疗保险,因此属于补充保险。

3.3 完善制度、平衡制度待遇差距

3.3.1 制度失衡的实质是居民医保偏离保险属性

大病保险试点实施后,城乡居民在大病保险和基本医疗保险的共同保障下,政策范围内的报销比例达到75%左右,已经赶上甚至超过城镇职工的医疗费用报销比例。这引起了城镇职工的不满。职工医保和居民医保面临着制度失衡的问题:居民不需要额外缴费,就可享受大病保险,而职工需要额外缴费才能享受职工大额医疗保险,居民大病保险和职工大额医疗保险之间存在着制度失衡。

其实,职工医保和居民医保之间的制度失衡才是问题的根本。这种失衡是在制度设计之初就存在的,是先天的失衡:职工医保是保险制度,而居民医保偏离了保险属性,变成了福利制度。居民大病保险和职工大额保险之间的制度失衡只是其中的一种表现形式。

福利与保险有本质区别：福利属于单向的转移支付行为，个人不缴费，并不强调权利与义务的对等；而保险属于投保人与保险机构之间的双向行为，强调权利与义务的对等，享受保障权利的前提是缴纳保险费。

从性质上说，职工医保中，不论是城镇职工基本医疗保险还是职工大额医疗保险都是社会保险，都需要遵循"权利与义务对等"的原则，强制要求职工缴费参保。其中，职工大额医疗保险是补充保险，需要参保者额外缴纳保险费，能够报销基本医疗保险封顶线以上不能报销的部分，保障水平高于基本医疗保险。

而居民医保中，城镇居民基本医疗保险和新型农村合作医疗在制度建立之初，就确定了"政府补贴为主、个人缴费为辅"的筹资形式，两种制度都具有较强的福利属性，并不属于真正意义上的保险制度。城乡居民大病保险是在基本医疗保险上延伸而来，筹资模式沿用了居民医保的模式，《关于开展城乡居民大病保险工作的指导意见》中明确规定"从城镇居民医保基金、新农合基金中划出一定比例或额度作为大病保险资金"，不需要个人额外缴费。从权利与义务对等的角度讲，在个人只享受权利不履行义务的情况下，大病保险不是严格意义上的保险，而是大病福利。

3.3.2 待遇趋同造成严重的制度攀比

在城乡大病保险制度实施之前，虽然职工医保和居民医保之间存在制度失衡，但因二者待遇相差较大，这一先天制度失衡一直被忽视。然而，城乡居民大病保险实施之后，居民医保和职工医保待遇逐渐趋同，甚至出现了制度攀比。制度攀比带来的后果是，居民医保待遇不断提高，职工医保待遇被要求随之提高，两种医疗保险制度的待遇水平陷入恶性竞争。此时，制度失衡变得更加严重，成为矛盾的焦点。

从理论上讲，保险属性较强的职工医保与福利属性较强的居民医保应该存在明显差别：职工医保待遇应该明显高于居民医保待遇。有差别才能解决医疗保险参保上的自选择问题。待遇差别是解决医疗保险参保自选择的关键。如果两种制度待遇之间没有差距或差距很小，则会带来严重的参保者自选择问题。比如自由职业者在政策规定上可以参加城镇职工医疗保险，也可以参加居民医疗保险，在待遇差别不大的情况下，作为理性人，参保者会选择政府大量补贴、个人缴费较少的居民医疗保险。这种参保自选择会破坏基本医疗保险的筹资机制，危害基本医疗保险事业的健康发展。

然而,在实践中,居民医保和职工医保的待遇差距很小。大病保险制度实施后,居民医保待遇水平越来越高,居民医保与职工医保之间的待遇差距越来越小。

此外,待遇差别也是制度公平的体现。对于公平,存在一种误解,即认为居民和职工享受同样的报销待遇才是公平。其实不然。在医疗保险领域,最核心的公平是制度公平,其内核是权利和义务对等:只有履行了缴费义务,才能享受医疗费用报销待遇。居民医保不用缴费即可享受报销待遇,该待遇应该与职工医保待遇有明显差距,以体现缴费与不缴费的差别。让居民和职工享受同样报销待遇,看似"均等化"、看似"公平",但其实不仅没有体现更加公平,反而在新的层面上又增加了新的不公平的成分。这与建立"更加公平可持续"的医保制度的总目标是相悖的。

3.3.3 比照居民建立职工大病保险制度并非上策

职工要求提高医保待遇就是制度攀比,要求与居民享受同样的大病保险制度是一种错误的"公平"观。"顺应民意"、比照居民大病保险制度建立职工大病保险制度并非上策:职工大病保险制度不但不能解决制度失衡,反而会加剧制度攀比与失衡;建立职工大病保险制度资金不可持续,且有违公平,与建立更加公平可持续的医疗保障制度的总目标相悖;建立职工大病保险制度会损坏基本医疗保险制度。

一、大病保险会加剧制度失衡

很多地方建立职工大病保险制度,本意是响应群众的呼声,以解决职工医保与居民医保的制度失衡与制度攀比。然而,如果建立职工大病保险制度,继续提高职工医保待遇,将会带来新的制度攀比:居民要求进一步提高待遇,享受与职工相当的医保待遇,甚至导致制度攀比的恶性循环:提高职工待遇→居民不满,要求提高待遇→提高居民待遇→职工不满,要求提高待遇→提高职工待遇……最终导致整个医保体系道德风险问题、参保自选择问题、基金压力问题等愈加严重。建制不但不能解决制度失衡问题,甚至反而会加剧制度攀比与制度失衡。

二、新常态下大病保险筹资不可持续

2014 年中央经济工作会议指出,我国经济发展进入新常态,正在从高速增长转入中高速增长。认识新常态,适应新常态,引领新常态,是当前和今后一个时期我国经济发展的大逻辑。政策制定时只有顺应了这个大逻辑才能不走错路、不走弯路,"不折腾"。

习近平的"新常态"思想

2014年5月10日,习近平总书记在河南考察时首次明确提出"新常态":我国发展仍处于重要战略机遇期,我们要增强信心,从当前我国经济发展的阶段性特征出发,适应新常态,保持战略上的平常心态。

2014年7月29日,习近平总书记在中南海召开的党外人士座谈会上进一步指出:正确认识我国经济发展的阶段性特征,进一步增强信心,适应新常态,共同推动经济持续健康发展。

2014年11月9日,习近平总书记在北京召开的亚太经合组织工商领导人峰会开幕式的演讲中,集中阐述了我国经济发展新常态下速度变化、结构优化、动力转化三大特点,指出新常态将给中国带来新的发展机遇。

2014年12月9日,习近平总书记在中央经济工作会议上详尽分析了中国经济新常态的趋势性变化,并强调指出:我国经济发展进入新常态,是我国经济发展阶段性特征的必然反映,是不以人的意志为转移的。认识新常态、适应新常态、引领新常态,是当前和今后一个时期我国经济发展的大逻辑。这一重要论断将新常态提升到国家战略层面。

2015年3月30日,习近平总书记在同出席博鳌亚洲论坛年会的中外企业家代表座谈时,进一步对新常态下实现经济新发展、新突破提出了明确要求,强调:中国经济发展已经进入新常态,向形态更高级、分工更复杂、结构更合理阶段演化,这是我们做好经济工作的出发点。①

而今经济发展进入新常态,医疗保险"不差钱"时代已经过去。在新常态下,医疗保险基金收入增速放缓,各项医疗保险基金支出的增长率均高于基金收入增长率。长此以往,医保基金将面临收不抵支风险,严重影响医保制度的可持续性。据《中国医疗卫生事业发展报告2014》预测,我国城镇职工基本医疗保险基金2018年就将出现当期收不抵支的现象,2024年就将累计结余亏空7353亿(表3-1)。

表3-1 全国城镇职工基本医疗保险基金收入和支出情况预测(2015—2024)

年度	收入(亿元)	支出(亿元)	累计结余(亿元)
2015	9339.495	8395.2	10,486.3
2016	10,740.42	10,074.24	11,430.6

---

① 根据相关报道整理。

续表

年度	收入(亿元)	支出(亿元)	累计结余(亿元)
2017	12,351.48	12,089.09	12,096.77
2018	14,204.2	14,506.91	12,359.17
2019	16,334.84	17,408.29	12,056.47
2020	18,785.06	20,889.94	10,983.02
2021	21,602.82	25,067.93	8878.132
2022	24,843.24	30,081.52	5413.019
2023	28,569.73	36,097.82	174.7415
2024	32,855.19	43,317.39	-7353.35

注:预测值数据来源于方鹏骞主编:《中国医疗卫生事业发展报告2014》,人民出版社2015年版

各地医疗保险基金情况不容乐观。据人社部社会保障研究所所长金维刚介绍,从2013年的情况来看,全国有225个统筹地区的城镇职工医保资金出现收不抵支,占全国城镇职工统筹地区的32%,其中22个统筹地区将历年累计结余全部花完。在城镇居民医保方面,2013年全国有108个统筹地区出现收不抵支,医保资金已经不堪重负。[1]

以湖北省为例,湖北各地医保基金当前都面临着很大压力,2014年全省27个统筹地区职工医保统筹基金当期收不抵支,部分地区濒临出险的边缘。再以武汉市为例,2014年市本级当期亏空18.7亿元。

医保基金收入很难再增加。我国医疗保险几乎已经全民覆盖,医保扩面已经没有空间,依靠扩面带动医保基金收入增长已经没有可能。而中共十八届三中全会明确要求的"适时适当降低社会保险费率",也决定了医疗保险基金不能通过增加缴费来缓解基金压力。部分地方通过查实缴费基数、增加医保基金收入的做法,虽然短期有明显效果,但这个效果只是一次性的,长期并不能带来显著变化。

医保基金支出的增长趋势不可逆转。随着医疗技术发展,医疗费用将继续上涨,个人的医疗服务需求将进一步释放,而人口老龄化加速将加剧医疗卫生费用。据《中国卫生总费用研究报告2013》(图3-1)预测,中国卫生总费用将在2020年增长至63,254.88亿元,人均卫生总费用将在2020年增长至4546.74元。

---

[1] 《医保基金支出增幅大于收入增幅 2020年或现基金缺口》,《经济参考报》2015年6月5日。

新常态下,医疗保险基金无法承担职工大病保险负担。根据现在试点职工大病保险地区的制度安排,资金来源于两部分:一是职工个人缴费;一是从医疗保险基金中拿出一部分。而根据2015年国务院办公厅印发的《关于全面实施城乡居民大病保险的意见》,职工大病保险制度与居民大病保险制度政策统一,则资金来源就只有医疗保险基金。从短期来看,医疗保险基金或许还可以支撑大病保险,但从长期来看,该筹资机制并不可持续。而且,一旦将来医保基金不可持续时提高个人缴费标准,还有可能造成职工不满,危及社会稳定。

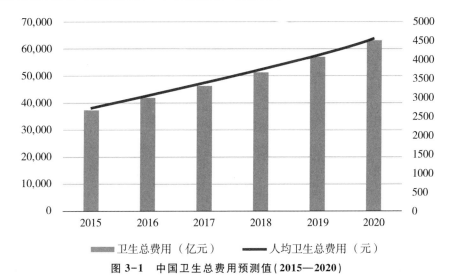

图3-1 中国卫生总费用预测值(2015—2020)

数据来源:卫生部卫生发展研究中心编:《中国卫生总费用研究报告2013》。

三、大病保险制度有损公平

中共十八届三中全会报告明确提出,要"建立更加公平可持续的社会保障制度",这是包括医疗保障在内的社会保障事业发展和研究的基本原则。

在医疗保障领域,最核心的公平是制度公平,这是一切公平的根本保障。医疗保障有多条"防护网",不同制度有其不同的规则和制度公平。

医疗保险是医疗保障防护网中的"第一道网"。医疗保险制度公平的内核是权利义务对等,即参保人员要履行缴纳保费的义务,才能享受得到保险待遇的权利。

建立职工大病保险制度,看似让职工和居民享受了一样的保险待遇,达到了结果公平。但其实质,却破坏了医疗保险制度中的权利义务对等,不但没有体现更加公平,反而在新的层面上又增加了新的不公平成分。是以促进群众待遇公平之名,行破坏医疗保险制度公平之实。这与建立更加公平可持续的医保制度总目标相悖。

四、大病保险有损基本医疗保险制度

从保险的本质来讲,基本医疗保险的制度定位即是"保大病"。基本医疗保险制度,实质上就是大病基本医疗保险制度。如果真的建立一套独立的大病医疗保险制度,会误导大众认为基本医疗保险只能保小病。这将进一步掩盖基本医疗保险"保大病"的本来面目,强化其"保小病"的一面,最终断送来之不易的基本医疗保险制度。

3.3.4 完善居民大病保险制度和职工大额保险制度

一、提高居民大病保险制度的起付线

城乡居民大病保险制度起付线普遍较低,亟须提高起付标准。以湖北省为例,2012 年湖北省开始试点城乡居民大病保险制度时,起付线设定为 8000 元。截至目前一直未作调整。而城乡居民人均收入从 2012 年至今有较大提高,居民大病保险起付线也应随之提高。农村居民人均纯收入 2011 年时是 6897.92 元,2013 年已经达到 8866.95 元,增长了 28.55%;城镇居民人均可支配收入 2011 年时是 18,373.87 元,2013 年已经达到 22,906.42 元,增长了 24.67%。从这个对比来看,居民大病保险起付线急需提高。

二、降低职工大额医疗保险制度起付线

职工大额医疗保险制度的起付标准过高。职工大额医疗保险制度的起付线一般为当地城镇职工基本医疗保险统筹基金最高支付限额。以湖北省为例,湖北省《关于完善城镇职工基本医疗保险制度的指导意见》(鄂政发〔2009〕163 号)规定,各统筹地区统筹基金最高支付限额要达到当地上年度职工平均工资的 6 倍左右。以湖北省职工平均工资水平和职工医保政策范围内住院报销比例 75% 计算,职工大额医疗保险 2014 年起付线为 77,440 元(按职工平均工资的 6 倍,即统筹基金最高支付限额为 232,320 元测算),起付标准过高,使得较少职工能够享受职工大额医疗保险待遇。实践中,2013 年湖北省参加职工大额医疗保险制度的职工共 922 万人,享受职工大额医疗保险待遇的职工仅有 8672 人,职工大额医疗保险的享受比例仅有 0.09%,低于大病发生概率(0.2%—0.4%)。说明存在应该给予保险待遇却并不在享受保险待遇政策范围内的个体。

降低职工大额医疗保险制度的起付标准,让更多患病职工享受大额保险待遇,能够切实减轻职工大病负担,同时平衡职工群体心理落差,化解职工不满情绪,襄阳市的大病保险试点做法,就是一种有益的尝试:职工个人每人每年 84 元的缴费筹资,在"三个目录"范围内保障两个方面的待遇:一个是年度内参保职工住院和治疗门诊慢性病、超过基本医保统筹基金最高支付限额以上的费用,大病医疗保险予以报销;另一个是年度内参保职工住院、个人自付费用超过 8000 元以上的部分,大病医疗保险予以再次报销。通过这两个费用段的报销,较好地解决了高额医疗费用参保患者的个人负担和与居民大病保险制度待遇失衡的问题。

襄阳市职工大病保险实施办法

第三章 医疗待遇与就医管理

第九条 参加了职工基本医疗保险和大病保险并足额缴费的职工,按照本办法的规定享受职工大病保险待遇。

首次以灵活就业人员身份在我市参加职工基本医疗保险的,其大病保险待遇按基本医疗保险相关规定执行。

第十条 一个结算年度内,参保职工住院和治疗门诊慢性病,超过基本医疗保险统筹基金最高支付限额以上,且符合基本医疗保险支付范围的医疗费用,由职工大病保险基金进行报销,报销办法与基本医疗保险一致。

第十一条 一个结算年度内,参保职工住院,其符合基本医疗保险支付范围的个人自付费用累计超过 8000 元以上(不含起付线)的部分,由职工大病保险基金按 60%的比例进行报销。

第十二条 职工大病保险基金年度最高支付限额为 30 万元。

第十三条 职工大病保险定点医疗机构与基本医疗保险一致,就医管理按基本医疗保险相关规定执行。

第十四条 职工大病保险医疗费用结算与基本医疗保险同步,实行即时结算。参保职工出院时只支付应由个人自负部分的费用。

第十五条 参保职工异地就医时,在实现联网结算的异地医院住院的,出院时只需支付应由个人自负部分的费用;在尚未实现联网结算的异地医院住院的,参保职工先垫付医疗费用,再到参保地医疗保险经办机构按规定报销。

第十六条 职工大病保险管理按基本医疗保险政策规定及定点机构服务协议执行,并纳入医疗保险定点医疗机构年度考核。①

三、加强医疗行为监管,提高医保基金使用效率

居民和职工享受大病保险、大额保险后,治疗费用由保险承担一部分。这极易诱发患者和医生的道德风险,出现医生滥开大处方、乱开检查单、医患合谋骗取医疗保险基金等不规范医疗行为,导致医疗费用增长。

不规范医疗行为,将对医保基金带来极大的浪费。2007年到2013年我国医疗费用的平均增长在38%—50%之间,远高于基本医疗保险基金的年均增长率20%—30%。且从2008年以后,医疗费用的增速也明显快于社会平均工资增速。这导致虽然基本医疗保险筹资水平不断提高,特别是城镇居民基本医疗保险和新农合的财政补助不断提高,但个人自付费用的比例却没有相应比例地下降。以2011年次均住院费用为例,其费用为8780元,较2010年增长10.3%,其中次均住院统筹基金支出6112元,增长8.2%,高于次均住院费用上涨。② 这导致医保基金使用效率较低,老百姓看病负担依然沉重,据社科院2014年年底发布的《医改蓝皮书:中国医药卫生体制改革报告(2014~2015)》数据显示,2012年个人卫生支出金额较2008年上涨了64.31%。

不规范医疗行为未根本解决,原因在于公立医院改革未能取得实质性进展。在医生的诱导需求刺激下,医保基金支出节节攀升,老百姓医疗负担也水涨船高。老百姓看病负担沉重,不是医保部门保险水平不高的问题,而是医疗卫生机构医疗服务供给行为的问题。

加强监管,是减轻患者医疗负担、保障基金安全、保持医保制度可持续的重要手段。一是加强医疗过程监管,严格管控目录外用药。把医疗机构的实际报销比例,纳入医保基金支出的总控制目标,目录外用药达到一定比例,减少或暂扣医保基金应付医疗机构资金。通过严格管控目录外用药,缩小政策报销比例与实际报销比例的差距,减轻患者负担,增加医保基金安全性和可持续性。二是加大惩罚力度,严惩有不规范医疗行为的医生和医院。三是依法规范医疗行为,把医疗行为监

---

① 节选自《襄阳市职工大病保险实施办法》。
② 方鹏骞:《中国医疗卫生事业发展报告2014》,人民出版社2015年版,第275页。

管等纳入法治轨道。

3.4 建立健全大病保障机制,减轻群众大病负担

2012年3月国务院印发《"十二五"期间深化医药卫生体制改革规划暨实施方案》(国发〔2012〕11号),要求"探索建立重特大疾病保障机制"。2012年11月,中共十八大报告中提出要"建立重特大疾病保障和救助机制"。2013年11月,中共十八届三中全会提出要"加快健全重特大疾病医疗保险和救助制度"。这三个文件都是纲领性文件和行动指南,都没有要求医疗保险独自承担大病保障职能。

正确认识医疗保险的局限性和职能边界,充分发挥基本医保、医疗救助、商业健康保险、多种形式补充医疗保险、公益慈善、亲友互助的协同互补作用,健全大病保障机制,才是分散和化解重特大疾病患者医疗负担、提高保障水平的明智之举。

3.4.1 医疗保险只是医疗保障的组成部分之一

"医疗保险"与"医疗保障"是两个不同的概念。医疗保险不等于医疗保障。医疗保障包括基本医疗保险、补充医疗保险、商业医疗保险、政府医疗救助、社会慈善救助、亲友互助等,是具有"系统性、整体性、协同性"的医疗保障系统。每个子系统应各司其职,各尽其责。其中,基本医疗保险的功能在于"保基本",医疗救助的职能在于"兜底线"。基本医疗保险不应该也没有能力越位"兜底线"。

城镇职工基本医疗保险和大额医疗保险、城乡居民基本医疗保险和大病保险,已为解决重特大疾病医疗费用做出来重大贡献。然而,孤掌难鸣,作用有限。社会医疗保险毕竟有其特定的职能和边界,不能包打天下。

社会医疗保险只是一种风险分散机制,只能降低风险、不能完全消除风险。其制度定位是分散大病带来的财务风险,社会医疗保险并不能直接减少贫困,只是通过保险补偿减少贫困发生的概率。

社会医疗保险并不能报销所有医疗费用。保险领域中存在保险水平与控制道德风险的两难选择:保险水平越高,道德风险越严重;反之亦然。保险与激励的矛盾决定了报销比例不是越高越好,相关研究表明,最优报销比例一般在75%—80%。世界卫生组织研究了不同水平的自付费用条件下卫生保健筹资的问题和挑战,认为自付费用占卫生总费用30%以下时,项目在公平性、服务的可及性、全民覆盖、资源利用的效果、财务保护等各个方面的表现较好。具体如表3-2所示:

表 3-2 在不同水平的自付费用条件下卫生保健筹资的问题和挑战

项目	自付费用占卫生总费用的百分比		
	<30	30-50	>50
公平性	公共资金包括外来资源,一般能提供公平的服务,在贫富之间缩小差距。	只有通过选择性才能取得部分的公平性,不同人群和地区间存在着差距。	在不同人群间存在绝对的不公平。
服务的可及性	服务可及,但对农村人口有障碍。	服务的财务及可及性达到中度水平,农村及亲人经常被排除。	低水平的卫生投资,在城乡之间有很大差距,穷人没有财务的可及性。
全民覆盖	通过税收、社会保险和其他预付制度获得高覆盖率。	低度和中度的覆盖率,正式部门一般有健康保险,在正式部门和非正式部门中有很弱的税收基础。	有很低的人群覆盖率,缺乏完善的服务体系,社会保险及预付制度没有很好的发展。
资源利用的效果	在公共卫生和个人卫生干预时,资源能有效利用;捐赠者的资源需要更好地利用和协调。	某些基本的卫生干预措施有公共资金,但大部分的基金花费在医疗保健和药品上。	卫生资源主要用于个人和医院保健,提供者提供不必要的卫生服务很普遍,包括不合理的药品资源管理。
财务保护	一般通过税收和提供预付的社会安全网对人群提供财务保护。	对城市正式部门的人员通过社会保险提供有限的财物保护。	大部分穷人缺乏社会安全网和有限的财物保护,由于大病费用高,会导致高度的贫困。

资料来源:胡善联:《中国何时走向全民保险》,《中国卫生经济》2005 年第 6 期。

事实上,任何国家的社会保险都有自付比、封顶线,以平衡保险与激励的问题,否则过度强调福利待遇,就会造成基金浪费,增加基金支出压力。

3.4.2 补齐短板,强化医疗保障的整体功能

解决大病保障问题,需要医疗保障系统的各个子系统分工协作、协调攻关。要充分发挥其协同功能,必须补齐医疗保障系统中的短板,发挥并强化医疗救助、慈善帮扶、社会互助等部分的功能。此外,还要明晰各子系统的职能和边界,明确权利与责任,做到"桥归桥、路归故",防止部门缺位、越位、争权诿责。只有明确分工,才能有效合作,只有补齐短板,才能强化医疗保障的整体功能,为解决重特大疾病保障这一共同目标发挥"1+1>2"的协同效果。

一是更好地发挥社会医疗保险保基本的作用。在稳定覆盖面和稳定待遇水平

的基础上,按照"科学、及时、依法"的原则,动态调整基本药品目录;同时,通过与药企谈判,把疗效显著、具有"保命、保尊严"作用的靶向药物纳入支付范围,根据医保基金承受能力给予适当的报销,让老百姓享受新技术发展成果。

二是充分发挥医疗救助的兜底责任。民政部门管理的医疗救助项目,本应该对重特大疾病承担兜底责任。然而,财政投入杯水车薪,使得这种兜底责任远远未能发挥出来。医疗救助已经成为医疗保障系统的一块短板,严重制约了"系统性、整体性、协同性"功能的发挥。为此,政府应该加大对医疗救助的投入,补齐医疗保障系统的"短板"。

三是通过政策和舆论引导,发挥社会各方的作用。鼓励和支持群众购买补充医疗保险和商业医疗保险,鼓励和支持社会慈善帮扶,鼓励和支持亲朋好友互助以分担患者重特大疾病负担。进一步发挥工会医疗互助的作用。

四是通过政策和舆论引导,鼓励药企承担社会责任。靶向药物价格昂贵,但疗效显著,能够有效控制病情,减轻患者痛苦。药企让利是降低靶向药物价格的重要方面。

医疗保险、医疗救助分属人社部门和民政部门管理,两个部门行政等级相当,不存在领导与被领导关系,需要有一个上级机构牵头协调部门工作,建立大病保障机制。因此,建议各省政府牵头成立大病保障协调领导小组,由分管民政、社会保障、卫生等工作的省领导担任组长,协调人社、民政、工会等多个部门的关系和职责,通过"医保基金出一点、政府救助出一点、药企药价让一点、慈善帮扶出一点、亲朋好友帮一点"的五个一点,健全重特大疾病医疗保障机制,加强制度间协作。

3.5 将靶向药物纳入医保范围,分担群众大病负担

重特大疾病的患者在得到基本医疗保险之后,医疗负担依然沉重,原因有二:一是基本医疗保险"保基本"的制度定位,重特大疾病保障能力较弱;二是基本药品目录内的药物对重特大疾病保障范围不够,而治疗效果明显的靶向药物尚未纳入基本药品目录,不能享受医保报销。如果能由医疗保险适当报销一部分靶向药物费用,则能有效缓解大病患者负担。

3.5.1 医疗保险量力报销靶向药物费用

由于研发成本等原因,靶向药物价格昂贵。但其治疗效果良好,性价比较高:与传统治疗方法相比,靶向药能减少住院、护理等医疗服务,降低总体医疗费用支

出,且能有效控制病情,减轻重特大疾病患者痛苦,让患者有尊严地工作和生活。以治疗肺癌的靶向药物易瑞沙(化学名:吉非替尼)为例,易瑞沙 2005 年进入中国市场,开启中国非小细胞肺癌靶向治疗时代。十年来,中国晚期肺癌患者中位生存期显著增加 2.4 倍,从此前的 14.1 个月延长至 33.5 个月;五年生存率从 8% 增长到 18%;与此同时,由于靶向治疗是在分子水平上,针对已经明确的致癌靶点,使肿瘤细胞特异性死亡而不波及正常细胞组织,患者在获得良好治疗效果的同时,生活质量得到极大提升。① 从这一点上来说,应该将其纳入医疗保障报销范围。

按照规定,基本医疗保险只能报销基本药物目录内的药品费用。调整基本药物目录要遵循"科学、及时、依法"的原则。在医疗保险领域,可以通过引入市场竞争机制与药企谈判,鼓励药企让利、承担社会责任,降低靶向药物价格,把疗效显著、具有"保命、保尊严"作用的靶向药物纳入目录,根据医保基金承受能力给予适当报销,让老百姓享受新技术发展成果。

3.5.2 各地靶向药物纳入医保支付的实践探索

2013 年以来,不少地方通过与药企谈判,将治疗白血病的格列卫、治疗类风湿疾病的类克等靶向药物纳入大病保险或医保支付范围,这些药物都具有疗效显著、价格昂贵等特点。如果疗效不好,则没有必要使用该药,更没有必要纳入医保支付;如果价格不贵,则完全可以个人支付,不需要由医保报销。

一、浙江省将靶向药物纳入医保支付范围

据不完全统计,浙江省目前将 15 种靶向药物纳入大病保险支付范围,将 1 种靶向药物纳入基本医疗保险支付范围。

2013 年起,浙江省人社厅将本地药企浙江贝达药业有限公司生产的盐酸埃克替尼片(凯美纳)纳入基本医疗保险支付范围。盐酸埃克替尼片是治疗肺癌的靶向药物。基本医疗保险基金支付期限不超过 5 个月。基金支付期内,个人自理 20% 的药费;基金支付期满后,由药企免费提供药品。

这种支付模式是将企业原有的"买赠"模式和医保报销两者相结合,借鉴现有成熟的患者慈善援助项目的做法和经验,整合社会各界资源,建立政府、患者、药企三方筹资机制,共同应对大病风险。

---

① 《中国非小细胞肺癌靶向治疗 10 年高端峰会在沪召开》,上海新闻网,2015 年 3 月 17 日,http://www.sh.chinanews.com/news/20150316/629175.html。

2015年年初,浙江省人社厅将格列卫(白血病)、力比泰(肺癌)、爱必妥(头颈淋巴癌和大肠癌)、赫赛汀(乳腺癌和胃癌)、诺其(血友病)等15种药品纳入省级大病保险特殊用药目录,享受大病保险报销待遇。这15种药物都是大病治疗必需且疗效明确的高值药品,浙江省通过谈判逐步将其纳入大病保险支付范围。

靶向药物纳入大病医保范围的工作按照政府推荐、专家遴选、药企谈判的流程进行。首先由全省11个设区市人力社保、卫生计生等部门及全省排名前15位的省市三甲医院,按照大病治疗必需、疗效明确、群众呼声强烈的标准,结合发病率、临床疗效等因素,共推荐了62种药品,形成了全省大病保险特殊用药基础遴选库。其次,经过两轮临床专家遴选,遴选专家组选出31种"治疗必需且疗效明确的高值药品"作为谈判备选药品。最后,浙江省医保部门发出公告邀请数十家国内外药企参加谈判,由另外一批医保和临床专家与各药企进行竞价谈判,选取15种高值药品纳入医保(表3-3)。

表3-3 浙江省纳入大病医保的15种药物目录

序号	药品名称(商品名)	生产厂家	治疗病种
1	格列卫	Novartis Pharma Schweiz AG	白血病、胃肠间质瘤(分子靶向药物)
2	力比泰	Eli Lilly & Company	肺癌(化疗)
3	易瑞沙	AstraZeneca UK Limited	肺癌(分子靶向药物)
4	里葆多	上海复旦张江生物医药股份有限公司	广谱化疗药
5	爱必妥	德国默克公司(Merck KGaA)	头颈淋巴癌、口腔癌、鼻咽癌、大肠癌
6	晴唯可	正大天晴药业集团股份有限公司	白血病
7	ATG-Fresenius S	Fresenius Biotech GmbH	抗排异药物
8	赫赛汀	Genentech Inc.	乳腺癌、胃癌
9	诺其	丹麦诺和诺德公司	血友病
10	美罗华	Roche Diagnostics GmbH	淋巴癌
11	类克	Cilag AG	类风湿
12	福斯利诺	Shire Pharmaceutical Contracts Limited	高磷血症(常见于肾透析并发症)

续表

序号	药品名称（商品名）	生产厂家	治疗病种
13	泰欣生	百泰药业生物有限公司	口腔癌、鼻咽癌（类似爱必妥）
14	索马杜林	IPSEN PHARMA BIOTECH	缓释生长抑素，脑部疾病等
15	复泰奥	Lilly France	骨质疏松

资料来源：浙江省人力资源和社会保障厅。

二、江苏省将靶向药物纳入医保基金支付范围

江苏省人力资源和社会保障厅于2013年3月初下发了《关于建立谈判机制将部分特殊药品纳入医疗保险基金支付范围的通知》，提出将临床必需、疗效确切、价格昂贵的抗肿瘤分子靶向药纳入基本医疗保险特药谈判范围，城镇职工基本医疗保险和城镇居民基本医疗保险的参保对象可以享受特药报销。但并未出台针对农村居民的靶向药物相关规定。

从江苏省医保部门与药企谈判的情况来看，医保基金很难全额支付靶向药物费用，而是由医保基金、个人、药企等多方共担。以靶向药物赫赛汀为例，参保患者治疗费用将由江苏省医保基金、患者个人、制药企业、慈善机构共同承担：购药阶段费用由参保患者和医保基金共同负担，其中个人医药负担不超过30%；进入赠药阶段后，药品由上海罗氏制药有限公司和中国癌症基金会开展的"赫赛汀患者援助项目"免费提供。

江苏省将靶向药物纳入职工和城镇居民医保报销目录，极大地提高了参保人群的医疗保障水平，有效降低了群众大病负担。下面的案例可以很好地体现出这一效果。

> 南京市民杨某2010年患上慢性髓性白血病。治疗该病的靶向药物格列卫效果很好，但售价很贵，服用该药需要花费28.8万元/年。杨某后来申请到了中华慈善总会的赠药援助，用药花费有所下降，但仍需要7.2万元/年。2013年，江苏省医保将格列卫等三种抗肿瘤治疗药品（简称"特药"）纳入医保基金支付范围。杨某医保报销后，服用格列卫仅需花费1.8万元/年，仅占原药费的6.25%，大病负担显著下降。[1]

---

[1] 根据新闻报道整理，见《3种"特药"进江苏医保，首批惠及3000人》，《现代快报》，http://www.js.xinhuanet.com/2014-01/15/c_118968551.htm。

三、青岛市将靶向药物纳入医疗救助范围

青岛市自 2012 年建立城镇大病医疗救助制度,救助基金主要来自市、区两级财政 1∶1 比例拨款,截至 2014 年 6 月,各级政府已投入 2.4 亿元救助金额。在城镇大病医疗救助制度建立之初,青岛市就将诊疗效果较好的大病特药特材费用以 70% 的比例纳入医疗救助支付范围。

特药特材是指三个目录外,重大疾病治疗必需、疗效显著、费用较高且其他治疗方案难以替代的药品或者医用材料,其中包括多种靶向药物。根据《青岛市人力资源和社会保障局城镇大病医疗救助制度实施细则(试行)》,特药、特材救助不设起付线,费用结算时,救助对象只需交纳个人负担部分即可。

青岛市建立了特药特材准入机制、责任医师评估机制、竞价谈判机制和多方共付机制,合力减轻患者负担。特药特材准入机制,青岛市以特药特材的疗效为主要准入依据,经过层层专家论证和质询,并与药企谈判,确定特药特材目录。责任医师评估机制,青岛市制定责任医师名单,由责任医师负责确认患者病种、开特药处方和评估特药药效。竞价谈判机制,青岛市在通过与药企谈判,引导药企积极让利、捐赠,大幅降低药品价格、改进药企患者服务、增加药企赠药力度和降低药企赠药门槛。多方共付机制,在实施中,政府主导投入资金建起制度,药企让价并出资对患者进行健康教育、治疗辅导,慈善机构、社会捐赠积极进入援助,最终形成政府补一点、药品制造企业让一点、慈善机构等捐一点的多方共同负担的机制。

截至目前,青岛市通过谈判机制已将 20 多种特药特材分批纳入大病医疗救助(表 3-4)。

表 3-4 青岛市纳入特药特材救助的药品和医用耗材目录

特药	1. 达沙替尼片(施达赛):慢性髓细胞白血病 2. 曲妥珠单抗注射液(赫赛汀):HER2 阳性早期乳腺癌 3. 盐酸埃克替尼片(凯美纳):非小细胞肺癌 4. 苹果酸舒尼替尼胶囊(索坦):晚期肾癌、胃肠间质瘤、胰腺神经内分泌瘤 5. 盐酸沙丙蝶呤片(科望):BH4 缺乏症 6. 注射用醋酸兰瑞肽(索马杜林):肢端肥大症 7. 注射用重组人干扰素(β-1b)(倍泰龙):多发性硬化 8. 波生坦片(全可利):原发性肺动脉高压 9. 甲磺酸伊马替尼片(格列卫):慢性髓性粒细胞白血病、胃肠间质瘤 10. 盐酸厄洛替尼片(特罗凯):非小细胞肺癌

续表

特药	11. 吉非替尼片（易瑞沙）：非小细胞肺癌 12. 西妥昔单抗注射液（爱必妥）：晚期结直肠癌 13. 克唑替尼胶囊（赛可瑞）：非小细胞肺癌 14. 重组人血管内皮抑制素注射液（恩度）：非小细胞肺癌 15. 注射用硼替佐米（万珂）：多发性骨髓瘤、套细胞淋巴瘤 16. 培门冬酶注射液（艾阳）：儿童急性淋巴细胞白血病 17. 注射用依那西普（恩利）：类风湿关节炎、强直性脊柱炎 18. 阿达木单抗注射液（修美乐）：类风湿关节炎、强直性脊柱炎 19. 注射用英夫利西单抗（类克）：类风湿关节炎、强直性脊柱炎、克罗恩病 20. 注射用重组人Ⅱ型肿瘤坏死因子受体-抗体融合蛋白（益赛普）：类风湿关节炎、强直性脊柱炎 21. 艾拉莫德片（艾得辛）：类风湿关节炎 22. 注射用伊米苷酶（思而赞）：戈谢氏病 23. 注射用重组人凝血因子Ⅸ（贝赋）：乙型血友病 24. 碳酸镧咀嚼片（福斯利诺）：高磷血症
特材	1. 脑深部电刺激疗法刺激器（美敦力 Activa© SC 脑深部电刺激疗法产品组套）：帕金森症 2. 722实时动态胰岛素泵系统：18岁以下的1型糖尿病

资料来源：青岛市人力资源和社会保障局。

浙江省、江苏省和青岛市在将靶向药物纳入医疗保障方面积极地探索。三地具体政策不尽相同，但都通过专家咨询或遴选筛选疗效较好且治疗必需的药品类目，并通过谈判形式与药企"砍价"确定药品目录。在具体操作中，浙江省是直接将靶向药物纳入大病保险特殊用药目录，分别适用于城镇职工和城镇居民参保人群；江苏省是将靶向药物纳入基本医保基金支付范围，适用人群也是城镇职工医保和城镇居民医保参保人员，并未针对农村居民出台靶向药物相关规定；青岛市是将特药特材纳入城镇大病医疗救助制度，由政府财政出资建立的医疗救助基金支付。这些措施都具有典型的借鉴意义，说明将靶向药物纳入医保支付范围切实可行。

3.5.3 职工居民大病医疗保险报销范围应适时适当纳入靶向药物

一是将靶向药物纳入职工大额医疗保险、居民大病保险报销范围。一方面，各地医保基金压力普遍较大，医保基金结余较多的沿海地市毕竟只是少数，若直接将靶向药物纳入基本医疗保险报销范围，医保基金不能承受；另一方面，将靶向药物纳入大病(大额)医疗保险报销范围,操作性更强。基本药品目录调整需要遵循严格的程序,若直接将靶向药物纳入基本药品目录,操作难度较大,且药品替换、更改都比较困难,而纳入大病(大额)医疗保险报销药品目录相对比较灵活。

二是建立靶向药物专家评估制度,对纳入保险支付范围的靶向药物进行药物经济学评价,确保报销目录内药物具有较高性价比。对新研发出的靶向药物进行药物经济学评价,并将新药与目录内已有的具有相同功效的药物比较,确保报销目录内药物在性价比相当的情况下疗效最好。

待靶向药物报销制度逐渐成熟,靶向药物专家评估制度逐渐成熟,医保部门与药商、药企的谈判机制逐步完善后,再科学、及时、合法地调整基本药物目录,将靶向药物逐步纳入基本医保报销范围。

需要强调的是,在将靶向药物纳入医保报销时必须量力而行,根据医保基金的承受能力给予适当的报销,关于靶向药物的报销比例也应该根据经济发展和财政能力动态调整。

3.6 结论与建议

3.6.1 研究结论

研究认为,"大病"是一个经济概念,大病的划分应该以其治疗费用划分而非病种。居民大病保险制度和职工大额医疗保险制度失衡的本质是居民医保与职工医保间的制度失衡,而正是由于制度攀比、二者待遇差距缩小,使得制度失衡问题成为矛盾的焦点,得以正视。

建立与城乡居民大病保险政策统一的职工大病保险制度虽然能提高职工医保待遇、减轻职工大病负担,但是却并不能解决制度失衡问题,甚至反而会造成制度攀比的恶性循环,加剧制度失衡。此外,在新常态的经济背景下,以医疗保险基金作为职工大病保险的资金来源不可持续,更会破坏保险制度公平的"权利义务对等"内核,与"建立更加公平可持续的医疗保障制度"的总目标相悖。更严重的是,建立职工大病保险制度会损坏基本医疗保险制度。

减轻群众大病负担,提高医疗保障水平亟须健全大病保障机制,充分发挥基本医保、医疗救助、商业健康保险、多种形式补充医疗保险、公益慈善、亲友互助的协同互补作用,并将靶向药物纳入医保范围,由医保基金量力承担一部分药品费用。

3.6.2 研究建议

一、调整城乡居民大病保险和职工大额医疗保险制度的起付标准

提高居民大病保险制度的起付标准,把医疗保险基金用到更需要保障的人身上,确保居民大病保险制度起到"雪中送炭"作用,而非"锦上添花",偏离制度初衷。

降低职工大额医疗保险的起付标准,让更多患病职工享受大额保险待遇,切实减轻职工大病负担。

同时,在一升一降中,调整职工、居民医疗保险的待遇差距,平衡职工群体心理落差,化解职工不满情绪。

二、探索建立谈判机制,将靶向药物纳入报销范围

自2001年至今,职工大额医疗保险在减轻职工大病负担方面发挥了很好的补充作用,但制度有待完善、保障程度有待进一步提高。将昂贵但治疗效果好的靶向药物纳入报销范围,是提高医疗保险保障水平的有效手段。

可以先将靶向药物纳入职工大额医疗保险,并建立靶向药物专家评估制度,待制度成熟、与药商的谈判机制完善后,再科学、及时、合法地调整基本药物目录,将靶向药物逐步纳入基本医保报销范围。但是,需要强调的是,在将靶向药物纳入医保报销时必须量力而行,根据医保基金的承受能力给予适当的报销,关于靶向药物的报销比例也应该根据经济发展和财政能力动态调整。

三、健全大病保障机制,加强制度间协作

解决大病保障问题,需要医疗保障的各个子系统分工协作、协调攻关。建议省政府牵头建立大病保障协调领导小组,由分管民政、社会保障、卫生等工作的副省长担任组长,协调人社、民政、工会等多个部门的关系和职责,通过"医保基金出一点、政府救助出一点、药企药价让一点、慈善帮扶出一点、亲朋好友帮一点"的五个一点,健全重特大疾病医疗保障机制,加强制度间协作。

一是适时适度扩大医疗保险支付范围,更好地发挥社会医疗保险保基本的作用。二是加大政府对医疗救助的投入,充分发挥医疗救助的兜底责任,医疗救助的职能在于"兜底线"。三是激活并发挥社会保障其他层次和社会慈善的作用等社会各方的作用。通过政策和舆论引导,鼓励和支持群众购买补充医疗保险和商业医疗保险,鼓励和支持社会慈善帮扶、亲朋好友互助和工会医疗互助作用。四是通过政策和舆论引导,鼓励药企承担社会责任,让利、降低靶向药物价格。

四、加强医疗行为监管,提高医保基金使用效率

医保基金是老百姓的保命钱,只有合理使用医保基金,才能切实减轻患者负担。在经济新常态下,管好支出对于确保基金可持续性尤其重要。

合理使用医保基金,关键在于规范医生的诊疗行为,杜绝滥开大处方和滥开检查单,消除药价虚高和耗材价格虚高,防止骗保。

一是加强医疗过程监管,严格管控目录外用药。要把实际报销比例纳入医保基金支出的总控制目标,目录外用药达到一定比例,减少或暂扣对医疗机构的支付。二是加大惩罚力度,严惩不规范医疗行为,发挥惩罚的震慑作用。三是依法规范医疗行为,把医疗行为监管等纳入法治轨道。四是加强监控系统的信息化建设,充分运用高科技手段防范不规范医疗行为。五是进一步优化机制设计,以总额控制为基础,多种支付方式并举,引导医生行为规范化。

4 整合城乡居民基本医疗保险制度研究

仇雨临　袁涛

统筹城乡医疗保险是完善我国医疗保障体系建设的一项重要工作。尽管目前我国已经建立了城镇职工基本医疗保险、新型农村合作医疗、城镇基本居民医疗保险三项制度,基本实现了医保制度的全覆盖,但由于三项医保制度同由政府主导、同属"保基本"层次、同为第三方付费机制,却因城乡有别、制度分设、管理分割,导致参保人群待遇悬殊、制度间转移接续困难、资源配置分散、经办管理重复低效等矛盾和问题。近年来,全国各地积极探索并大力推进城镇职工医保、居民医保和新农合基本医疗保险制度(简称三项医保制度)的城乡统筹,取得了积极进展。进一步梳理、研究和探讨三项医保制度统筹的公平性、系统性和协同性,总结和提炼发展规律,对于新时期进一步加快推进基本医疗保险制度的城乡统筹,构建更加公平可持续的中国特色社会保障体系具有重要的现实意义。

4.1 发展历程回顾

所谓基本医疗保险城乡统筹,是指 2007 以来我国在全国层面启动实施城镇居民基本医疗保险制度,各地在实践中逐步努力将原先按人群分设的各种不同的医疗保险制度安排,特别是新农合制度与城镇居民基本医疗保险制度分设的状况,按照"城乡一体",统一政策、统一经办、统一信息系统和统一基金管理的基本要求,逐步进行制度整合、走向融合发展的过程。目标是促进社会公平正义,推进基本公共服务均等化,加快城乡一体化发展,更好地保障和改善民生[①]。在实际发展过程

---

① 仇雨临、翟绍果:《城乡医疗保障制度统筹发展研究》,中国经济出版社 2011 年版。

中,我国基本医疗保险的城乡统筹,是各地基于职能改革、资源整合,推动公共服务均等化的需要,以解决现有医保制度重复参保、财政重复补贴、管理低效等问题,由各地自行推动、自主探索形成的,一直缺乏全国层面的统一安排和制度的顶层设计。

早先,一些地区如江苏太仓、四川成都、浙江杭州等地,凭借地方城镇化发展程度较高的优势,积极把握历史机遇,在启动城镇居民基本医疗保险制度之初,就率先推动将其与"新农合"制度的融合统一,建立一体化的城乡居民基本医疗保险制度,在全国树立了样板和导向。截至 2010 年 9 月,我国《社会保险法》颁布以前,全国探索医疗保险城乡统筹的有 3 个省级行政区、21 个地级城市和 103 个县(区、市)。其中,3 个省级行政区是天津市、重庆市、宁夏回族自治区;21 个市级行政区域分别是内蒙古乌海,浙江杭州、嘉兴,安徽马鞍山、巢湖、芜湖,福建厦门,广东深圳、东莞、佛山、珠海、中山、湛江、惠州,海南三亚,四川成都、乐山,甘肃金昌,新疆克拉玛依,湖北鄂州,陕西杨凌;探索城乡统筹的县(区、市)有 103 个,分布在江苏、福建、浙江、辽宁、安徽等 15 个省市。①

《社会保险法》出台后,明确将"新农合"定位于基本医疗保险范围,进一步加快了两项基本医疗保险制度融合发展的步伐。截至 2011 年年底,探索医疗保险城乡统筹的省级区域达到 5 个(新增青海和新疆建设兵团)、地级市 41 个、县级区域 162 个。这些地区均以多种形式、不同程度地实现了城乡居民基本医疗保险的制度整合。

中共十八大以来,特别是十八届三中全会以后,各地围绕贯彻落实深化改革、建立更加公平可持续的社会保障体系的精神,加快推进基本医疗保险城乡统筹的步伐,山东、浙江、广东等一些经济大省开始从全省范围推动基本医疗保险的城乡统筹。

4.2 发展现状概览

截至 2015 年 3 月底,我国已开展基本医疗保险制度城乡统筹的省级行政区达到 8 个,地级市 39 个,县级行政区 107 个。其中省级行政区分别为:天津市、重庆市、宁夏回族自治区、青海省、新疆兵团、山东省、浙江省、广东省;地级市行政区分

---

① 熊先军等:《医保城乡统筹的路径走势》,《中国社会保障》2011 年第 6 期。

别是：安徽省马鞍山市、芜湖市、铜陵市、界首市、宁国市；福建厦门市、三明市、莆田市；甘肃金昌市；广西防城港市；海南三亚市；河南济源市；湖北省黄石市、鄂州市、神农架区；湖南省长沙市、郴州市、益阳市；江苏省无锡市区、苏州市、南通市、镇江市、扬州市、泰州市、常熟市；内蒙古乌海市；四川省成都市、攀枝花市、泸州市、遂宁市、乐山市、宜宾市、巴中市、甘孜州；贵州省黔西南州、毕节市；云南昆明市；新疆乌鲁木齐市（2016年实施）、克拉玛依市。① 由于上述已经开展居民医保城乡统筹的地区，在其推进的实践过程中，在行政管理、制度设计以及经办服务方面呈现出不同的格局和特征，表现出不同的特色和制度模式，有些地方还存在较大的差异。

4.2.1 行政管理体制

行政管理是一项公共事业或公共政策的主要决策和直接推动力量。从行政管理看，现有已开展城乡统筹的地区，其行政管理模式主要有：人社部门主管、卫生部门主管、卫生和人社部门配合共管，以及在人社与卫生部门之外另建政府独立机构专门管理4种模式。其中，大多数都明确为由人社部门为行政主管单位。截至2015年3月，明确为由人社部门为行政主管单位的统筹地区有天津、山东、浙江、广东、青海、宁夏、重庆、新疆兵团8个省（自治区、直辖市），34个地级市以及70个县（区）。

第二种是明确由卫生部门负责行政主管。主要有安徽宁国市、福建莆田市、江苏常熟市、贵州毕节市4个地市级以及37个县（区、市）。

第三种是在同级政府成立独立于人社和卫生部门之外的专门机构主管医疗保险城乡统筹。如湖南邵阳县于2010年成立了城乡居民基本医疗保险管理局（前身为"县农合办"）；湖南永州市蓝山县成立县城乡居民基本医疗保险管理委员会，均隶属于县人民政府办公室，负责城乡居民基本医疗保险政策的制定、基金的筹集、监管和支付等职能。福建三明市于2013年将市、县（市、区）两级城镇职工医疗保险、城镇居民医疗保险、新农合医疗保险经办机构进行整合，组建新的医疗保障基金管理中心，为市政府直属事业单位，由市财政局代管，机构规模不定，经费财政核拨。

第四种是由人社部门和卫生部门共同管理。如陕西省延安市将新农合与城镇居民医保整合后，成立新的城乡居民医疗保险经办机构，实行"一套机构，两块牌

---

① 县级行政区名单略。

子",行政主管方面受人力资源和社会保障局、卫生局双重领导。① 见表4-1:

表4-1 已开展居民医保城乡统筹地区的行政管理情况

行政管理体制		代表地区
由人社部门主管	8个省（自治区、直辖市）	天津市、重庆市、宁夏回族自治区、青海省、新疆建设兵团、山东省、浙江省、广东省
	34个地级市	安徽马鞍山市、芜湖市、铜陵市、界首市;福建厦门市;甘肃金昌市;广西防城港市;海南三亚市;河南济源市;湖北黄石市、鄂州市、神农架区;湖南长沙市、郴州市、益阳市;江苏无锡市区、苏州市、南通市、镇江市、扬州市、泰州市;内蒙古乌海市;四川成都市、攀枝花市、泸州市、遂宁市、乐山市、宜宾市、巴中市、甘孜州;贵州黔西南州;云南昆明市;新疆乌鲁木齐市(2016年实施)、克拉玛依市
	70多个县	具体名单略
由卫生部门主管	4个地级市	安徽宁国市;福建莆田市;江苏常熟市;贵州毕节市
	37个县	南京市江宁区、六合区;合肥市长丰县、肥东县、肥西县、庐江县、巢湖市;阜阳市颍上县、阜南县;芜湖市繁昌县、南陵县、芜湖县;池州市青阳县、高淳县、溧水县;亳州市谯城区;池州市九华山风景区;无锡市江阴市;常州市金坛区、溧阳市、武进区,苏州市常熟市、扬州市石台县;宁德市寿宁县、周宁县;泉州市晋江市、石狮市、惠安县、洛江区;漳州市龙海市、漳浦县;镇江市句容市;金华市磐安县、兰溪市、永康市;湖州市安吉县,丽水市龙泉市、松阳县
同级人民政府直接负行政管理之责		福建三明市;湖南邵阳县、永州县、蓝山县;广东东莞市
人社和卫生共同主管		陕西延安市

资料来源:根据各地统筹城乡基本医保政策文件规定整理。

4.2.2 制度设计要点

制度设计是指基本医疗保险制度城乡统筹的融合模式或制度整合程度,具体

---

① 这种两头双重主管的局面,其实是在建立统一整合的经办机构之后,在行政主管层面同时接受上一级人社、卫生两个行政主管部门的业务指导,其中"市、县区人力资源和社会保障局负责城镇居民基本医疗保险的业务指导;市、县区卫生部门负责新型农村合作医疗的业务指导"。见《延安市城乡居民基本医疗保险实施办法》(延政办发〔2012〕183号),2012年10月26日发布。

来说,就是在多大范围内实现基金、信息系统的统一管理,待遇的同等享受。比如在同一行政区划内实现城乡"一制一档"(同等筹资水平、同等待遇标准),或者根据不同的缴费筹资水平,设立不同对应水平的待遇保障层次,形成"一制两档""一制三档"(两个或多个档次的缴费和对应的待遇保障水平)等。

从制度设计的整合程度看,人社部门管理下的基本医疗保险制度城乡统筹,有三种模式:一种是高度整合的"三制合一"模式,如广东省东莞市将"职工医保""新农合"和"城镇居民医保""三制合一",形成统一的城乡居民社会医疗保险制度,在统一的经办管理服务机制下实行同等的待遇保障水平。

第二种是将居民医保与"新农合"整合为一个统一的城乡居民基本医保制度(与职工医保制度分开运行),具体制度又分设为"一制一档"型、"一制两档"型和"一制三档"等多种模式,城乡居民可在各标准间自主选择,不同的筹资水平对应不同的待遇保障标准,一般"一制两档"一般分别对应着原新农合和城镇居民的待遇水平。

第三种是卫生部门主导下的城乡基本医疗保险制度整合,一般将城镇居民的基本医疗保险制度并入"新农合"制度体系(如安徽宁国市、福建莆田市、贵州毕节市、江苏常熟市)等。见表4-2。

表4-2 按筹资及对应待遇保障模式划分的城乡统筹制度类型

分类标准		代表地区
居民医保与新农合两制合一	一制一档	安徽马鞍山市市辖区、宁国市;福建厦门市、三明市、莆田市;甘肃金昌市;浙江省绍兴市、温州市;广东揭阳市、茂名市、阳江市、清远市、云浮市、汕尾市、珠海市;广西防城港市;贵州毕节市;湖南长沙市、郴州市辖区、益阳市;江苏无锡市、苏州市本级、镇江市、常熟市;新疆克拉玛依市;云南昆明市;山东枣庄市;四川攀枝花市
	一制两档	天津市、重庆市;广东潮州市、梅州市、汕头市、韶关市、湛江市;贵州黔西南州;湖北鄂州市、黄石市、神农架林区;山东东营市、菏泽市、济南市、聊城市、泰安市、潍坊市、淄博市、青岛市;四川成都市、甘孜州、乐山市、泸州市、遂宁市;浙江杭州市
	一制三档	宁夏、陕西延安市
三制合一		广东东莞市

资料来源:笔者根据各地统筹城乡居民基本医疗保险制度文件整理,其中,"一制一档"中的宁国市、莆田市、毕节市、常熟市由卫生部门主管和经办,按照新农合制度模式整合。

从制度设计的内部账户结构看,已实现整合的 19 个省中的 59 个统筹地区,只有甘肃金昌市、广东汕尾市、陕西延安市、青海海西州四个地区仿照"统账结合"的职工医保模式开设了居民医保的个人账户。大多数没有设立个人账户。但是,在多方分责的筹资机制、第三方机构提供经办管理服务、起付线、封顶线设置以及医保待遇的共担责任机制等方面,各地存在广泛的共同之处。其中,重庆市、贵州毕节市、四川泸州市、甘孜少数地区的统筹模式中,保留了家庭统筹互济的做法,即将城乡居民的个人缴费部分在家庭成员之间可以互济共同使用。见表 4-3。

表 4-3 城乡居民医保普通门诊补偿模式分类

普通门诊补偿模式	代表地区
建立门诊统筹制度	天津市、重庆市、山东省、广东省;福建三明市、厦门市;广西防城港市;贵州毕节市、黔西南州;湖北鄂州市、神农架林区;江苏无锡市、镇江市;宁夏银川市;四川成都市、甘孜州、乐山市、泸州市;云南昆明市;浙江嘉兴市本级、绍兴市、温州市、杭州市本级;新疆克拉玛依市
建立个人账户	甘肃金昌市;广东汕尾市;陕西延安市
采取家庭统筹	重庆市,贵州毕节市,四川泸州市、甘孜州

资料来源:笔者根据各地统筹城乡居民基本医疗保险制度文件整理。

4.2.3 经办服务归属

经办机构是具体政策的执行者和落实着,负责管理筹集医疗保险基金,提供基本医疗保险服务。作为相对独立、专业化的第三方经办机构,它的服务效能一般受制于其机构性质及其行政管理体制的制约。经办机构出于整合管理服务资源、提高管理服务效能、减少重复参保、提高服务能力建设的需要,对居民医保的城乡统筹也产生着重要的影响。当前我国绝大多数已开展居民医保城乡统筹的地区,均成立有专门的经办机构。从经办机构属性看,各地经办机构主要有:人社局所属事业单位、卫计部门所属事业单位;同级人民政府直属事业单位,委托医疗机构及商业保险公司代办四种。不同属性的经办机构以及行政主管的单位不同,对城乡居民医保制度的统筹模式,也产生着不同的影响。见表 4-4。

表 4-4 已开展居民医保城乡统筹地区经办机构属性

经办机构归属类型		代表地区
行政主管部门下属事业单位	人社部门下属医保中心或社保中心	除下列外其他地区
	卫计部门下属新农合经办机构或医保中心	属于卫生部门主管的城乡居民医保地区
	由人社部门与卫生部门共同管理经办机构	陕西延安市
政府直属事业单位经办		福建三明市、江苏无锡市、湖南永州市、邵阳县、蓝山县
委托商业保险公司代办		青海格尔木市、互助县

资料来源：根据各地统筹城乡基本医保政策文件规定整理。

4.3 三种典型模式剖析：以动力机制为视角

在全国各地自下而上自主地开展居民医保城乡统筹的探索过程中，涌现出丰富多彩的居民医保统筹城乡实践案例和典型模式。全面、深入、系统地比较地方实践案例和典型经验做法，探寻共同规律和共性特点，为其他地区提供经验借鉴，将有利于进一步推进完善基本医疗保险制度的城乡统筹。从行政管理的视角来看，主要有以"统一行政管理体制推动制度整合"，以"整合经办机构驱动制度整合"和以"同级人民政府直接推动基本医疗保险城乡统筹"三种典型动力机制。各种不同的动力机制下，制度整合的模式各有不同，经办服务方式也有差异。下面以典型案例予以比较分析。

4.3.1 以"统一行政管理体制"推动"制度整合"

以行政力量推动制度整合是基本医疗保险城乡统筹的最强动力。大多数地区在推动基本医疗保险城乡统筹过程中，先行统一城乡居民基本医疗保险的行政管理体制，同时将经办业务统一归并到一个部门（多数为社保经办机构），继而建立统一的城乡居民基本医疗保险制度。典型的如宁夏。

宁夏地处西北内陆，下辖5个地级市，常住人口约630万人，其中回族占1/3以上，属经济欠发达西部地区。和全国绝大部分地区一样，宁夏新农合启动时由卫生部门主管。为了加快推进实现基本医疗保险城乡一体化目标,宁夏于 2010 年在石嘴山、固原两市开展基本医疗保险城乡统筹试点,采取先行整合统一管理体制,将全区新农合业务统一划归人社部门统筹管理,继而推动制度和业务经办整合的实践推动路径,于 2011 年在整个自治区范围建立了包括管理体制、制度框架、政策标准、支付结算、信息系统、经办服务"六统一"的城乡居民基本医疗保险制度。其城乡统筹的典型特点是:人社主管、财政补助标准城乡统一,社保经办,"一制三档"。其中农村居民可任选三种缴费档次,而城镇居民只能限制在待遇水平相对较高的第二档和第三档次。其整个实践过程进度快,整合效率较高。

目前,大多数已开展居民医保城乡统筹的地区,均采取了类似宁夏的将"新农合"行政管理职能划归人社部门主管的模式。有的直接整合为"一制一档"型(如江苏无锡市);有的顾及城乡居民经济收入水平的现实差距,考虑到制度整合的平稳过渡,整合为"一制两档"。而将城镇居民医保明确到由卫生部门管理的地区,如安徽宁国市、福建莆田市、江苏常熟市、贵州毕节市 4 个地市级以及 37 个县(区、市)等地,均按照"新农合"制度模式进行了制度整合。

4.3.2 以"整合经办机构"驱动"制度整合"

少数地区在维持管理职能分割的情况下,探索实行统一的经办管理。即在维持现有人社、卫生分管城、乡医保的职能分工不变的情况下,将先行整合城乡医保经办机构,整合经办服务资源,以"经办机构整合"驱动"制度整合"。典型案例是陕西延安市和贵州黔西南州。

延安市位于陕北,辖 1 区 12 个县,常住人口约 220 万。为加快城乡统筹步伐,解决城乡医疗保险制度分设、城乡分割、管理分离、资源分散的问题,延安市采取先行整合城乡居民医疗保险经办机构,实行"一套机构,两块牌子",行政主管方面受人力资源和社会保障局、卫生局双重领导,其中"市、县区人力资源和社会保障局负责城镇居民基本医疗保险的业务指导;市、县区卫生部门负责新型农村合作医疗的业务指导"的做法,同样于 2012 年整合了"新农合"和城镇居民基本医疗保险,形成了"一制三档"型的统一的城乡居民基本医疗保险制度,实现了统一政策规定、统一经办服务、统一信息系统、统一基金管理。

黔西南州位于贵州西南,紧接云川两省,常住人口约 348 万,同为西部欠发达地区。其"新农合"制度于 2007 年实现全覆盖,由卫生部门主管,县级统筹运行。城镇居民医保于 2008 年 8 月启动,由人社部门主管,市级统筹管理。2011 年,为解决基本医疗保险制度分设、管理分割、重复建设、重复参保带来的问题,由州委、州政府决定将两项制度整合为全州统一的城乡居民基本医疗保险制度。其主要做法同样是先行推动经办业务整合,将卫生部门除行政职能外的经办管理服务职能,以财政下拨经费的形式,整体划转移交人社部门,与人社部门下属的城镇居民医保经办机构合并运行,合署办公。在经办机构统一后,黔西南州逐步将原本两项制度分设、相互独立运行的制度,整合为"一制两档"型的城乡居民基本医疗保险制度。第一档次基本维系原新农合的筹资及对应的待遇保障水平,第二档次为城镇居民基本医疗保险缴费档次,两个档次供不同居民选择。其制度统筹重点是实现两项制度的"三目录"、起付线、封顶线、报销比例、支付方式、管理信息系统和"两定"机构管理等待遇管理服务标准的城乡统一。但目前,考虑到城乡实际消费需求及资源可及性方面的实质差异,两个档次缴费的基金池并未归集在一起使用,仍然是分开核算。

4.3.3 同级人民政府直接推动基本医疗保险城乡统筹

第三种路径是依靠同级人民政府力量直接推动基本医疗保险城乡统筹,比较典型的是福建三明市。三明市位于福建西北部,辖12个县(区)、273余万人,是中华人民共和国成立后先有厂后有城而发展起来的新老混合工业基地,退休职工多,财政包袱重。推动城乡统筹的动力,来自于越来越沉重的医保基金支付压力。[①]为解决原有制度分设下的财务困境,2011年8月,三明市成立深化医疗卫生体制改革领导小组,整合卫生、社保、药品、财政等系统资源,大力推进管理体制改革。在系统改革中,同步推进了医保制度、管理体制、经办模式的综合改革。组建成隶属于市政府的"三明市医疗保障基金管理中心",整合了全市原隶属于不同部门的24个医保经办机构,由市财政局代管,进而建立了"一制一档"型的城乡统一的居民基本医疗保险制度,城乡居民享受同等医保待遇。[②]

另一个典型代表是广东东莞市。东莞位于广东中南部,经济发达,城镇化水平高,户籍人口170余万,外来常住超半年以上暂住人口超600余万人。由于其特殊的人口结构和经济社会条件,东莞市于2000年启动职工基本医疗保险制度时就形

[①] 到2011年年底,三明医保基金累计欠付全市22家公立医院1700余万元。

[②] 2014年城乡居民人均筹资每人每年390元,其中政府补助标准320元,个人缴费70元;住院补偿封顶线10万元,政策范围内统筹区内住院费用报销比例稳定在73%左右;门诊特殊病种补偿分甲、乙两类共27种,各类门诊特殊病种不设起付线,不区分医院等级,实际报销比例不低于70%。

成了两种特殊的职工基本医疗保险制度:一种是统账结合模式。覆盖对象户主要为市属企业及机关事业单位职工。费率采取"7.5%+2%"模式,待遇包含人人账户、住院统筹、特殊门诊以及大病补充(东莞自称"综合险")。另一种是单建住院统筹。覆盖对象主要为一般企业①,筹资水平较低,为社平工资的2%缴费,待遇仅有住院统筹,无个人账户(东莞自称"住院险")。截止到2013年9月,东莞综合险参保人员近30万人,约占全市参保总人数的6%;住院险约470余万人,占全市参保总人数的94%。

东莞医保的城乡统筹独具特色。早在2003年前后,当全国各地正在大力发展"新农合"制度时,东莞就较早地由社保部门统一归口管理全市城乡医疗保险工作,于2004年打破城乡户籍界限,率先建立城乡统一的居民基本医疗保险制度。2008年7月,东莞将城乡居民医保与单建住院统筹的企业职工基本医疗保险医保制度合并,率先打破了一般企业就业的职业人群与城乡居民之间的界限,建立了单建住院统筹的一般企业职工与城乡居民统一的住院基本医疗保险,并于2008年10月开始建立门诊统筹制度。

2009年以来,东莞又用五年的时间,按照"基本险+补充险"模式,对原统账结合模式的"综合险"进行外科手术式的结构改造,重构了城乡一体的社会基本医疗保险制度。2013年10月,东莞市成功地将推动了"综合险"职工与其他参保人员一同参保门诊统筹,彻底实现了将职工医保、居民医保、新农合"三制合一",真正建立起了高度整合的全民统一的基本医疗保险制度。所有人员均在同一个医保制度下参保缴费,享受同等医疗保障待遇。其中,"基本险"一直保持着较低的费率水平和较高的待遇保障。每人每月缴费仅为"上年度全市职工月平均工资"的3%。② 不同的是,以城乡居民身份参保缴费的,由财政出一半,自己出一半;以职工身份参保缴费的,则是雇主交2.3%,个人交0.5%,财政补贴0.2%。且东莞将异地务工人员同样地纳入医保范畴,享受与东莞户籍人口同样的待遇。

4.4 一般经验总结

概括和总结目前全国各地已开展居民医保城乡统筹地区的一般经验,查找共

---

① 以私营企业职工、外来务工人员及灵活就业人员为主。
② 其中2014年人均缴费约75元/月,其中财政为每个企业职工补贴5元/月,为每个农村居民和学生补贴37.5元/月。

性,探寻规律,对于进一步推进医疗保险城乡统筹具有重要的借鉴意义和价值。目前全国已开展了居民医保城乡统筹的8个省(自治区、直辖市)、39个市及100多个县,可以发现其制度整合动机、管理体制、制度设计以及待遇保障具有下几个特点:

第一,整合动力。从近几年全国已开展的居民医保城乡统筹的地区实践情况来看,已经实施了城乡制度整合的地区,主要动力是着眼于缩小城乡差别、促进公平正义、整合资源、节约成本,提高管理运行效率,有利于城乡流动。可以发现,凡是已经开展了居民医保城乡统的地区,城乡居民的医保待遇差距缩小,制度公平性显著提升,流动性障碍基本清除,城乡统筹已是大势所趋。

第二,管理体制。在目前尚无中央层面统一规定的情况下,各地只能根据自己的实际选择管理经办体制。大部分地区的经验显示,以行政管理体制统筹推动两项制度整合是主要推力。尽管实践中存在由人社部门管理和经办,将新农合和城镇居民医保经办管理(不包括职工医保)统一到卫生部门(如浙江湖州市)以及建立独立于两个主管部门之外,政府直管的医保经办机构,统一承担城乡三项医保的经办管理工作(如江苏无锡市)三种模式,但目前大多数地区的基本医疗保险城乡统筹,还是选择由人社部门管理和经办,反映了一种主流趋势。

第三,制度设计。一般来说,经济发展水平和城镇化率与制度设计高度相关。经济发展相对落后、城乡差距大、城镇化率低、医疗资源分布不均,特别是农村居民医疗卫生保健可及性差的地区,多采取"一制两档"或"一制多档"模式。而经济比较发达和城镇化程度较高的地区,往往采用"一制一档"模式,城乡居民缴费与待遇完全一致。多数分设两档或多档的地区中,允许参保对象自主选择缴费档次及对应的不同待遇保障水平。① 但也有一些地区体现群体或经济收入差别的缴费,要求城镇居民参加缴费额高的档次而农村居民可自由选择,体现对收入较低的农村居民的政策保护和倾斜。在缴费方式方面:大多数实现城乡整合的地区均采用定额筹资方式,每人每年按固定金额保费参保(全国共有21个省份中的60个统筹地区),少数统筹地区采用类似职工医保的做法,按照规定缴费基数的一定比例进行筹资(共有13个省份中的25个统筹地区)。

---

① 这样做的有10个省、直辖市中的23个统筹地区。如湖北省鄂州,城乡居民可根据自身经济条件,自由选择一档或二档以家庭为单位整体参保,其家庭成员(除已参加城镇职工医保外)所选缴费标准必须相同。一旦选定,两年不变;两年后选择一档家庭可选择二档参保,但原选择二档家庭不能逆向选择一档参保。

第四,待遇标准。在待遇水平方面,多数人社部门统管的地区,均按照职工医保的制度模式,对统筹城乡的居民医保制度也设置了起付线、封顶线以及医疗费用的共担机制。部分地区如安徽南陵县、甘肃金昌市、贵州毕节市等地,在整合城乡居民医保时,保留了新农合中"保底补偿比例"的做法,即"若按政策内可报销费用计算的补偿款低于按保底补偿比例计算的补偿款,则采取按保底补偿款补偿",确保城乡统筹后两项待遇"就高不就低"。

在适用目录方面,各地在制度整合前,城镇居民医保一般参照执行城镇职工医保"三大目录",而新农合则使用卫生部门制定的目录范围。在实现制度整合后,各地也根据自身情况进行了不同调整。人社部门主导下的城乡统筹,一般是按照职工医保模式,采用职工医保的"三目录"。卫生部门主导下的城乡统筹,一般参照执行原新农合医疗保险药品目录、诊疗项目、医疗服务设施标准。也有一些地方是根据不同缴费档次,执行不同的"三目录"。如湖北鄂州市,一档待遇执行新农合目录,二档待遇执行职工目录。

在待遇结构方面,在居民医保制度建立初期,大多数地区的医保待遇以大病医疗统筹为主。随着制度的发展,一些地方逐步将普通门诊医疗费用纳入其中。目前,已实现居民医保城乡统筹的地区,多数采取"住院+门诊"待遇模式。这种模式越来越成为一种趋势,目前已实现城乡统筹的地区,共有12个省份中的35个统筹地区采取该模式。

通过上述对各地区居民医保城乡统筹现状、典型模式及一般规律的概括总结,可以得出以下基本判断:近年来,全国各地在推进基本医疗保险城乡统筹方面取得了一定的积极进展,但基本医保制度按人群分设、体制分割、经办分离导致的政策隔离、待遇悬殊、资源分散、管理低效等矛盾和问题并未得到普遍性和根本性的解决。全国大部分地区仍然没有实现"统筹城乡居民基本医疗保险制度一体化"发展。已开展城乡统筹的地区,在城乡统筹管理体制、制度设计、经办服务标准方面既有共性也有差异。从统筹路径来看,主要有"通过统一行政管理体制推动制度统一","通过整合经办机构推动制度统一","由同级人民政府直接主导推动制度统一"三种动力机制。不同的行政动力机制,决定了不同的城乡制度整合模式、经办机构的性质以及管理服务方式。这种现象充分说明,依靠地方行政力量推动下的基本医疗保险城乡统筹,必然呈现丰富多彩、"百花齐放"的格局。基本医疗保险的城乡统筹,亟待国家层面的制度顶层设计和统一安排。

参考文献

曹岳兴、过皓:《无锡市医保城乡统筹的实践与思考》,《南京医科大学学报(社会科学版)》2013年第8期。

陈仰东:《析医保城乡统筹与公平的内在联系》,《中国医疗保险》2012年第4期。

仇雨临、黄国武:《从三个公平的视角认识医疗保险城乡统筹》,《中国卫生政策研究》2013年第2期。

林王平:《广东省推进医疗保险城乡统筹的实践与体会》,《中国医疗保险》2013年第3期。

刘允海:《尽快实现医保城乡统筹是大势所趋——访全国政协社会和法制委员会副主任、中国医疗保险研究会会长王东进》,《中国医疗保险》2012年第3期。

马营:《广东省医疗保险城乡统筹一体化建设的做法及启示》,《卫生经济研究》2011年第4期。

梅红霞:《淄博市整合城乡居民基本医疗保险制度研究》,《山东行政学院学报》2014年第10期。

王东进:《城乡统筹是健全全民医保体系的第一要务》,《中国医疗保险》2012年第6期。

王东进:《从"三可"视角看三明医改》,《中国医疗保险》2014年第12期。

王东进:《广东之路:基本医保城乡统筹的经验值得重视》,《中国医疗保险》2013年第2期。

王东进:《切实加快医疗保险城乡统筹的步伐》,《中国医疗保险》2010年第8期。

王俊华:《城乡基本医疗保险制度衔接模式比较研究》,《苏州大学学报(哲学社会科学版)》2009年第11期。

王宗凡:《统筹城乡医疗保险的问题、实践和建议》,《中国劳动保障报》2012年8月31日。

殷恭等:《常熟市城乡统筹医疗保险体系的主要做法》,《中国卫生政策研究》2010年第4期。

于瑞均:《天津医保城乡统筹建设进程和思考》,《中国医疗保险》2013年第6期。

袁涛:《以"经济划线"思路统筹城乡医保一体化模型初探》,《劳动保障世界(理论版)》2010年第4期。

袁涛、代兵:《统筹城乡医保一体化研究》,《中国组织人事报》2011年1月31日。

郑功成:《加快医保城乡统筹正逢其时》,《中国医药报》2013年2月4日。

5 城乡居民大病保障制度研究

仇雨临　黄国武

5.1 引言

　　大病导致的社会问题常常冲击着人们的道德底线,如硬汉郑艳良自锯病腿;李大伟为入狱治疗,两次抢劫;廖丹伪造医院收费单据救妻等事件。大病负担超过个人和家庭的承受能力,导致人们放弃治疗,或者采取极端方式,甚至犯罪的手段获得治疗机会。这些事件引发人们对大病的恐惧和对制度的不满,迫切希望完善大病保障体系,减轻国民的大病经济负担,消除灾难性医疗支出。同时我国医疗保障制度的改革、发展、转型也要求我们建立与之相适应的大病保障体系。2012年3月《国务院关于印发"十二五"期间深化医药卫生体制改革规划暨实施方案的通知》,要求解决因为重大疾病导致的贫困问题,探索建立保障机制,完善全民医保。2015年8月2日,《国务院办公厅关于全面实施城乡居民大病保险的意见》颁布,这是继2012年六部委联合发布的《关于开展城乡居民大病保险工作的指导意见》(以下简称《指导意见》)后又一个关于居民大病保险的政府文件,表明居民大病保险制度正在逐步扩展和深化。实际上,在中央出台相关政策之前,地方政府已经进行了各种方式的尝试和探索:如厦门市1997年建立职工商业补充医疗保险;太仓市2011年建立再保险;湛江市2009年建立大额医疗补助;靖江市2011年建立大病统筹基金,开展大病医疗保障;山东省、吉林长春市等地有针对性地对病种进行救助;浙江杭州市结合医疗救助建立面向所有居民的大病补助制度等。地方对大病的保障实践反映了国民的大病保障需求没有得到合理、有效满足的现状,也从下至上地推动中央政府采取相应的措施。2013年3月14日,财政部副部长王保安在全国人大"医药卫生体制改革"新闻发布会上公布,新医改启动以来,国家财政对医疗卫生累计投入达 22,427 亿元,但是并没有从根本上解决"看病难、看病贵"的问题,国民的获得感不强。在这种情况下,亟须对国内实践的总结,构建一个适合我国国情的,能够在现有资源约束下,充分化解国民大病经济风险的制度,避免人们出现灾难性医疗支出,真正解决"因病致贫、因病返贫"问题。

5.2 大病的界定和标准

大病的界定影响到大病保障的定位和发展方向,因此,虽然中央出台了大病保险指导意见,但是关于大病定义的争论一直没有停止过。世界卫生组织曾经依据疾病的特征,按照一定的规则对疾病进行编码发布了《国际疾病伤害及死因分类标准》,从而对疾病有了统一的国际分类。我国卫生部为了提高保障水平,把 20 多种重大疾病纳入新农合和医疗救助的保障范围。保监会为了规范健康保险也定义过 25 种重大疾病。为了应对城乡居民家庭灾难性医疗支出风险,《指导意见》从费用的角度定义大病概念。由于之前存在以病种划分,现在转向以费用划分,因此在制度衔接和融入中不可避免地产生两种定义的争议。从成本控制和疾病管理来说按病种似乎更有效,但从社会公平来说按费用更加合理。从《指导意见》来看,大病保险属于基本医疗保险,且资金来源于基本医疗保险,而基本医疗保险的重要原则就是公平,因此,从费用定义大病更加有利于实现其价值。总之,本文的大病不是一个纯粹的医学概念,不是以病种作为标准,而是以费用作为参照的相对的概念。即只要个人自付的医疗费用达到或者超过个人承受能力的临界点都称为大病,其中临界点主要参考灾难性医疗支出标准。从大病概念可以看出其本身具有保护弱者,实现公平的特征。

建立医疗费用和家庭收入之间的关系能够测量出家庭对大病的承受能力,进而对大病费用的范围进行界定。世界卫生组织(WHO)提出"灾难性医疗支出"(catastrophic health expenditure)的概念,作为评价一个家庭承受医疗支出的临界点。WHO 认为当一个家庭在某时段的医疗费用支出超过了一个家庭收入的一定比例,将导致该家庭生活质量的严重下降。WHO 把灾难性医疗支出定义为在医疗上的累积支出超过了家庭消费中非食品支出的 40%。[1] 并指出如果超过 50%,将

---

[1] Ke Xu, D. B. Evans, K. Kawabata, et al., "Household Catastrophic Health Expenditure: A Multicountry analysis," *The Lancet*, 2003(362), pp. 111-117; Health Financing Strategy for the Asia Pacific Region(2010-2015), WHO, 2009, p. 39.

会导致赤贫的结果①(因病致贫)。全球大约有4400万家庭或者超过1.5亿人面临灾难性医疗支出,大约1200万家庭或超过1亿人因病致贫。② 我国学者根据第四次国家卫生服务调查的4万多个样本推算出,中国2008年约有13%的家庭遭受灾难性医疗支出,7.5%因病致贫。③ 这意味着这些家庭不得不削减必要支出如食物、衣服,甚至没有能力支付他们小孩的教育等。此外,医疗费用负担过重使很多穷人不使用医疗服务,因为他们不能负担直接医疗成本如医事服务费、药费,检查费和间接费用如交通费和食宿费。贫困家庭将因此深陷更深远的贫困,大病将严重影响到他们的收入和福利④,造成家庭生产能力的低下,长期处于社会的底层,失去向上流动的机会。

5.3 我国大病保障发展滞后的原因

5.3.1 机理原因:医疗需求增长过快向医保制度提出挑战

在我国经济、社会快速发展时期,工业化导致的重大健康问题不断涌现。同时与人口老龄化等问题相互交叠,导致大病患者自付医疗费用与家庭承受能力失衡。而相应的大病保障机制建设相对滞后,需求的过快增长向医保制度提出挑战。

一、疾病谱转变,大病风险增加

随着社会、经济的发展,传染性疾病向非传染疾病转变,并日益成为影响国民健康的重要因素。而非传染性疾病中很多病种,治疗周期长,有些甚至伴随患者一生,需要长期的药物控制和定期的检查,使患者承受较重的经济负担。并且我国目前的医疗保障体系主要针对住院费用进行补偿,以慢性疾病为主的非传染性疾病一般不需要住院治疗,因此也造成对其补偿不足的问题。根据我国疾病谱的变化,2013年心脏病、脑血管病、恶性肿瘤、呼吸系统疾病成为我国居民的主要死因,占

---

① WHO, The World Health Report 2000: Health Systems: Improving Performance, 2000, p. 36.
② Ke Xu, D. B. Evans, K. Kawabata, et al., "Household Catastrophic Health Expenditure: A Multicountry Analysis."
③ Ye Li, Qunhong Wu, Ling Xu, et al., "Factors Affecting Catastrophic Health Expenditure and Impoverishment from Medical Expenses in China: Policy Implications of Universal Health Insurance," *Bull World Health Organ*, 2012, 90, pp. 664-671.
④ Ke Xu, D. B. Evans, et al., "Designing Health Financing Systems to Reduce Catastrophic Health Expenditure," *Grand Street*, 2005, No.43, pp. 32-52.

主要疾病死因的比重:城市居民为79.71%,农村居民为78.69%。① 而我们的生活、工作方式以及外部环境都容易导致这样疾病风险的增加,这无形中给国民的生活增加更大的负担。如果没有充分的保障的话,慢性病患者的家庭医疗支出可能就超过其经济承受能力,从而影响到其他的基本生活支出,降低其生活质量。因此,当遭受慢性病的家庭不断增加,甚至成为普遍现象时,人们对大病保障的需求也日益强烈。其次,进入工业社会后,大病的风险概率上升。工业化带来的工业风险,如机械化大生产带来的职业病、工伤等,也严重影响到国民的健康。尤其我国工业化以来,自然环境遭受巨大破坏,空气质量严重下降,水污染、噪音污染、雾霾天气增多,呼吸道疾病患者日益增加,由此导致的癌症患者也越来越多。同时现代化带来的智能化,使得国民日常生活依靠于电器产品,长期坐在办公室,而缺少必要的运动和锻炼,导致身体机能退化,生活习惯病越来越严重。尤其肥胖患者的增加,成为各种疾病的重要原因,也造成了大病风险的增大。总之,随着社会、经济的发展,大病的风险日益增大,人们对大病保障的需求也不断增长,而现实的医疗保障制度对这些需求变化明显缺乏有效应对机制。

二、人口老龄化加快,大病医疗需求倍数增长

人口老龄化是世界也是我国医疗保险面临的最大问题,老年人口重要的支出是医疗费用的支出,医疗费用直接影响到老年人口的生活质量。研究认为老年人口医疗卫生费用支出占医疗总费用的80%左右。随着年龄的增加,身体的机能开始下降,这个下降过程往往伴随着各种疾病的出现,甚至各种疾病相互作用导致老年人口医疗费用的攀升。尤其随着家庭规模变小,医疗支出占家庭收入的比重扩大,在这种情况下,一个家庭遭受家庭灾难性医疗支出的风险增大。我国从2000年进入老龄社会后,65岁以上老年人口占总人口比重增长速度加快,随着老年人口比重日益增大,其对医疗资源的需求和消耗也日益增加。2000年诊疗21.23亿人次,入院5297万人;2013年诊疗人次数为73.14亿人次,入院人数19,215万人②,增长超过3倍。如图5-1,在2002前诊疗人数和入院人数增长比较平缓,而2002以后诊疗人数和入院人数增长速度明显加快,且未来将越来越严重,但目前我国的医保制度并没有适应这种发展变化。

---

① 《中国统计年鉴2014》。
② 数据根据《中国统计年鉴2014》和《中国统计年鉴2001》整理得到。

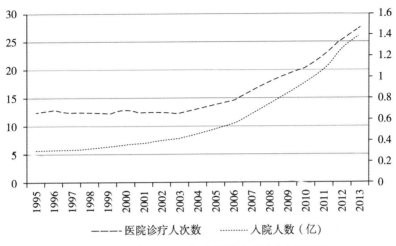

图 5-1 1995 年至 2013 年我国医疗需求变化情况图

三、医疗费用快速上涨,超出家庭承受能力

首先,近年来我国总医疗费用不断上涨,当然上涨的部分医疗费用中有其合理的成分,如人口的预期寿命延长带来的医疗需求和费用增加;医疗技术的改进,新药品和设备的使用,物价上涨等都会导致医疗费用的增加。但是医疗费用上涨中也有许多不合理的部分。如过度医疗和不必要的检查,医疗服务缺乏连续性和协调性造成的浪费[1],药品流通体制混乱导致的药价虚高,部分医生收取回扣,支付制度不能有效地约束医疗成本的上升等。虽然,近十年来我国医疗卫生财政投入不断增加,个人现金支出占卫生总费用支出的比重持续下降:从 2000 年的 58.98% 下降到 2013 年的 33.88%;但是人均医疗费用的绝对值快速增加,人均从 2000 年的 361.9 元增加到 2013 年的 2327.4 元,增加 6.4 倍。并且近十多年来人均医疗费用增长速度超越了城乡居民收入增长的速度,如图 5-2。其中城镇居民和农村居民收入增长倍数分别为 4.3 和 3.9,都低人均卫生费用增长速度的 6.4。同时农村居民消费支出中医疗保健支出占比也不断增加:从 2000 年的 5.2% 增加到 2013 年 9.3%。[2] 医疗费用增长过快,甚至超过了家庭收入的增长速度必然会导致部分家庭看病贵的问题。医疗支出占家庭的收入的比重不断上升,使以前处于灾难性医疗支出临界点的国民遭受灾难性医疗支出的可能性上升,扩大了脆弱群体范围。

---

[1] 饶克勤、刘新明:《国际医疗卫生体制改革与中国》,北京协和医科大学出版社 2007 年版,第 4 页。
[2] 《中国统计年鉴 2014》。

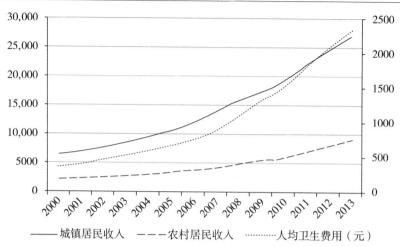

图 5-2　2000—2013 年我国城乡居民收入增长和人均卫生费用增长情况

其次,制度外的人群,面临巨大的灾难性医疗支出风险。我国虽然有超过 13 亿参保人,但是其中有大量的重复参保者,也意味着有大量未参保者。据审计署发布的《2012 年社保基金审计报告》显示,有 1086.11 万人重复参加医疗保险,而人社部社保研究所曾估计我国医疗保险重复参保率约为 10%,有近 1 亿重复参保者,反之相对应地有近 1 亿的未参保人群。这部分未参保人群在医疗费用快速增长的情况下,进行医疗消费时,个人现金支出急剧上升,遭受家庭灾难性支出的风险增加,甚至陷入"因病致贫"和"因病返贫"的困境。

最后,医疗机构"以药养医"和"以械养医"的局面并没有根本改变。2013 年各类医疗卫生机构收入结构中,政府财政补助占总收入的 13.53%;其中财政补助医院占其总收入比重为 7.38%;财政补助基层医疗卫生机构占其总收入比重约为 29.7%,即使是提供纯公共卫生服务的专业医疗机构,如疾控中心、妇幼保健院、急救中心、采供血机构、卫生监督所等机构,财政补助也只达到 40.68%。医院门诊病人医药费用构成中,药费占总费用的 49.3%;住院病人药费占总费用的 39.5%①,而 OECD 国家 2012 年药品费用占总费用比重的平均值为 15.72%②。我国各类医疗卫生机构主要收入来源于医疗和医药收入的基本格局并没有根本转变,患者作为医院收入的主要来源,负担了医疗费用快速增长的大部分成本。导致医疗费用负担和个人经济能力之间的失衡,灾难性医疗支出风险增加。

---

① 根据《中国卫生和计划生育统计年鉴 2014》计算整理得来。
② 根据 OECD 网站数据计算得到,http://data.oecd.org/healthres/pharmaceutical-spending.htm。

5.3.2 机制原因:制度设计的缺陷加剧供需矛盾

现有制度设计无法满足国民的大病保障需求,不管是城镇职工、城乡居民医疗保险制度都不能充分化解国民的大病经济风险,甚至可以说我国的医疗保险还不能完全实现保险的功能。因为保险的主要目的是应对风险,而风险在后果上具有严重灾难的不确定性,这种不确定性造成了人们心理的恐惧。① 消除不确定性带来的恐惧是国家建立医保制度和人们选择保险而不是自我保障的主要原因。但是,我国的医疗保险制度设计理念和制度规定不仅没有充分发挥保险转移和分散风险的职能,相反又把责任推给了参保人,其通过制度设计严格控制基金的责任,如较低的报销比,基金的最大支付限额以及严格控制补偿范围(三个目录)等,人们即使参加了基本医疗保险仍然面临大病经济损失不确定性的恐惧,甚至遭受灾难性医疗支出,导致因病致贫和因病返贫。

一、筹资水平较低,整体投入不高

我国医疗费用整体投入不足。2013 年我国卫生支出占 GDP 的比重仅 5.39%,政府卫生支出占政府总支出的比重为 6.8%。② 而 2012 年全球平均水平:卫生总费用占 GDP 的比重为 10.1%,政府卫生支出占政府总支出的比重为 15.8%。③ 我国医疗卫生投入整体上明显低于全球平均水平,这也决定了我国较低的医疗保障水平。同时我国医保制度还存在人群和地区分配的不均,进一步降低了低收入人群和经济落后地区的保障水平。但是目前保障水平不高必然会导致大病患者自付医疗费用负担较重,尤其是经济相对不发达地区,本身收入水平较低,医疗负担更容易超过个人承受能力。经济不发达地区,往往医疗水平较差,遭受大病时需要跨统筹地区寻求优质医疗资源,这不仅增加了贫困地区人民看病的间接成本(食宿及交通费用等),而且在现行的制度安排下,跨统筹地区就医的报销比例比在本地就医还低,导致实际报销比进一步降低。双重作用下,这部分群体遭受的灾难性医疗支付风险更大。总之,整体上投入不高,分配不合理,造成国民大病自付医疗费用较高,负担较重。

筹资水平较低。由于我国采用社会医疗保险模式,医疗筹资来自缴费,基金实行以支定收,收支平衡,因此支出往往根据收入的多少来决定。虽然我国财政对城

---

① 仇雨临:《医疗保险》,中国劳动社会保障出版社 2008 年版,第 3 页。
② 根据国家统计局网站数据计算得到。
③ 世界卫生组织网站,http://www.who.int/gho/health_financing/government_expenditure/en/。

乡居民的医疗保险有补贴,但是这种补贴是建立与缴费挂钩的基础上,是配套补贴。因此,根本上医疗保险的保障水平还是由国民缴费水平决定。而我国医疗保险制度筹资水平比较低:2013年全国新农合人均筹资约370.6元,占农村人均纯收入8896元的4.17%,其中个人缴费约为1%;城镇居民略高一点;即使是缴费最高的城镇职工,缴费比例也不高,个人缴费仅为2%,这与典型社会医疗保险国家如德国、日本、韩国等差距较大。筹资水平较低导致总量的不足,并且筹资结构不合理,不管是城镇职工还是城乡居民,个人筹资与企业或者政府补贴差距较大,例如,职工个人缴纳2%,企业缴纳8%。虽然这样的比例有其历史的原因,但是两者差距如果过大,将导致权利和义务失衡。在实际运行中还存在一些企业为了较少社保成本,拒缴、漏缴、少缴医保费的现象,使医保基金收入蒙受损失。并且在城乡居民个人缴费上也存在很大的差异,个人缴费远远低于国家补贴,这也是造成一些地区骗取国家补贴,虚构参保人数,造成重复参保等的重要原因(表5-1)。以上种种问题造成医保基金在收入不足的情况下,还面临浪费和"跑冒滴漏"的危害。

表5-1 2013年总参保人数超过当地总人口的省份的情况表

单位:万人

	城镇职工	城镇居民	新农合	总参保人数	总人口
浙江	1791	2330	2228	6349	5498
安徽	716	945	5150	6810	6030
福建	703	581	2492	3776	3774
江西	570	907	3358	4835	4522
山东	1810	1838	6379	10,027	9733
河南	1140	1157	8119	10,417	9413
湖北	923	1038	3925	5886	5799
湖南	799	1517	4730	7046	6691
广西	467	564	4079	5110	4719
海南	220	187	490	897	895
重庆	540	2695	2146	5381	2970
四川	1282	1204	6244	8730	8107
贵州	345	327	3214	3886	3502
陕西	572	673	2550	3795	3764
宁夏	109	457	357	922	654

数据来源:根据《中国统计年鉴2014》整理得到。

二、制度设计对大病患者保障不足

较重的大病经济负担是由我国基本医疗保险制度设计漏洞或者缺陷导致的,这与我国"保基本"制度建设理念和我国基本医疗保险制度的筹资及支付制度有关。医疗保险作为一种保险制度安排,要求自身的收支平衡,在较低的筹资水平下,无法支撑较高的保障水平。因此,我国医疗保险的支付范围、方式等都有明显限制医疗需求、减少基金责任、增加个人负担的倾向。基金支付范围有严格的限制,如三大目录,不同级别医院的补偿水平不同,报销时不仅有起付线、自付比,同时还有基金封顶线。当医疗费用超过一定数额时,医疗保险基金不再承担支付责任,超过部分由个人负担。实质上是实行基金的有限责任和患者自身的无限责任,这必然会导致大病患者出现较重的经济负担,严重疾病者陷入灾难性医疗支出困境,甚至导致"因病致贫"和"因病返贫"。报销范围的政策内和政策外规定,即三大目录的范围;报销比例偏低以及基金封顶线是造成我国国民医疗负担沉重,导致灾难性医疗支出的主要制度设计缺陷,同时缺少自付费用封顶是医疗保障制度设计的漏洞。在目前的医保制度设计下我国大病患者无法通过制度安排充分化解其医疗经济负担。

三、资源配置不合理,管理效率低下

2013年全国基本医疗保险基金收入8248.3亿元,基金支出6801.0亿元,累计结余9116.5亿元①。一方面我国医疗保障能力不足,另一方面我国医保基金存在大量结余。对于现收现付制的社会医疗保险制度来说,资金结余过度,说明制度设计存在缺陷,没有发挥保险精算优势,存在对参保人利益的潜在损害。其中造成基金结余的主要原因是个人账户基金结余,个人账户的产生有其历史的原因,但是随着我国医疗保障的发展,个人账户的历史任务已经完成,不断缩小直至取消个人账户已经成了合理的选择。② 但是我国在改革个人账户方面进展缓慢,无法与快速增长的需求保持同步,造成这部分医疗资源无法共享,使用效率不高。城乡二元结构,制度三维分割(职工医保、居民医保、新农合),导致资源配置中重复建设和重复参保,造成资金使用的浪费。医疗保险制度统筹层次低,城镇职工和城镇居民医

---

① 《中国统计年鉴2014》。
② 郑功成:《中国社会保障改革与发展战略》,人民出版社2008年版,第17页;申曙光、侯小娟:《我国社会医疗保险制度的"碎片化"与制度整合目标》,《广东社会科学》2012年第3期;贾洪波:《中国基本医疗保险制度改革关键问题研究》,北京大学出版社2013年版,第92页。

保是地市级统筹,新农合是县级统筹,统筹基金只能在本统筹区域内使用,造成各地基金苦乐不均,但却无法调剂余缺,大大降低了资源配置效率。在医疗服务供给方面,没有形成分工明确的分级医疗体系,导致三级医院超负荷运作,而基层医疗机构资源闲置。如2014年各级医疗机构的病床使用率情况:三级医院102.7%,二级医院89.7%,一级医院63.5%,社区卫生服务中心57.2%,乡镇卫生院61.6%。[①]

总之,提高对大病患者的保障水平,消除其灾难性医疗支出是我国经济社会及制度发展的必然要求。但是,这个过程伴随着更加严峻的外部环境,如人口老年化,疾病谱向慢性病为主转变,经济增速放缓等。因此制度本身发展的规律也促使大病保障的产生和发展。构建合理有效地化解国民医疗经济负担的机制,不仅能够提升国民健康,化解医患矛盾,而且能够推动我国经济发展,提高劳动力身体素质,促进整个社会的可持续发展。

5.4 减轻大病经济负担的国内实践

提高大病保障水平一直是我国地方医疗保障改革的重要目标,由于我国早期的医疗保障制度改革的指导原则是"广覆盖、保基本、可持续",因此即使是为了解决"因病致贫"和"因病返贫"问题而建立的新型农村合作医疗和城镇居民基本医疗保险制度,也无法有效解决严重疾病给患者和家庭带来的巨大经济负担。相反,目前的制度设计,如较高的起付线和自付比,较低的报销封顶线等,都存在家庭遭受灾难性医疗支出风险的漏洞。提高大病保障水平不仅是制度发展的内在要求,更是满足人们大病保障需求的做法。因此早在《指导意见》出台之前,各地就积极的开展了各种形式的探索,其中出现了不少具有特色的模式如"杭州模式""太仓模式""厦门模式"等。以下将对这几种模式进行介绍、分析和比较。

5.4.1 杭州模式:重大疾病医疗补助取消封顶线

杭州的大病保障体系,以基本医疗保险为主体,重大疾病医疗补助为补充,医疗困难救助兜底的"2+1"保障体系。2008年杭州市把职工医保、城乡居民医保、医疗救助等制度整合成为统一的"大医保"模式,使得与医疗保障职能相关的事务从人社部门、卫生部门和民政部门集中到管理服务中心,从而实现了参保人从门诊、

---

① 中华人民共和国卫生和计划生育委员会网站,2015年3月,http://www.nhfpc.gov.cn/mohwsbwstjxxzx/s7967/201501/0faf05af332b4f9f83bc1244b84f6dfb.shtml。

住院、重大疾病医疗补助及救助通道式的一体化保障模式。制度运行由基本医疗保险管理服务中心负责,参保人看病就医通过"一卡通"支付个人需要承担的医疗费用,其他的费用如果涉及不同的制度都只需要在统一的系统中按照预先确定的报销比例进行结算。定点医疗机构和药店垫付后,通过信息平台把患者就医购药信息传送给管理服务中心,经过审核系统初审和管理服务中心复审确认后,把合理的费用支付给定点医疗机构或药店。

杭州市大病保障的第二层是建立重大疾病医疗补助资金。重大疾病医疗补助资金由两部分组成,一部分按职工医保缴费基数 0.2% 的标准,从职工医保缴费总额中划转;另一部分由参保人每人每月缴纳 3 元。政府按本年度缴费基数总额的 0.5% 补充统筹基金和重大疾病医疗补助金。重大疾病医疗补助主要对统筹基金最高支付限额以上医疗费用进行补助,其中职工补助 90%,城乡居民 70%。同时,杭州市建立医疗困难救助资金,进一步对个人自付较重的费用进行救助。资金主要来源:职工参保人每月缴纳 1 元;财政安排专项资金,其中区级财政按省规定救助标准的 50% 上交至市级财政专项资金。杭州市的医疗困难救助以个人自付医疗费用为标准,只要达到补偿标准就能够得到救助(如表 5-2)。同时杭州的救助根据人群的不同设置不同救助起付线和标准,但是所有参加基本医疗保险的人都有资格获得医疗救助,救助对象具有普遍性。

表 5-2 杭州市医疗救助补偿表

补偿水平	持证人员①	职工	退休人员	城乡居民
50%	0.5 万以下	1.5 万—2.5 万	0.5 万—1 万	2.5 万—3 万
60%	0.5 万—1 万	2.5 万—3 万	1 万—1.5 万	3 万—3.5 万
70%	1 万—1.5 万	3 万—3.5 万	1.5 万—2 万	3 万—4 万
80%	1.5 万—2 万	3.5 万—4 万	2 万—2.5 万	4 万—4.5 万
90%	2 万以上	4 万以上	2.5 万以上	4.5 万以上

数据来源:由杭州市医疗保险管理服务中心提供。

通道式的大病保障体系极大便利了参保人,制度内部有序衔接,减少重复建设导致的浪费;充分发挥资金的使用效率,保障充分;向中低收入群体倾斜,有效降低了灾难性医疗支出,减少了因病致贫,因病返贫的产生。

---

① 持有有效期内《救助证》《残保证》或二级以上《残疾证》或者《低收入农户证》的人员。

杭州模式的特点是：

第一，总筹资水平较高。基本医保职工筹资比例高达13%,城乡居民缴费,第一档1500元,第二档1000元,占城乡居民收入的3.82%、5.28%。① 较高的筹资与杭州市的经济发展水平分不开,2013年杭州市人均GDP达到94,566元,政府有相应的财力提供更高的补贴。

第二，充分发挥基本医保的保障职能。通过提升基本医疗保险的报销比例,并且对门诊也进行较高的补偿,使遭受大病的患者在第一个层面基本医保上就能够得到充分的保障,从而使进入灾难性医疗支出的患者大幅度减少；然后通过重大疾病医疗补助和医疗救助,进一步解决基本医疗保险无法补偿的医疗费用风险,并且没有封顶线,使保障更加充分。

第三，政府承担资金和管理责任。医疗救助资金的财务风险由政府承担,政府在制度设计上对低收入和弱势群体进行倾斜,在这个过程中杭州市对低收入群体、困难群体,不仅在缴费上进行减免,而且在补偿方面有针对性地降低标准和提高报销比例。

5.4.2 厦门模式：补充医疗保险大幅度提高封顶线

厦门的大病保障体系实行以基本医疗保险为主体,大病保险为补充,自付医疗费用困难补助为托底的重特大疾病保障机制。1997年,厦门市引入商业保险为职工建立补充医疗保险制度,是大病保险的雏形。2010年,厦门在实现城乡一体化全民医保的基础上,又率先建立了覆盖城乡居民的大病补充医疗保险。厦门市借助商业保险公司全省、全国联网优势推行省内异地就医的即时结算,并且进一步推广省外异地就医的即时结算。先由省外就医地保险公司分公司审查、垫付,然后参保地保险公司与医保部门定期结算,为大病患者异地就医提供即时的补偿服务。

筹资方面,城乡居民基本医疗保险从2015年7月1日提高到600元,政府补贴470元,个人缴纳130元。② 职工补充医疗保险保费每人每年84元,由职工基本医保统筹基金支付48元,个人账户支付36元。城乡居民大病保险全年保费每人10.3元,从统筹基金支出,占筹资标准的2%。整体上厦门市职工和居民参加补充

---

① 2013年杭州市城镇居民人均可支配收入为39,310元,农村居民人均纯收入为18,923元,第一档占城镇居民收入比重3.82%,第二档占农村居民收入比重计算得出5.28%。

② 厦门市人力资源和社会保障局,http://www.xmhrss.gov.cn/fwzn/shbx/yilbx/201507/t20150702_218682.htm。

保险的积极性高,分别占100%和97%。在补偿方面,门诊补偿:职工起付标准,在职为1500元;退休人员为600元;城乡居民为700元。住院起付标准,一、二、三级医疗机构,分别为400元、1100元、1800元;住院第二次及以上,分别为200元、600元、1100元;退休人员各级别减半。城乡居民门诊,不满5000元的部分,在一、二、三级医疗机构,分别报销65%、55%、45%;5000元以上是50%。住院补偿,职工基本医疗保险报销85%以上,城乡居民为75%。补充医疗保险补偿水平,职工为95%,城乡居民为80%。支付限额,职工和居民基本医疗保险支付限额都是10万元。补充医疗保险最高支付限额,职工为40万元,城乡居民为35万元。困难补助:2009年厦门市政府出台了《厦门市基本医疗保险参保人员自付医疗费用困难补助办法》,对个人自付医疗费用再进行补助,对低保、五保、残疾人、三无人员的基本医保参保人员分两段进行补助,1500元至5000元,补助50%,5000元以上补助70%;参保职工医保月养老金低于1617元的退休人员和70岁以上参加居民医保老人,分两段补助,3000元至6000元补助50%,6000元以上补助70%;最高补助1万元。

1997年至今共有1.5万人、10万多人次享受大病保险待遇,获得赔付4.49亿元;通过与商保合署办公的方式,减少运营成本200多万元,审查异地就医850多例,减少直接损失50多万元。[①]

厦门模式的特点是:

第一,通过补充医疗保险大幅度提高对大病的保障范围。补充医保的引进延长了保障链条,使封顶额从10万元提高到40万元,其中居民提高到35万元,并且对这部分费用设置较高的报销比例,职工为95%,居民为80%,减轻大病患者的经济负担。

第二,与商业保险公司合作。厦门市补充医保交由商业保险公司经营,商保公司经办实现了省内异地就医即时报销,并且积极推行了省外异地就医即时结算。2015年厦门市确定北京、上海12家试点医院实行一站式报销。在试点医院,住院费用4个小时内完成报销结算,非试点医院15个工作日完成报销结算,方便了大病患者异地就医,真正发挥了商业保险公司网络平台的优势。

第三,管理效率较高。厦门的补偿方式不管是基本医疗保险还是补充医疗保险都是先由保险公司和医院结算,然后保险公司和社保部门结算,这样实质上减少

---

① 王菁菁、王慧民、李敏:《厦门市补充医疗保险的嵌入性特征分析》,《中国医疗保险》2014年第9期。

了社保部门经办成本和大病患者的报销负担。

5.4.3 太仓模式：大病再保险对自付费用梯度递增补偿

太仓的大病保障体系主要由基本医疗保险、大病再保险、医疗救助三部分构成。其中大病再保险,设计精巧,补偿较高,并且职工和居民大病保险实行基本相同的待遇水平。

筹资方面,城乡居民基本医疗保险筹资标准,由2014年700元提高到2015年800元,其中个人缴纳220元,镇级财政补贴每人260元,市级财政补贴每人320元。大病保险筹资,职工医保每人每年80元,退休人员每年每人60元,城乡居民医疗每人每年20元。待遇方面,居民医疗保险参保人员在一级医院的住院起付标准为300元,二级医院为500元。居民医疗保险参保人员发生符合医疗保险结报规定4万—8万元的住院医疗费用,一级医院由原来结付75%提高至80%;二级及以上医院由原来结付65%提高至70%。8万元以上的由原来结付85%提高至90%。大病保险补偿,实行分段梯度递增方式,即费用越高报销比例也越高,并且没有封顶线,见表5-3。① 被保险人在保险期限内多次住院者,其起付标准只需负担一次。待遇上,城镇职工和城乡居民基本一致,体现社会医疗保险不同群体之间的互助共济、风险分散的制度效应。

表5-3 太仓市大病再保险各费用段补偿表

1万元以下	1万—2万	2万—3万	3万—4万	4万—5万	5万—6万	6万—7万
免赔	53%	55.5%	58%	60.5%	63%	65.5%
7万—8万	8万—9万	9万—10万	10万—15万	15万—20万	20万—50万	50万以上
68%	70.5%	73%	75%	78%	81%	82%

大病再保险补偿范围:适度扩展到目录之外,但是排除特需服务费、《药典》外药品、器官移植、新型昂贵特殊检查等费用。根据社保部门对以前医疗费用的统计分析发现,大额医疗费用患者的个人自付的负担主要是自费药品造成,如2008—2010年期间,发生住院医疗费用10万—20万元、20万—30万元、30万—50万元、50万元以上的患者,其基本医保目录外的平均自费率分别为24.9%、25.4%、33.3%、

---

① 太仓市人力资源和社会保障网,http://www.tchrss.gov.cn/zcfg/shbx.htm。

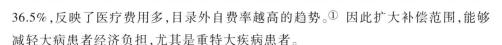

36.5%,反映了医疗费用多,目录外自费率越高的趋势。① 因此扩大补偿范围,能够减轻大病患者经济负担,尤其是重特大疾病患者。

从大病保险建立到2014年,享受大病保险总人数9101人,每年约占医保参保人员总数的5‰;城乡居民、职工住院医疗费用实际报销在基本医保基础上平均增幅分别为12.2%、6.07%,80%以上大病患者个人实际负担比例不到20%;基金收支平稳,赔付率80%左右。②

太仓模式的特点是:

第一,制度设计精细化,化解个人风险能力强。太仓大病再保险制度,通过对高额费用的梯度设计,费用越高,报销比例越高,能够有针对性地减轻大病患者的医疗经济负担,效果显示,到目前为止太仓无因病致贫的现象出现。

第二,取消封顶线,保障水平高。大病再保险没有基金封顶线,基金对个人承担无限责任,但由于保险制度本身具有通过大数法则和保险精算实现收支平衡功能,并且高额医疗费用患者比较少,因此,即使基金没有封顶线,基金也没有出现支出急剧增加导致制度不可持续的情况,相反太仓大病再保险基金收支平稳,并有结余。

第三,制度注重公平性。太仓再保险虽然缴费上职工和居民有所不同,收入相对高的职工缴费较多,收入低的居民缴费较少,但是在保障水平上实现了待遇的基本一致,实现了制度的公平。

5.4.4 小结

我国医疗保险的统筹层次较低,一般以市级统筹为主,每一个统筹地区都有自己的运行、管理方式和体系。因此,我国地方实践中化解国民大病风险的方式和方法远不止以上几种模式。如湖北长阳县整合多种社会资源,形成"大病关爱壹佰基金",这种具有社会慈善性质的医疗救助,有效减轻了重特大疾病患者负担③;一些工会组织成立职工医疗互助,成为职工抵御重特大疾病风险的又一道重要防线④;江西省民政厅成立革命老区爱心基金会,对城乡困难群体的5个病种实行免费手

---

① 陆俊:《大病保险"太仓样板"三年之路》,《中国保险报》2014年8月26日第008版。
② 同上。
③ 袁悦、胡兴琦:《湖北典型地区重特大疾病多层次医疗救助体系研究》,《卫生软科学》2013年第8期。
④ 李志培、肖敏:《职工医疗互助缓解重特大疾病风险的功能及发展走势》,《中国医疗保险》2013年第2期。

术治疗①等。毫无疑问,不管采取哪种方式,都减轻了患者的经济负担,提高了保障水平。选择三个地区模式比较分析的原因是,杭州模式通过比较高的基本医疗保险补偿水平在第一层面就降低大病患者经济负担,并且通过重大疾病医疗补助间接取消了基金报销的封顶线;厦门模式通过与商业保险机构合作,对基本医疗保险封顶线以上的部分通过补充医疗保险对其进行较高水平的补偿;太仓模式通过大病再保险对个人自付费用进行梯度式报销,对减轻大病患者医疗负担的效果明显,且参保人待遇基本无差异,公平性好。

总之,目前理论上关于大病保障的研究、讨论和争议很多,无法形成统一的意见。实践中,虽然中央有指导意见,但缺乏明确具体的操作办法,导致地方实践各自为政,甚至差异进一步扩大化。从大病保障产生、发展的历程来看,目前缺乏的不是实践探索,而是对实践的归纳和总结。尤其应在现实经济、社会、政治及个人承受能力的约束下,运用科学的方法对不同地区的模式进行分析和比较,从而为完善制度的路径提供参考。

5.5 完善我国大病保障制度发展的路径

5.5.1 发展思路和指导原则

大病保障发展思路是:通过制度和资源整合,提高制度运行和资源配置的效率,产生改革红利。提高保障水平,降低灾难性医疗支出,免除国民对大病的恐惧,最终实现个人对大病的无限经济责任向有限可承受责任范围内发展。其指导原则有:

一、权利和义务相对均衡

权利和义务均衡是社会医疗保险的核心原则。因为社会医疗保险不同于国家卫生服务模式,资金来源于税收,政府承担主要风险和责任;而社会医疗保险以现收现付为基本原则,筹资决定支出和保障水平。因此,在制度建设和发展过程中,需要体现个人缴费与收入之间、医疗费用与家庭经济承受能力之间的合理关系,而不能因为自身经济发展水平较高,而弱化个人责任。

二、公平原则,补偿向低收入、弱者和大病患者倾向

根据医疗保险政策规定,职工缴费按照统一比例,居民个人缴费也是统一数

---

① 钟起茂:《积极探索、开拓创新、努力探索重特大疾病救助工作新机制》,《中国民政》2013年第7期。

额,在此基础上享受统一待遇。虽然在同一个制度下,参保人缴费和待遇标准一致,但收入低者无论缴费还是医疗费用占其家庭收入比重都会更大,因此对其补偿应该相对较多。医疗保险重要的功能是对大病患者的保障,因此制度设计中保障个人自付医疗费用在家庭的可承受范围,使国民不会因为医疗费用问题放弃治疗或者减少家庭其他必要支出,导致家庭长期陷入困境和贫困,丧失向上流动的机会。

三、国民需求和我国经济发展相适应

从国际经验看,各国的改革都是不断与自身经济、社会适应的过程,脱离本国国情或者违背制度的基本规律,都可能陷入长期的发展困境。医疗卫生服务对应的是国民的健康,而人们对健康的需求属于无限需求。有限的资源不可能满足国民所有的医疗服务需求。因此,医疗保障水平需要与经济、社会保持同步和相对平衡,即不能过低也不能过高,这是目前我国医疗保障制度面临的主要问题。

四、政府与市场相结合

我国同时存在医疗资源浪费和保障不足的问题,需要通过市场和政府的结合尤其是采取管理竞争的方式,在政府制度规范下,充分调动社会资源,并且利用市场的优势,提高资源的使用效率,减少浪费。

5.5.2 政策建议

第一,逐步取消基本医疗保险报销封顶,并可以在目前的条件下通过大病保险不断提高补偿水平,减轻个人的大病经济负担。大病患者本身医疗费用支出较大,在医疗费用快速上涨的情况下很容易超过基金的封顶线,只要存在医疗保险基金封顶线,大病患者家庭很难避免遭受巨大经济负担的可能,特别是低收入家庭遭受灾难性医疗支出的风险较大。因此取消基金封顶线有助于解决灾难性医疗支出。并且从地方的实践来看,取消基本医疗保险封顶线,并没有造成医疗费用的过度膨胀和影响基金的可持续问题。

第二,提高城乡居民医疗保险的筹资水平,并调整城乡居民和职工的筹资结构,实现权利和义务的相对均衡。城乡居民筹资水平直接影响到大病的保障水平,从整体上看,我国城乡居民的筹资水平较低,占个人收入比重较少,并且与职工医保相差较大。随着三大制度的整合和不同人群医保待遇的缩小,缴费的差异可能造成新的不公平,甚至导致参保的"逆向选择"。因此要在不断提高保障水平的同时,逐步提高参保缴费,以及缴费结构的调整,实现缴费和家庭收入的均衡。

第三,逐渐实行个人自付封顶线办法,尤其是经济发达地区可以进行试点。即改变目前基金封顶为个人支付封顶,当然可以采取绝对数额封顶也可以采取相对比例封顶的方式。如果采取绝对数额封顶方式,以职工、居民上年度的收入作为基数,根据基金收支情况,确定一个系数或者倍数,两者相乘确定具体数额;如果采取相对比例,可以建立一个与收入完全相挂钩的自付封顶比例,也可以根据收入情况分为三四个层次,每个层次建立相应的自付封顶计算公式。从我国的情况来看,比较适合采取分层的方式,避免采取绝对数一刀切带来的不公平,也可以减少完全与个人收入挂钩导致的高额运行成本。

第四,实现不同保障制度的合并,整合城乡基本医疗保险制度。逐步将职工医保和城乡居民医保融合为统一的制度;整合医疗救助、基本医疗保险、大病保险、生育保险、工伤保险、意外伤害等保险为统一国民健康保险制度,消除各种制度重复建设、衔接不畅等带来的浪费和效率损失。

第五,我国大病保障的发展完善需要相应的配套改革。在大病保障发展过程中,需要加快配套制度的改革,如公立医院改革,医生薪酬制度改革,药品流通体制改革等。控制医疗费用过快增长,解决过度医疗、药价虚高的问题。处理好政府与市场的关系,厘清政府在基本医保,商业医疗保险中的边界和责任。同时实现政府机制和市场机制相结合,推动有管理的竞争,在保障公平的前提下,提高效率。

6 中国工伤保险改革研究

殷俊 田利

6.1 引言

诞生于资本主义国家的工伤保险制度在建立之初无一例外,都是围绕雇主损害赔偿责任问题为出发点的,这种以"集团雇主责任"形式对"单个雇主责任"的工伤赔偿进行担保的制度很好地分散了雇主个体赔偿的风险,也在大范围内保障了工伤职工的求偿可及性。但随着制度适用条件伴随经济发展水平的提高、劳动用工形态的变化而发生的制度功能扩张,逐步融入了福利色彩和生活补助内容。于是,关于改革过程中的工伤保险制度性质的学术争议逐渐产生,最早始于日本1960年针对"劳动者灾害补偿保险制度"的修订,并随着愈加频繁和更为大胆的修订,学术界的争议越发尖锐,逐渐集中表现为三种观点的交织和对立:第一种观点是"雇主集团损害赔偿责任论",强调保险机制对雇主责任的担保;第二种观点是"工伤保险的社会保障化论",认为工伤保险制度在不断的改革中已经成为一种工伤职工的基本生活保障制度;第三种观点是兼具两种性质的重叠论或中间论,有赔偿责任担保和生活保障两种复合功能。①

围绕工伤保险制度性质的争议以及关注这种争论走向究竟有无意义?由于"赔偿""保障"和"救济"是几个性质截然不同的概念,实行损害赔偿和提供生活保障或实施伤残救济是理论截然不同的行为类型,因而探讨在实践过程中工伤保险制度性质的发展变化和功能定位,是引领改革的基本导向。它涉及工伤保险制度发展决策的理论依据、工伤职工与企业主之间的关系定位、该制度在社会保障以及

---

① 郭晓宏:《中国工伤保险制度研究》,首都经济贸易大学出版社2010年版,第1—2页。

社会保险制度中的重要程度,还涉及制度本身与社会制度或经济制度之间的必然联系。

在工业革命之前,劳动灾害多属个别案件,并未引起足够重视,也不具备产生任何形式的工伤赔偿制度的条件。随着工业革命的深入开展,工伤事故和职业健康安全状况日益堪忧,"盛行个人自由主义,关于劳动灾害,完全由以过失责任为基础之侵权行为法处理之"。① "过错责任原则"下,雇员有权起诉雇主要求其承担损害赔偿责任,但必须证明:雇主知晓其所选的雇员不适合从事这一工作,或者雇主知晓使用的工具、机械存在瑕疵或者具有危险性。但是,如果雇主能够证明雇员知晓工具、器械存在瑕疵或者存在危险性的情况,或者证明雇员对于工伤事故负有一定责任,那么雇员的赔偿责任就会被驳回。这对处于经济地位劣势的雇员来说是非常困难的,再加上雇主利用"过错相抵原则""风险自负原则"和"共同雇佣原则"的"邪恶的三位一体抗辩事由"来规避责任,工伤赔偿诉求权就形同虚设。为了改变这一局面,德国的理论家率先建议对以民法典的规定为基础的私法框架进行改造,从"过错责任"过渡到"无过错责任",实现了侵权法的内部试调。不论过错责任原则还是无过错责任原则,均反映人类在侵权法的框架内来处理工业伤害事故的努力,然而侵权法的局限在工业化和机械化大生产时期变得越来越突出。1884年,德国建立了工伤事故保险,强制成立具有公法性质的经办机构,具体负责工伤保险的运营,由雇主缴纳工伤保险费,成立工伤保险基金。"法定保护"和"集体责任"是工伤保险制度的核心要素,工伤伤害赔偿实现了从侵权法到保险法的变迁。从工伤保险制度的发展进程来看,工伤保险本质上属于责任保险,责任保险是指以被保险人对第三者依法应负有的赔偿责任为保险标的的保险,即用人单位为被保险人,职工为第三者。贯彻无过错责任原则,雇主对工伤事故承担绝对责任,然而这种责任又是转移到工伤保险制度上的,雇主保险是工伤保险制度的基本属性。

我国工伤保险制度经历了从国家保险到企业保险,再从企业保险到社会保险的演变进程,奠定了工伤保险制度初步建立到基本定型,再到全面改革的现实和理论基础。1996年以前,我国并没有独立的工伤保险制度,有的只是作为劳动保险制度的一个组成部分存在的工伤待遇制度,以制度化的安排解决国家、企业以及职工的职业风险。② 随着工伤风险的分担与共担、赔偿理念及机制正式登上我国社会保险的舞台,以往针对工伤劳动者的国家主体责任转变为企业或雇主的责任,而

---

① 王泽鉴:《民法学说与判例研究》,中国政法大学出版社2005年版,第237页。
② 乔庆梅:《中国职业风险与工伤保障——演变与转型》,商务印书馆2010年版,第150页。

这种责任同职工养老负担、医疗负担一道通过社会保险机制转移或者分散给社会，在曲折徘徊的路径中终于确定了工伤社会保险的保障模式。实现了工伤补偿从基于共为革命大家庭成员的"国家—企业—职工"三方关系的"工伤待遇福利"演变成基于劳资关系或劳动力供求关系基础上的、开始带有赔偿特质的"工伤社会保险"。随着改革开放的深入和全球化经济的发展，劳动关系多元化、就业形式多样化、劳资纠纷复杂化等一系列客观现实催生了新的职业伤害状况。《工伤保险条例》(2003年4月27日国务院第375号令)的颁布，以及随后相配套的法律法规及修订解读，如《非法用工单位伤亡人员一次性赔偿办法》《工伤认定办法》《因工死亡职工供养亲属范围规定》《关于农民工参加工伤保险有关问题的通知》《关于实施〈工伤保险条例〉若干问题的意见》《工伤保险条例(修订)》《社会保险法》等，无不彰显了政府和社会公众对社会工伤保险的重视，工伤保险作为重要的社会保险项目，是社会保障体系的构成要素。在经济活动复杂多样的社会背景下，工伤保险制度的频繁改革和修订，越来越超出"雇主责任"范围，带有明显的社会保障属性和功能，如新增工伤预防费用的提取、用于统筹地区重大事故工伤保险待遇支付的储备金制度(储备金不足支付的，由统筹地区人民政府垫付)、上下班交通事故被纳入到工伤事故认定范围、在工作时间和工作岗位突发疾病死亡或者在48小时内抢救无效死亡的视同工伤认定、取消违反《治安管理条例》的工伤认定、年金形式给付长期伤残津贴、1—4级工伤达到法定退休年龄改伤残津贴为养老保险待遇、职业康复、先行支付等，体现了工伤事故社会化的倾向以及工伤补偿的社会化需要特征。因而，工伤保险制度已经发展为不是用劳动法理而是用社会保障法理来诠释的制度了，是社会保障体系的主要组成部分。

综上所述，"雇主集团损害赔偿责任论"和"工伤保险社会保障化论"各有其考量的要点。从工伤保险制度诞生的基础要件分析，集体责任的工伤风险分散是保险法则的运作要求，但"安全工作""健康工作"作为现代化先进的工作理念，应当成为我国工伤保险制度构建的目标基石和出发点，这是保障劳动者基本安全权益的需要，也是以人为本的发展理念在工伤保障中的体现。我国正处于经济体制的转型和政治体制改革的中坚时期，发展理念、发展方式等都会对社会文化、价值观念形成冲击。在这最全面又最复杂的转型中，我国基本实现了从计划经济到市场经济、从农村到城市、从工业社会到信息社会的变革，然而同时表现出的弊端在于政治体制改革滞后于经济体制的转型、相关社会政策的改革又滞后于社会的转型。① 怎样在"强资本、弱劳工"的现实条件下,真正实现工伤保险的社会化保障需求,是我国工伤保险制度现代化发展与改革的应有之义,以保障人权、保障劳动者职业安全权益。

6.2 我国工伤保险发展现状

6.2.1 工伤保险制度覆盖分析

无论商业保险还是社会保险,之所以称其为保险,是因为它要利用大数法则的原理,在足够多的被保险对象中实现风险的集聚和分散。那么,覆盖面就成为任何保险形式的第一要素。衡量工伤保险制度发展程度如何,最简单的、首要的是看该项制度能在多大范围内为劳动者提供保障,如果覆盖面过窄,既不能为劳动者分散工伤风险,也不能维持制度本身的稳定性和可持续性。

从某种意义上来讲,我国工伤保险制度在改革发展过程中,制度的覆盖面经历了由大到小,再由小到大的演变。② 在计划经济时期,公有制是唯一的经济主体,"工作岗位"是劳动者赖以生存的铁饭碗,职工的生、老、病、死、残都能从单位获得相应的保障,缺乏效率的普享制企业福利可以说实现了职工工伤保障的全覆盖,即使是农村劳动者,在劳动过程中受到伤害时也能从集体获得相应的工伤保障和工伤救济。进入社会经济转型时期,劳动合同制替代了终身制的劳动关系,单位职工分流、企业员工下岗,仍以劳动保险形式的工伤保险制度覆盖面降至了最低,仅限于在岗劳动者或者劳动合同制度实施前遭受工伤或患职业病的工伤者,覆盖面"由大变小"。在新的社会与经济形式的冲击下,随着公有制经济统治地位的解体,个体、私营、三资等非公有制经济主体的兴起,使得新制度的出现成为必然,社会性的工伤保险制度逐渐扩大了制度的覆盖范围。《企业职工工伤保险试行办法》《工伤保险条例》《社会保险法》的相继出台,进一步将不参照公务员法管理的事业单位、社会团体以及民办非企业单位、基金会、律师事务所、会计师事务所等组织也纳入了工伤保险适用范围。覆盖对象突破传统意义上的劳动者,非直接生产活动人员也将可以加入工伤保险制度,覆盖面呈"由小变大"的扩张趋势。虽然《工伤保险条例》在立法和理论上给了所有劳动者享受工伤保障的机会,但在我国当前经济形

---

① 乔庆梅:《中国职业风险与工伤保障——演变与转型》,商务印书馆 2010 年版,第 9 页。
② 同上书,第 152 页。

式多样、农村劳动力过剩、用工不规范的现实情况中还应具体分析。整体来说我国工伤保险的覆盖范围呈现"三高三低"的特点,即大型、国有和效益好的单位参保率高,中、小、微企业参保率低;中小微企业中生产性企业参保率高,服务行业参保率低;中心城市和经济较发达地区参保率高,乡镇企业和个体私营经济参保率低。

一、覆盖人群

截至 2014 年年底,全国参加工伤保险的人数突破 2 亿达到 20,639 万人,比上年末增加 722 万人,增长率为 3.63%;占全国城镇就业人口 39,310 万人的比重为 52.5%。从进入 21 世纪的统计数据来看工伤保险的参保人数(见图 6-1),表明工伤保险的参保率逐年上升,制度发展较好,覆盖面逐步扩大,虽已达到一半以上的覆盖水平,然而这离城镇职工全覆盖的目标还相差较远,更不用说惠及为数众多的乡村就业人员;从增长率来看,在 2004 年的时间节点达到最高水平,之后呈下降趋势,这缘于《工伤保险条例》的颁布实施,极大地激励了企业和职工参保的积极性和可行性。2010 年《工伤保险条例(修订)》和《社会保险法》的实施使增长率稍有提升,随后的下降趋势则说明工伤保险扩面工作进展缓慢,进入了攻坚克难的瓶颈期。

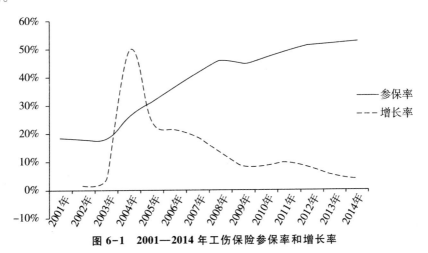

图 6-1 2001—2014 年工伤保险参保率和增长率

2014 年全国农民工总量为 27,395 万人,年末参加工伤保险的农民工人数为 7362 万人,比上年度增长 98 万人,约占总人数的 26.87%,占总参保人数的 35.7%,增幅 1.35%。从以制造业和建筑业为代表的农民工集中就业的行业来看,制造业参保率最高为 34.2%,比上年度增长 1.4%;而高风险的建筑业农民工参保率为 14.9%,比上年度增长 0.5%,低于居民服务、修理和其他服务业的参保率 16.3%,为全行业参保程度最低。农民工的就业趋势决定了参保人数的发展趋势,所以农民工参加工伤保险具有鲜明的地域特点,广东、浙江、江苏、上海、山东5省市农民工参保占全国总量的61%。农民工参加保险成为带动企业参保扩面增长的主要因素,但在当前的产业结构下和安全生产环境下,农民工群体实现工伤保险全覆盖还有诸多困难,有待进一步扩面发展。

二、经济主体

从经济主体形式来看,个体经济、私营经济由于用工形式不规范和雇主追求利润的动机,其劳动保护和职业安全状况成为各种经济形式主体中最差的领域,且其用工形式的灵活性和用工方式的多样性,加大了劳动监察和安全生产管理部门的管理难度,客观上增加了劳动者的职业安全风险。工伤保险作为促进工伤预防、实施工伤赔偿、实现工伤康复的主要制度,对于实现用工方式的规范化、劳动保护的正规化尤为重要。从城镇就业人员按经济主体分人员构成比例来看(表6-1),私营企业最高占21.55%,个体占16.06%,国有单位占16.64%,集体单位占1.48%。那么私营和个体的参保比例应相应较高,至少也会在同比水平,虽没有具体的参保企业构成的统计数据,但从当前工伤保险实施情况来看,越是劳动合同规范的国有、集体企业,参保率普遍越高;越是用工形式不规范、劳动安全设施差的个体、私营企业,参保率普遍不高,这是工伤保险扩大覆盖面的难点所在。

表6-1 2013年城镇就业人员按经济主体分人员构成

经济主体类型	从业人数(万人)	占城镇就业人员数比重(%)
国有单位	6365	16.64
集体单位	566	1.48
股份合作单位	108	0.28
联营单位	25	0.07
有限责任公司	6069	15.87
股份有限公司	1721	4.50
私营企业	8242	21.55
港澳台商投资单位	1397	3.65
外商投资单位	1566	4.10
个体	6142	16.06
其他类型	6039	15.79

三、行业分布

从可查阅的资料分析,到 2011 年年底,以煤矿业、建筑业为代表的高风险产业参保人数达 11,237.4 万人,比上年增长 967.5 万人,增长率为 9.42%,占年末参保总人数的 63.5%。与其他社会保险项目相比较起来,工伤保险制度最大的不同是其更强调"强制性",高风险企业被纳入到制度内是工伤保险事业取得突破进展的表现。然而,作为强制性的工伤保险制度,很难解决工伤保险投保企业向事故发生频率高的企业集中的问题,即所谓的"逆向选择"问题。逆向选择的客观存在与政府通过强制性制度设计以实现"雇主无责任风险"的目标发生了兼容性矛盾,这一社会保险界的困境,目前正成为中国的工伤保险制度的经典难题。这是因为投保企业的工伤风险无法逐个识别,建立在平均概率基础上的保费将使所有工伤风险概率高于平均概率的企业都会挤进保险市场,从而导致工伤保险市场风险不断加大,形成一个典型的"柠檬市场"①。从 2013 年城镇单位就业人员行业分布统计来看(表6-2),采矿业、建筑业所占比例不到 20%,也就是说更大份额的行业市场在服务、教育、管理等低风险行业。

表 6-2 2013 年城镇单位就业人员行业分布统计表

合计				18,108.4	
行业分类	从业人数(万人)	比重(%)	行业分类	从业人数(万人)	比重(%)
A 农、林、牧、渔业	294.8	1.63	J 金融业	537.9	2.97
B 采矿业	636.5	3.51	K 房地产业	373.7	2.06
C 制造业	5257.9	29.04	L 租赁和商务服务业	421.9	2.33
D 电力、热力、燃气及水生产和供应业	404.5	2.23	M 科学研究和技术服务业	387.8	2.14
E 建筑业	2921.9	16.14	N 水利、环境和公共设施管理业	259.2	1.43
H 批发和零售业	890.8	4.92	O 居民服务、修理和其他服务业	72.3	0.40
F 交通运输、仓储和邮政业	846.2	4.67	P 教育	1687.2	9.32

---

① 王增文:《工伤社会保险中的"逆向选择"问题:内在逻辑与经验分析》,《经济经纬》2013 年第 2 期。

续表

合计			18,108.4		
行业分类	从业人数（万人）	比重(%)	行业分类	从业人数（万人）	比重(%)
I 住宿和餐饮业	304.4	1.68	Q 卫生和社会工作	770.0	4.25
G 信息传输、软件和信息技术服务业	327.3	1.81	R 文化、体育和娱乐业	147.0	0.81
S 公共管理、社会保障和社会组织	1567.0	8.65	T 国际组织	—	—

四、地区发展

由于经济发展水平不同、产业结构不同而决定的职业风险在不同的行业领域、地区分布与表现形式不同，要求不同风险结构的地区不能是千篇一律、整齐划一的制度。地方统筹是处于转型时期我国工伤保险制度的典型特征，这个一方面与整体工伤保险制度改革路径有关，即由点及面、循序渐进的改革方式；另一方面作为一项较年轻的制度，制度张力有限，不能在短时期内形成全国完善统一的实施标准、实施方法。区域统筹的优点在于各地区可以根据本地实际情况进行灵活掌握和调整，统筹本地区各不同风险行业的资金余缺，较好地实现工伤保险与本地实际相结合。但是，区域统筹的弊端也显而易见，地区分割、制度调剂性差、地区之间发展不平衡等。

6.2.2 工伤保险基金风险分析

风险是安全的对立面，不安全状态就是风险。然而，安全状态并不是一种事故为零的所谓"绝对安全"的概念，因为安全是有条件的，无条件的安全状态客观上是不存在的，只有在各种因素相互制约的条件下才处于安全的状态，它具有动态变化性，随着时间、空间的变化而变化，是各种因素相互匹配和协调的运作过程。工伤保险基金是工伤保险制度运行的物质基础，是工伤职工享受工伤待遇的直接物化载体，对工伤保险基金风险的分析至关重要。

按照《工伤保险条例》的规定，工伤保险基金由用人单位缴纳的工伤保险费、工伤保险基金利息和依法纳入工伤保险基金的其他资金构成。从当前的实际情况来看，企业的工伤保险缴费构成了工伤保险基金的最主要部分，由于工伤预防的脱节和工伤康复的滞后，工伤保险的支出亦是主要集中在赔偿方面。根据劳动和社会保障部等联合发出的《关于工伤保险费率问题的通知》规定,工伤保险实行行业差别费率和企业浮动费率相结合的费率机制,国民行业划分为工伤风险高、中、低的三个级别,分别对应费率为在职职工工资总额的0.5%、1%、2%,其中一类工伤风险低的行业不实行浮动费率,二、三类行业费率分别可向上下各浮动两个档次。原则上各省(自治区、直辖市)工伤保险缴费水平应控制在在职职工工资总额的1%左右。关于工伤保险整体缴费水平的调整,2015年3月,李克强总理在政府工作报告中提出要"降低失业保险、工伤保险等缴费率",这似乎成为工伤保险费率改革的方向。那么,考虑费率水平的高低与基金风险之间的联动关系,可以从2004年《工伤保险条例》施行以来的工伤保险基金收支结余状况及发展现状来分析。截至2014年年底,全国工伤保险基金收入695亿元,比上一年度增长80.2亿元,增幅为13.0%;基金支出560亿元,比上一年度增长77.9亿元,增幅为16.3%;年度净结余为135亿元,年末基金累计结存1129亿元(含工伤保险储备金190亿元),当期累积结余贡献率为11.96个百分点,累计结余比上一年度增幅13.33%,见表6-3。

表6-3 2004—2014年工伤保险金收支结余情况

单位:亿元

年份	工伤保险基金收入	工伤保险基金支出	工伤保险累计结余
2004	58.3	33.3	118.6
2005	92.5	47.5	163.5
2006	121.8	68.5	192.9
2007	165.6	87.9	262.6
2008	216.7	126.9	384.6
2009	240.1	155.7	468.8
2010	284.9	192.4	561.4
2011	466.4	286.4	742.6
2012	526.7	406.3	861.9
2013	614.8	482.1	996.2
2014	695.0	560.0	1129.0

资料来源:《2014年度人力资源和社会保障事业发展统计公报》,人力资源和社会保障部网站,2015年5月28日。

一、工伤保险基金收入与支出

从基金收支单线来看(图6-2),工伤保险基金收入和支出都呈平稳增长的态势。就工伤保险基金收入方面来说,由于制度覆盖面的扩大,参保人数激增,缴纳的工伤保险费用相应增加,也得益于经济的发展,物价指数和工资水平的提高,使得企业缴费基数变大,使工伤保险收入增加;就基金支出方面来说,则由于参保人数的增多,保障范围的扩大,即使工伤事故发生概率稳定在一定水平,享受工伤待遇的人数也会同比增加,再加上保险支出的刚性需求,随着社会经济水平的提高,工伤保险待遇水平也会相应提高。

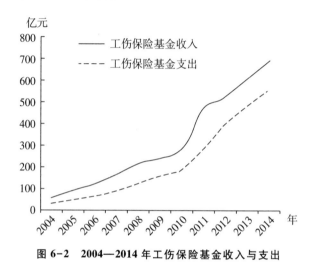

图 6-2　2004—2014 年工伤保险基金收入与支出

然而,工伤保险基金收入和支出的增长幅度却存在较大的变动差异,在曲折中盘旋上升(图 6-3)。工伤保险基金收入的环比增长率在前期持续高于基金支出增长率,说明工伤保险基金在收入方面的增长明显过于在支出方面的增长,基金有较大的年度净结余;在中后期,虽然工伤保险基金收入在绝对数额上同比工伤保险基金支出要多得多,但支出的环比增长率大于收入的环比增长率,这一方面说明工伤保险基金的收入和支出趋向更为合理地平衡发展,大量的基金净结余情况有所缓解,大大提高了基金的利用率;另一方面则说明即使在工伤保险基金有大量净结余和累计结余的情况下,工伤保险支出的需求将会越来越大,且速度过快于收入增长速度(工伤保险基金收入的平均增长速度为 33.5%,工伤保险基金支出的平均增长速度为 33.8%),这一趋势表明,现阶段工伤保险基金累积结余情况在中长期的发展来说也不能乐观,随着工伤待遇支出的不断提高,而工伤保费收入有限,那么工伤保险基金将会在不远的将来面临着工伤待遇支付风险,这为工伤保险基金安全提供了新的分析线索。

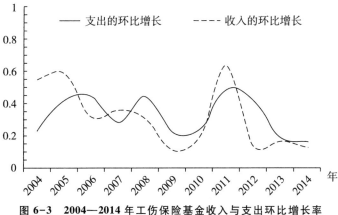

图 6-3 2004—2014 年工伤保险基金收入与支出环比增长率

二、工伤保险基金率

工伤保险基金率是指期末工伤保险基金累计结余总额与当期工伤保险基金收入的比率。工伤保险基金率越高,说明工伤保险基金沉积的程度就越大,而工伤保险基金过快的结余程度,不利于基金分散工伤风险、保障工伤职工的功能发挥,也是判定基金收入与支出之间的关系,从而在基金结余安全方面制定合理的工伤保险缴费费率。从图 6-4 可以看出,我国工伤保险基金率在 158%—203% 的范围之间,基金率处于相当高的水平,实现工伤保险基金的保值增值有着现实和理论的需求。

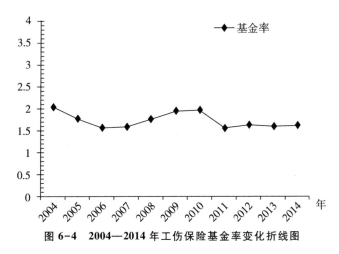

图 6-4 2004—2014 年工伤保险基金率变化折线图

三、工伤保险基金的保障度

工伤保险基金的保障度表明按当前的工伤保险支付水平,现有的工伤保险累计基金结存额能够支付多长时间。① 从图6-5可以看出,工伤保险基金的保障年度较高,平均在2.8年的水平,相对于其他社会保险制度来说,具有较高的基金支付能力,工伤保险基金保障功能充足。然而,同工伤保险基金支出增长幅度大于收入增长速度的趋势一样,我国工伤保险基金的保障度呈明显的持续下降趋势,从2004年的3.5年下降到2014年的2.0年。可见随着工伤保险制度不断完善,工伤保险基金支出需求将不断扩大,基金保障能力在逐步降低,因而怎样提高工伤保险基金的保障能力和安全性能越来越成为亟须解决的难题。

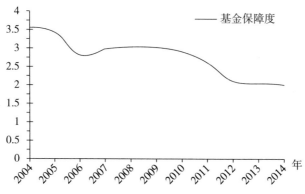

图6-5 2004—2014年工伤保险基金保障度的折线图

6.2.3 工伤保险制度有效性分析

一、工伤认定效率

2014年年底,全国工伤认定(视同)工伤114.7万人,比上年减少3.7万人;全年评定伤残等级人数为55.8万人,比上年增加4.6万人。从2013年的详细统计数据来看,认定工伤件数1,175,724件,占总数的99.35%;视同工伤件数为7654件,占总数的0.65%,虽然只占总数很小的一部分,却是工伤保险制度取得的很大进步,这突破了传统的工伤认定,更广范围地把受伤劳动者纳入保险制度内,有利于社会主义和谐社会的建设和集体主义的价值取向。

---

① 丁大建、赵锡铭.:《劳动和社会保险统计与计算机应用》,中国劳动社会保障出版社2005年版,第188—192页。

在认定工伤范畴时,把事故伤害扩展到机动车、非机动车的交通事故和城市轨道交通、客运轮渡和火车事故伤害等,拓宽了工伤保险的惠及面,在上下班途中受到机动车事故伤害事件数为 67,461,占认定总数的 5.74%(表 6-4),说明上下班途中受到交通事故伤害类的工伤增幅明显,使得原来的机动车高危企业参保率得到提升。从高风险企业参保情况看,煤矿、铁矿等高危产业的工伤保险范围不局限于事故伤害伤亡的赔偿,还包括与健康有关的工作环境、劳动保障物品、工伤康复等方面的保障。职业病也覆盖到一些隐性的不易察觉或者发病时间较靠后却有损日后健康生活的病种,条件广泛放宽,扩大了职业保障支出。由于工伤认定范围有逐渐扩大的趋势,有人提出应当将通勤事故从工伤范围中剔除出去。但对于这一点,无论是政府届还是学术界,他们的态度都是明确的,即继续将通勤事故列入工伤事故责任范围的做法,工伤保险保护劳动者权益的宗旨不会改变。①

表 6-4 2013 年全国工伤认定情况

当期认定(视同)工伤人数						不予认定工伤人数	当期不予受理申请人数
认定工伤件数			视同工伤件数				
认定依据	人数	比例(%)	认定依据	人数	比例(%)		
在工作时间和工作场所内因工作原因受到事故伤害	1,028,016	87.44	在工作时间和工作岗位突发疾病死亡或者在 48 小时之内经抢救无效死亡	7182	93.83		
工作时间前后在工作场所内从事与工作有关的预备性或者收尾性工作受到事故伤害	10,427	0.89	在抢险救灾等维护国家利益、公共利益活动中受到伤害	311	4.06		
在工作时间和工作场所内因履行工作职责受到暴力等意外伤害	10,785	0.92	因战、因公负伤致残到用人单位后旧伤复发	161	2.10	11,412	6188

---

① 乔庆梅:《中国职业风险与工伤保障——演变与转型》,第 220 页。

续表

患职业病	21,462	1.83			0.95	0.52
因工外出期间由于工作原因受到伤害或者发生事故下落不明	36,872	3.14				
在上下班途中受到机动车事故伤害	67,461	5.74				
其他应当认定为工伤的情形	701	0.06				
小计	1,175,724	99.35	小计		7654	0.65
			总计		1,183,378	98.53

在劳动能力鉴定方面,以2013年的最新统计数据来看(表6-5),近60万人当年次申请劳动能力鉴定,其中初次申请57.7万人;再次申请15,926人,改变结论比率为30.81%;复查申请10,677人,改变结论比率为23.25%。说明劳动能力鉴定日益动态化管理,不再是"一鉴永定"的封闭式等级鉴定,说明在工伤康复和工伤管理方面取得较多成效。评定伤残等级人数511,635人,其中一级至四级伤残率4.13%,五级至七级伤残率5.04%,七级至十级伤残率最高为90.82%。存在生活自理障碍人数9505人,占评定伤残等级人数的1.86%。说明重度伤残比例较低,绝大多数为丧失部分劳动能力的不存在生活自理障碍的工伤者,职业康复需求较大,包括工伤医疗康复恢复劳动能力和工伤社会康复克服心理障碍以及工伤职业康复重回工作岗位。

表6-5 2013年劳动能力鉴定情况

申请鉴定人数				评定伤残等级人数			存在生活自理障碍人数
小计	初次申请	577,586		小计	一级至四级	21,134	
	再次申请	15,926			五级至六级	25,811	9505
		改变结论	4908				
604,189	复查申请	10,677		511,635	七级至十级	464,690	
		改变结论	2482				

二、工伤待遇水平

近年来,随着经济发展、物价水平的提升而不断进行完善的科学指数化调整的工伤保险待遇支出,比固定标准的待遇给付大大提高了保障程度,工伤保险待遇水平稳步提高。从审计署公布的 2011 年工伤保险基金审计情况看,2011 年领取工伤保险伤残津贴等定期待遇的人员平均待遇为 1523.40 元/人/月,相比于 2005 年增加 769.30 元,增长了 102.02%,年均增长 12.43%,实现了工伤待遇的成倍增长,大大改善了工伤人员的生活条件(见图 6-6)。2011 年中国城镇非私营单位在岗职工月平均工资为 3537.67 元,城镇居民人均月收入为 1998.25 元,人均现金消费月支出为 1263.41 元。从工伤待遇水平数据对比来看,伤残津贴水平似乎高于平均消费水平,但不可忽视职业伤害的集中性,大多数遭受职业伤害的人群都集中在低收入、技术含量低的劳动领域(如矿业、建筑工),而他们中绝大部分又是农民工群体,作为农村家庭的主要劳动力和经济支柱,工伤待遇水平远不足以弥补家庭经济损失,更有甚者还造成了家庭"负担"。然而,判断工伤保险制度是否社会保障化不是根据赔偿金额的多少,而是要考察赔偿内容的性质是否是对直接工作事故的赔偿。① 在工伤待遇方面还存在着一个很严重的缺陷,即任何类型的一次性补助或者伤残津贴和护理费用等,都没有将工伤劳动者的年龄因素考虑在内,这造成了即使同一标准的待遇水平对于不同年龄的工伤者而言,实际保障水平也是有差别的。

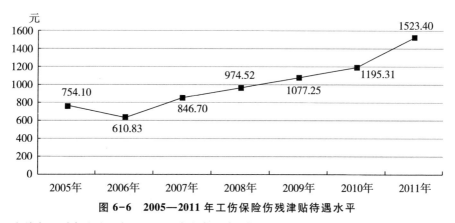

图 6-6　2005—2011 年工伤保险伤残津贴待遇水平

资料来源:《审计署公布工伤保险基金审计情况》,http://finance.people.com.cn/n/2012/0802/c153180-18655267.html。

---

① 郭晓宏:《中国工伤保险制度研究》,第 7—8 页。

三、享受伤残待遇情况

我国工伤保险制度经历了一个从有到无,再从无到有的过程,制度功能的发挥也经历了一个从强到弱,再从弱到强的逐步正规的过程。对工伤保险保障效果的分析,不但要衡量保障水平高低,而且还要看是否对工伤保障的受害群体实现了应保尽保。2014 年,享受工伤保险待遇人数为 198 万人,比上年增加 3 万人,呈逐年增长趋势;占总参保人数 20,639 万人的 0.96%,工伤享受率偏低。当然,职业安全环境建设良好,工伤事故发生率低,工伤职工较少,这是工伤保险制度达到的最理想效果,然而与实际遭受职业伤害的人群规模相对比,工伤保险制度的效果值得考量。以 2013 年的具体数据为例(表 6-6):全年享受工伤待遇 195.2 万人,享受伤残待遇 1,656,465 人,其中享受一级至四级伤残待遇人数 191,231 人,比率为 11.54%;五级至六级伤残待遇人数 80,782 人,比率为 4.88%;七级至十级伤残享受人数为 546,037 人,比率为 32.96%。一级至四级、五级至六级和七级至十级的职业病享受率分别为 26.32%、14.55% 和 3.59%,总享受职业病待遇人数 103,364 人,享受工伤待遇比为 6.24%。与此同时,我国安全生产现状为:全国发生事故 30.9 万起、死亡

表 6-6 2013 年享受伤残待遇情况

享受伤残待遇人数			1,656,465	
享受职业病待遇人数	职业病享受率	一级至四级 11.54%	191,231	
			职业病	职业病享受率
			50,333	26.32%
		五级至六级 4.88%	80,782	
			职业病	职业病享受率
			11,752	14.55%
103,364	6.24%	七级至十级 32.96%	546,037	
			职业病	职业病享受率
			19,587	3.59%
		其他 50.61%	838,415	
			职业病	职业病享受率
			21,692	2.59%

6.9万人,重特大事故49起、死亡865人,除工伤死亡者,每年因工致残的劳动者70万人以上,安全生产主要相对指标与发达国家仍相差5—8倍。① 2013年共报告职业病2.6万例,其中尘肺病2.3万例,占总报告例数的85%以上。截至2013年年底,全国累计报告职业病83万例,其中尘肺病75万例,占总报告例数的90%,尘肺病多发于煤矿企业,占尘肺病总数的60%以上。② 职业危害因素增加,特别是中小企业粉尘等有毒有害物质严重威胁从业人员身体健康。这些都表明,安全生产工作的长期性、复杂性和反复性依然突出,工伤保险制度一定程度上的前后脱节和政策的不连贯性,导致了许多理论上的保障对象现实中被排除在制度之外,甚至到现在如何解决制度外这部分工伤者的保障问题都一直难有定论。

6.3 工伤保险制度存在的问题及原因分析

工伤保险制度的改革发展依托于经济、社会、生产力水平的宏观环境的转型,基本实现了自身从企业保障到企业和社会共同保障的转型。③ 工伤保险制度无论是从制度构建、理念更新、立法层次还是管理的规范性和完善性都实现了历史性的突破,并在实践中取得一定成效,分散了企业的工伤赔偿风险,保障了工伤职工的合法权益。但从目前的制度运转现状来看,制度完成转型仅意味着旧的保障方式的终结和新制度正规化、正常化的开始,然而转型后的政策抉择、路径依赖是否适应真实的实际需求,是否能应对不断发展变化的实际对制度产生的冲突,以及是否具有足够弹性对制度进以修订等,应当成为工伤保险改革进一步更为关注的焦点,突显工伤保险的工伤保障功能。眼下分析现阶段工伤保险制度存在的问题与原因,将成为制度改革攻坚克难的基本考量点。

6.3.1 制度覆盖率偏低

一、宣示性立法,强制性不足

强制性是工伤社会保险克服劳动领域私权利滥用的内在逻辑要求,我国在工

---

① 乔庆梅:《中国职业风险与工伤保障——演变与转型》,第168页。
② 《全国累计报告职业病83万例,尘肺病占九成》,中工网,2015年2月7日,http://acftu.workercn.cn/29724/201502/05/150205162730652.shtml。
③ 乔庆梅:《中国职业风险与工伤保障——演变与转型》,第172页。

伤保险制度建立的过程中属"后发型",避免了关于强制性与非强制性的争议。①工伤保险对强制性的要求从来如影随形:《劳动保险条例》第 8 条规定企业行政方面或资方须按月缴纳劳动保险费;第 10 条规定逾期未缴或欠缴劳动保险费的企业行政或资方按月承担的滞纳金,从银行直接扣缴相关费用以及其他法律责任。1996 年《企业职工工伤保险试行办法》第 4 条规定企业必须按照国家和当地人民政府的规定参加工伤保险,按时足额缴纳工伤保险费。旧《工伤保险条例》第 2 条、第 10 条明确规定了用人单位参加工伤保险、缴纳工伤保险费的义务;第 60 条则规定了用人单位违反这一义务应当承担的法律责任。《社会保险法》第 35 条规定了用人单位应当依法缴纳工伤保险费的义务,第 63 条规定了在用人单位违反这一义务的情况下,社会保险费征收机构可以采取责令限期缴纳或补足,申请从其开户银行中划拨社会保险费,以及申请人民法院扣除、查封、拍卖其财产抵缴社会保险费等措施。新《工伤保险条例》第 2 条、第 10 条以及第 62 条都规定了用人单位参加工伤保险的义务,并对违反这一义务面临的不利法律后果作出了类似的规定。

以上所有法律条款规定以时间序列的罗列方式表明,不管工伤保险制度怎样进行制度转型和修正,在其演进过程中从没有放弃对强制性的要求。从理论上讲,工伤保险的强制性贯穿于工伤保险法律关系的始终,对工伤保险法律关系的各方主体包括用人单位、工伤保险经办机构(工伤保险基金)以及劳动者均能发挥强制的作用,从而推进工伤保险制度稳定有序的发展。② 然而,"强制不足、弹性有余、各地在政策实施中任意性大"成为工伤保险制度覆盖率偏低、制度分割、整合成本增高的重要因素。

首先,立法层次低,制度刚性不强。《工伤保险条例》作为处理工伤保险事务的基本依据,仍属于行政法规层面,相对于配套的《安全生产法》《职业病防治法》的法律层次较低;且"用人单位应当依照条例规定参加工伤保险,为本单位全部职工缴纳工伤保险费"的"应当"在法律规范中的意义比较复杂,难以用权利义务的概念来表达。虽然我国法律中的"应当"很近似于"必须",但和"必须""没有例外、特殊""一律执行"相比,是一种原则性的规定或者说是一般性的要求,因此就允许在执行中有一定的灵活性,允许特殊和例外的存在。

其次,惩戒、事后责任不足。新条例第 62 条规定:"用人单位依照本条例规定

---

① 李满奎:《工伤保险的强制性及其实施路径研究》,法律出版社 2014 年版,第 1 页。
② 同上书,第 90 页。

应当参加工伤保险而未参加的,由社会保险行政部门责令限期参加,补缴应当缴纳的工伤保险费,并自欠缴之日起,按日加收万分之五的滞纳金;逾期仍不缴纳的,处欠缴数额 1 倍以上 3 倍以下的罚款。"也就是说用人单位未按规定参保的所面临的唯一惩罚就是"责令改正"并负担较少的滞纳金,这对于追逐经济利润的企业来说"无关痛痒",等到被查处后再补缴也不迟。

最后,"私人支付"违反强制性的内在逻辑。私人支付是针对不参保用人单位所配置的不利法律后果,即由未参保单位向工伤职工支付所有与工伤相关的赔偿待遇,直接导致在工伤保险强制性问题上的"失守"。在这种情况下,企业不参保、不按真实人数参保甚至成为一种常态,这种社会保险因素与自我保险因素并存的局面,特别是自我保险因素的存在,为强制性的适用造成了极大的障碍。

二、制度设计现盲区

《2015 年世界就业与社会展望》报告透露,就业的雇佣关系正在发生改变,人们日渐放弃传统的就业模式,也就是被雇佣者依赖与雇主的雇佣关系赚取稳定的工资和薪金,为其全职工作。如今,在发达经济体中,传统的就业模式越来越不占主导地位,而新兴和发展中经济体虽然对雇佣合同和关系进行了某些强化,但非传统就业在许多国家司空见惯,且在全球供应链的底层,越来越普遍实行的是极短期合同和不规范的工时。① 工伤保险关系是以劳动关系为建立基础的用以分散工伤风险的正式制度安排,雇主缴费而职工不承担缴费义务,判定工伤赔偿和责任归属问题都是以劳动关系的存在为依据,然而非正规就业形式就是不依附长期、稳定、明确的劳动关系,在劳动时间、收入报酬、工作场地、保险福利等方面灵活多变,进而很难被纳入正式的工伤保险制度的覆盖范围,这是制度设计的盲区也是客观发展的实践提出的考验。在我国,这种非正规就业形式以灵活就业群体和农民工为突出表征。

灵活就业作为我国经济体制改革的产物,已经成为扩大就业的重要渠道。当前我国灵活就业的领域主要包括临时工、季节工、承包工、劳务工、小时工、派遣工、非全日制就业人员、阶段性就业人员、产品直销员、保险推销员、家政服务员等对技术、技能和资金要求较低的行业。市场经济下单纯追求经济利益的倾向越发明显,平等就业权的缺失造成职业伤害群体人为的选择结果,工作环境较差、工伤事故频

---

① 国际劳工组织:《2015 年世界就业与社会展望》,新华社,2015 年 5 月 19 日,http://gb.cri.cn/42071/2015/05/19/8011s4967143.htm。

发、工伤保障缺失。虽然《工伤保险条例》规定了较为宽泛的适用范围,任何劳动者都有权利和资格加入工伤保险,但实际上参加工伤保险制度的主体单位却是"用人单位",当用人单位规避工伤参保责任时,灵活就业者无从知晓抑或无能为力。这一方面与社会背景和制度设计有关,另一方面在实践和操作中具有一定的困难。

第一,灵活就业人员工作时间、工作方式和工作地点不固定,工作与非工作的界限模糊,使得伤害事故发生时很难进行清晰的工伤认定。

第二,工伤保险费率的厘定是以行业风险的大小为依据而实行行业差别费率和以企业现实安全生产状况为依据的企业浮动费率相结合的方式,这一方面体现公平,另一方面激励企业改善安全生产状况。由于灵活就业者从事行业多种多样,不同的就业者面临的风险就千差万别,再加上主观因素、环境因素对职业风险的累加效应,在本就没有完善的行业风险测定和工伤事故统计的现状下,灵活就业者的职业风险很难确定,从而保险费率的厘定有失科学。

第三,《工伤保险条例》规定工伤保险缴费是按照工资基数的一定比例由雇主承担,而灵活就业人员在不同时期、不同工作岗位、不同劳动强度的收入差别可能会很大,再加上没有清晰、明确的劳动工资制度,这使得工伤保险缴费基数难以确认。

第四,《工伤保险条例》对于灵活就业者的工伤保险问题,即没有规定其参加工伤保险的强制性,也没有给予可行的操作手段和方式,使得各地在解决灵活就业者工伤保障问题上政出多门;经济发达、社会保障制度建设完善的地方将灵活就业者纳入社会保障体系;而经济落后、社会保障制度发展缓慢的地方则根本无暇顾及这一群体,采取听之任之的方式。当前社会保障和工伤保险立法将这一群体的工伤保险排除在制度之外,使其无法可依,也成为灵活就业者工伤保险得不到落实的原因。①

农民工似乎也属于灵活就业者范畴,然而又具有独立的群体特征:农民工是随着工业化、城市化发展流入城市务工的农村富余劳动力,当属农民群体的一部分却又脱离土地的附庸;在城镇择业、就业属于工人群体却又会间断返乡具有兼业性。农民工工伤问题不仅涉及工伤农民工个人和其家庭的切身利益,更是"城乡融合""社会保障一体化"的重要课题。

农村劳动力流动制度性障碍正在逐步消除,未来很长时期内农民工流动就业

---

① 乔庆梅:《中国职业风险与工伤保障——演变与转型》,第192页。

规模将呈扩张趋势。① 目前劳动力的卖方市场决定了企业不会为农民工提供"额外"的工伤保险,刚成为产业工人还不具备现代生产常识的农民工对工伤风险的规避不具主动能力。与此同时,企业社会责任的"义务软约束"也是买方市场消极防范农民工工伤风险的重要原因。在缺乏合理收益分配权、工伤与医疗保险覆盖、职业伤害救济机制的现状下,因伤(病)返贫的农民工逐渐沦为弱势群体。② 休息休假权的侵犯,劳动者无法休息造成的疲劳是工伤的诱因,而劳动强度本身也是职业病的直接诱因。劳动培训权利的缺失,工伤风险识别能力差,安全意识薄弱,集体行动权的缺失,集体维权能力不足是农民工工伤风险巨大却没能享受制度覆盖的主观方面原因。③

三、双重逆向选择

工伤风险是偶然性的风险因素,相对于针对固有的老年风险和疾病风险的养老保险与医疗保险项目,企业对以事故赔偿为前提条件的工伤保险更多的是侥幸的回避,存在很明显的"逆向选择",即存在道德风险。

从企业方面来看,由于企业忽视安全生产因素或存侥幸心理,抑或高估本企业的安全生产情况,为了节约劳动力成本,往往不参加或者抵制参加工伤保险。企业主和雇员之间的信息不对称以及就业压力使雇员在监督雇主投保方面力不从心,加之当前我国工伤事故和逃避处罚的力度偏低,缺乏对雇主的震慑力,使得这些企业参保意愿更低,甚至想方设法逃避工伤保险制度。与此相对应的是,许多风险高、安全生产状况差的企业,由于保险费率机制缺乏足够的弹性,使得这些工伤事故频发的企业并没有承担额外较高的工伤保险缴费负担,为了降低赔付成本并从对劳动者烦琐的赔偿中解脱出来,它们往往踊跃地挤进工伤保险制度内,以期社会制度资源来分散工伤风险、弥补工伤损失。④

从管理部门来看,部门利益和内部性使工伤管理机构对参保的企业也存在着逆向选择,即工伤保险管理者要实现数额较大的资金结余或降低工伤风险发生率,总是希望安全状况好的企业参加到制度中来,考虑到基金安全和赔付压力而将风

---

① 李朝晖:《农民工工伤风险保障问题研究——以湖南湘中五城为例》,中国经济出版社2011年版,第120页。
② 王芳、宋朋:《我国农民工网站运营机制研究》,《中国软科学》2015年第4期。
③ 余飞跃:《工伤保险预防制度研究——目标、机制与条件》,光明日报出版社2011年版,第39—140页。
④ 乔庆梅:《中国职业风险与工伤保障——演变与转型》,第172—173页。

险高的企业排除在制度外,正好形成与企业行为完全相反的逆选择力量的较量中,虽然高风险企业存在参保意愿强的逆向选择,但作为行政主体的政府部门回避高风险企业参保的逆向选择的优势更为明显,企业回避工伤保险的逆向选择方法繁多、手段各异,工伤管理部门对此力不从心。

政府和企业的双重逆向选择博弈造成的直接后果是增加了工伤保险制度推进的难度,致使许多省市连最基本的扩大覆盖面的工作都举步维艰。一方面由于企业参保意愿不高;另一方面是高风险的企业越被排除在制度之外,越是职业风险高的劳动者越得不到稳定的保障。

四、补充保险方式的替代

社会保险在运作机制、资金利用效率,以及对安全生产工作的促进程度等方面存在着一些需要深入研究和完善的地方,商业运作机制的注入为工伤社会保险带来了新的发展活力,同时由于社会保险的"先天不足"也给商业保险留下了广阔的发展空间,如雇主责任险、安全生产责任险、团体意外险、工伤事故商业保险等作为工伤保险制度的补充形式,为劳动者提供了全方位、多层次、高水平的工伤保障。然而,本应是作为"补充形式"协调发展的商业保险形式却在实际中替代了工伤保险制度,相反还阻碍了工伤保险制度的适用。

首先,国家对高危行业安全生产有严格的规范和管理,如从业许可证、劳动安全生产许可证制度等。会要求相关企业针对职业风险为其从业人员办理相应的商业保险,如未履行则不发放相关的许可证,企业往往必须按照规定行事,《建筑法》中明确规定施工单位必须为施工现场从事危险作业人员办理意外伤害保险;在交通行业中,根据《道路交通法》和《机动车辆交通事故责任强制保险条例》等法律规定,机动车辆必须办理交通事故强制责任保险,从事道路运输的承运人必须投保承运人责任险。这是基于安全意识和保障劳动者权益做的规定,然而由于企业的逐利性,往往在购买了商业保险以后就不再为职工参加工伤保险,这意味着要付出双重的工伤风险成本,企业往往采取回避、躲避、隐瞒等方式规避工伤保险。

其次,工伤保险赔偿只是针对工伤职工标的,而对因工伤事故遭受损失的企业主体却没有补偿和规定,这让作为自由选择的企业主体基于自利性而更倾向于通过商业保险的方式来分散企业自身和工伤职工的工伤风险,在高危行业中尤为明显。如安全生产责任险,保险标的为"企业的经济赔偿责任",赔偿范围为"伤亡善后费用、责任赔偿费用、事故救援费用",事故赔偿对象为"全体员工和社会公众",可见安全生产责任保险在赔偿范围和责任范围都比工伤保险制度较为宽泛,企业在面临复杂的侵权责任和经济纠纷的情况下,更倾向于选择风险分散较为彻底的专项性工伤责任保险。

6.3.2 社会化程度不足

一、工伤保险待遇支付"二元结构"

工伤保险待遇从《劳动保险条例》开始,就带有明显的"二元结构"特征:各项工伤待遇支付费用,由参保的企业行政或资方全额负担,其中一部分待遇由企业行政或资方直接支付,其他部分从劳动保险基金中支付。在社会主义改造完成以后,企业与国家利益高度统一,这并未使工伤保险制度脱离社会保险的社会属性,然而这一二元结构被随后的立法继承下来,在社会主义市场经济的背景下,意味着对社会保险属性的背离,是社会化程度不足的表现。工伤保险待遇支付的二元结构,将工伤保险待遇项目分为工伤保险基金支付的待遇项目以及用人单位支付的待遇项目,如表 6-7 所示:

表 6-7 工伤保险待遇项目构成表

支付渠道	支付项目	支付方式	支付标准	备注
工伤保险基金	1.工伤医疗待遇	实时结算	符合工伤保险诊疗项目目录、药品目录、住院服务标准	
	2.住院治疗伙食补助费	按天计发	本单位因公出差伙食补助标准的70%	无标准的参考当地国家机关工作人员出差伙食补助
	3.统筹地区以外的交通、食宿费用	实时报销	本单位因公出差伙食补助标准	
	4.康复费用	实时结算	符合规定	需组织专家评定
	5.辅助器具费用	实时结算	劳动能力鉴定委员会确认、符合国家标准	
	6.一次性伤残补助金	(一次性支付)本人工资	一级伤残 27 个月;二级伤残 25 个月;三级伤残 23 个月;四级伤残 21 个月;五级伤残 18 个月;六级伤残 16 个月;七级伤残 13 个月;八级伤残 11 个月;九级伤残 9 个月;十级伤残 7 个月	

续表

支付渠道	支付项目	支付方式	支付标准	备注
工伤保险基金	7.伤残津贴	（按月支付）本人工资	一级伤残本人工资的90%；二级伤残本人工资的85%；三级伤残本人工资的80%；四级伤残本人工资的75%	低于当地最低工资标准，停发伤残津贴，享受养老保险待遇，低于伤残津贴由工伤保险基金补足差额
	8.生活护理费	（按月支付）统筹区月平工资	生活不能自理，50%；生活大部分不能自理，40%；生活部分不能自理，30%	
	9.工伤医疗补助金	（一次性支付）本人工资	五级伤残20个月；六级伤残17个月；七级伤残13个月；八级伤残10个月；九级伤残7个月；十级伤残4个月	经工伤职工提出与用人单位解除或终止劳动关系的；患职业病的增发30%
	10.丧葬补助金	（一次性支付）统筹区月平工资	6个月	
	11.供养亲属抚恤金	（按月支付）本人工资	配偶每月40%；其他亲属每人每月30%；孤寡老人或者孤儿每人每月在上述基础上增发10%	各供养亲属抚恤金之和不高于因工死亡职工生前工资
	12.一次性工亡补助金	（一次性支付）	上年度全国城镇居民人均可支配收入的20倍	
用人单位	1.停工留薪	（按月支付）	原工资福利，一般不超过12个月	伤情严重者经劳动能力鉴定委员会确认可适当延长12个月
	2.停工留薪期内护理费用	按天计发		
	3.伤残津贴	（按月支付）本人工资	五级伤残为70%；六级伤残为60%	难以安排工作的发给伤残津贴

续表

支付渠道	支付项目	支付方式	支付标准	备注
用人单位	4.伤残就业补助金	（一次性支付）本人工资	五级伤残32个月；六级伤残28个月；七级伤残25个月；八级伤残21个月；九级伤残17个月；十级伤残13个月	经工伤职工提出与用人单位解除或终止劳动关系的；患职业病的增发30%

在工伤保险制度的不断改革中，工伤保险基金的支出范围逐步扩大，如一直由用人单位负担的工伤职工住院伙食补助费以及统筹区外就医所需的交通和食宿费用等在《工伤保险条例》修订案中规定由工伤保险基金支付，一定程度上减轻了用人单位的负担，降低了用人单位与工伤职工、工伤经办机构之间的矛盾。工伤保险基金支付共计12项，承担了工伤职工各方面所需的绝大部分责任，用人单位支出共计4项，属小份额的承担，这一方面体现了用人单位对工伤职工应负的关切责任；另一方面也是对用人单位发生工伤事故的"惩罚"结果，激励用人单位重视安全生产和职业卫生，杜绝"消极依赖工伤保险制度"的现象。

然而，看似合理的"自我保险"因素融入却大大地侵蚀着本已十分有限的"社会保险"因素，我国工伤保险制度名义上为工伤社会保险并逐步向工伤社会保障的趋势迈进，事实上是"自我保险"和"社会保险"的混搭模式。因工伤引发的"社会风险"具有不可预知性与不确定性，工伤保险制度的意义正是在于转移社会风险，承受社会风险所伴随的不确定性，用人单位通过参加工伤保险将社会风险及其不确定性转嫁给工伤保险基金，通俗地讲，其实质在于"用人单位花钱买确定性"，而工伤支付的"二元结构"实际上是把一部分风险转移给了工伤保险基金，而还剩下一部分风险（工伤待遇支付）自留。这一方面在不确定的平台上会引起用人单位之间的不公平，也在事实结果上使得工伤保险基金与用人单位均承担了100%的"工伤社会风险"及其不确定性，从根本上违反了工伤保险制度的社会化属性。

不仅如此，社会化程度不足还深刻表现在未参保企业工伤保险待遇支付的问题上，这可以说是工伤保险基金规避"工伤社会风险"的机制，正是工伤保险制度社会化缺失的症结。旧《工伤保险条例》中规定如果用人单位违反了及时提交工伤认定申请的义务，在违反义务期间所产生的所有工伤赔偿待遇均由用人单位承担；如果用人单位违反了依法缴纳工伤保险费的义务，发生工伤所产生的费用均由用人单位承担。这两种机制适应的情形不同,但均在客观上起到了限缩工伤保险范围、无限扩大自我保险范围的功效,从根本上动摇和瓦解了工伤社会保险存在的基础。在第一种情形下,工伤认定时效规定变相地为用人单位提供了道德风险的机会:故意违反法律有关及时提交工伤认定申请的义务,并通过各种手段和途径阻挠工伤职工在有效期内提出工伤认定申请,以便最终逃脱赔偿的义务。在第二种情形下,实际上赋予了用人单位以选择权:如果用人单位根据自身利益的判断认为职业风险较高,造成的工伤赔偿费用可能会大于缴纳的工伤保险费时,就会选择参加工伤保险,由工伤保险基金来承担这一较高的职业风险;如果用人单位认为职工发生工伤的可能性较小或者虽发生工伤,但是其最终支付的工伤赔偿费用会小于缴纳的工伤保险费时,就选择不缴纳工伤保险费。这一处理方式意味着用人单位可以在经过利益权衡、利弊分析后选择不参加工伤保险,宁愿自己承担工伤引发的社会风险,而对于那些依法参加工伤保险的用人单位而讲,反倒可能面临着用工成本增加、市场竞争力下降的风险,会引发"探底竞争"的局面,会诱使更多用人单位不参加工伤保险或者已经参保的用人单位选择退出。

综上,对于劳动者而言:工伤保险基金支付的待遇部分毫无疑问更具法定性、充足性和保障性,而用人单位支付的待遇部分则需要依赖用人单位的财力状况、对工伤赔偿的重视程度以及良心责任感;看似对未参保企业的惩罚,实际上是将劳动者推向直接与用人单位争议对抗的漩涡,由于劳动者的相对"弱势"地位,更像是对工伤者的惩罚;错综复杂的责任认定和工伤争议,使得劳动者、企业、经办机构三者在劳动仲裁、民事诉讼、行政复议、行政诉讼等多程序中反复交叉"过招"。

二、社会化管理进程欠缺

工伤保险管理就是通过一定的程序和机构,采用一定的方式、方法和手段,对工伤保险进行计划、组织、协调、监控以及监督的过程。同社会养老保险一样,工伤保险也有社会化管理的诉求,社会化管理是工伤社会保险的表现形式,更是创新管理方式、维护工伤职工利益、可持续建设工伤保险制度的必然要求。

(一)工伤保险基金社会化管理

工伤保险基金事务主要有工伤保险费收、支、累计结余、储备金、滞纳金等环节,在此以问题形式罗列:

首先,在收入环节工伤保险经办机构稽查力度不足,逃费、骗费现象较多;很难准确地了解用人单位具体的从业人员数,也很难核实用人单位真实的工资水平,致使用人单位少缴工伤保险费、少报缴费基数;工伤缴费应缴率低、真实性不足;保费征收机构等单位延压工伤保险费收入;经办机构等部门和单位多头开户、违规开户;征收机构擅自减免工伤保险费;经办机构隐瞒工伤保险欠费并擅自核销欠费;或者以物抵费等其他业务管理不规范问题。

其次,在支出环节经办机构审核不够严格,向不符合工伤保险条件的人员发放待遇;财政补助资金及工伤保险待遇未及时足额拨付到位未、时效性低;个别社保工作人员冒用其他人员工伤信息及资料,骗取工伤保险基金;肆意扩大工伤保险基金支出范围(用于基层经办机构等单位工作经费,用于平衡市级、县级财政预算,用于修建基层单位办公用房)等等。

再次,在结余基金等财务管理环节,制度执行和业务管理不够规范;工伤保险基金预算编制不规范;调剂金管理不规范;存在工伤保险基金未纳入当地社会保险基金决算现象;工伤保险基金未纳入财政专户管理;工伤保险基金存在会计记账和核算错误等问题;部分地区未严格做到专款专用,工伤保险基金在不同保障项目间相互串用等。

最后,没有形成大范围省级工伤保险基金统筹格局,难以实现基金的平衡调剂,互助共济。工伤赔偿水准比较低,工伤保险基金利用又不充分。

(二) 工伤保险事务社会化管理

工伤事务管理包括工伤认定,劳动能力鉴定,工伤待遇发放形式与渠道,工伤劳动者工伤档案管理、医疗档案管理、康复档案管理,信息交流分享系统建设等,目前都在逐渐地改良建立阶段。工伤认定和劳动能力鉴定过多地注入行政机构的导向,客观上忽视了作为专业工伤鉴定专家的职业性意见;缺乏社会性的工伤劳动者的信息管理,依附企业管理的工伤劳动者没有完整的记录信息,相反还增加了企业的管理负担。

6.3.3 工伤保险激励与惩罚机制存在缺陷

一、工伤保险缴费缺乏激励性

我国工伤保险缴费机制为行业差别费率和企业浮动费率相结合的复合型缴费方式,行业差别费率体现了不同行业风险状况的差异,体现科学;浮动费率则通过对不同风险单位征收的保险费率的变化,形成对企业实施工伤预防、改善职业安全的激励(企业安全状况好、工伤事故发生率低,可以缴纳较低的保费;安全状况差、发生工伤事故较多的企业则需要缴纳较高的工伤保险费),体现公平。

我国浮动费率的形式主要有两类,一类是按照企业的伤亡事故率和工伤保险基金的支付情况来确定浮动档次,主要依据有三种:第一,根据企业当年实际发生的工伤事故率(取死亡、重伤、轻伤中的最高值)来确定下一年的浮动值;第二,对评定为一级至四级的伤残者、患有职业病者经确定的比照重伤值计算浮动费率;第三,根据企业本年度工伤保险基金的收支情况,适当调整浮动费率。另一类是按事故点数和工伤保险金的支付情况来确定浮动档次:事故点数是依据事故伤害人的伤害程度确定的,分别为 1、2、4、6、8、12、15、30、40、45、50、60 个点,轻伤点为 1,死亡点为 60,中间十个档次分别为伤残一级至十级,企业的事故点数以一个统计年为准,所有事故伤害人的点数累加计算。

然而从计划经济时期的劳动保险到市场经济条件下的工伤保险,我国工伤保险没有西方工伤保险建立的雇主责任保险的发达基础,费率机制没有基础的数据支持,无法精算与事故历史对应,这是我国差别费率和浮动费率分级少而粗的客观原因。再加上劳动者从事行业多种多样,不同的就业者面临的风险千差万别,劳动者的主观因素、工作方式、工作条件和环境都会成为职业风险的影响因素,即便是同一行业、同一企业的劳动者,其面临的职业风险也不尽相同。因此,工伤保险费率的浮动调整需要更加精细的统计和观察,需要使用大数法则来衡量一个行业、一个企业的整体风险。然而,由于我国长期以来缺乏相应的统计数据,工伤保险制度本身的管理技术和手段也不成熟,费率浮动幅度和浮动时机缺乏客观的标准,难以实现真正有效的浮动,也难以对企业实施工伤预防形成激励。

二、工伤致残职工遭企业单方解雇

对于具有劳动能力和处于工作年龄阶段的个体,就业是其生存发展的基本方式也是人类最本质的特征。职业伤害带来的对工作能力的损害,会直接导致缺勤甚至失业。从 71 项世界范围内的报道中可以看出,有劳动能力的工伤职工重返工作岗位的比率差异较大,幅度在 29%—100%,中值水平为 67%。[1] 这足以说明延迟重返工作岗位在社会生产活动中已成为一个具有挑战性的社会性问题,显著地影响着国家社会经济地位和个人福祉。

我国《工伤保险条例》规定工伤致残一级至四级属完全丧失劳动能力,应退出劳动领域,享受工伤保险待遇;五级至六级伤残原则上由用人单位适当安排合适工作,如无适当工作安排,由企业发放按工伤保险待遇发放伤残津贴;七级至十级伤

---

[1] J. A. Athanasou, "Return to Work following Whiplash and Back Injury: A Review and Evaluation," *Medico-Legal Journal*, 2005, Vol. 73, No.1, pp. 29-33.

残的并未做相关规定,尽管在相关问题的解释和判例中也有规定:企业不得随意解雇工伤职工。然而这个规定较为牵强,"随意"判别出入很大。基于经济利益和个人发展,大部分工伤致残职工都是积极主动地在遭受工伤伤害之后重返工作岗位,弥补由于工伤而产生的收入中断和减少,但往往由于身体机能受损、劳动能力降低无法胜任受伤前的工作岗位。客观来说,一方面企业有自主用人权,可以根据企业的用人需求和岗位设置选择能胜任的人员,优胜劣汰是竞争的表现形式,工伤致残职工由于劳动能力受损确实无法胜任以前岗位而又没有合适岗位,这时基于人力成本最小化和最优化抉择绝大多数企业都会解雇工伤致残职工。另一方面,工伤致残职工虽然能在企业解雇时获得就业补助金,然而我国现实的就业压力使工伤致残职工很难实现再就业,生活陷入无保障状态,特别是一些没有伤残认定的、私了的工伤职工更是直接脱离了工伤保险保障,用人单位撇清了与其的所有劳动关系。早在1991年9月美国商业改革委员会就出了这样的规定:雇主在工伤职工领取伤残待遇期满之后必须重新雇佣伤残职工。由于我国法律法规的规范缺失,用人单位单方面解除劳动关系不用承担任何惩罚,而雇佣更多的工伤职工也没有相应的激励政策,使得用人单位对工伤致残职工敬而远之。

6.3.4 "预防、康复、补偿"制度功能发展失衡

一、工伤预防脱节

工伤预防确立了经验费率与提取预防基金相结合的实现机制,在上面问题中讨论了经验费率作为互济的补偿机制和激励机制,设立的档次"少而粗",浮动幅度下,预防功能掣肘,因此,实践过程中将工伤预防主要放在了预防基金的提取上。工伤预防基金提取经过取消后又被重新规定,修订后的《工伤保险条例》第12条明确规定:工伤预防费用的提取比例、使用和管理的具体办法,由国务院社会保险行政部门会同国务院财政、卫生行政、安全生产监督管理等部门规定,以明文立法的实行确定了工伤预防费用的合理性。然而缺少具体的细节性规定,工伤预防列支项目模糊使得工伤预防基金的投入使用五花八门,莫衷一是。

在预防实施方面,对工伤保险机构和企业单位都提出了更高的要求。一是工伤保险机构必须成立一个专门的事故预防机构或小组,由既熟悉安全生产监督管理,又熟悉工伤保险业务的人员组成;二是企业内部也必须有相对稳定的具有相关业务知识的管理人员来落实工伤预防工作。工伤保险经办机构因为人员编制受限,经费投入不足,使得开展工伤预防工作的主体缺少人员,基层经办机

构基本上都没有成立专门的工伤预防机构,大量的时间都花在工伤保险费的征缴和工伤保险待遇的发放上;另一方面,企业的目的是利益最大化,聘请一些专门的安全生产管理人员需要增加额外的费用,由此,大部分企业要达到这些要求有一定难度。

工伤保险与事故预防相结合,一方面,通过事故预防减少事故发生,从而减少经济损失和人身伤亡,也就减少了工伤赔付,工伤保险经办机构可以将更多的资金用于工伤事故预防的宣传教育和支持企业改造有关设备设施、促进工伤事故预防项目的建设,使工伤保险进入良性循环发展的状态;另一方面,工伤保险的事故预防是用经济、法制、技术、管理等一切手段对企业安全生产进行有效约束,而不是干预企业的经营自主权,它能够把安全监督的外部压力和企业的内在动力有机地结合起来,形成一种事故预防的新机制,从根本上改善企业的环境,降低企业的风险等级,降低企业所缴纳的工伤保险费率。尽管自《工伤保险条例》实施以来,提倡事故预防的呼声越来越大,但目前,我国工伤保险职能没有发挥事故预防和减少事故发生的主要作用,仍停留在企业发生工伤事故、社会保险支付待遇阶段,实行的是无责任补偿,实质上只考虑了职工的医疗康复与人身伤害补偿,而未充分体现工伤保险事故预防功能与增强职工安全意识的作用。

二、工伤康复滞后

随着德国颁布的世界范围内第一部工伤保险法的问世,工伤职业康复就登上了历史舞台,因为该法律规定了工伤保险的职能在于预防、康复和补偿,并将恢复工伤职工的工作能力和社会活动能力作为工伤职业康复的目标确定下来。[1]

我国工伤保险从建立一开始就对职业康复事业进行了规定,但直到2001年在广州才成立了国内第一个专业性工伤康复机构——广州工伤康复中心(现广东工伤康复中心),随后一些省市也开始了对工伤康复工作模式进行探索。但由于条件所限,从总体上看,正如原人力资源和社会保障部工伤保险司司长所言:"过去多年来,国内现有的各类康复机构中真正以工伤康复为主要服务内容的较少,不仅缺乏适合我国工伤人员的工伤康复标准和诊疗规范,专职的工伤康复人才队伍也十分缺乏。全国大部分地区的工伤康复工作基本处于空白状态。"[2]我国的工伤职业康复工作正处于刚刚起步的阶段,虽然势头良好,但现实中仍然有许多因素制约或阻

---

[1] 孙淑菡:《工伤保险》,中国劳动社会保障出版社2007年版,第200页。
[2] 《我国参加工伤保险超过1.2亿人启动康复试点》,中国劳工网,2015年4月1日,http://www.china.com.cn/gonghui/2008-04/08/content_14505058.htm。

碍该项事业的发展。对工伤康复工作缺乏应有的认识、未将职业康复工作列于工伤保险制度改革的应有位置、普遍重视医疗机构建设而轻视康复机构的建设导致工伤康复资源不足、专职职业康复人才队伍严重短缺、工伤康复配套政策尚不够完善等等。此外,据悉人社部工伤康复专家组在2009年对42家申请参与评估的工伤康复试点机构进行评估后公布了存在的主要问题,它们是"工伤康复部分机构康复床位、康复业务用房面积未达到标准要求,康复设备器材较为简陋,有些甚至短缺;科室设置不齐全,部分试点机构没有独立的康复评定室、语言治疗室和康复支具室;在人员配备上,存在专业技术人员数量明显不足,学历偏低,结构不合理,特别是经过正规培训的康复治疗师普遍较少;康复专业技术人员的合理调配与继续教育工作亟待加强等"①。

综上,我国工伤康复工作发展滞后主要可以归结为两方面:一方面是全面开展工伤康复工作的各方面条件严重不足;另一方面是在对工伤康复重视不足。② 这源于工伤保险基金支出结构有失合理,造成工伤预防和职业康复建设落后资金保障力度不足、重视程度不够。工伤保险制度改革是朝着预防、补偿、康复"三位一体"的目标前进,现阶段的基金支出主要是用于工伤补偿,因此在职业康复中投入的资金较小,造成大量积累资金被闲置而没有发挥作用。职业康复中有许多建设项目,包括康复医疗、残疾人再就业等,都需要资金的支持以达到预期的效益。

6.4 工伤保险制度改革思路与对策

工伤保险制度的弊端广受诟病,不仅劳动者抱怨维权艰辛,索赔无门,无法及时有效地获得工伤救济,用人单位也会在工伤事故发生之后遭受严重的人力、财力损失。对于整个社会而言,这一不合理的工伤保险制度对日趋紧张、尖锐的劳资冲突起了推波助澜的作用。③ 我国工伤保险制度存在的诸多问题并不是孤立的,而是相互影响、相互制约的。因此,在进行改革时应系统地理清问题与问题之间的关系、充分考量现实、以长远的眼光着手我国工伤保险制度的改革建设。

---

① 《首批工伤康复试点机构评估结果公布》,《京华时报》2009年12月12日。
② 郭晓宏:《中国工伤保险制度研究》,首都经济贸易大学出版社2010年版,第175—176页。
③ 李满奎:《工伤保险的强制性及其实现路径研究》,法律出版社2014年版,第4页。

6.4.1 切实提高覆盖率

一、灵活就业者的工伤保障

首先,对于有雇主、存在雇佣关系的灵活就业者,应当强制性纳入工伤保险的覆盖范围,且其雇佣者应当成为工伤保险缴费的责任者。因为相对而言,有雇佣关系的这部分人工资收入较明晰,保险费缴费的基数圈定容易,其保险费率可参照同行正规就业劳动者职业风险发生概率分别厘定,同时应尽快完善这部分人的职业伤害统计报告制度,以提高费率制度的灵活性和激励功能;或者通过社区这个平台将灵活就业人员、从事公益活动、志愿者服务、家庭劳务工作者纳入工伤保障围。

其次,对于没有雇主、没有雇佣关系的灵活就业者,可以为其提供多种选择,即采取社会保险或者商业保险的方式进行保障。对于志愿加入工伤社会保险的灵活就业者,工伤保险管理机构应当在国家政策和法律法规允许的基础上为他们提供参保便利,缴费基数参照同一地区灵活就业者的社会平均工资确定,由于灵活性带来的职业风险增加和工伤认定上的困难,可适当提高一定比例的缴费水平,以实现风险大小和保险缴费率高低相一致的原则;如果工作与否很难界定,给工伤认定带来很大困难,则以政策或强制性手段规定他们参加风险责任较广的商业保险,并提供适当优惠补贴等。

由于我国工伤保险制度尚处于初级发展阶段,正规就业者的工伤保险远未实现全覆盖,灵活科学的费率机制没有形成,工伤预防和工伤保障效果还有待进一步提高,灵活就业者的工伤保险问题不能在短期内完全彻底解决,这不但需要管理手段的改进以适用灵活就业者的灵活性,还需要技术手段的改进和完善。

二、从"平安"到"同舟"的农民工工伤保障

农民工参加工伤保险、依法享受工伤保险待遇,是国家法律法规赋予包括农民工在内的各类用人单位职工的基本权益,让农民工享有合法可靠的工伤补偿是保护农民工的合法权益的重要内容,也是社会经济发展的大势所趋。

(一)强制立法保障农民工工伤保险权益

凡是与用人单位建立劳动关系的农民工,用人单位必须及时为他们办理参加工伤保险的手续,并将重点推进建筑、矿山等风险较大、职业危害较重行业的农民工参加工伤保险,从"平安"到"同舟",进一步扩大农民工的参保人数,只有经济发展和健康安全相一致的时候,才能从根本上扭转工伤事故频发、职业病率大幅上升的态势,从根本上解决农民工的健康保障问题。

（二）加强安全生产监督管理，降低农民工职业风险水平

监察机构要依法对各类单位安全生产情况进行监督检查，指导督促生产经营单位建立健全安全生产责任制，落实各项防范措施，改善农民工的就业环境；并加强对农民工的岗前培训、职业安全培训，为广大农民工安全生产提供制度保障。

（三）提高工伤待遇补偿方式和水平

倡导多层次的、灵活的、可供选择的工伤补偿方式，符合农民工群体的偿付需求；提高工伤保险的补偿水平，适当提高农民工的工伤保险替代率；增加工伤康复服务，使有较强康复可能和动力的农民工，尽快实现职业康复，重回工作岗位。

（四）探索强制式的补充性商业保险分散工伤风险

考虑到农民工数量众多，措施落实需要较长的时间；农民工密集的高危行业可能会给工伤保险带来巨大支出负担，农民工如果在短时期内大量进入工伤保险系统，可能会使工伤保险支出急剧增加，最终难以为继，因而，各地在实际工作中对农民工参加工伤保险普遍较为谨慎；农民工的就业方式普遍缺乏正规的劳动合同手续，劳动部门管理也面临较多的困难，推进工伤保险面临很大的阻力。因此，在一段时期内，正规社会化工伤保险并不能单独解决农民工职业伤害过大这一社会问题，需要补充性的商业工伤保险共同保障。

6.4.2 实现工伤保险基金的社会化发放

一、扩大工伤保险基金支付范围

逐步扩大工伤保险待遇支出项目，把所有工伤职工所需费用从工伤保险基金中列支，改变工伤保险待遇支付的"二元结构"，对于工伤基金而言，这种二元结构的支付在很大程度上是工伤保险基金精心计算的结果：对承保的社会风险进行分类划分，类似于打包处理不良资产，将"良性"的社会风险保留、"恶性"的社会风险剔除的目的是为了承担有限责任。在用人单位违反义务时将所有社会风险重新转嫁给用人单位的做法，表面上看是对用人单位违反义务的惩罚，并能够免除工伤保险基金的赔偿责任，但这一做法无疑是短视的，它事实上赋予了用人单位选择参加或不参加工伤保险的权利，工伤保险的参保人数和基金统筹能力大打折扣，再加上工伤保险基金所承担的社会风险都是经用人单位权衡后的恶性的是风险，会导致工伤保险基金入不敷出。

应制定职工住院治疗工伤的伙食补助费和工伤职工到统筹地区以外就医所需的交通、食宿费用、生活护理费、丧葬补助金、伤残津贴、供养亲属抚恤金、生活护理

费等具体费用标准。除此之外,还要根据当地平均工资、最低工资、物价指数、国民收入、近期生活费用指数等经济发展水平情况做实时的调整,使工伤保险待遇进行保值,以享受经济发展成果并使工伤保险制度更适应社会经济的发展轨迹。

二、落实工伤保险先行支付

工伤保险制度最显著的特征是其强制性,雇主必须缴纳工伤保险费、为雇员办理工伤保险,这是法律强加给雇主的义务,不能选择,也不能通过双方协议的方式免除,哪怕雇主事实上并未依法缴纳工伤保险费,也不影响雇员获得工伤保险待遇的资格和权利,因为工伤保险关系已经根据法律的规定成立。工伤保险基金先行支付制度就是《社会保险法》为了弥补和纠正我国工伤保险制度在工伤社会性、强制性上的缺陷而设计的一项制度,"职工所在用人单位未依法缴纳工伤保险费,发生工伤事故的,由用人单位支付工伤保险待遇。用人单位不支付的,从工伤保险基金中先行支付。从工伤保险基金中先行支付的工伤保险待遇应当由用人单位偿还。用人单位不偿还的,社会保险经办机构可以依照本法第六十三条的规定追偿"。此法案意图表明:在用人单位未缴纳工伤保险费的情况下,仍然由用人单位承担赔偿责任,只不过这一赔偿是按照工伤保险待遇标准进行记付的,而非侵权损害赔偿。这是一种实现工伤保险待遇支付社会化的尝试,旨在对无法及时获得工伤保险待遇的工伤职工提供救济,需进一步落实回归工伤保险的集体责任的原本含义,理顺工伤保险基金、缴费用人单位、工伤职工之间的法律关系,真正实现工伤保险待遇支付的社会化。

三、提高统筹层次

基金统筹层次越高,规模就越大,就越有充裕的基金资源保障工伤保险待遇和对抗工伤风险的能力。目前我国已经基本实现了市级统筹,但这并没有实现省级统筹,有很多省市由于统筹层次比较低,虽然基金收入总体很庞大,但是各地结余分布很不均匀,很多要实现"老工伤"统筹的地方,由于自身基金结余不足,纳入制度速度就比较慢,影响了工伤人员权益的保障,尤其是只要一遇到大的事故,基余结余少的地方工伤保险基金就会出问题,这就要求不断向省级统筹过渡,设立工伤保险省级统筹基金专户,实行专款专用,用于全省调剂,建立省级调剂金,这将很大程度上增强我国工伤保险基金保障能力,有助于减轻企业负担,解决各地的老工伤问题,并在省级统筹的基础上,创造条件进一步实现全国统筹,实现工伤风险在不同行业、不同区域有机分散,工伤保险制度协调发展。

6.4.3 激励相容的制度设计

一、完善费率机制

工伤保险费率机制是工伤保险制度的核心,工伤保险费率机制设计直接影响工伤保险基金收入的多少和基金的稳定性、企业参与工伤保险积极性效能的发挥。科学、规范的工伤保险费率机制,有利于实现工伤保险成本的公平分配,而且通过工伤保险费率机制的经济激励作用可以促进安全生产的实现。经济学认为追求成本最小化是企业的本性,企业在参与工伤保险时,会将工伤的安全边际收益和安全边际成本进行比较。

(一)细化行业风险,增设缴费费率档次

为了实现保险费用负担的公平性,实时的、真实的反映各行业工伤风险的情况,保证工伤保险基金收入,必须在我国现有的各行业按工伤事故风险划分三大等级的基础上进行丰富和细化,使行业风险分类既不能过于粗糙,也不能过于精细,建立工伤保险科学合理的缴费率与企业安全风险相关联的机制;增加差别费率档次,适当加大不同风险的行业的费率差距,特别是高危险行业的差别费率,避免不同风险等级的企业处于同一费率档次而使工伤保险基金收入萎缩;在行业差别费率的基础上还需增设浮动费率档次,适当增加费率的浮动档次和空间,这一方面可以起到激励作用,另一方面又可以在整体费率不上调的基础上增加基金的收入,为工伤保险制度的发展提供物资支持。所有企业、社会组织和用人单位都应当执行统一的基础保险费率制度,一切单位均按年度工资总额的一定比例缴纳工伤保险基金。基础保险费率不因企业所从事的行业而改变,充分体现工伤保险的社会互济功能,和社会资源共享的益处,以及市场经济主体资格平等的权利,确保社会的公平与公正。这既是保障伤亡员工的合法权益的必要措施,也是企业的社会责任,在一定程度上也可适当分摊企业的经济风险,然后按企业事故发生状况和实际工伤保险基金支出状况缴纳附加保险费。①

(二)改进工伤保险缴费方式

改革工伤保险金的收缴办法,能确保工伤保险基金的收入。在对企业统一征缴社会保险费按险种划分时,可实行"小险种优先",即先满足工伤保险费的缴纳。或者实行五险一票制的收缴,以大险带动小险,确保工伤保险基金的收缴率,避免

---

① 吴甲春:《对工伤保险费率合理性的探讨》,《现代职业安全》2004年第6期。

产生逆选择，解决了企业从自身利益出发选择险种的问题，使工伤保险基金收缴率稳定在较高的水平。

二、重返工作岗位

企业作为劳动力的雇佣者，既是职业安全措施的实施者，又是劳动者安全保障责任的承担着，企业能动性与积极性的发挥直接关系到职业安全措施实施效果和劳动者的工伤福祉。除了基于成本效益核算的费率激励机制外，在安全生产激励方面还应利用法律手段、行政手段与社会手段相结合的办法，前两者需要依赖于法律和政府权力的强制性，后者则需要企业社会责任的培养和增强。

康复后重返工作岗位对工伤职工及其家庭、企业和社会都有很重要的意义：对工伤职工本人而言，重返工作岗位是其劳动价值的再体现，是在遭受工伤伤害后的职业再融入；使对其家庭的经济压力和照料负担依赖减少。在工伤职工管理方面，一是加强与医疗卫生机构之间的协作，简化工伤医疗的结算和报销程序，为工伤职工提供高效、快捷、充足的医疗救治；依托社会现有的医院康复资源、残疾康复资源建立工伤职工康复体系，实现身体康复、心理康复和社会康复，利于其及早恢复劳动能力重返工作岗位；建立职业伤害事故救援机制，在工伤事故发生后第一时间挽救劳动者生命，降低伤害程度，保障弱势工伤劳动者的享受工伤保障的权益。二是构建宽泛的社会支持网络。劳工组织、行业协会、企业工会、政府职能部门和机构等多方联动为工伤职工提供强有力的社会支持；建立公开、透明的促进就业与再就业的信息交流发放平台，突破农村与城市、国有企业与民营企业等之间工作流动性的限制与门槛。三是加强企业职业安全卫生与工伤人事管理的激励制度设计。遵循安全生产的各项相关制度，改善企业职业卫生条件，提供符合人体工程学的工作场所、发放劳保用品；进行职业安全宣传与培训，增强职工安全意识；"无过错责任"工伤赔偿机制要求企业不得单方随意解除与工伤职工的劳动关系，并提供重返工作岗位的协调员或经理咨询的渠道，对积极帮助工伤致残职工重返工作岗位或其他工伤人员再就业作为企业浮动费率的考量因素，可适当降低工伤保险浮动费率或者提供相关政策奖励支持。

6.4.4 工伤预防与职业康复系统化发展

一、工伤预防前置

（一）管理体制

健全上层管理机构、研究机构、培训机构和监督机构的设置和人员配置以及企业内部的劳动安全机构及其人员配备；做好工伤预防的宣传教育和培训工作，加强对一线作业人员的安全意识教育、安全知识教育和安全技能培训，提高一线作业人员的危险防范能力，通过教育使员工对安全常识和岗位安全操作知识做到应知、应懂。

（二）经济手段

建立健全有效的职业伤害保险奖励机制，对于当年未发生工伤事故、职业病或事故发生率低于本行业平均水平的用人单位除下浮费率外，按有关规定可从该企业当年缴纳的工伤保险费中返还一定比例给企业，用于安全生产宣传和职工安全生产教育培训工作，奖励在事故预防方面有突出贡献的单位和个人；建立工伤预防基金制度，统一规定提取工伤保险预防基金比例，开展工伤预防。

（三）安全技术管理方面

工伤保险经办机构要对企业有毒、有害岗位和从事有毒、有害工作的人员进行调查，掌握其分布情况，并对从事有毒、有害工作的人员实行跟踪，及时了解其健康情况，建立职业危害作业网点、人员的管理台账和健康档案；注重技术咨询服务、利用劳动医疗进行职业病预防、免费提供一些监测服务、对事故原因进行研究、对可疑职业病原因进行调查、对产品在进入市场之前进行安全鉴定。充分利用安全评价技术，制定一套切实可行的工作程序，即先由企业自查，提出整改方案，再由行业公会安全监察员复查，提出整改要求。

二、政府主导的工伤职业康复事业建设

工伤康复是劳动力再次走向劳动市场的快捷方式，由省级政府成立一个统一的工伤保险预防康复机构，下设预防和康复两个机构，隶属于省社会保障厅，工伤预防机构主要工作包括之前提到的安全生产管理和职业病防治，主要负责制定和公布劳动保护方面的规程和规定，开展劳动监察和咨询服务，同时为中小企业提供免费或者优惠服务，针对职业病的预防定期开展劳动医疗，定期开展安全教育培训。

康复机构主要负责我国工伤康复工作，由于我国工伤康复工作还处于起步的状态，因此要从基础开始做起，重视工伤康复工作，根据工伤保险基金承受能力和收支平衡原则，合理确定工伤康复待遇水平，并制定相应的国家技术标准。由于工伤康复是一项复杂的技术工作，更是一项社会工程，因此，有必要依托我国现有的工伤管理机构，对康复的各项工作实施有效的管理，包括可以充分利用卫生资源，建立工伤康复网络，同时要加强区域合作，建立区域康复中心。

日本发展职业健康促进事业的最核心的特点在于系统的整体规划和全方位的实施保证;高度集中的行政管理加上专项委托的机制,以及从立法、体制、经费、热力资源、业务内容范围设计等各个方面的共同建设,全面贯彻"先康复、后评残,先康复、后补偿"的理念;医疗和康复机构认真执行相关的工伤职业康复标准规定,工伤职业康复早期介入工伤职工的心理障碍,用人单位安排再就业。

6.4.5 其他需明确的边界问题

一、工伤保险赔偿与工伤民事赔偿竞合

《安全生产法》第48条和《职业病防治法》第52条中都有规定,受害者除依法享有工伤社会保险外,依照有关民事法律尚有权向用人单位提出赔偿要求,有获得赔偿的权利的规定。早于两者发布的《企业职工工伤保险试行办法》中虽然规定的是按"补充"模式进行单项赔偿(如交通事故责任赔偿的费用可以冲抵工伤保险待遇的费用),但毕竟明确了工伤保险赔偿与工伤民事赔偿的相互关系。而2003年制定的《工伤保险条例》只是将这种补充赔偿模式的规定予以删除,却没有明确规定应该如何处理两种赔偿之间的关系,在是否应该建立针对工伤职工的两种赔偿机制的关系上采取了不甚明了的回避式处理。紧接着在该条例之后发布的最高人民法院《关于审理人身损害赔偿案件适用法律若干问题的解释》则明确做出了有悖于《安全生产法》和《职业病防治法》的规定,即除了第三者直接导致的工伤事故之外,对工伤员工只按照工伤保险制度提供赔偿,事实上通过《关于审理人身损害赔偿案件适用法律若干问题的解释》中的第11条和第12条的内容也可以看出已经取消了兼得或者双重赔偿的方式。

双重赔偿的争端会使用人单位拒绝工伤申请,因为没有参加工伤保险,那么由工伤导致的工伤赔付就得企业承担,从而主观上拒绝认定工伤;就算认定为工伤的,往往不服,反复提出行政复议和诉讼,恶意拖延赔付时限,工伤认定陷入不断的行政复议和诉讼之中,不能集中更多的人力、物力去调查事故原因,弄清事实真相,及时处理工伤认定。① 再从工伤保险的强制性和社会性出发也可以分析得出,双重或兼得模式又将会陷入"自我保险""私人支付"的怪圈。企业忽视安全生产和卫生环境建设、违法违规用工等不作为或乱作为都由相应的职能部门出面管理,或进行教育,或进行罚款,或进行查封都与工伤职工无关,工伤职工就工伤保险法律

---

① 宁战宏:《未参保企业工伤认定中存在问题及建议》,《社会保障研究》2012年第5期。

调整范畴（除可认定的民事、刑事侵权），只要有事实的劳动关系存在,有事实的工伤伤害存在,就能享受工伤保险待遇,即单一的工伤保险赔偿模式。

二、一级至四级伤残津贴与养老待遇

一级至四级工伤职工养老问题有其特殊性,尤为值得明确探讨。《工伤保险条例》中关于一级至四级工伤职工的养老衔接规定为:"工伤职工达到退休年龄并办理退休手续后,停发伤残津贴,按照国家有关规定享受基本养老保险待遇。基本养老保险待遇低于伤残津贴的,由工伤保险基金补足差额。职工因工致残被鉴定为一级至四级伤残的,由用人单位和职工个人以伤残津贴为基数,缴纳基本医疗保险费。"然而,该规定未明确工伤一级至四级职工在退休以前是否缴纳养老保险费,如果应该缴纳养老保险费,用人单位缴纳部分的缴费基数如何确定,由用人单位承担还是由工伤保险基金承担"统筹部分"的责任？如果不该缴纳养老保险,则存在工伤保险向养老保险的责任转嫁问题。

对于政策的解读,各地都有自己的见解和实践,如北京市明确规定已参加市基本养老保险的一级至四级工伤职工,在未达到退休年龄前,由用人单位与工伤职工以伤残津贴为基数按照《北京市基本养老保险规定》及相关规定缴纳基本养老保险费。然而从工伤保险和养老保险制度的衔接转换来看,协调难度较大:若工伤人员缴够了十五年的基本养老保险费从而能够享受养老待遇,制度还规定若养老保险待遇低于原伤残津贴的由工伤保险基金补足,而我国养老、工伤待遇水平是适时调整的,此补差对比工作量较大。除此之外,及时转为享受养老保险待遇,工伤保险基金仍要支付工伤医疗待遇和生活护理费,这种双轨制运行机制在现阶段我国技术条件还未成熟、管理机构关系还未理顺的情况下,难以实现管理协调,出于对一级至四级伤残职工提供稳定的持续保障,更倾向于简化待遇给付难度、减少制度之间的交叉,赞同工伤保险负责工伤人员年老退休后的待遇,不转入养老保险系统。

三、"三位一体"工伤保险制度最终管理机构

1998年初政府机关进行精简机构的重大改革开始,我国劳动安全卫生管理工作的职能就被分裂开来,安全生产管理先被划归到国家经贸委员后归属安全生产监督管理总局,职业病防治划至卫生部,劳动保护和工伤保险留在劳动保障部门,即大部制改革后的人力资源和社会保障局。于是,将劳动安全与职业卫生视为整体的管理工作格局出现了两个与国际主流非常不和谐的改变:一是劳动安全与劳

动卫生工作被截然分家,二是工伤保险业务与劳动安全卫生管理被割裂归属,即出现人社部、安监局、卫生部"三足鼎立"的局面,其后果就是带来严重的权力和业务分配失衡、各自为政,对职能交叉部分易出现要么规定各异,要么相互推诿,要么出现真空地带等问题。

从工伤保险预防、康复、赔偿"三位一体"的长远角度出发,应分步骤落实机构的重组合并,将工伤保险最终的管理权限归于劳动行政部门。首先从安全生产管理、工伤事故和职业病预防、工伤保险的内在联系出发,建立起能形成合力的、高效的、全国一盘棋的"三位一体"的管理模式;然后根据作业现场劳动卫生与劳动安全问题的相关性,将劳动卫生管理与劳动安全管理主体合一;最后再以"三位一体"可实现为目的,将安监部门和卫生部门的劳动安全卫生管理职能与劳动行政部门的工伤赔偿及工伤康复管理职能整合为一。

6.5 工伤保险制度改革展望

在劳动者权益被侵犯的诸多表现形式中,在越来越多的劳资纠纷事件中,围绕着工伤事故报告、工伤或职业病认定、伤残等级程度鉴定或赔偿待遇标准等发生的劳资冲突不在少数。从工伤保险制度性质和实际情况出发,我国今后工伤保险制度改革应从构建和谐的三方关系入手加以实施。

6.5.1 向劳动者倾斜的立法倾向

由于着眼于调整社会利益分配格局的改革迫在眉睫,不同利益主体之间的相互尊重、沟通和协商已成为现实之需。因此,应客观现实地、恰如其分地评估劳资关系现状及今后的走势,在制定重大安全管理及工伤保险制度决策中承认相对于计划经济时期劳动者地位及身份的转变,分析劳资矛盾或矛盾的激化在工伤保险制度中的触发点,充分考量没有生产资料、仅靠劳动力维生的弱势劳动者工伤维权的实操性及成本,在尊重科学、安全发展与推进和谐劳动关系的大前提下,制定向弱势劳动者适度倾斜的工伤及职业病认定、伤残鉴定、行政复议和仲裁程序的有关规定。

在劳动关系中,企业或雇主因拥有用人自主权而处于优势地位,劳动者虽然也可以自由选择工作及企业或雇主,但在劳动力资源严重过剩的现实条件下,特别是经济全球化发展越来越迅猛的背景下,强资本、弱劳工的格局会更加严峻。劳资对立实践或工伤职工维权过程中出现的恶性突发事件的日益增多早已表明,构建和谐的劳资关系或劳动关系是建设和谐社会的一个重要的方面。而和谐的劳动关系的实质是劳动关系主体双方利益的和谐,是劳动关系主体双方权利和义务的平衡。只有实现主体双方权益的最大化和均衡化,才不会导致劳动关系的失衡和破裂,才能使主体双方在劳动过程中形成的劳动关系稳定协调有序运行。为此,在目前非常显见的强资本、弱劳工的格局下制定工伤报告、工伤认定、劳动能力鉴定、工伤赔偿待遇、工伤争议处理等政策时,应从更加有利于弱势劳动的合法权益、努力降低其维权难度,保障人权,维护社会安定,这就是工伤保险制度建立的最终意义。

6.5.2　发展模式选择

围绕着我国部分企业不加入工伤保险制度的问题、赔偿水准较低的问题,以及赔偿如何与预防相结合的问题等进行的制度发展模式的探索从未停止过。从可能的结论上看,大致有以下几种模式:一是坚定不移地实施单独的工伤保险制度。二是引入安全生产责任保险的模式,即"工伤保险+部分高危行业强制实行安全生产责任保险",使商业保险形成对工伤保险的补充作用。三是针对强资本、弱劳工局面提出的,首先尽快制定我国的《雇主赔偿法》,然后在此基础上建立强制性的包括工伤保险和雇主赔偿制度在内的"工伤保障制度",其中的工伤保险制度和雇主赔偿制度是并列关系。用人单位必须加入其中至少一种制度里,不同的是,加入何种制度可自主选择。四是参照机动车强制保险单的做法,将工伤保险制度完全民营化、市场化,这样有利于企业积极开展事故预防。

我国工伤保险制度的发展模式主张与第三类相似。由于我国还没有针对雇主或用人单位的劳动伤害无条件赔偿原则进行的立法,因而有必要首先制定雇主赔偿责任法,或像日本在《劳动基准法》中明确规定的那样,在我国将来新的《劳动法》的某条款中,明确规定用人单位或雇主对职工的工伤伤害负有义不容辞的赔偿责任。在此基础上,进一步完善针对企业及典型就业劳动者的工伤保险制度,当然它是强制参加的,同时建立针对个体雇工或非典型就业人员的强制性雇主赔偿制度。但从最终模式来看,还应回归到统一的工伤保险制度中来。也就是说,在一个相当长的时期内,企业只能加入工伤保险制度,这是因为我国雇主大量且分散的存在,雇主的素质参差不齐难以管理等现状,所以还是应以政府主导的工伤保险制度为基础保障绝大多数工伤劳动者的权益为宜。但是应在制度设计,特别是费率体系设置上下功夫,将强化用人单位的安全生产意识与尽可能制定富有吸引力的费率体系相结合,提高企业加入工伤保险的积极性。商业保险是以自愿加入和赢利为前提或主要特征的,因而将其与强制性的工伤社会保险制度结合需要足够的论证,在不同的领域应该而且只能有所为、有所不为。[1] 至于民营化,显然不符合现实,因为它从根本上忽视了工伤保险制度的本来性质所在。

---

[1] 乔庆梅:《中国职业风险与工伤保障》,第15页。

7 长期护理保险制度研究*

刘昌平 毛婷

7.1 长期护理保险制度模式比较研究

7.1.1 长期护理保险的产生与发展

长期护理(Long-term Care, LTC)是为罹患慢性疾病(如老年痴呆等认知障碍疾病),或处于部分或完全丧失自理能力的伤残(即功能性损伤)或疾病的人群提供的持续性护理服务,通常针对的是老年群体。这些服务主要包括医疗服务、生活照料或其他支持性服务。

长期护理需求的产生具有随机性,且其一旦产生,就会带来巨额的护理费用需求,这种特质使其成为一种标准的风险厌恶者会选择购买保险来规避的风险类型。因此,旨在分散长期护理财务风险的长期护理保险制度(Long-term Care Insurance,LTCI)应运而生。顾名思义,长期护理保险就是为在日常起居生活上需要照料的群体提供经济保障和社会服务的一种保险产品。

据德国《世界报》报道[①],发达国家老年人长期护理成本将在2050年至少翻一番,2011年老年人护理费用占德国GDP的1.3%;到2050年,这一比例将会翻倍变为2.7%。科伦坡(Colombo)预测[②],老年群体潜在家庭成员照顾者的储备将在

---

* 本文系作者主持的2012年国家自然科学基金项目"人口老龄化背景下中国养老金财政支出规模与影响因素分析"(项目号:71273198)的研究成果。

① 中华人民共和国驻德国经商处:《OECD:到2050年老年人的护理费用将翻一番》,2011年5月19日,http://de.mofcom.gov.cn/article/jmxw/201105/20110507559756.shtml。

② Francesca Colombo, Ana Llena-Nozal, Jérôme Mercier, Frits Tjadens, *Help Wanted: Providing and Paying for Long-term Care*, OECD Publishing: OECD Health Policy Studies, 2011, pp. 64-65.

2050年大幅缩小,当OECD成员国中65—79岁的低龄老人百分比预期从2010年的10%增加到2050年的15%,超过80岁的高龄老人百分比预期从2010年的4%增加到2050年的12%时,劳动适龄人口比例将从67%缩减到58%,减少的劳动适龄人口所能提供的护理服务并不足以满足增长的低龄和高龄老年人口的需求,即家庭内部可提供的非正规护理者的增长速度无法跟上有护理需求的老年人的增长速度,非正式护理领域会面临着严重的人力资源危机。综上所述,一方面,人口老龄化和不断增加的护理成本产生了老年群体对长期护理的需求;另一方面,传统家庭护理模式等非正式护理体系的退化以及正式护理资源的不足又不断催生长期护理保险制度。

目前,世界范围内主流的长期护理保险模式包括三种:长期护理津贴模式、长期护理社会保险模式和长期护理商业保险模式。长期护理津贴模式是由政府财政支出购买服务提供给有需要的老年人或者是补助给非正规护理者,可以分为救助模式和福利模式两种;长期护理社会保险模式由政府颁布法律、法规,以三方共担的社会化筹资方式来解决长期护理服务费用的分担;长期护理商业保险模式则是一种市场化的金融产品,由个人自愿投保、保险公司在其发生护理服务需求时为其支付现金或者提供服务。通常一个国家的长期护理保险制度都由好几种模式组成,并非单一的某种模式。一般来说,实行长期护理津贴模式或者长期护理社会保险模式的国家都会将长期护理商业保险模式作为基本保障项目的补充。

7.1.2 三种典型长期护理保险模式的制度框架

表7-1列举出三种典型的长期护理保险模式的制度框架,并对其六个方面的特征进行了比较。

表7-1 三种长期护理保险模式的制度框架

	商业保险模式	社会保险模式	津贴模式	
			救助模式	福利模式(普惠型)
个人权利与义务	权利与义务完全对等	权利与义务相对对等	权利来自受益资格,义务撇开缴费要求	
性质	商业契约	法律强制、基本保障、互助共济	残补型社会福利与社会救助	制度型社会福利

续表

	商业保险模式	社会保险模式	津贴模式	
			救助模式	福利模式(普惠型)
运作规律	遵守合约与市场竞争规律	社会化筹资与风险共担	弥补护理资源空缺,保障低收入家庭	开展一系列津贴计划,解决一般社会问题
主要责任机构	商业保险公司	政府与相应经办机构	各级政府	
受助条件	根据合约购买保险产品	三方负担的缴费	接受严格的家计调查或资格匹配	公民
政府责任	审慎原则下的监管	合理设计与调整体系,财政兜底,监管	开展家计调查,根据财政状况进行定量供给	建立全国性护理体系,最大限度发挥公共财政的作用

资料来源:顾梦洁:《OECD 国家长期护理津贴制度研究》,安徽师范大学硕士论文,2014 年 5 月,第 29 页。

除上述特征外,三种模式在制度的覆盖范围、费率确定、资金来源和给付方式等具体设计上也各有特点。

从覆盖范围来看,长期护理商业保险为自愿购买,但昂贵的保费通常将低收入者排除在外,严格的审查机制又将健康状况较差的人排除在外。因此,商业性长期护理保险在覆盖范围上具有相当程度的局限性。津贴模式由国家财政提供资金支持,其覆盖范围涵盖几乎所有人群。大多数实施长期护理社会保险模式的国家都有长期护理保险计划"跟随基本医疗保险计划"的规定,同时,财政会对低收入者给予额外的补贴和减免。

从费率确定来看,保险公司在确定长期护理商业保险的费率时,一般会综合考虑被保险人投保时的年龄、健康状况、给付期限以及给付等待期等因素;长期护理社会保险模式下的保险费则由政府、单位和个人等多方共同负担;长期护理津贴模式所需资金则一般以社会保险税或公共财政收入的方式解决。长期护理商业保险的保费费率与所投保服务以及相应待遇之间具有直接相关性,投保者有较大的可选择空间;长期护理社会保险则更注重公平互助和再分配等社会效应,一般具有强制性;津贴模式则旨在保证公民权利与国家义务的一致性,最大限度发挥公共财政的作用。

从资金来源来看,不仅不同模式的资金筹集方式各不相同,实施同一模式的国家也会有不同的资金来源。美国作为长期护理商业保险模式的代表性国家,其护理保险资金主要来源于个人缴纳保费、老年保健医疗计划和医疗补助计划,部分来自于慈善捐助。长期护理社会保险模式的代表国家德国的护理保险资金一方面来自被保险者缴纳保险费,另一方面来自州财政预算;日本长期护理社会保险模式的护理保险资金则按照10%、40%、40%的比例分别来自于自费、保险费和财政补贴。津贴模式的护理费用则主要由财政支付,个人不需要或只需要承担部分自付的护理费用。

从给付方式来看,实施长期护理商业保险模式的美国主要采取现金给付方式。实施长期护理社会保险模式的德国则规定有多种给付方式,包括服务、货币、实物、技术等,参保者可以根据自身需要选择,多样化的给付方式增加了参保者的自由度,更能反映参保者自身意愿;日本的长期护理社会保险模式则以实物或护理服务的给付方式为主,现金给付的方式为辅。在津贴模式中,护理服务的使用者先被按照失能程度划分为不同等级,然后按照使用者所属等级给以相应级别的津贴。

7.1.3 三种典型长期护理保险模式比较研究

一、制度创建时期的经济社会条件

三种模式都是由人口老龄化、高龄化带来的对长期护理的膨胀性需求和长期护理费用的不断增长等因素催生。美国选择了长期护理商业保险模式,德国、日本、韩国等国家选择了长期护理社会保险模式,而大多数OECD欧洲成员国则选择了长期护理津贴模式。在面临共同的风险时,不同国家在模式选择上出现了巨大差别,其中最重要的原因就是各国差异化的经济社会背景是否与模式运行所需的环境相匹配。

长期护理商业保险在美国得以发展有两方面原因:第一,长期护理保险制度实施以前,美国为长期护理付费的有老年保健医疗计划(Medicare)和医疗补助计划(Medicaid),但 Medicare 主要为65岁及以上老年人提供基本医疗性护理,并不包括长期护理费用;Medicaid 则设置了收入财产限制条件作为门槛,只覆盖低收入人群。可见,Medicare 和 Medicaid 两项计划综合起来只能为比例较少的低收入群体在长期护理方面提供保障,普通群体则只能依靠自身力量来应对长期护理的发生风险。第二,美国有着发达的商业健康保险市场的同时,也是唯一一个没有全民医保的发达国家,除了制度规定的老年人、残疾人、穷人、儿童、现役军人、退役军人等

特殊群体之外,其他群体的医疗保障全部由市场解决。这种自由市场的文化传统、公共品供给市场化的观念以及规范的商业健康保险市场为美国选择长期护理商业模式奠定了坚实的制度和文化基础。

不同于商业保险,社会保险模式则对国家财政支持具有较高要求。韩国曾在2000年就由相关部门提出建立长期护理保险的思路,但当时韩国国内社会保障制度正面临严重的预算赤字,社会保险模式并不是长期护理保险的最佳选择,转而想建立独立于社会健康保险项目之外的长期护理保险项目。直到2004年,有关部门在经过可行性分析和国内政治经济形势评估之后,才决定于2008年7月开始实施长期护理社会保险计划。由此可见,没有国家经济和财政作为保障,长期护理社会保险模式很难实现筹资和支付的可持续。日本长期护理社会保险制度的出台也是国内政治和经济因素综合作用的结果。在经济层面,20世纪80年代末,日本泡沫经济带来的严重的财政和金融问题动摇了日本原有社会保障体制的经济基础;在社会层面,人口老龄化加快了社会保险费用攀升,同时老年护理服务需求激增,国家财政负担加重。为了解决困境,日本政府整合原有社会医疗保险制度,在其基础上推出了"护理保险跟从医疗保险"的长期护理社会保险制度。

津贴模式则与上述两种保险模式有较大区别:第一,其几乎完全依赖于国家财政,选择津贴模式的国家必须具备强大的经济实力和稳固的税收基础,大多数OECD成员国具备津贴模式得以生长的经济条件。第二,很多OECD成员国都是"福利国家",这种原有的高税收、高福利模式所带来的福利刚性以及路径依赖,使得津贴模式成为一种自然的合理选择。第三,实施津贴模式的OECD成员国长期护理成本占GDP的比重一直相对稳定,能够维持着适度的国家税收和财政压力。第四,老龄化带来的对护理服务需求的增长、长期护理成本的增加、对公平合理的护理成本分担机制的追求,以及由家庭结构的变化和女性就业率提高带来的非正式护理员的困境等,都是导致长期护理津贴模式的重要因素。

二、制度成本

建立任何一种制度都需要付出代价,所有形式的代价就是本文所指的制度成本。三种护理模式在不同国家建立过程中都会产生制度成本,制度成本可以从制度的有效性、制度关联和制度实施过程三个角度来衡量。

(一)制度的有效性

正式制度实施之前,长期护理费用基本由家庭以及个人自负,以家庭成员为主的非正式护理人员承担了主要护理工作。正式的长期护理保险制度正是为了减轻家庭和个人的经济与精神压力而创建,不同的正式制度在解决这一问题的过程中有着不同程度的有效性。长期护理商业保险模式是一种契约关系,其运行对政府的依赖性最小,政府承担的运行成本也最小;长期护理社会保险模式的运行对政府财政存在着一定程度上的依赖,政府承担部分责任;长期护理津贴模式中,政府则承担完全责任,其福利性惠及全体面临长期护理需求的国民。

(二)制度关联

德国和日本遵循"护理保险跟随医疗保险"的原则建立了长期护理社会保险制度,从制度实施的成本角度来讲,这种做法是有效率的。首先,长期护理社会保险模式的筹资方式、政府责任等都与已有医疗保障制度具有一定的相似性,如果重新建立一种新的制度,必将付出较大的创新成本;其次,比起另外缴费,在现行医疗保障费率的基础上对保费微调会获得国民对新制度的较大支持而减小制度的转轨成本;再次,尽管长期护理商业保险模式的保险合同设置相对独立于政府保障体系,但其在长期护理服务的提供过程中会涉及专业护理机构和有一定护理资质的养老机构的选择问题,与现有的"医养结合"理念不可分割;最后,长期护理津贴模式依附于现行财政和税收体系。只有充分考虑新旧制度的融合,才能获得现有制度的关联性支持,减少新制度实施过程中的运行成本。

(三)制度实施过程

制度实施过程对成本的影响,可以从机构建设和人员培训两个角度衡量。尽管三种长期护理保险制度在运作模式、基金管理方式和对财政的依赖程度上有着较大差别,但在长期护理产业的机构和设施建设以及人员培训和整合方面,三者具有相当大的相似性。在政府政策的引导以及国民对于长期护理服务需求的刺激下,市场都会因此做出相应的反应,从这种意义上讲,制度实施过程带来的制度成本并不存在明显差异。

三、经济社会效益

(一)覆盖群体持续扩大

长期护理津贴制度的最大特点是,受益人没有收入、年龄、性别、受教育程度以及社会身份等各方面的限制。凡本国公民都可以在发生护理服务需求时享受到相应的制度保障。奥地利自1993年颁布《联邦长期护理补助法案》实施长期护理津贴制度以来,依法享受长期护理津贴保障的人口数不断增加(见表7-2)。

表 7-2 奥地利长期护理津贴制度受益人数及占总人口的比重

	20 世纪末	2007 年	2009 年
长期护理津贴制度受益人数(万人)	32	40	43.5
占总人口的百分比	3.9	4.9	5.3

资料来源:余洋:《荷兰、奥地利长期护理制度比较研究》,安徽师范大学硕士论文,2012 年 5 月,第 30—34 页。

长期护理社会保险制度改变了日本原有老年护理服务体系"低收入老人优先"的原则,以护理需求的程度为标准制定了服务制度和准则,详细规定了老人在不同情况下的护理服务类型和数量。自 2000 年制度实施以来,参保老年人口数显著增加(见图 7-1)。

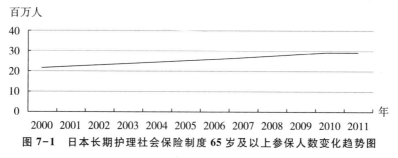

图 7-1 日本长期护理社会保险制度 65 岁及以上参保人数变化趋势图

资料来源:日本厚生劳动省官方网站,http://www.mhlw.go.jp/english/wp/wp-hw6/dl/10e.pdf。

1974 年美国开始实施长期护理商业保险制度,1987 年到 2002 年间其市场份额增长率达到年均 18%。2002 年通过个人销售、团体销售、雇主资助保费销售等各种形式共有 104 家保险公司销售出了超过 90 万份的保单,其中雇主资助方式的销售额占了全部销售额的三分之一,通过个人销售、团体销售等各种销售方式销售的保单收入有 61 亿美元,赔偿支出超过了 80 亿美元;2009 年,拥有私人长期护理保险保单的数量约为 714.2 万,保费收入累积 106.4 亿美元,其中个人保单达到 480 万人次,保费收入累积 87.4 亿美元。①

(二)长期护理费用不断上涨

表 7-3 显示:奥地利政府平均每年安排长期护理津贴制度的支出费用约占 GDP 的 0.7%,而总的医疗卫生支出费用则约为 GDP 的 10%。尽管奥地利的长期护理津贴支出费用占 GDP 的比重不大,但对总的医疗卫生支出的替代性却不容忽视。

---

① 王莉:《美国长期护理保险:市场不完备、政府行为及其交互分析》,《经济论坛》2015 年第 6 期。

表 7-3 奥地利长期护理津贴制度护理费用支出额及占 GDP 的比重

	1994 年	1998 年	2000 年	2004 年	2009 年
护理费用支出额（亿欧元）	12	13	14	15	19
护理费用支出额占 GDP 的比重（%）	0.73	0.67	0.65	0.64	0.71
总医疗卫生支出占 GDP 的比重（%）	—	10	9.9	10.4	11

资料来源：余洋：《荷兰、奥地利长期护理制度比较研究》，第 30—34 页。

长期护理社会保险制度在日本实施之后，其国内长期护理费用支出呈现出明显的上涨趋势。2009 年、2010 年、2011 年和 2012 年，护理费用支出分别达到 743 亿美元、782 亿美元、832 亿美元和 892 亿美元（见图 7-2）。

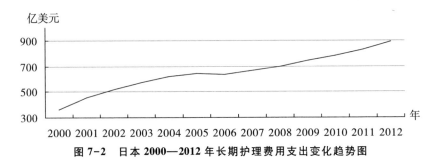

图 7-2 日本 2000—2012 年长期护理费用支出变化趋势图

资料来源：日本厚生劳动省官方网站，http://www.mhlw.go.jp/english/wp/wp-hw6/dl/10e.pdf。

美国有着世界上最大的长期护理商业保险市场。2008 年，美国长期护理费用支出为 2030 亿美元，并将随着人口老龄化现象的加剧而持续增加。[①] 图 7-3 显示，到 2016 年美国健康护理支出费用占 GDP 的比重将达到 19.6%。

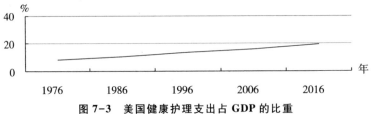

图 7-3 美国健康护理支出占 GDP 的比重

资料来源：Gene L. Dodaro, "Long-Term Fiscal Outlook: Long-Term Federal Fiscal Challenge Driven Primarily by Health Care," Government Accountability Office Reports, 2008(6), p. 12。

[①] Jeffrey R. Brown and Amy Finkelstein, "Insuring Long-Term Care in the United States," Journal of Economic Perspectives, 2011, p. 121.

(三)长期护理产业迅速发展

长期护理产业有两个衡量指标,一个是人均可享受的护理资源(包括护工人数和床位数),另一个是创造的新就业岗位数。

在人均可享受的护理资源方面,2000—2009 年,奥地利劳动力市场上提供长期护理服务的人员达到 5.4 万人,平均每千人约有 6.6 人提供护理服务;截至 2009 年,奥地利拥有用于长期护理服务的床位将近 5.7 万张,提供给每千人的床位约有 6.8 张。① 2011 年,日本护理机构和养老院床位数约为 109 万张,提供给每千名 65 岁及以上老人的床位数约为 37 张;美国护理机构和养老院床位数约为 169 万张,提供给每千名 65 岁及以上老年人的床位数约为 41 张;德国提供给每千名 65 岁及以上老年人的床位数约为 52 张。同时,日本、美国和德国的床位数年均增长率分别为 3.1%、0.8% 和 2.6%。②

在新就业岗位的创造方面,2004 年奥地利新增约 1 万—4 万的非正式护理人员,其中 75% 提供了相当于正式护理人员的服务;同时,奥地利的外籍护理人员数也在不断增加,这些外籍人员大多是来自奥地利周边国家的中年妇女。奥地利劳动力市场上从事护理服务的人员达到 54,000 人次,平均每万人约有 66 人提供护理服务。而英国对长期护理的需求将在 2040 年达到高峰期,其中,最显著变化的是非正式护理人员的需求将会从 220 万增加到 10 年后的 300 万。③ 德国社会化长期护理领域创造了 120 万个就业岗位,国内专业护理服务人员达到 80 多万,参与家庭护理的人员达到 40 多万。荷兰 2000 年到 2009 年卫生劳动力市场的护理人员超过了 24 万,护工占总护理人员的比例为 73%。

(四)"社会性住院"现象缓解和与其他养老保障体系有机整合

长期护理社会保险制度的实施促进了日本老年护理服务体系从纯福利模式到权责对等模式的转型,减轻了政府财政压力,更好地区分了护理服务和医疗服务,并通过国家政策的调整和引导,减少了"社会性住院"现象④的产生。图 7-4 是日

---

① 余洋:《荷兰、奥地利长期护理制度比较研究》,安徽师范大学硕士论文,2012 年 5 月,第 32 页。
② 戴卫东:《欧亚七国长期护理保险制度分析》,《武汉科技大学学报(社会科学版)》2016 年第 1 期。
③ M. Karlsson, L. Mayhew, R. Plumb, B. Rickayzen, "Future Costs for Long-term Care Cost Projections for Long-term Care for Older People in the United Kingdom," Health Policy, 2006, pp. 187-213.
④ "社会性住院"现象是指因家庭功能缺失或弱化和老人福利院床位数不足,以及入住福利机构与入住医院两者之间在手续的便利性、费用负担以及康复效果的差别性等原因造成的许多护理需求的老年人以入住医院来代替入住福利机构的普遍行为。

本国民医疗费和老人医疗费变化情况的折线图,2000年以后,国民医疗费呈现上涨趋势,老人医疗费却趋于平稳。

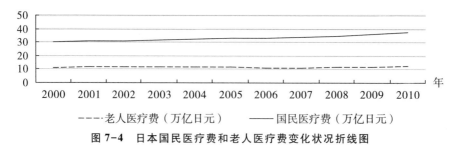

图 7-4　日本国民医疗费和老人医疗费变化状况折线图

资料来源:日本厚生劳动省官方网,http://www.mhlw.go.jp/english/wp/wp-hw6/dl/02e.pdf。

长期护理津贴制度在各国实践过程中也实现了与现有机构、正式或非正式护理人员等多方资源的整合。一方面,以医疗服务机构为主体,津贴制度的实施也会受到社会相关事务部门的监管以及民间组织和社会力量的关注,同时,良好运转的正式长期护理系统也不能忽视现有家庭护理的积极作用;另一方面,奥地利等国在整编护理人员队伍时除了大力开展对正式护理人员的招聘及培训,也十分重视数量庞大的非正式护理人员的工作环境改善和经济补偿等。

图 7-5 比较了 1993 年和 2006 年美国长期护理服务各方的筹资比例。可见,长期护理商业保险筹资比重从 1% 上升到了 7% 的同时,个人自费比例从 42% 下降到了 28%,而 Medicare 和 Medicaid 的筹资比例总和则略有上升。而随着护理费用的不断上涨,美国联邦政府也的确因这两项计划面临着沉重的负担。只有有机整合商业保险等市场资源和政府资源,才能实现整个社会保障体系的有效运行。

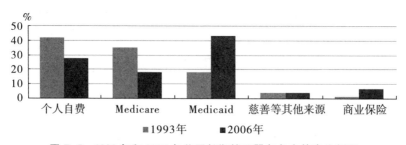

图 7-5　1993 年和 2006 年美国长期护理服务各方筹资比例图

资料来源:Howard Gleckman, "Long-term Care Financing Reform: Lessons from the U.S. and Abroad," The Urban Institute, February 2010, p. 2。

7.1.4 三种典型长期护理保险模式面临的问题

三种长期护理模式实施后都在一定程度上对该国的经济和社会产生了积极、正面的影响,但随着制度的发展,越来越多的问题也逐渐浮现出来,很多国家的长期护理保险制度面临着改革的迫切需求。

商业性长期护理保险主要面临两方面的问题:第一,市场规模难以扩大化。一方面,商业保险公司对利润的追求促使其在接受保单之前会对投保人进行严格的资格审查,尽管这种资格审查是解决由双方信息不对称可能引起的逆向选择问题的有效方式,却将护理风险较高的人群排除在外,淡化了保险应有的保障功能;另一方面,根据美国健康保险计划(The American's Health Insurance Plans)的调查①,1990年和2010年分别有58%和56%的人以保费过于昂贵为由放弃参加长期护理商业保险,很多美国中产阶级有购买长期护理保险的需求,但往往因高昂保费望而却步。美国政府为解决问题也采取了诸如税收激励、"合作经营"项目和CLASS计划等方式,但这些举措都无法改变商业保险的本质,商业长期护理保险规模难以扩大的问题无法得到根本解决。第二,社会救助对于商业护理保险的挤出作用。根据布朗(Brown)和芬克尔斯坦(Finkelstein)的测算②,投保人在长期护理保险中的预期损失比在一般商业健康保险中的预期损失更大,而即使在长期护理保险的预期损失下降到一般商业健康保险的水平时,人们仍旧不会选择长期护理商业保险。一方面,尽管由政府主导的社会救助计划 Medicaid 能提供的保障水平只能达到长期护理保险所提供保障水平的60%,但受益人在 Medicaid 中获得保障的条件则远远低于长期护理商业保险,且前期不需要付出额外的保费成本;另一方面,对高收入阶层而言,购买商业保险的动机除了想借此获取保障之外,还是一种理财的手段和策略,而对于只想获取保障的中低收入阶层而言,保费高昂、缴费年限漫长和保障水平一般的商业性质长期护理保险必然不是最佳选择。

长期护理社会保险主要面临三方面的问题:第一,资金不可持续。日本的长期护理保险制度采用现收现付制,并在制度实施之初提供的服务项目多、给付范围广、给付标准高。初始规模设定过大、现收现付制的资金筹集模式加上人口老龄化现象的不断加剧、非正规就业人口的增加,以及护理服务的成本攀升等因素使得原本已出现财政困难的地方政府难以负担越来越高的护理费用,面临严重危机。第

---

① 李慧欣:《美国商业长期护理保险的发展及其启示》,《保险研究》2014年第4期。
② 谌伟:《美国长期护理保险业的市场失灵》,《新产经》2012年第4期。

二,个人及家庭经济负担的不公平。一方面,制度在不考虑家庭收入状况的情况下规定个人和家庭按照护理服务接受量确定费用承担额,会给低收入家庭带来更大的经济压力;另一方面,制度规定按照护理服务等级进行待遇给付,即护理服务等级越高,相应的保险给付额越高,个人承担比例越低。这种做法实质上加重了对护理服务具有轻度需求的家庭的经济负担,更甚者,这些家庭可能会为了获取更高等级的保险给付额而刻意恶化老人身体状况。第三,制度实施的地区差异。一方面,由于中央政府只负责制定待遇给付条件、费用负担比例等详细的制度内容,地方政府负责经办管理和承担财政兜底责任,因此,地方政府因各自差异化的经济与社会条件在制度实施过程中采取不同的做法在所难免;另一方面,不同地区的老龄化程度不一,对护理服务和护理设施的需求各异,因此,不同的地方政府面临着不同的服务给付费用和不同的财政压力。

长期护理津贴模式主要面临三方面的问题:第一,费用压力。随着人口老龄化进程的加快和长期护理保险覆盖面的扩大,护理服务的需求激增,对国家财政具有高度依赖性的长期护理津贴制度面临的费用压力尤其巨大;同时,基于家计调查和资格匹配的等级评估是救助模式津贴制度给付待遇的重要依据,而家计调查的主体为地方政府,地方政府之间的差异乃至调查员的个体差异都会导致全国范围内评估标准的不统一、管理困难、资源配置各异等问题将从侧面影响护理费用支出的公平性。第二,道德风险。长期护理津贴制度面临的道德风险问题更加显著。接受相关人员的家计调查是获得津贴制度支持的门槛,有些家庭为了匹配接受救助的收入及资产的相关条件,极有可能在家计调查时隐瞒真实的家庭收入状况,甚至通过其他方式将家庭财产进行变现或者转移使自身满足接受救助的条件,最终占用本该属于低收入群体的有限的护理资源,降低国民福利。第三,对储蓄和投资的挤出效应。对储蓄和投资的挤出现象主要发生在长期护理津贴制度中。一方面,在个人收入一定的情况下,高额税收会减少个人可支配收入,挤占个人储蓄和投资;另一方面,较高的待遇水平和待遇享受无门槛会增强国民安全感,降低国民对风险的预期,从而减小对商业保险的需求。

7.2 中国长期护理保障体系构建

21世纪伊始,中国进入了快速人口老龄化时期,突出的人口老龄化和高龄化问题以及随之而来的慢性病患者和失能、失智老人增多现象,导致了全社会范围内护理需求的急速增加。与此同时,家庭结构小型化和女性劳动力市场参与率的提高导致了家庭非正式护理人员的短缺。需求的膨胀和家庭护理功能的弱化对原有非正式护理服务供需均衡的破坏,现有的养老保险、医疗保险等老年社会保险项目在长期护理服务领域的"制度真空",长期护理需求发生的不确定性,以及护理服务持续时间和护理费用的不确定性等,都使得个人、家庭乃至全社会面临着无法预测的长期护理风险。

自20世纪70年代以来,国外为应对长期护理风险纷纷建立了长期护理保险制度,取得了相当的成效,积累了宝贵的经验。我国对长期护理保险制度的探索由长期护理商业保险开始,后推出了长期医疗护理保险在青岛、长春和上海等地的试点。总结探索和试点的经验与教训,尽快在我国建立统一的长期护理保障体系迫在眉睫。

7.2.1 我国长期护理需求与长期护理保险探索

一、我国长期护理需求预测

长期护理需求包括对长期护理服务的需求和对长期护理保险的需求。对长期护理服务的需求与老年人的身体状况相关,取决于失能、失智老人及慢性病患者的数量,该数量由人口年龄结构和长期护理风险发生率决定;对长期护理保险的需求则与老年人的财务状况相关,可将长期护理费用规模作为衡量长期护理保险需求的指标。

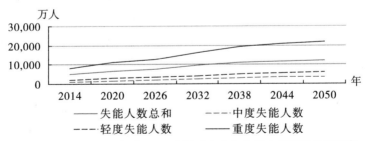

图7-6 2014—2050年我国65岁及以上老年失能人口预测曲线图①

根据图7-6,我国65岁及以上失能老人数占老年人口总数的比例将由2014年的58.84%增加到2050年的68.33%;同时,护理服务潜在需求总规模将从2014年的3089.96亿元迅速上涨到2050年的42,695.34亿元。

---

① 胡宏伟、李延宇、张澜:《中国老年长期护理服务需求评估与预测》,《中国人口科学》2015年第3期。

除了不断上涨的长期护理费用外,家庭结构的变化和人口流动与迁徙也是催生长期护理保险的两大重要因素:一方面,家庭结构的核心化和小型化将导致老年人口抚养比的上升,2030年我国老年人口抚养比将达到24.38%,2050年则进一步达到39%,远高于2010年的10.01%[①];另一方面,我国城镇化和工业化进程的加快将导致年轻劳动力由农村向城市的转移加速,农村空巢老人数大幅增加,家庭护理功能急速弱化。

二、我国长期护理保险探索的经验与教训

(一)长期护理商业保险制度发展现状

我国对长期护理商业保险制度的探索源于2005年国泰人寿保险有限责任公司推出的"康宁长期看护险"。此后,富德生命人寿保险股份有限公司、瑞福德健康保险公司、中国人民健康保险股份有限公司、中国人寿保险股份有限公司和昆仑健康保险股份有限公司陆续推出相应的长期护理商业保险产品。然而,我国老年长期护理健康保险的发展并不顺利。一方面,市场上以主险形式存在的长期护理健康保险产品生存期较短,很多保险产品都面临着"边销售边停售"的困境,比如"生命至康长期护理健康保险"和"瑞福德长期护理保险";另一方面,国内大多数护理健康保险还是以附加险的形式存在,并不算真正意义上独立的长期护理商业保险产品,比如由中国太平洋保险公司推出的"太平盛世·附加老年护理费保险"和由中意人寿保险有限公司推出的"中意附加重大疾病保险"。

从投保年龄、保费费用、保障年限、保障范围和受益资格五方面比较现有的长期护理健康保险,可以发现我国长期护理商业保险产品的特点:

第一,保费昂贵。比如,以一位30岁男士为例,投保保障金额为10万元、缴费期限为20年的"全无忧长期护理险",每年需缴纳保费7800元,若投保同样保障金额和缴费期限的"康宁长期看护险"则需每年缴纳3760元保费,两者保费都高,而"全无忧长期护理险"因更侧重于综合、全面的保障而拥有更高的保费。

第二,缺乏通货膨胀保护条款,应对未来风险的能力较低。长期护理健康保险的投保年龄通常都限制在60周岁以下,而护理需求发生的高峰期却是60周岁以上。这种设计使得参保人从投保到享受保险收益存在很长的间隔期,随着间隔期内医疗水平的提高、新诊断技术和治疗方案的出现、慢性病发生率和护理需求等的变化,护理开支很有可能出现上涨局面,通货膨胀保护条款的缺失将大大弱化保单

---

① 江凯杰:《老年人长期健康护理制度研究》,南京大学硕士论文,2012年5月,第27页。

的保障功能。

第三,保险产品的类型单一,长期护理健康团体保险尚未问世。已有的长期护理健康保险不论以主险形式存在还是以附加险形式存在都属于个人保险产品范畴,团体性的长期护理健康保险产品处于缺失状态。

第四,没有明确的失能程度鉴定和护理等级评估标准。目前我国对被保险人长期护理等级和状态的审核没有专门机构负责,主要由第三方机构如医院等判定,且没有对护理状态的鉴定给出具体、规范的定义和标准。

除了上述产品设计不完善外,制约我国长期护理商业保险发展的原因还包括:我国商业健康保险市场不发达;保险业投资收益率低;精算技术和精算人才短缺;真实可靠的老年人健康数据匮乏;民众对长期护理保险的认识不充分等。

(二)青岛市城镇长期医疗护理保险制度试点

在长期护理社会保险制度探索过程中,青岛市试点极具代表性。青岛市在2000年建立基本医疗保险之初即开始实行"家庭病床"制度,规定在参保人发生护理服务需求符合住院条件但可以选择居家护理时,由医保定点医院提供上门医护服务,费用纳入基本医疗保险基金核算。

2005年起,为了解决"家庭病床"成本高、收益少、医院动力不足的问题,青岛市充分发挥社区医疗机构的优势,对护理服务进行分流,将护理服务重心转移到社区医疗机构和有一定医疗护理资质的养老机构上,但此时的护理费用支出仍旧纳入基本医保基金结算。

2012年7月,青岛市出台了《关于建立长期医疗护理保险制度的意见(试行)》,试行城镇长期医疗护理保险制度。青岛市城镇长期医疗护理保险制度试点取得了很好的成效,主要体现在三个方面:

第一,满足了老年护理服务需求,缓解了家庭经济压力。截至2013年6月,青岛市市级医保统筹范围内完全失能的参保人达3.5万人,且享受医疗护理服务的平均个人负担比例仅为8.9%,占普通住院费用负担程度的比例为三分之一。[①]2012年7月到12月底,青岛市共有143家社区和医院开展了长期医疗护理保险业务,已经为7745名失能和半失能参保人员办理了长期医疗护理保险,为2090名参保人统筹支付费用978.4万元[②],有效减轻了老年人的经济和家庭负担。

---

① 姜日进、马青、孙涛、林君丽:《青岛市长期医疗护理保险的实践》,《中国医疗保险》2014年第4期。
② 《青岛"医养结合"养老新模式,政府负担保险费》,大众网,2012年12月26日,http://qingdao.dzwww.com/xinwen/qingdaonews/201212/t20121226_7836100.htm。

截至 2013 年 6 月,共 10,900 名失能参保者享受了长期医疗护理保险提供的保障,其中"家护"9107 人,"老护"1295 人,"专护"498 人;已结算费用 21,119 人次,统筹支付护理保险基金 1.44 亿元。

第二,提高了医疗保险基金使用效率,促进了医疗资源的合理利用。长期护理保险制度试点前,发生护理服务需求的老人常因家庭功能弱化和老人福利院床位数不足等原因入住医院,在带来高额住院医疗费的同时,还挤占有限的医疗资源;试点之后,共有一万多失能者享受到了"家护""老护"和"专护"等不同形式的医疗护理保险服务,平均床日费用仅 60 多元,而同期医保住院平均床日费用为 1000 多元。①

第三,促进了养老服务体系的整合与发展。养老和医疗是老年保障体系不可分割的组成部分,长期护理保险制度整合了社区医疗机构和有一定医疗护理资质的老年养老机构,促进了"医养结合"和"医护结合"的养老体系建设。截至 2015 年 12 月,青岛市有 14 家"养中有医"的养老机构,设置医疗床位 858 张;全市 658 家护理服务机构开展护理保险业务,其中 18 家机构开展"专护"业务,46 家机构开展"院护"业务,594 家机构开展"家护"和"巡护"业务;仅 2013 年上半年就新增养老床位 2300 多张。②

但是,青岛市城镇长期医疗护理保险制度试点也存在一定的问题:首先,护理保险基金由基本医疗保险基金划入,规模较小,只将医疗护理服务费纳入核算,而将生活护理费用和照料费用排除在外,并不算真正严格意义上的长期护理保险;其次,青岛市城镇长期医疗护理保险制度并未真正脱离基本医疗保险体系,其资金来源、支付范围和服务内容等在很大程度上都依托于基本医疗保险制度,随着老龄化程度的愈加严重,制度将面临极大的财务不可持续风险;最后,失能程度和护理等级的评估缺乏统一的标准,自理、轻度失能和重度失能的分级过于粗糙,不利于护理资源的有效分配和护理费用的合理支出。

7.2.2 我国建立长期护理保险制度的适用性分析

长期护理保险模式的诞生在全世界范围内具有相似的背景,但不同国家又基于各国国情选择了适合自身的一种或多种长期护理保险模式,各种模式相应地对

---

① 姜日进、马青、孙涛、林君丽:《青岛市长期医疗护理保险的实践》。
② 《青岛推六大养老新模式,初步实现医养康护一条龙》,《青岛晚报》2015 年 12 月 4 日,http://news.qingdaonews.com/qingdao/2015-12/04/content_11386091.htm。

各国社会和经济等方面产生了或正面或负面的影响。这些经验对于我国建立长期护理保险制度具有重要的启示。

一、经济社会发展水平决定我国不适合发展长期护理津贴模式

国际货币基金组织官方网站 2013 年发布的数据显示①,实施长期护理津贴制度的挪威、瑞士、澳大利亚、瑞典、丹麦和加拿大等国的人均 GDP 排名处于世界前十。而我国经济发展水平尽管自改革开放以来迅速上升,经济总量不断扩大,但人均 GDP 仍处于较低水平,世界排名在 80 之后。另一方面,我国经济发展存在严重的地区差别和城乡差异,地区之间的 GDP 生产总值差别较大,城乡之间人均可支配收入差额显著。而 2010 年仅我国高龄老人护理费用占 GDP 的比重就达到 0.25%,到 2050 年高龄人口护理费用占 2010 年 GDP 的比重将达到 1.4%(图 7-7)。

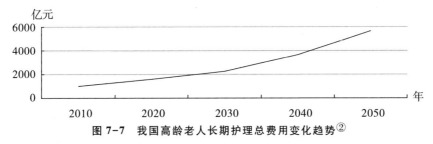

图 7-7 我国高龄老人长期护理总费用变化趋势②

此外,单从支出结构来讲,首先,政府财政除了用于国民福利之外,还应涉及经济发展、文化建设、国防安全、科技教育等方方面面,如果国民福利支出占政府财政支出的比重过大,国家财政将难以为继。其次,国民福利水平应该和国家经济发展水平相适应,我国现阶段仍旧处于发展中国家的国情决定了长期护理津贴制度的不可行。最后,尽管国家负有为全体国民提供福利保障的责任,但完全的福利覆盖也会带来个人危机感丧失、对福利制度的过分依赖等问题。因此,制度建立初期选择长期护理保险模式时,必须审慎地考虑国家融资水平和财政负担能力。如果制度建立初期标准定得过高,不仅会在现阶段影响国家财政,还会因福利刚性的存在增加后期福利水平的调整难度。

二、我国具备发展长期护理社会保险模式的有利条件

其一,制度依赖。我国已经建立起了一整套包括养老、医疗、工伤、失业和生育

---

① 《2015 年中国人均 GDP 世界排名预测,2014 年数据及历年排名》,观察者网,2015 年 2 月 11 日,http://www.mnw.cn/news/china/855431.html。

② 海龙:《我国高龄老人长期护理需求测度及保障模式选择》,《西北人口》2014 年第 2 期。

等项目在内的多层次社会保障体系,如果将长期护理保险的管理依托于基本医疗保险现有的信息平台,可以节省机构和人员的管理费用,减少制度的运行成本,也便于"医疗保险与护理保险相互衔接"。同时,我国以社会保险为主、商业保险为辅的基本养老保险制度和医疗保险制度也给长期护理制度体系的建立提供了可供借鉴的成功经验。

其二,试点成效。长期医疗护理保险制度在青岛的试点收到了很好的成效,提升了失能老人的生活质量,分担了家属的经济和照料负担,缓解了"社会性住院"现象,减轻了基本医保基金的支付压力,"医养结合"的养老护理机构也得以发展。和长期护理商业保险缓慢的发展现状相比,青岛市长期医疗护理保险的成功试点说明了长期护理社会保险模式作为制度主体的优越性。

其三,国外经验。1995年德国颁布《护理保险法》将长期护理保险纳入五大社会保险支柱体系,其以长期护理社会保险模式为主的长期护理保障体系,运行至今几乎覆盖了全体约8000万国民,加入长期护理社会保险体系和长期护理商业保险计划的人口比例分别为88%和10%,其余2%包括军人在内的特殊人群则获得了政府免费提供的长期护理保险①,实现了受益人口的广覆盖、保险基金的可持续、护理产业的稳发展等政策设计初衷。国外成功经验告诉我们,制度模式的选择必须与本国的经济水平、社会状况和文化氛围相适应,而我国社会保障制度框架与德国最为接近,故长期护理保险制度在建立过程中仍旧可以在考虑中国国情的基础上继续学习德国的成功经验。

三、必须重视长期护理商业保险的发展

长期护理社会保险模式能够克服商业保险固有的逆向选择和道德风险等缺陷,保障覆盖范围,但其以提供最基本的保障为目标,灵活性较差,无法满足高收入群体的多样化需求。而商业保险基于市场机制追求利益最大化,在提高运作效率上有着社会保险模式不可比拟的优势。将长期护理社会保险模式作为制度主体的设计不应该排斥市场机制的引入和商业保险的发展,两种模式的相互融合将更有助于实现保基本、广覆盖、有差别、多层次的长期护理保障政策目标。

首先,我国现阶段不具备将长期护理商业保险模式作为主体的条件。根据中国商业健康保险市场的发展数据②,2010年中国商业健康保险费收入仅为677.47

---

① 郝君富、李心愉:《德国长期护理保险:制度设计、经济影响与启示》,《人口学刊》2014年第36期。
② 李文群:《长期护理保险国际经验与政策建议》,《经济研究导刊》2012年第1期。

亿元,占 GDP 的比重为 0.17%,人均健康保险费为 50.6 元,与世界平均水平相差甚远。其次,逆向选择对保险覆盖面的影响。逆向选择问题是商业保险模式的固有缺陷,长期护理保险领域的逆向选择风险更是高出其他保险领域,解决逆向选择的最好办法就是社会保险模式的强制性,故商业保险只能处于补充和辅助地位。最后,商业保险的营利性与长期护理的保障性之间的冲突。尽管商业保险可以解决中高收入家庭的护理问题,但其高昂的保费设计却将中低收入家庭排除在外。我国目前尚属于发展中国家,商业保险无法解决数量众多的中低收入家庭的护理保障问题。

7.2.3 中国多层次长期护理保障体系构建

一、多层次长期护理保障体系设计原则

(一)以长期护理社会保险为主体

李梦琦①对我国长期护理财务需求进行了测算,并与德国、日本和 OECD 国家长期护理费用占 GDP 的比重进行了比较,认为我国长期护理财务需求总量对国家财政的负担处在正常水平;魏华林②对我国长期护理保险动态需求、公共财政转移支付能力和个人筹资能力的评估结果表明,尽管我国长期护理费用支出增势迅猛,但在不考虑制度运行成本的前提下,基于政府保障和个人支付的长期护理社会保险筹资机制具有可行性,甚至完全基于个人支付能力的筹资机制也具有一定的可行性。

(二)以长期护理商业保险为辅助

商业保险模式能满足国民多样化的长期护理需求,是目前很多国家在长期护理保障领域采取的辅助性措施。目前看来,我国长期护理商业保险发展较为缓慢,其覆盖规模小、保障人群少,很难化解日益严峻的老年护理危机,但随着商业健康保险市场的完善、精算技术水平的提高和老年健康数据的形成,其发展前景仍旧不容忽视。我国长期护理商业保险的发展路径可考虑从发达地区入手,从高收入的中青年群体引入,针对不同群体设计多样化的保险产品,逐步实现覆盖面的扩大。

(三)以长期护理救助为重要内容

确保所有有护理服务需要的老年人都能得到相应保障是政府的责任,而我国

---

① 李梦琦:《长期护理保险财务需求实证分析》,南京财经大学硕士论文,2013 年 11 月,第 33 页。
② 魏华林、何玉东:《中国长期护理保险市场潜力研究》,《保险研究》2012 年第 7 期。

独特的城乡二元经济决定了广大农村地区及经济欠发达地区应得到特殊关注。在经济发展水平较低的地区,人均可支配收入不足以支付长期护理保险费用,地方政府也无余力对其进行补贴,只能依靠中央政府的转移支付实现长期护理保险的覆盖面。应由民政部门牵头建立非营利普惠型的护理救助制度,为农村地区的低保以及具有特殊困难的老人购买长期护理服务或提供护理保险保费补贴。

二、长期护理社会保险制度设计

根据已有的青岛试点现状和国外经验,长期护理社会保险制度的设计必须考虑以下几个问题:第一,筹资模式,是依托于现有的基本医疗保险体系还是将其作为一项单独的社会保险项目?第二,成本控制,如何确定合适的保险水平,才能在实现老年护理保障的同时保证财务可持续性?第三,给付方式,采取什么样的给付方式能够实现基金利用效率的最大化,杜绝可能的道德风险?第四,基金管理与监管,如何通过制度性的规定保证长期护理服务的质量水平?

(一)筹资模式

德国和日本的长期护理社会保险都采取现收现付的筹资模式,以收定支。德国护理保险保费按照雇员工资总收入的1.7%由雇主和雇员各承担一半,退休人员的保费由个人和养老保险基金按1∶1的比例支付;同时,为了减轻长期护理保险给企业带来的额外负担,德国取消了原有的强制性雇员带薪休假。日本护理保险保费则是由中央政府、地方政府、个人按照1∶1∶2的比例负担。我国青岛市长期医疗护理保险试点中采取个人不缴费的方式,护理保险基金由基本医疗保险基金统筹账户和个人账户划转形成,同时政府给予一定的补助。

比较德国、日本和青岛试点的做法发现:从长远考虑,长期护理保险基金应在制度建立之初即形成稳定的资金来源,不应该完全依靠基本医疗保险基金。一方面,我国基本医保基金的结余现状并不乐观,存在着区域不平衡、医保机构压力大和结余基金监管不完善等一系列问题;另一方面,长期护理保险和基本医疗保险之间有着一定的界限,存在着较大的区别,医疗服务供给以康复为目标,具有可逆性,而长期护理服务的目标则是尽可能提高失能失智老年人的生活质量,具有不可逆性。且从时间跨度来看,基本医疗保险为短期项目,长期护理保险为长期项目,两者有着本质区别,在基金缴费与投资运营上也有较大差异。

然而,尽管长期护理保险基金不应该完全依靠基本医疗保险基金,但基本医疗保险基金若有持续结余的情况下,两者可以进行规范而有序的调剂。同时,尽管两种基金独立核算,但管理机构和人员可以共享。此外,尽管为建立长期护理保险基金而对企业和个人另外单独收费有违背"适时降低企业缴费率"原则的可能,但从长远看来,如果将初期筹资比例定在较低的水平,企业为员工缴纳的长期护理保险费用的收益是大于支出的。

(二) 成本控制

成本控制与保险水平密切相关,保险水平可以用长期护理保险支出占 GDP 的比重来衡量。较高的保险水平意味着较高的保障程度,但保险水平过高会给财政带来较重负担,保险水平过低则无法满足参保者需求。青岛市 2012 年到 2014 年间,长期医疗护理保险支出占 GDP 的比重分别为 0.00274%,0.02266%,0.03908%。[①] 同时,基于不同地区差异化的老龄程度和经济发展水平,在长期护理社会保险模式全面实施过程中各地保险水平将出现高低不齐现象,制度设计应充分发挥转移支付的作用,关注农村地区和经济欠发达地区的护理服务需求和经济可承受能力,确保制度公平。

控制长期护理保险成本的方法有:规范受益资格认定标准,严格失能等级的鉴定程序,在实现基本保障的同时避免护理资源过度使用;通过制度的差异化设计鼓励服务需求者优先选择成本较低的家庭护理方式;设定受益金额上限,并规定个人必须承担一定比例的护理费用;引入市场机制,促进护理服务供给方的良性竞争,确保供给方服务项目收费等数据的公开透明,提高需求方谈判能力,缩小基金支出规模。

(三) 给付方式

长期护理保险的给付方式分为现金给付和实物给付两种,德国根据护理接受地点的不同和护理人员的身份差别采用不同的给付方式。对于由非正式护理人员(主要指家中的女性成员)提供的家庭护理服务采取现金给付的方式,由机构专业护理人员提供的家庭护理服务和由护理院提供护理服务的情形则采取实物给付的方式。这种差异化的给付方式一方面能够鼓励护理服务需求者优先选择家庭护理,并由女性承担家庭护理责任,以限制不必要的机构护理资源浪费,另一方面能避免现金给付引发的道德风险问题。

我国在选择合适的给付方式时应借鉴德国经验,考虑地区经济发展水平和失能等级的差异性,根据不同的情形采取不同的给付方式,比如在经济欠发达地区采取实物给付方式,能确保低收入人群切实享受到应有的护理服务,在经济发达地区

---

① 李晓:《青岛市长期医疗护理保险制度公平性、可持续性和适度性评价》,《劳动保障世界》2015 年第 30 期。

采取现金给付方式,可提高护理资源利用的灵活性。此外,待遇给付应该按照人头还是服务也是制度设计中需要考虑的重要问题。

(四)基金监管

长期护理保险基金监管的目标包括维持基金基本管理、保障基金收益率和确保护理服务质量三方面。长期护理基金实行专户运营模式,独立于现有的基本医疗保险体系,但为节省行政成本和管理费用,基金筹集与核算等基本管理工作可由基本医疗保险管理机构负责;基金投资运营则可委托给专门的基金管理公司,并引入市场竞争机制,即允许依据基金管理成效在某特定时间点转换基金管理权,以保障基金收益率;同时应该成立专门部门制定护理服务质量评估标准细则,并负责定期的护理地点现场质量控制检查,由专业工作人员每年对护理机构服务以及家庭护理满意度进行评估和调查,对护理人员进行专业素质测评,确保护理基金的有效利用和高质量护理服务的提供。

三、长期护理商业保险发展建议

导致我国长期护理商业保险发展出现保险供给不足、产品种类单一、市场失灵、护理机构稀缺、护理人员素质低下等问题的原因有:第一,没有专门的法律政策保障制度的实施;第二,政府关于税收优惠和减免等支持性政策不足;第三,保险公司自身的技术水平不够,以及老年人健康数据不足导致的保险费率确定难;第四,险种本身收益低、风险大、市场认知薄弱等使得商业保险公司缺乏产品开发动力。然而,基于我国不断增长的长期护理服务需求以及现阶段长期护理保险领域的制度空白,商业性长期护理保险未来的发展仍然具有极大的空间。

充分发挥长期护理商业保险在长期护理保障体系中的辅助作用需要做到以下三点:第一,对长期护理商业保险的宣传。由潜在的保险需求转化成有效的保险需求需要参保对象较强的保险意识,只有做好前期的产品宣传工作才能提高人们的对于长期护理商业保险这一新险种的认识程度和接受能力。第二,通过市场细分进行灵活多样的、能满足各种需求的产品设计。商业保险不同于社会保险的优势在于,其能够基于不同人群的差异化需求设计出具有不同缴费负担和受益水平的产品和销售策略,便于潜在保险需求者根据自身需要选择最适合自己的险种。第三,针对可能的逆向选择和道德风险制定相关风险防范机制。为了解决商业保险固有的逆向选择和道德风险问题,首先,保险公司应该加强保险业务员培训,保证信息的公开与透明,减少信息不对称;其次,保险监管部门应该实施对保险公司和医疗护理机构的监督,确保医疗护理资源的合理利用;最后,在产品设计中可以以团体险代替个人险来分散风险。

7.2.4 中国多层次长期护理保障体系的配套政策研究

一、制定统一的失能程度鉴定和护理等级评估标准

失能程度和护理等级标准的制定是长期护理保障制度建立的基础,其关系到享受护理保障的条件以及应该享受何种程度的保障水平。基于统一客观的评估标准按照护理等级给付相应护理服务,能避免"一刀切"的做法带来的护理资源的利用低效,遏制护理费用上涨,有利于确定真实的护理需求,为不同失能程度的群体提供差异化、标准化和多样化的给付方式与给付水平。

制度建立初期制定详细的标准还能避免日后保险体系出现标准不一的碎片化情形,长期护理服务内容可以细分为三大类:日常生活照料,包括助餐、助浴、助行、仪表修饰、协助更衣、排泄照料、洗衣服、打扫卫生和代购陪购商品等;医疗保健护理,包括健康咨询与管理、康复理疗、陪同就医和用药服务等;精神慰藉,包括特殊关怀、心理咨询、文化娱乐活动和临终关怀等。广泛的服务内容代表了多样化的需求,明确的失能等级的划分有助于确定是否应当接受护理服务,应当接受何种类型的护理服务,应当获得多少待遇给付等问题,且可以通过对需求者状况的实时测评调整护理地点和护理方式。

二、出台《长期护理保险条例》,厘清长期护理保险和基本医疗保险、养老保险以及工伤保险的界限

为确保制度的顺利启动,长期护理保险制度在建立初期可通过《长期护理保险条例》明确规定制度覆盖范围,只针对老年群体的失能失智现象,甚至只针对老年群体的重度失能失智现象,不可将覆盖面随意扩大。同时,护理保险应厘清与现有的基本医疗保险、养老保险和工伤保险之间的关系,明确责权范围,各司其职,确保老年保障项目间的系统性,忌基金管理串位、重复保障或保障缺失现象的发生。

必须明确,长期护理保险制度应当作为我国社会保障体系的一个独立组成部分,不应成为基本医疗保险的附属或补充。尽管根据青岛试点的情形看来,目前其尚缺乏独立运行的可确保资金可持续性的筹资机制,但基本医保基金和长期护理保险基金之间的支付范围和核算体系要有明确的界限。基本养老保险旨在为老年人提供稳定可靠的经济来源,保障其基本生活需求;基本医疗保险旨在解决国民医疗费用问题;工伤保险是为保障因工受伤或患职业病职工获得医疗救治和经济补偿;长期护理保险是为解决失能、失智老年人以及慢性病患者的护理费用问题。

三、关注农村长期护理保障需求,整合城乡护理资源

我国经济发展具有独特的"城乡二元"特征,城市化进程更是加快了农村人口往城镇的迁徙速度,导致城镇与农村人口结构的不断变化。2010年第六次全国人口普查数据显示①,农村老龄化程度高出城镇1.24个百分点,农村60岁及以上老年人口的户数占全国的比例达到75%。假定农村和城市老年群体面临的失能失智概率相同,农村将比城市面临更大的护理风险。

根据陈璐②提供的1995—2010年间不同失能状态下的城乡老年人口数的数据分析发现:2004年到2010年城镇失能老人数占城镇老年人口数的比重稳定在6.83%左右,乡村失能老人数占比则稳定在6.71%左右。假定2011年到2014年城乡老人失能失智概率维持上述水平不变,据此可以估算出2004年到2014年十年间的城乡失能老人数。图7-8表明,乡村失能老人数变化趋势不明显,城镇失能老人数则有明显上涨趋势。此外,城市与农村的护理资源存在广泛的分配不均现象,农村老年人可享有的机构和护工人数都明显低于城镇,而由城镇化推动的青壮年劳动力向城镇的不断转移又加剧了农村家庭非正式护理人员的缺乏。在关注城镇老年护理服务产业发展的同时也要确保城乡同等的护理服务可及性。

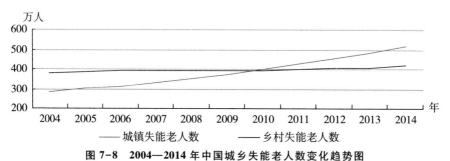

图7-8 2004—2014年中国城乡失能老人数变化趋势图

四、建立和完善以居家为基础、社区为依托、机构为补充的长期护理服务供给体系,并制定相应的质量评估标准

政府要践行"居家优于机构""预防先于照护"的原则,重视家庭护理和社区护理,平衡家庭、社区和机构等各方资源。同时,要注重精神保障,真正的长期护理保险应该是以保费换取服务而不是单纯换取保险金的给付。家庭护理中可借鉴德国

---

① 叶子婧、孙中艮:《公共财政视角下中国长期护理保险面临挑战及对策》,《中国老年学杂志》2015年8月。

② 陈璐:《中国长期护理成本的财政支持和公平保障》,《财经研究》2013年第5期。

经验,给家庭非正式护理人员提供免费培训服务,并通过法律规定为其提供包括税收减免和服务补贴等内容的政策支持;社区护理中可依托城镇社区医院、街道卫生所、乡镇和村级卫生院等提供服务;护理机构则应当不断完善自身软硬件设施,制定详细的规章制度和服务标准以规范管理,组建专门的专业化护理队伍,招收护理志愿者为其提供免费培训,并建立关于志愿者服务时间的累计储蓄制度,承诺其年老后可根据自身提供志愿护理服务的时间和质量享受同等的护理保障。

与此同时,制定相关的质量监管制度保证服务质量也十分必要,应当成立专门的质量监督部门对家庭护理人员、社区护理水平和机构服务质量进行定期的考核和等级评估,并将评估结果向公众公布,采取奖励优秀的护理人员和机构,取缔质量考核不合格的护理机构等措施。

8 中国特色基本养老保险基金投资运营制度研究

卢海元

2015年8月23日,国务院发布了《基本养老保险基金投资管理办法》(以下简称《办法》),宣布我国养老基金将正式进行市场化、多元化、专业化的投资运营,这是我国基本养老保险制度改革发展史上的一次重大突破。《办法》的颁布,标志着中国特色基本养老保险基金投资运营制度的基本建立,是完善我国基本养老保险制度的重要措施。

《办法》不仅初步规范了委托人、受托机构、托管机构、投资管理机构的权利义务,而且将对提升基本养老保险基金投资收益率、促进养老保险体系的完善以及推进资本市场发展产生重要而深远的影响。

中国特色基本养老保险基金投资运营制度基本确立后,实现基金的安全与保值增值工作将进入一个新阶段。根据中国国情和基本养老保险基金的性质,现就新阶段如何进一步明确基本养老保险基金投资的思路、方向和重点等问题,以及如何有效地将相对分散的基金筹集起来并实现基金的集中投资谈几点认识,以供社会各界参考。

8.1 基本养老保险基金投资管理需要打造更鲜明的中国特色

《办法》是依法依规进行基本养老保险基金投资管理的重要依据。但是,要完成从基金的归集、基金投资、收益记账、结算和收益分配的全过程,还有一系列理论和实践问题需要研究解决。这些问题的研究解决实际上是社会保险基金投资管理中国化的过程,是一个打造更鲜明中国特色的过程。

8.1.1 进一步明确委托人与委托机构的权利与义务

《办法》明确"省、自治区、直辖市人民政府作为养老基金委托投资的委托人,可指定省级社会保险行政部门、财政部门承办具体事务"。严格地说,省、自治区、直辖市人民政府及其指定的省级社会保险行政部门、财政部门只能作为养老基金委托投资的委托机构,而不是委托人。基金的委托人应该是且只能是参保人。

由于本办法所称基本养老保险基金(以下简称养老基金),包括企业职工、机关事业单位工作人员和城乡居民养老基金。在制度不同条件下,基金的委托人的权利与义务显然是有差异的,必须对不同制度参保人即基金的权利与义务进行界定。

在基金投资管理的起步阶段,自治区、直辖市人民政府及其指定的省级社会保险行政部门、财政部门不得不承担起养老基金委托投资的委托人的职责。或许,这就是基金投资管理的中国特色。

基本养老保险基金不是国有资产,也不是财政拨款,而是最终要归还给公众的养老钱,基金的权益最终属于参保人。因此,一定要根据基金的性质,明确责任主体,在管理体制和管理方式上区别于国有资产和财政资金。目前设立社会保险基金财政专户和全部委托给社会保障基金理事会进行投资的政策效果,还有待实践检验。

8.1.2 明确基金归集的方式、政策和体制机制

《办法》明确委托人应该制定养老基金归集办法,将投资运营的养老基金归集到省级社会保障基金财政专户。但是,养老基金归集的方式需要进一步明确是用市场的方法,还是用行政的方法。

运用市场的方法分为用发行特种国债的方式归集,还是用其他方式。用发行特种国债的方式,需要政策上实现重大突破。也可以在发行地方债时,定向发行地方债。这样可以兼顾地方经济的发展。

如果用行政的方法,可能会引发如何处理与金融机构利益关系、地方经济发展的关系、经办机构的关系等一系列潜藏的问题。特别是城乡居民基本养老保险基金如果要归集到省级社会保障基金财政专户,处理上述关系就更为复杂。基层经办机构的场地、人员、经费、交通工具等开支可能显性化。如果政府不能承担上述

费用,将基金归集到省级社会保障基金财政专户是否具有可行性?从长远看,个人账户的投资权属于参保人,是否投资、如何投资、投资什么、投资多少、什么时候投资,应该尊重参保人的意愿,参保人至少应该有选择权。

目前,绝大部分养老保险基金的投资、管理、运营、监督集中在一般不具备相应基金管理人才、技术和资本市场投资主体资格的市、区、县一级。市、区、县级管理社保基金存在着管理手段缺乏、规模不经济、易受到当地行政干涉,难以防止基金挪用等弊端,基金管理运营效率普遍偏低、风险较大。从发展趋势看,市、区、县级管理社保基金也难以获得资本市场的投资主体资格,难以形成适应市场经济要求的基金投资管理的治理结构和风险控制机制。因此,探索基金省、市、县分层管理办法,可在不改变基金统筹单位的情况下,提高基金管理层次,逐步建立和完善以省为主、以国家为辅的基金投资管理体制,建立省、部两级基金投资管理委员会,专门负责社会保险基金投资营运和投资的监督管理,是完善基金治理结构的必然选择。从制度建设看,应逐步建立起税务征缴、经办支付、人力资源和社会保障部门制定政策制度、财政制定基金预算、人大批准预算、机构负责投资、社会监督的体制机制。

8.1.3 理清基本养老保险基金投资管理的思路

笔者多年前提出了"五个先行"的投资思路:一是基金积累多的有条件地区先行。二是实账积累型的城乡居民基本养老保险基金投资运营先行。三是实体经济投资先行。四是新能源投资先行。五是新能源资源丰富的西藏等地区投资先行。目前,广东省、山东省基金已经开始委托投资,事实上已经走出了"有条件的地区先行"的关键一步。其他思路还需要逐步在探索中形成共识。下一步应该力推的是城乡居民基本养老保险基金投资先行。

到2014年年底,中国城乡居民基本养老保险制度的参保人数已经超过5亿,新农保基金积累达到3600亿元,并将以每年超过600亿元的速度快速增长。城乡居民基本养老保险基金由基础养老金和个人账户养老金两部分组成。

从资金性质看,城乡居民社会保险个人账户基金是完全积累的实账基金。城乡居民基本养老保险制度个人账户的设计理念属于典型的缴费确定型制度模式,个人账户的资金如果不进行投资,就变成了储蓄,可能面临"收不抵支",还会改变制度模式的性质。对城乡居民这一最大低收入群体积累的基金,政府更有义务率先承担起其基金保值增值的责任。

从资金类型看,城乡居民完全积累式的个人账户资金距离完全支取均有一定的时间,完全可以先行开始投资试点。城乡居民一般要经历短则 15 年、长则 30 余年甚至超过 40 年的缴费期。2015 年,城乡居民参保缴费平均超过了 230 元,基金规模会越来越大,不进行有效投资贬值损失必然愈发严重。

城乡居民养老保险基金投资运营可分阶段制定以下试点政策:一是按照基金投资管理办法,可出台城乡居民个人账户最低收益率保证政策,使个人账户记账率高于银行同期一年期存款,确保不贬值。二是制定特殊的投资政策,发行国家特种国债,定向优先投资新能源产业,选择在西藏等资源条件丰富的地区,大规模建设光伏电站、抽水蓄能电站等项目,保证投资收益,维持养老保险制度的可持续发展。三是如果个人账户养老金在没有达到投资收益目标,或投资收益率低于规定最低收益率时,由财政补足,确保对参保居民的吸引力。

8.1.4 应按照试点先行原则制定投资路线图和时间表

基金投资管理办法虽然已经出台,但是不同地区、不同制度基金投资条件的成熟必然有先有后,也应先行试点,逐步积累经验。试点先行,是我国改革开放的成功经验,也是社会保险基金投资运营制度建设必须坚持的基本原则,甚至是首要原则。为此,应该制定基本养老保险基金投资管理试点的路线图。

由于受到国际经济形势不景气、中国转变经济增长方式和经济结构调整的影响,中国经济增长状况正在发生重大变化,持续三十多年的高速增长期基本结束,趋势性的拐点已经出现。随着近几年来经济增速逐步放缓,经济正在从过去高速增长转入中速增长阶段,长期看可能进入中低速增长阶段。新的经济形势决定了我国必须加快将社会保险基金投资运营制度的建设提升到国家的战略层面,尽快制定基金投资运营试点的路线图、时间表和具体方案。同时,从法律、政策、制度、管理等方面积极推动社保基金投资,全方位承担社保基金的安全和保值增值责任。

无论从社会保险基金总量,还是结构看,做好基金的保值增值工作都极为紧迫、潜力巨大。根据国家审计署 2012 年第 34 号公告《全国社会保障资金审计结果》,社会保险基金 30,303.72 亿元结余中,除人民银行、农业发展银行和中央财政专户管理的 71.83 亿元外,省本级、市本级和县级结存分别占 38.08%,35.61% 和 26.31%;东部、中部和西部结存分别占 56.78%,21.54% 和 21.68%。从社会保险基金结余形态分布看,活期存款、定期存款和其他形式分别占 38.44%,58.01% 和 3.55%。由此可见,仅仅优化投资结构甚至只需要优化存款结构就可以大幅度提高基金投资收益。

根据中国国情、社会保险基金性质、《社会保险法》和中共十八大、中共十八届三中全会要求,中国特色社会保险基金投资运营应坚持试点先行的基本原则,社会保险基金投资运营的时间表和具体方案,可按照上述"五个投资先行"的路线图来制定。

8.1.5 对基金投资股市的风险应该进行更全面的评估

《办法》明确养老基金限于境内投资,但投资必须有国际视野。《办法》规定的投资范围包括:银行存款,中央银行票据,同业存单;国债、政策性、开发性银行债券,信用等级在投资级以上的金融债、企业(公司)债、地方政府债券、可转换债(含分离交易可转换债)、短期融资券、中期票据、资产支持证券,债券回购;养老金产品,上市流通的证券投资基金,股票,股权,股指期货,国债期货。国家重大工程和重大项目建设,养老基金可以通过适当方式参与投资。国有重点企业改制、上市,养老基金可以进行股权投资。范围限定为中央企业及其一级子公司,以及地方具有核心竞争力的行业龙头企业,包括省级财政部门、国有资产管理部门出资的国有或国有控股企业。

《办法》同时明确了养老基金投资比例,特别是明确了投资股票、股票基金、混合基金、股票型养老金产品的比例,合计不得高于养老基金资产净值的30%。

显然,以资本市场为重点的虚拟经济,只是基金投资的一个可能的组合,现阶段绝对不应该成为其投资的方向或者重点。应对养老金投资股市进行更充分的风险评估。在风险评估时,特别应该有国际视野。社会保险基金的保值增值,应强调以安全为第一。这应该成为社会各界共识的主要原因在于:

一是共识正在加速形成。关于社会保险基金保值增值问题社会争议较多。对于社会保险基金如何保值增值,投资哪里,各方站在各自立场"说事"。一般民众认为,无论是百姓养命钱的养老金,还是救命钱的医保资金,是一项赢得起赚得起,而无论如何都输不起赔不起的资金,最好投资于固定收益较高的产品,以规避风险,保证安全,实现增值保值。而券商、资本市场从业者以及全国社会保障基金理事会人士认为,大胆借鉴美国经验,将养老金投入到A股市场赚取高回报。不但拿美国401k等所谓的国际惯例说事,而且,拿存到银行跑不过通胀率,相对缩水严重为理由,大力倡导通过投资股市,实现保值增值,从而使其成为补充我国养老金缺口的一项重要力量。

确实,随着我国人口老龄化加剧,养老金缺口越来越大,弥补养老金缺口显得越来越迫切。这其中运营投资管理好现有存量养老金,使其保值增值是重要渠道。笔者认为,无论保值增值多么迫切,都不能忽视养老金投资的绝对安全性。养老金赢得起赔不起的性质决定了其投资方向决不能是交易性强、风险大的金融产品,而应该是风险低甚至为零、具有较高固定收益的金融产品。正如在本世纪初期,朱镕基总理严肃指出"社会保险资金只能投资于国债和银行存款,而不能投资于股市。股市里回报高、风险也大,稍有不慎就血本无归"。

二是国内外投资收益率普遍偏低。目前,养老金投资争议的焦点是,养老金是否能够入市(尤其是股市)?有人习惯性拿美国养老金大部分入市投资的例子来说明中国也应该入市。但必须看到,美国股市法制化健全、市场化程度高,是中国股市无论如何都不可比拟的。即便是在完全市场化的发达国家——笔者研究过包括美国、新加坡在内的13个国家,在经济发展的黄金年代,其股市投资收益率均没有超过银行存款,最高的美国也只达到2.5%。金融危机以来,其投资收益率将更低甚至是负收益率。发达国家已经大幅度降低了资金投资股市的比重,提升了投资实体经济,特别是投资基础设施的比重。

目前中国A股是一个风险巨大的市场。养老金进入这样的股市,将成为圈钱者的美食,操控操纵者的猎物。目前中国A股还不完全具备养老金入市的制度环境。

百姓最为担忧的是养老金进入股市不仅可能赚不到钱,而且成为少部分人借机黑幕操纵、大肆谋取非法利益的途径,甚至被黑心者蚕食鲸吞。另一个是拿社保基金理事会这两年运营的社保基金收益率在百分之七八说事。但需要明白的是,其投资股市的收益率除个别年份,总体收益率非常低甚至回报率是负的,大部分年份收益率不及存入银行。

三是我国股市收益率已经进入下降通道。从股市看,我国经济高速发展的黄金时期已经过去。中国在改革开放以后,取得了平均每年9.8%的高速增长。增长潜力的逐步释放,股市的市盈率的逐年提高,意味着如果现在基金大规模入市可能会埋在半山腰。日本等发达国家社会保险基金投资的经验教训值得借鉴。根据全国社会保障基金理事会近年的年度报告,其2008—2011年的收益率为-6.79%、16.12%、4.23%、0.84%,收益率整体已经呈现下降态势。2008—2011年交易类资产公允价值变动收益,除2009年社保基金交易类投资获利以外,2008年、2010年、2011年均亏损。四年年均亏损掉近167亿元。2008—2011年的年平均总投资收益率还未超过年平均通货膨胀率。近三年收益率也没有大幅度提高。各类完全市场化的基金投资收益率也不理想,甚至在部分年份出现严重亏损。由此可见,目前我国资本市场仍存在着无法迅速解决的制度性缺陷,缺少有效的投资风险预警机制。若未来将社会保险基金的重点投资到股票证券市场的虚拟经济中,必然存在难以估量的投资风险,其后果可能会影响国民的福利。从宏观经济发展趋势看,中国未来几十年发展过程中面临的几大棘手问题也可能影响社会保险基金的投资收益。首先是人口结构迅速老化。在接下来的二十年至三十年中,中国人口将迅速老化,和今天的日本、欧洲面临同样的问题,也就是劳动人口数目的不断下降决定了经济发展速度必然放缓,投资总体收益率可能进入下降通道。其次,各行业发展趋于饱和,全球需求继续趋于疲软,劳资红利渐渐消失,环境问题以及人民币的实际升值都将使目前为止严重依赖出口的中国经济失去前进的动力,进而制约投资总体收益率的上升。最后,中国未来的投资活动将更加注重投资回报。对大型资产投资热情的降温也将减缓经济增速,导致投资收益率下降。

总之,养老保险等社会保险基金的安全和保值增值有多种渠道。一些有固定收益的理财产品,一部分期限较长的国债产品,部分实业投资项目,回报率都不低,完全可以跑赢通胀率,并且稳定性、安全性完全有保障,大可不必过分追求和强调直接入市特别是进入风险很高的股市。如果制定养老金一级市场低价配售新股这样稳赚不赔、利国利民的政策,就另当别论了。

从国家战略层面看,社会保险资金的投资运营始终"坚持资金安全是第一位"的原则,不仅只是简单的基金层面的安全和保值增值,而应将其置于国家经济安全、国家经济结构的战略性调整升级、国家的长治久安的大背景下,以促进实体经济发展为目标,进行产业、项目的选择与确定,成为与国家经济安全紧密相连的亟待研究解决的重大战略性课题。

8.1.6 实体经济应成为基金投资的主要方向和重点

严格地说,我国社会保险基金的投资方向是由社会保险基金的性质和中国国情决定的。目前出台的《办法》比较接近企业年金的投资管理办法,市场化程度比较高,借鉴国外经验较多。根据现阶段的我国国情,基本养老保险基金投资方向的选择,应该遵守以下更为中国化的六个原则:

第一,安全性原则。这是首要原则。高收益与高风险相对应,低收益与低风险相对应。而安全性是养老基金投资的首要原则,这是不能争议的,所以养老基金现在投资于股票应当慎之又慎。即使投资时机不错,投资比例也应该适度控制。

第二,长期收益原则。注重长期投资,不宜进行短期的、波动较大、风险较大的投资,这也有利于证券投资市场的稳定与发展,有利于长期资本的形成,有利于改善金融结构,有利于产业升级和优化。

第三,多样化原则。应当在多个领域投资,而不是孤注一掷。当前可优先投资的主要领域有实体经济、债券、基金、老年房地产、货币市场等,应该严格界定投资范围、投资比例。

第四,实体经济投资为主原则。社保基金是老百姓的"养命钱",更应提倡投资的社会责任和社会效应,投资方向应以基础产业和公共产业为主,不应以取得短线差价为主要赢利模式,更不应当成为操纵市场的力量。全社会应将基金投资作为公益事业,提高投资的社会性,全民支持、参与将高收益、低风险的项目优先交给社会保险基金投资,而不是简单交给市场。由于我国依然处于工业化中期阶段,为大力发展实体经济,增加和创造就业,或许投资实体经济相关产业是当前最适合开展的投资形式之一。甚至可以将基金的投资与扶贫开发结合起来。

第五,直接投资为主原则。国内外投资经验表明,直接投资具备高收益和回报稳定的特点,投资收益率十分可观,投资比例呈逐年增大的趋势。但从国内外直接投资的比例看,中国社保资金用于直接投资的比例显著低于国外,直接投资还存在很大空间。

第六,确保发放原则。确保养老金的发放决定了社会保险基金投资必须保持一定的流动性,避免由于流动性不足给投资造成的风险。保持流动性就是要求项目有比较稳定的现金流、资金的使用能够有一定的灵活性,投资期限不宜过长,以平衡资金流动与赢利的关系。由于社保基金实业投资追求中长期的收益,投资大且回收期较长,无疑会存在一定的流动性风险。而新能源项目一旦竣工,将会具有稳定的现金流和收益,社保基金对其投资的流动性风险将主要体现在收支失衡时的资金变现问题,因此需要科学设定投资量占总额的比重。

上述投资原则决定我国社会保险基金应以投资实体经济为主,包括农业、工业、商业、建筑业和运输业等产业部门。由于实体经济涵盖太过广泛,故笔者仅讨论最适合社会保险基金投资的基础设施,特别是投资新能源产业。

投资实体经济也是发达国家保险资金直接投资的一个主要渠道。但由于各国经济环境、法律环境、社会环境的不同以及各国保险业发展的背景差异,各国保险基金的投资分布也不尽相同。有些国家倾向于甚至强迫社保基金投资于基础设施建设等公共投资类项目,以改进医院、住房、高速公路及其他福利设施,实现取之于民、造福于民。在美国,联邦和地方的公共养老金通常必须将部分资产投资于各种专门的项目,以创造更多就业机会和增加政府的税收收入,因此基金的总体收益率通常低于其他基金的回报。

在我国处于工业化中期阶段,急需改善和改革社保基金的投资管理体制,从而既能够增强社保基金的收益性,又能够满足国民经济建设和发展的需求,实现双赢。一些大中型的、可靠的、收益比较好的项目,应该让养老金在其中发挥长期投资性的作用。

脱离实体经济,虚拟经济会成为无源之水,无本之木。可以说实体经济是国民经济中的中流砥柱,也是经济健康平稳发展的重要保障。而虚拟经济的发展,必须以夯实的实体经济基础为依托,才能良性发展。实体经济也是一国经济的核心内容,实体经济增长则是稳增长的突破点。我国经济今后能否稳步增长,关键点就在于高技术产业、能源产业等能否正常增长。当前我国制造业属于大而不强,核心技术由国外掌控,基本处在利益链条中的中低端。能源供给体系同样大而脆弱,石油、铁矿石对外依存度高,煤炭已成为净进口国,电力供应缺口逐步拉大等等。显然,解决这些问题需要巨额投资,而投资扩张势必拉动整体经济增长。构建基于服务实体经济,安全、有序和稳定是社会保险基金投资最核心的底线。

2011年12月中央经济工作会议就发展实体经济指出:面对复杂多变的国际政治经济环境和国内经济运行新情况新变化,必须牢牢把握扩大内需这一战略基点和发展实体经济这一坚实基础。把握"稳中求进"总基调,发展壮大实体经济,提升经济发展质量和效益,强壮经济发展的根基,实现经济平稳较快发展、物价总水平基本稳定和社会和谐稳定等一系列经济社会发展目标。不断满足人们日益增长的物质文化需求,推动实体经济稳健发展对提供就业岗位、缩小收入差距、保障和改善民生,不断提高我国国际竞争力。

中国社会老龄化问题日益严重,也就意味着对未来社保基金的可持续发展提出了更高的要求。在基金投资实业的问题上,不仅重视投资的社会责任和投资长期性等原则,同时也要保证基金的经济效益原则。这样才能真正做到造福于民,在进入老龄化社会后,面对未知的风险和压力仍能持续正常运转。

发展实体经济需要加快资本形成。我国实体经济发展的一个重要特点是负债率高、人均投资额低。目前,我国的人均投资额仅仅相当于美国的13%左右。而社会保险基金本身是资本市场中的一种重要形态,具有很强的稳定性,同时也能创造长期的投资来源。若未来政府能将上万亿的社会保险基金部分投资于新能源产业,把过去的储蓄转变为未来的长期资本,不仅能获得较高的回报率,还能有效弥补创新性项目发展对资金缺口的需求。

需要注意的是,社保基金如果采用直接投资的方式来投资实业项目,其优点是产权明晰(100%拥有)和某种程度上收益最大化,然而缺点必然是需要独立面对所有的风险,投资负担更重,资金回收期更长等问题。此外,还包括进入行业时缺少专业化的管理手段和市场化的运营方式,以致管理缺位,效率低下。

8.1.7 实体经济应以投资新能源产业为主

通过将投资虚拟经济和实体经济项目比较分析,笔者认为,新能源完全有可能成为最具特色和优势的战略性新兴产业,故理应成为社保基金投资渠道拓展的方向和重点。

目前只有将我国巨额的社会保险基金选择具有相当容量的新能源产业和项目进行投资,才能实现基金的保值增值。从我国经济社会发展阶段看,社会保障基金最佳的投资方向是新能源产业,特别是建设大型、特大型光伏电站和抽水蓄能电站。

由于我国当前正处于经济快速发展的黄金时期,社会保险基金只有对具备快速增长能力和拥有美好发展前景的产业方向进行投资,基金积聚资本速度才会较快,才会成为长期安全稳定的投资方式。

新能源产业效益较高,发展稳定且潜力巨大,能形成新的经济增长点,技术含量较高,而且是社会效益、环境效益明显,在体现社会保险基金收益性原则的同时,又具有较强的社会性。

新能源项目投资需求大,收益长期稳定,社会效益高,风险小的特点,没有暴利的可能,也不必担心血本无归,偿本付息一般只是时间问题,这显然符合社会保险基金需要的投资特征。同时新能源行业风险小,建设周期长,也正需要像社保基金这样的长期资金支持。由于社会对能源的需求通常是持久而又稳定增长的,这就对资金回收和赢利的长期稳定给予了很大程度的保证。但由于投资实业的风险毕竟大于存入银行和购买债券,所以这部分投资在社保基金中的比例也须加以控制。

西藏是我国太阳能、水资源、地热资源、风能资源四大新能源最富集的地区,具有发展新能源产业得天独厚的资源优势和潜力,而新能源完全有可能发展成为世界上最具特色和优势的战略性新兴产业。如果将庞大的社保基金投资在西藏新能源发展的"刀刃上",既能实现基金保值增值的目的,又能推动西部地区新型产业经济发展,促进西部地区的就业和发展;依靠战略性新兴产业,科技进步的带动,不断增强我国经济长期发展后劲儿;加快形成新的经济发展方式,扩大内需特别是对光伏产业的需求,利用制造业大国的优势,积极发展成为产"能"强国,不断为社会创造财富。

新能源项目建设时间跨度长、资金需求量大,无论是国家财政还是民间资本都会有较大的资金压力。利用社会保险基金,按照"风光水"互补的思路,投资于周期长、规模大、收益稳定的大型、特大型光伏电站和抽水蓄能电站项目,建设"光电三峡群",可以快速将西藏打造成我国的新能源基地,促进我国的能源安全和能源独立。

按照"风光水"互补的思路在西藏建设大型、特大型光伏电站,可以通过建设抽水蓄能电站将不稳定的风电、光电转化为稳定优质的水电,解决平稳并网难题,成功研发的气凝胶(美国《科学》杂志认为的一种可以改变世界的纳米级新材料)新型太阳能电池可以解决低成本平价上网难题。因此,在新能源资源最富集的西藏大规模地建设可以互补的光伏电站、光热电站、水电站、抽水蓄能电站、地热电站,可以确保基金的保值增值和我国的能源安全,在政治上、经济上、技术上是完全可行的。而且,上述设想符合盘活存量资金、发展实体经济和战略性新兴产业等政策取向。

如果将上述思路应用到甘肃省,在风电、光伏电站建设规模已经比较大,弃风、弃光现象比较突出的情况下,只需要投资建设抽水蓄能电站,就能够取得非常稳健的投资收益。

8.2 基本养老保险基金投资运营政策制度的新取向

8.2.1 切实做好中国特色社会保险基金投资运营制度顶层设计

做好中国特色社会保险基金投资运营制度顶层设计工作具有重要的政治、经济、社会意义,其理论和实践价值主要体现在以下几方面:一是有助于加快构建中国特色社保基金投资运营理论和核心价值观,走出一条中国特色的社保基金投资运营之路;二是有助于通过稳健的投资,提高待遇标准,降低缴费水平和参保负担,增强企业的竞争力和经济的活力,完善养老保险制度体系,建立更公平可持续的制度;三是有助于加快建立中国特色社保基金投资运营制度,既可确保基金的安全和保值增值;又可通过基金投资实现社会保险制度从消费性制度安排向生产性制度安排的跨越,促进作为再分配"切蛋糕"模式向创造财富"做大蛋糕"模式的转型,以发展应对老龄化;四是有助于推进社保基金预算和发行特种国债工作,实现社保基金规范化、制度化管理,提高制度的科学性;五是有助于通过社保基金投资,盘活社保基金这一最大的存量资产,促进产业的转型与升级,增加就业,加快西部大开发进程,加快改变落后地区面貌。

社会保险制度全覆盖后,社保基金投资运营已经成为社会建设领域改革和工作的重点。应该将社保基金投资运营制度顶层设计列为有关部门的重点研究任务和中国社会科学基金重大攻关项目,限期完成。

8.2.2 组建中国社会保险基金投资研究院

根据国家社会保险基金投资运营政策制度法规和建设中国特色新型智库的要求,为适应将社保基金投资管理上升为国家战略的新形势,应尽快组建中国社会保险基金投资研究院。研究院的主要职责是:负责研究社会保险基金的投资理论、政策、制度、法律;研究社保基金投资国内外历史、沿革及经验教训;研究投资目标、投资思路、投资规划、投资模式、投资领域、投资方式、投资流程、投资方向、投资组合、投资时机、投资策略、投资期限;负责项目选择与产品设计,投资经济社会绩效评估与考核,投资风险监测、评估、识别、规避;开展投资人才培训、信息化建设等工作,为社会保险基金保值增值、实现社会保险基金的安全、高效营运提供智力和技术支撑,为社会保障基金投资制度设计、基金预算、财务管理、投融资管理、治理结构和信息化建设提供专业化、制度化的咨询与服务,提升社保基金投资管理水平和收益。

8.2.3 建构以特种国债为主的分类投资政策体系

一是在普通国债规模和普通国债市场有限的条件下,明确政府在社会保险基金投资运营中应发挥基础性作用,承担起社会保险基金保值增值的主要责任,制定向社会保险基金定向发行特种国债和社会保险基金主要投资特种国债的政策。即不允许社会统筹账户基金在证券市场投资,而是允许主要投资特种国债或普通国债等低风险产品。同时明确特种国债主要投资于实体经济和新能源产业。

二是明确个人账户基金、企业年金以及职业年金应该在其投资组合中配备一定比例的特种国债或普通国债等低风险产品。

这样,就可以形成社会保险基金投资的政策组合和投资组合,确保社会保险基金投资风险的可控和收益的稳健,形成通过社会保险基金的有效投资运营分享经济社会发展成果的内在机制。

社会养老保险基金投资要加强事先研判、事中控制和事后评估,严格控制风险。投资机构、托管机构应按照社保基金投资管理的要求,建立健全投资管理机制和风险控制制度。监督管理机构要加强对投资机构、托管机构的全过程监督。

8.2.4 制定由商业银行向社保基金定向发行特种产品的投资政策

虽然政府在社会保险基金投资管理中可以发挥基础作用,也可以承担起社会保险基金保值增值的主要责任,但政府也是有限政府,政府信用也是有限的。特别是随着基金规模的不断扩大,如果政府承担基金保值增值的责任过大,会影响到政府特种国债政策的制定和政策的可持续性。

在市场经济条件下,除银行存款外,如果能利用仅次于政府信用的商业银行信用,更有效地发挥商业银行在社会保险基金保值增值中的作用,制定商业银行向社会保险基金定向发行特种产品和社会保险基金可以投资特种产品的政策,将是一种更理想的、成本更低,能实现政府、银行和参保人多赢的政策。为此,可制定商业银行向社会保险基金定向发行类似于协议存款的低风险、高收益的特种产品,同时允许社会统筹账户基金和个人账户基金购买商业银行的信用,直接投资商业银行特种产品这样的信用仅次于特种国债或普通国债等低风险产品。而基金的投资管理则由商业银行按收益最大化的原则进行。

8.2.5 制定向社会保险个人账户基金发行特别国债的稳健投资政策

制定向社会保险个人账户基金发行特别国债的政策,是完善有中国特色社会保障基金投资运营制度的重要内容,也是政府在社会保障制度建设中承担基金保值增值责任的重要方式。

探索按照不低于基金规模60%进行基础设施和定向超长期特种国债投资政策,实现社会保险基金投资与中国工业化、信息化、城镇化、农业现代化四化同步发展的协同效应。中国社会保险基金的投资方向,如果能够与经济发展基础设施建设,与信息化建设的战略投资项目高度关联,无疑能够实现社保基金投资与实体经济发展同步增长。那么,社会保险基金就具有坚实的物质基础和经济基础,可以为有效应对人口老龄挑战,建立更可靠的社会保障体系赢得战略主动。这应该是中国社会保险基金投资管理面临的一次难得的历史机遇,需要紧紧抓住,顺势而为,加快完善社会保险基金投资运营制度。

8.2.6 加快配套政策的制定

一要制定《基本养老保险基金委托投资资金归集管理办法》,明确资金归集的方式方法,明确资金在地方、省级、受委机构之间归集、划拨的政策和流程,制定个人账户记账利率规则,明确各方的义务和权利。

二是制定《社会保险基金监督管理办法》,将社保基金预算、征收、支付、管理、监督与基金投资运营分别管理,切实规范业务流程,加强基金财务管理、会计核算等内部管理。

三是加强对各级社会保险基金的监督,重点应该明确养老保险基金投资目标、风险管理政策、绩效评估办法,充分有效地对基金管理各项工作实施全过程监督,确保基金安全。

四是建立信息披露和报告制度。明确投资信息披露内容、口径和规则,以及委托人、受托机构、托管机构、投资管理机构的日常报告、特殊情况报告的内容、格式和要求等基金投资管理、投资组合和投资收益等有关情况。

五是加强对社会保险基金的外部审计。可借鉴日本和美国公共养老基金投资监督管理经验,聘请外部会计事务所进行审计。中国社会保险基金投资运营虽由多个部门参与管理监管,也取得了一定成效,但由于各级政府审计部门不可能把所有力量都投入到社会保险基金投资运营方面,依然出现过基金挪用等方面的问题。目前即使出现了问题,也难以对这些部门本身进行处罚。聘请外部审计机构,由于他们要承担连带责任,则可能达到加强基金投资运营的管理监督的目的。

8.3 基本养老保险基金投资突破口的选择

按照社保基金宜实行集中投资和直接投资,并将倾斜政策和优质项目优先配置给社保基金,打造社保基金资产价值的最佳"稳定器"的思路,为获得更稳健的投资收益,走出一条中国特色的基本养老保险基金投资之路,当前可优先研究制定社保基金投资新能源的试点方案:

第一,将社保基金投资与西部大开发、扶贫开发结合起来,重点在最具太阳能资源优势的西藏开发建设大型和特大型地面电站。充分利用西藏资源优势、政策优势和社保基金的资金优势,按照"风光水"互补的思路,建设"光电三峡群",将西藏建设成为世界级的新能源基地,确保我国的能源安全,实现我国的能源独立。上述思路也可以推广到甘肃省等扶贫开发任务重的地区。

第二,将社保基金投资与扶贫开发结合起来,重点开展"光伏扶贫"与"光伏资产建设"。

一是在具备一定太阳能资源优势的贫困县大规模建设山地太阳能电站。根据增加城乡居民财产性收入的要求,运用资产建设理论,利用部分扶贫资金引导基本养老保险基金投资贫困县光伏电站建设,推进"农业扶贫"向"工业扶贫"的转型与跨越,实现精准扶贫。2014年国家能源局和国家扶贫办联合印发了《实施光伏扶贫工程工作方案的通知》(国能新能〔2014〕420号),确定了在安徽、宁夏、山西、河北、甘肃、青海六省(自治区)的30个县,计划利用6年时间,到2020年开展光伏发电产业扶贫工程。2015年,光伏扶贫计划开始推广到越来越多的地区。

光伏扶贫既是扶贫工作的新途径,也是扩大光伏市场的新领域。国家通过实施分布式光伏扶贫,既可支持连片区县和国家扶贫开发工作重点县内已建档立卡贫困户安装分布式光伏发电系统,增加贫困人口基本生活收入和财产性收入,贫困县还可以因地制宜地开展光伏农业扶贫,利用贫困地区荒山荒坡、农业大棚或设施农业等建设光伏电站,直接增加贫困人口收入和财产。

二是在条件成熟后利用社保基金参与建设或者直接收购贫困县光伏电站,增强贫困县的造血和发展功能。

三是利用扶贫资金、社保资金开展投资分布式光伏电站。其中,社会保险资金重点可以通过增加社会保障卡的金融功能,提升社会保障卡的信用等级,以开展信用贷款的方式,帮助贫困户开展"光伏资产建设"。取得共识后,甚至可以动用社会保险基金直接投资建设分布式光伏电站。重点可以利用基本养老保险基金投资大型、特大型抽水蓄能电站,从根本上改变贫困地区的基础设施和发展条件,为大规模开展光伏扶贫创造条件。

"光伏资产建设"区域以年均有效发电小时数1200小时及以上地区贫困户为重点,包括西北、华北大部地区。资产建设规模单个项目装机3kW,总投资约2.4万元左右,并含财产、发电量保险等。项目全部并网,全电量销售。按三类资源地区上网电价1元/度估算收益,贷款按目前商业贷款基准利率6.55%等额本息还贷,免除所得税。项目初装投资比例为:扶贫资金初装补贴30%,即8000元;其余70%投资实行社会保障卡质押贷款,即17,000元,8年还贷,本息合计约23,500

元。项目系统集成按8元/瓦计算,总计2.4万元,余下0.1万元购买商业保险。项目年发电量3600度,年收入3600元。项目投资年均收益率15.3%,6—7年收回投资。在有扶贫资金参与的情况下,支付银行贷款本息约1000元/年,缴纳社保资金1000元/年,改善生产生活1600元/年。在没有扶贫资金参与的情况下,支付银行贷款本息约1600元/年,缴纳社保资金1000元/年,改善生产生活1000元/年。如果多农户联合,以相对集中的规模型项目形成集约优势,如利用荒山、河滩等闲置未利用土地,建设光伏大棚、光伏抽水泵,还可以通过发展设施农业,转变生产生活方式,进一步提高项目投资收益率。如果实行社保资金贷款投资,贷款利率按5%计算,既可大幅度提高社保缴费和待遇水平,激活社保资金投资,又可低成本解决分布式项目融资和贫困人口的发展难题。由此可见,在新能源具有巨大发展潜力和前景的背景下,完全应该把光伏扶贫和光伏资产建设作为社保基金投资最现实可行的破题之举。

将光伏产业作为社保基金未来投资的重中之重,还可以改变光伏产业上游过剩、下游需求不足的局面,创造就业,优化能源结构,改善环境,推进光伏发电民用化,通过新能源"飞入寻常百姓家",培育光伏发电内需市场,实现能源生产和消费的革命。甚至可以将新能源作为经济转型和经济刺激的重要措施。

第三,将社保基金投资与铁路建设结合起来。在具备太阳能资源条件的铁路沿线开展分布式发电试点,条件成熟后利用社保基金收购部分铁路和铁路沿线太阳能电站。

第四,打造"一站式"基金保值增值服务链和系统解决方案。要实现基金的保值增值,必须摒弃过去集中管理、大量存银行买国债的思路,更多立足于依靠参保人自己投资。在过去,政府特别是中央政府包揽基金投资的模式,大规模投资虽可在一定程度上化解社会保险基金投资困局,但在当前环境下可能造成基金贬值压力,未来通过市场化多元化投资不失为方向性选择。为此,应利用移动互联网技术和社会保障卡,提供缴费、查询、身份认证、保值增值、养老金发放"一站式"全程服务链。同时,利用网络营销技术和现代物流,可为农民提供农产品直销服务,并将产品增值部分用于缴纳养老金,提高保障水平。养老金发放后,也可以提供养老金的保值增值服务,并利用网购等形式降低产品和服务成本,提高生活品质。

第五,制定社保基金投资新能源的配套政策:一是制定允许设立光伏产业发展投资基金的政策,为社保基金投资新能源分担风险。二是制定社会资金参与社保基金投资项目的优惠政策,鼓励社会资金投资相关项目。三是要统筹推进大型光伏电站和抽水蓄能电站建设，推进规模化的可再生能源电力发展，提高可再生能源电力的开发与生产。四是鼓励创新光伏电站金融产品和服务。鼓励银行、保险、投资银行等金融机构结合光伏电站的特点和融资需求，对光伏电站提供优惠贷款，简化贷款管理流程，采取灵活的贷款担保方式，实行以项目售电、收费权为质押的贷款机制。鼓励银行等金融机构与地方政府合作建立融资服务平台，与光伏电站投资企业建设银企战略合作关系，探索对有效益、有市场、有订单、有信誉的"四有"企业实行封闭贷款。除了寻求银行的贷款外，光伏企业也可以考虑其他的融资途径。包括资产证券化，增发新股、企业结构和债券，甚至是"众筹"。五是国家能源局、国土资源部、国家电网等部门和单位应该制定相应的优先支持社保基金投资的计划、用地、使用新技术、电站并网及电价补贴政策的落实、新能源应用等政策。六是加快新能源技术进步与革命，提高新能源竞争力，解决新能源成本高、市场竞争力弱的现状。

9 中国残疾人权益保障状况报告

张东旺　张奇林

残疾人是一个数量众多、特性突出、特别需要帮助的社会群体。根据 2006 年第二次全国残疾人抽样调查推算,"我国目前共有 8502 万残疾人,占全国总人口的 6.34%,涉及 2.6 亿家庭人口。其中视力残疾 1263 万人,占残疾人总数的 14.86%;听力残疾 2054 万人,占 24.16%;言语残疾 130 万人,占 1.53%;肢体残疾 2472 万人,占 29.07%;智力残疾 588 万人,占 6.68%;精神残疾 629 万人,占 7.40%;多重残疾 1386 万人,占 16.30%"[①]。残疾人权益保障是我国社会保障理论和实践的一项重要内容。切实将残疾人纳入我国社会保障制度体系,同时对残疾人这一弱势群体给予特定的制度安排,保障他们的各项权益,是国家与社会的基本责任。

9.1 残疾人权益保障的发展现状

多年来,党和国家高度重视残疾人工作,采取一系列措施,促进残疾人事业与经济社会协调发展,改善残疾人状况,取得了明显成效。

9.1.1 党和国家高度重视残疾人事业

2008 年 3 月,中共中央、国务院印发《关于促进残疾人事业发展的意见》,深刻阐明了促进残疾人事业发展的重大意义、指导思想和目标任务,是指导新时期残疾人事业发展的纲领性文件。2013 年,中共十八届三中全会《关于全面深化改革若

---

① 中国残疾人联合会:《关于使用 2010 年末全国残疾人总数及各类、不同残疾等级人数的通知》(残联发〔2012〕25 号),2012 年 3 月 5 日。

干重大问题的决定》中提出要"健全残疾人权益保障制度"。2014年,中共十八届四中全会《关于全面推进依法治国若干重大问题的决定》中提出要"完善残疾人合法权益保护的法律法规"。

2014年3月20日,中共中央总书记、国家主席习近平在致中国残疾人福利基金会成立三十周年的贺信中指出,"残疾人是一个特殊困难的群体,需要格外关心、格外关注。让广大残疾人安居乐业、衣食无忧,过上幸福美好的生活,是我们党全心全意为人民服务宗旨的重要体现,是我国社会主义制度的必然要求"。2014年5月16日,习近平在会见第五次全国自强模范暨助残先进集体和个人表彰大会受表彰代表时强调:"残疾人是社会大家庭的平等成员,也是人类文明发展的一支重要力量。各级党委和政府要高度重视残疾人事业,把推进残疾人事业当作分内的责任,各项建设事业都要把残疾人事业纳入其中,不断健全残疾人权益保障制度。"2014年12月24日国务院常务会议上,中共中央政治局常委、国务院总理李克强表示,"保障和改善残疾人民生,使他们安居乐业,是'社会文明进步的标志',政府要补上残疾人事业发展这块'短板'","残疾人事业关乎社会的公平正义,也是社会主义的题中应有之义。我们的目标是,要在2020年全面建成小康社会,不能让残疾人掉队。要让残疾人的生活更加殷实、更有尊严"。

2014年3月21日,中共中央政治局常委、全国政协主席俞正声在中国残疾人福利基金会成立三十周年大会上指出,"要进一步做好保障残疾人权益、改善残疾人民生的各项工作,推动残疾人事业又好又快发展,努力实现残疾人与全国人民同步小康。要充分认识发展残疾人事业的重要意义,全心全意为残疾人办实事、做好事,大力营造尊重关爱残疾人的良好社会环境,不断提升我国残疾人事业发展水平。各级党委、政府要一如既往地关心和支持残疾人事业发展,为残疾人事业发展创造良好条件。"

2014年12月24日国务院第74次常务会议审议通过《关于加快推进残疾人小康进程的意见》,聚焦残疾人基本民生保障、就业创业增收和基本公共服务等重大问题,提出了一系列有力的政策措施,特别是明确提出了建立完善全国性的残疾人基本福利补贴制度。这是继2008年党中央、国务院出台《关于促进残疾人事业发展的意见》(中发〔2008〕7号)后推出的又一重要政策措施,为保障残疾人过上安居乐业、衣食无忧的小康生活提供了政策支撑,是织严织密民生安全网的重要一环,是社会公平正义、文明进步的标志,体现了党和国家对残疾人特殊困难群体的格外关心、格外关注,必将对全面建成小康社会进程中的残疾人事业起到重大推动作用。各地积极行动,安徽、山东、河北、青海等五省先后制定出台了加快推动残疾人奔小康的政策措施,其中安徽省委省政府印发的《关于促进残疾人家庭增收 加快实现小康步伐的意见》,在重度残疾人单独纳入低保、残疾人专项福利、城乡残疾人住房保障等方面实现了多项制度性突破。

9.1.2 残疾人事业和残疾人权益保障法律法规政策体系逐步完善

1990年12月28日,第七届全国人民代表大会常务委员会第十七次会议颁布实施《残疾人保障法》,标志着我国残疾人事业开始步入法制化轨道。2008年4月,第十一届全国人大常委会第二次会议审议通过了修订后的《残疾人保障法》,进一步强调反歧视原则,强化对残疾人的权利保障和特别扶助,在康复、教育、就业、文化生活、社会保障、无障碍环境等方面,都增加了对残疾人的优惠和扶助措施,进一步明确了政府的责任和违反法律的处罚规定,为残疾人事业发展和残疾人权益维护提供了更好的法律保障。此外,《民法通则》《刑法》《民事诉讼法》《教育法》《义务教育法》《劳动法》《就业促进法》《婚姻法》《继承法》《治安管理处罚法》《道路交通安全法》等近七十部与残疾人密切相关的法律中都有维护残疾人权利的相关规定。

国务院积极开展《残疾人保障法》配套法规政策制定工作,分别于1994年和2007年通过了《残疾人教育条例》和《残疾人就业条例》,对保障残疾人教育、就业权利做出规定;从"八五"到"十二五",国家连续将残疾人事业纳入国民经济和社会发展规划,国务院批转了五个残疾人事业五年工作纲要。特别是2012年国务院颁布了《无障碍环境建设条例》。该条例共6章35条,分别就总则、无障碍设施、无障碍信息交流、无障碍社区服务、法律责任、附则作了法律规定。条例在新建设施严格执行无障碍标准、实施鼓励措施加快旧有设施改造、信息交流无障碍、无障碍社区服务、法律责任等多方面取得了突破。条例立法原则是:一是享有无障碍环境是残疾人的权利;二是无障碍环境不仅惠及残疾人,而且惠及全社会;三是无障碍环境建设以政府为主导,全社会共同参与;四是对残疾人给予特殊保护;五是依法推进无障碍环境建设。条例重点强调特别要突出无障碍环境建设是政府的责任和社会的义务,无障碍环境不仅是残疾人参与社会生活的重要保障,也惠及全体社会成员的理念。《无障碍环境建设条例》的出台标志着我国无障碍环境建设进入了新的发展阶段,为我国依法全面、系统开展无障碍环境建设,提高城乡现代化建设水平,维护残疾人权益,促进社会文明进步提供了法制保障。为更好地保障残疾人康复、教育权利,目前有关部门正在积极制定《残疾预防和残疾人康复条例》,推进修订《残疾人教育条例》。

《残疾人保障法》颁布实施后,全国31个省(自治区、直辖市)和部分较大的市结合本地实际,制定了残疾人保障法实施办法。2008年《残疾人保障法》修订后,截至2014年年底,共有30个省、自治区、直辖市修改了本地的残疾人保障法实施办法或制定了残疾人保障条例。全国绝大多数的市、县和乡镇制定了扶助残疾人的优惠政策和规定。经过多年的努力,我国初步形成了以宪法为依据、以相关法律为基础、以残疾人保障法为核心、以行政法规和地方法规为配套、以扶助残疾人优惠政策为补充的较为完备的残疾人事业和残疾人权益保障政策法规体系。

9.1.3 残疾人社会保障得到加强

包含社会保险、社会救助、社会福利和特别扶助措施等内容的多层次残疾人社会保障体系初步形成。城乡残疾人参加社会保险的比例不断提高。城镇残疾人参加基本养老保险的比例为79.2%,参加基本医疗保险比例为95.7%;农村残疾人参加新型农村合作医疗比例达97.3%,参加新型农村养老保险的比例为86.1%。① 各地认真落实残疾人参保缴费补贴政策,参加城乡居民养老保险的残疾人达到2180万,按照国务院要求,各地为参加新型农村和城镇居民社会养老保险的重度残疾人代缴部分或全部最低标准的养老保险费,重度残疾人获得地方政府代缴参保费的比率达93.6%。北京、上海等地还提高了代缴标准。②

加强困难残疾人社会救助。"城乡共有1105.6万残疾人纳入最低生活保障范围"③,江苏、安徽对靠家庭供养的重度无业残疾人给予单独全额施保。城镇集中供养残疾人和农村五保供养残疾人分别达到11.2万和66.2万;257.7万城乡残疾人得到各类救助救济。城乡贫困残疾人领取最低生活保障和各种救济的比例自2007年以来总体上呈上升趋势,近年来出现一些波动。总的说,从2007年到2014年,城镇残疾人获得最低生活保障和救济比例逐步上升后缓慢下降,2014年度,城镇和农村残疾人领取最低生活保障金的比例分别为21.2%和30.7%,与上年度相比,城镇略有下降,农村有所上升。在获得救济(包括现金或实物)方面,城镇和农

---

① 《2014年度中国残疾人状况及小康进程监测报告》,中国发展门户网,2015年8月12日。
② 中国残疾人联合会:《2014年中国残疾人事业统计公报》,2015年12月18日。
③ 同上。

村残疾人获得救济的比例分别为25.1%和27.8%,与上年度相比分别下降1.7个和1.1个百分点。城乡残疾人纳入最低生活保障覆盖率和人数不断增加的同时,低保标准和实际支出水平也在逐年提高。2014年全国城市低保平均标准411元/人/月,比上年增长10.1%;全国城市低保月人均补助水平286元,比上年增长8.3%。2014年全国农村低保平均标准2777元/人/年,比上年提高343元,增长14.1%;全国农村低保月人均补助水平129元,比上年增长11.4%。① 在最低生活保障标准不断提高的基础上,一些地方对残疾人低保对象适当提高救助水平。2010年,民政部下发《关于进一步加强城市低保对象认定工作的通知》,江苏、河北和浙江等省积极尝试将成年重度残疾人单独立户纳入低保。目前全国31个省均建立了分类施保制度,提高了残疾人低保补助标准,逐步将低保边缘户纳入最低生活保障,对低保家庭中重度残疾人个人和一户多残低保家庭中残疾人全额补助。吉林和辽宁对农村低保中的重度、贫困残疾人按不低于当地低保标准50%的比例增发补助金,改善残疾人生活。

残疾人专项福利制度初步建立。依据《残疾人保障法》《国务院关于批转社会保障"十二五"规划纲要的通知》《国务院关于批转中国残疾人事业"十二五"发展纲要通知》和《关于深化收入分配制度改革的若干意见》,"建立贫困残疾人生活补贴和重度残疾人护理补贴制度"的要求,2014年,北京、天津、山西、内蒙古、江苏、浙江、安徽、山东、河南、湖北、广东、海南、青海、宁夏等18个省(自治区、直辖市)建立困难残疾人生活补贴制度;内蒙古、广东、江苏、海南、甘肃、天津、山西、江西、山东、四川、广西等14个省(自治区、直辖市)相继建立重度残疾人护理补贴制度,两项补贴受益残疾人超过600万,成为促进残疾人增收和加快小康进程的重要举措。② 补贴对象方面,生活补贴普遍将低保残疾人或低保中的重度残疾人作为补贴对象,广东实现低保残疾人补贴全覆盖,北京在对低保残疾人给予补贴的基础上,将补贴对象扩大到低保之外失业无稳定收入的就业年龄段残疾人,陕西除对一、二、三级各类贫困残疾人给予补贴外,还将五保供养残疾人纳入补贴范围。护理补贴各地主要对生活自理能力较差的重度残疾人给予补贴,绝大多数一级重度残疾人列入补贴范围,内蒙古、湖南、广东、四川等地实现一、二级重度残疾人补贴全覆盖。补贴标准方面,已实施两项补贴制度的地区绝大多数不低于每人每月50

---

① 资料来源于民政部网站。
② 中国残疾人联合会执行理事会:《2014年中国残疾人联合会执行理事会工作报告》,2015年1月10日,http://www.docin.com/p-827159121.html。

元,近一半地区要求不低于每人每月 100 元,其中天津按级别对困难残疾人给予不同补贴,城镇一级(含智力二级)达到每月 220 元,上海生活补贴最高达到 380 元每月。① 除此之外,中央财政还为 14.9 万户残疾人家庭无障碍改造提供补助,67.9 万残疾人享受到机动轮椅车燃油补贴。

各地积极开展残疾人托养服务工作,为推进残疾人托养服务规范化发展和专业化水平提高,有关部门组织编写了《残疾人托养服务基本规范(试行)》和《残疾人托养服务基本知识读本》,为托养服务机构认证、政府购买服务、加强托养服务专业服务队伍的建设提供了依据。2014 年托养服务规范化建设得到加强,全国残疾人托养服务机构已达 5917 个,为 93.2 万残疾人提供了托养服务。

9.1.4 残疾人就业取得进展

就业是改善残疾人状况和促进残疾人发展的重要途径,对于提高残疾人的收入水平,改善残疾人的生活质量,提升残疾人的自我价值感和社会地位,促进残疾人全面融入社会生活具有重要意义。近些年来,各部门、各地区积极贯彻《残疾人保障法》《就业促进法》《残疾人就业条例》等残疾人就业法律法规,完善残疾人就业政策,拓宽就业渠道,推进残疾人就业工作开展。中国残联、国家统计局等部门开展的全国残疾人状况及小康进程监测数据表明,2010 年之前,残疾人就业以集中就业、按比例就业和个体就业为主,2011 年之后开始呈现多元化特点,目前残疾人就业形式包括集中就业、按比例就业、辅助性就业、公益性就业岗位、扶贫基地就业、个体就业创业、居家就业和网上就业等共八种。

近年来虽然受国际金融危机影响,我国总体就业形式有所变化,但残疾人的就业规模保持了相对稳定。从就业比例来看,从 2007 年到 2014 年度,劳动年龄段生活能够自理的城镇残疾人就业比例总体趋势为小幅上升,2013 年就业比例为 37.2%,较 2007 年增长了 4.8 个百分点;农村残疾人就业比例从 2007 年到 2014 年有持续下降趋势,2014 年度为 46.3%,较 2007 年下降了 6.8 个百分点。

从就业人数看,城镇残疾人就业人数一直维持在 430 万人以上,2014 年达到 436 万,比 2013 年就业人数有所下降。从 2007 年以来,年度新增残疾人就业人数出现小幅下降,然后出现小幅上升,2013 年达到 34 万,基本接近 2009 年的 35 万新

---

① 《关于建立困难残疾人生活补贴和重度残疾人护理补贴制度进展情况的通报》(残联厅函〔2014〕311 号),中国残联网站,2015 年 1 月 14 日,http://www.cdpf.org.cn/zcwj/zxwj/201501/t20150114_437263.shtml。

增就业人口水平,2014年下降为27.8万。农村残疾人在业人数也基本处于稳定状态,维持在1700万左右。农村残疾人在业形式大多为从事生产劳动,比从事其他形式就业的残疾人多三倍多,说明农村残疾人主要依靠土地生活。

集中与分散相结合是我国残疾人就业的基本方针,集中就业、按比例就业和个体就业等是残疾人的重要就业方式。从2007—2014年新增残疾人就业来看,个体和其他形式就业是残疾人新增就业的主要方式,就业人数高于集中就业和按比例就业。目前我国初步形成残疾人就业服务机构发挥主导作用、公共就业服务和其他社会服务组织有效补充的社会化残疾人就业服务体系,为残疾人提供职业介绍、职业培训、劳务组织、创业指导、就业失业登记、就业技术支持等服务。"2014年我国残疾人职业培训基地达到6154个"①,"全国共有38.2万人次城镇残疾人接受了职业技术培训"②。需要指出的是,"近几年,残疾人公益性就业岗位、居家就业、网上就业等形式逐渐涌现。在政府创业扶持政策的支持下,残疾人创业日趋活跃,自主创业比例不断提升,2010年为5.1%,2011年达6.2%,2012年增至7.7%"③。

残疾人找工作的主要途径仍是熟人介绍,但自主创业或灵活就业的比例明显上升。城镇残疾人通过熟人介绍找工作的比例为60.8%,农村为66.3%;残疾人自主创业或灵活就业的比例为24.5%,比上年度增加5.1个百分点,尤其是城镇显著增加了8.3个百分点。

近年来残疾人就业工作的一个突出亮点是残疾人按比例就业政策取得突破。2013年8月19日,中共中央组织部、中央机构编制委员会办公室、财政部、人力资源和社会保障部、国务院国有资产监督管理委员会、国家公务员局、中国残联联合下发了《关于促进残疾人按比例就业工作的意见》,明确提出党政机关、事业单位及国有企业应当为全社会作出表率,率先垂范招录和安置残疾人。意见具体指出,各级党政机关在坚持具有正常履行职责的身体条件的前提下,对残疾人能够胜任的岗位,在同等条件下要鼓励优先录用残疾人。到2020年,所有省级党政机关、地市级残工委主要成员单位至少安排有一名残疾人。各级残联机关干部队伍中都要有一定数量的残疾人干部,其中省级残联机关干部队伍中残疾人干部的比例应达到15%以上。各类事业单位要结合本单位岗位构成情况,确定适合残疾人就业的

---

① 中国残疾人联合会:《2014年中国残疾人事业统计公报》。
② 同上。
③ 赖德胜:《2013中国劳动力市场报告——全面建成小康社会进程中的残疾人就业》,北京师范大学出版社2013年版。

岗位,多渠道招聘残疾人。国有和国有控股企业应根据行业特点,确定适合残疾人就业的岗位,招录符合岗位要求的残疾人就业。意见还对加大对用人单位的补贴、奖励和惩处力度,加强对用人单位按比例安排残疾人的就业服务等进行了规定。与此同时,财政部正在修订《残疾人就业保障金管理暂行规定》,财政部、国家税务总局正在修订《关于促进残疾人就业税收优惠政策的通知》,这些政策将对促进残疾人就业发挥越来越重要的作用。

2014年度,在生活能自理的18—59岁的男性和18—54岁的女性残疾人中,未就业原因中排在前三位的是:城镇依次为丧失劳动能力(占29.1%)、其他原因(占21.6%)和离退休(占19.7%),农村依次为丧失劳动能力(占36.1%)、其他原因(占29.5%)和料理家务(占26.4%)。与上年度相比,城镇和农村未就业原因比例基本稳定。

9.1.5 残疾人家庭人均可支配收入持续提高

残疾人家庭人均可支配收入是反映残疾人家庭生活水平和生活质量改善的基础和核心指标。2014年度残疾人家庭人均可支配收入指数由上年度的70.3%上升到79.2%,提高了8.9个百分点。从绝对量上看,2014年度,城镇残疾人家庭人均可支配收入由上年度的15,851.4元上升到17,797.9元,增加了1946.5元;农村残疾人家庭人均纯收入由上年度的7829.9元上升到8847.2元,增加了1017.3元。

从收入构成来看,城镇残疾人收入增加主要得益于转移性收入和工薪性收入的增加。从2007年到2014年,转移性收入是城镇残疾人最重要的收入来源,占总收入比例基本维持在60%左右。转移性收入由2007年的4255.5元增长到2014年的10,505.6元,增长了146.8个百分点;其次是工薪性收入,占比在30%—40%,2007年至2014年增长了131.5个百分点。经营年净收入和财产性收入占比均小于7%,尤其是财产性收入占比小于4%。

对农村残疾人来说,收入增加主要由于工薪性收入和经营性收入的逐年增加,尤其工薪性年收入逐年增长,在2012年超过经营年收入成为农村残疾人最主要的收入来源。工薪年收入从2007年的1326.7元上升到2014年的4068.5元,增长了206.6个百分点,由占纯收入的42.8%上升到46.5%。而经营性年收入在2012年开始下降,这可能与农村城镇化和残疾人就业增加有关。转移性年收入也呈快速增长趋势,尤其是2011年到2014年增长了129个百分点,占比从18.2%上升到28.3%。

残疾人家庭人均可支配收入增加的原因,主要与逐年增加的就业水平、社会保障的覆盖率和保障水平的提高及对农村贫困残疾人扶贫重视有关系。

9.1.6 残疾人康复服务覆盖面逐步扩大

康复是残疾人生存和发展的基础。据世界卫生组织数据,60%—70%的残疾人都有康复需求。2010年,人力资源和社会保障部、卫生部、民政部、财政部、中国残联将运动疗法、偏瘫肢体综合训练、脑瘫肢体综合训练、截瘫肢体综合训练、作业疗法、认知知觉功能障碍训练、言语训练、吞咽功能障碍训练、日常生活能力评定等九项医疗康复项目纳入基本医疗保障范围,减轻了残疾人的医疗康复费用负担。地方积极落实残疾人医疗保障政策,2014年,东部地区最高将纳入城乡医保范围的医疗康复项目扩大到25项,中西部地区最高扩大到18项。国家卫生计生委、中国残联积极推动《残疾预防和残疾人康复条例》立法进程。推动建立残疾儿童康复保障和专项救助制度、辅助器具适配补贴制度。

着力构建以康复机构为骨干、社区(村)康复为基础、残疾人家庭为依托的社会化康复服务工作机制,由康复机构、教育机构、残疾人服务设施以及社区卫生站、康复站等组成的,集康复管理、技术指导和服务为一体的康复服务网络体系正在形成,为残疾人提供就近、就便的康复服务。2013年,国家卫生计生委、中国残联出台《关于共同推动残疾人康复机构与医疗机构加强合作的通知》,实现分层级医疗、分阶段康复,推动构建分工协作、功能互补的省市县三级康复医疗体系。

加强残疾预防。2013年,国家卫计委和中国残联共同出台《0—6岁儿童残疾筛查工作规范》,该规范明确了0—6岁儿童残疾早期筛查、转介、评估以及早期治疗和康复的工作内容和要求,推动在全国范围内建立残疾儿童筛查工作机制,实现儿童残疾早期发现、早期干预、早期康复的无缝衔接。在全国40个城市开展残疾儿童筛查随报制度及早期康复工作试点,推动儿童残疾筛查纳入基层公共卫生服务,对开展儿童残疾筛查的运行成本进行评估和预测,进一步摸清残疾儿童底数,为制定儿童残疾筛查康复制度奠定基础。实施《2013年贫困地区新生儿疾病筛查项目方案》,在21个省(区、市)14个国家集中连片特殊困难地区200个县,对农村户籍的49万例新生儿开展苯丙酮尿症、先天性甲状腺功能减低症和听力障碍患儿筛查工作,并实施康复救助;编制国家残疾预防行动计划;举办"中国国际福祉博览会暨中国国际康复博览会"。

2014年,开展社区康复服务的市辖区和县(市)累计达到914个和2023个,累计已建社区康复站的社区总数21.9万个,配备39.2万名社区康复协调员。为残疾人提供辅助器具152.4万件。1662个县的1958个医疗卫生机构陆续开展残疾儿童筛查工作,年度新诊断0—6岁残疾儿童4.8万人。依托各级各类残疾儿童康复机构建立儿童家长学校1547个,开展家长学校活动3625次,参与残疾儿童家长达94,170人次。部分有条件的地区已初步建立残疾儿童康复救助制度。

2007—2014年,我国残疾人接受医疗康复服务率和人数逐年持续升高。2014年度残疾人监测报告显示残疾人接受医疗康复服务的覆盖率达到61.6%,较2007年的19%增长了42.6个百分点。2013年度城镇残疾人至少接受过一项康复服务的比例为66.7%,比2007年度的29.5%上升了37.2个百分点;农村残疾人接受过康复服务的比例为59.8%,比2007年度的15.7%上升了44.1个百分点。虽然农村残疾人接受医疗康复服务覆盖率上升速度高于城市残疾人,但从残疾人受益面来看,农村残疾人医疗康复覆盖率更不容乐观。2007年到2014年度各类残疾人接受医疗康复服务覆盖率均逐年增加。其中精神残疾人接受医疗康复服务的比例增加最明显,高达45.6个百分点,体现了我国对精神残疾的预防、治疗及康复的重视;其次视力残疾、智力残疾和多重残疾者接受康复服务的比例增加较为明显,分别比2007年度增加42.1个百分点、40.3个百分点和39.2个百分点。

从2007年到2014年,通过持续实施重点康复工程共有5207.1万人次残疾人接受了医疗康复服务。接受不同程度康复的残疾人逐年增多,2014年共有751.5万残疾人接受医疗保健和康复,比2007年的535.8万增加215.7万人,增加了40.2个百分点,与残疾人监测数据的医疗康复增长比例39.3个百分点基本吻合。

在视力残疾康复方面,开展视力残疾康复机构总数达到891个,完成白内障复明手术74.8万例;为30.0万名贫困白内障患者免费施行复明手术;为14.2万名低视力患者配用助视器,培训低视力儿童家长3.6万名,有效开展家庭康复训练。对12.3万名盲人进行定向行走训练,增强了他们参与社会生活的能力,改善了他们的生活质量。

在听力语言康复方面,推进听力语言康复机构规范化管理,完善基层服务网络。已建设省级听力语言康复机构31个,基层听力语言康复机构1025个。年度新收训聋儿1.9万名,在训聋儿3.2万名;规范聋儿家长学校,开展家庭训练,共培训聋儿家长3.9万名;开展各级各类听力语言康复专业技术人员培训,共培训专业人员5772人;实施贫困聋儿人工耳蜗、助听器抢救性康复项目,资助11,200名聋儿免费植入人工耳蜗,资助19,600名聋儿免费配戴助听器;开展彩票公益金成年听力残疾人(助听器)康复项目,为 38,352 名贫困成年听力残疾人免费验配助听器,各级康复机构共为 4.0 万名成年听力残疾人提供技术服务。

在肢体残疾康复方面,开展肢体残疾康复训练服务机构达 2181 个,其中,省级康复机构 42 个,地市级、县级康复机构 2139 个;培训各级各类肢体残疾康复人员 3.5 万人次;全国共对 36.7 万肢体残疾者实施康复训练;实施救助项目资助 4.0 万名脑瘫儿童进行机构康复训练,资助 8860 名贫困肢体残疾儿童实施矫治手术。为麻风畸残者实施矫治手术 224 例,开展宣传普及教育,为麻风患者回归社会营造良好社会氛围。

在智力残疾医疗康复方面,开展智力残疾康复训练服务的机构 1730 个,其中,省级康复机构 45 个,地市级、县级康复机构 1685 个;培训各级各类智力残疾康复人员 1.5 万人次;全国共对 13.9 万名智力残疾人员进行康复训练;实施救助项目资助 3.1 万名智力残疾儿童进行机构康复训练,同时培训儿童家长。

在精神病防治康复方面,大力推广"社会化、综合性、开放式"精神病防治康复工作。在 2664 个市县开展精神病防治康复工作,对 583.7 万重性精神病患者进行综合防治康复,监护率达到 79.4%,显好率达到 66.2%,社会参与率达到 51.7%,肇事率 0.12%;解除关锁 4123 人;对 49.2 万贫困精神病患者进行医疗救助。建立了 41 个省级孤独症儿童康复训练机构;2.0 万名孤独症儿童在各级机构进行了康复训练。

9.1.7 制订实施特殊教育提升计划

发展特殊教育是推进教育公平、实现教育现代化的重要内容。教育机会平等是残疾人全面实现平等的起点,教育机会平等了,才会有事实上的教育平等,残疾人才可能有平等的条件融入社会,才有可能共享社会文明发展的成果。① 近些年来,政府对残疾人教育工作给予了高度重视,将残疾人的各级各类教育的发展情况作为教育检查、验收的重要内容之一,并作为评判残疾人工作状况的标准之一,要求各级教育部门要把残疾人教育同当地教育工作统一规划、统一领导、统一部署、统一检查。这使得我国残疾人教育的形式也趋向多样化,不仅有专门的残疾儿童幼儿园、各种义务教育阶段的专门学校,也有专门的残疾人高等院校或系科,还鼓励从幼儿园到大学的随班就读形式。不仅有教育部门、民政部门举办的学校,还有

---

① 邓朴方:《发展残疾人教育很紧迫,很现实》,《中国残疾人》2009 年第 6 期。

群众团体或组织、个人兴办的学校。目前,具有中国特色的残疾人教育体系已经基本形成。

更多贫困残疾儿童接受了学前教育资助。2007—2014年期间,我国残疾儿童的学前教育取得了很大的发展。"十二五"期间,残疾人事业专项彩票公益金助学项目预计资助51,400人,2011—2014年实际资助42,028人,其他残疾儿童学前教育助学项目共资助17,453名儿童。残疾学生就读特教学校和特教班人数逐步增加。

2007—2013年全国未入学适龄残疾儿童少年人数自22.7万人降至8.4万人,呈现明显的下降趋势。其中,适龄听力残疾儿童少年未入学人数由3.2万人下降到0.5万人,降幅最大。

高中阶段教育受到高度重视。目前,我国接受残疾学生的高中阶段教育机构主要包括:高中阶段普通教育机构(含高中和中等职业教育),以肢体残疾学生为主,接受各类残疾学生;特殊教育学校高中(普通高中和中等职业教育)学校(班),主要招收盲、听力、言语残疾学生,少数学校招收智力和其他类别残疾学生;残疾人中等职业学校(班)(包括中专、职业高中、技工学校和成人中专),主要招收盲、听力言语及肢体残疾学生,少数学校还招收智力或其他类残疾学生。统计显示,"十一五""十二五"期间,残疾人高中阶段教育有了较大的发展,无论是机构数量、招生数量以及毕业生的数量方面,都有增加。

残疾学生完成高中教育的人数增加。2007—2014年期间,残疾人高中阶段教育进一步发展,更多特殊教育学校根据实际需要开设高中教育部(班),逐步扩大招生人数,努力使接受完义务教育的残疾学生能够继续接受高中阶段教育。普通高中也积极招收残疾学生,丰富发展"全纳教育模式"。同时,特殊教育学校高中阶段教育依然坚持以职业技能教育为主,为残疾学生从业和继续深造创造条件。2007—2014年,特殊教育普通高中的机构数从83所增加到187所,增长了近2.3倍;从特殊教育普通高中的招生数量来看,八年期间,特殊教育普通高中招生数从1729人增加到2706人,增加了近千人。其中聋普通高中的招生人数有了较大幅度的增长,从1403人增加到2366人,增加了963人;在校生数从2007年的4978人增加到7227人,增幅为45%。其中盲普通高中的增幅为72.8%。

特殊教育普通高中毕业生的人数也有所增长。2007—2013年期间,特殊教育普通高中毕业生数从1149人增加到1826人。其中聋普通高中的毕业生数有了大幅度的提高,从 827 人增加到 1540 人。

残疾学生接受职业教育人数增长。2007 年到 2014 年,残疾人中等职业教育无论是在校学生数还是招生数、毕业生数以及毕业生获得职业资格证书的人数,均有了不同程度的增长。其中,残疾人中等职业教育在校学生数从 9027 人增长到 11,671 人,增长了 2644 人;同时招生规模不断扩大,这也意味着有更多的残疾人能够进入中等职业学校学习。与此相对应,毕业生人数也有逐步的提高,从 2007 年的 5647 人增加到 2014 年的 7240 人,增加了 1593 人。在此期间,有越来越多的残疾人获得了相应的职业资格证书,2007 年,有 4345 名从残疾人中等职业学校毕业的学生获得了职业资格证书,到 2014 年该人数已提高到 5532 人。机构数从 2007 年的 148 所,增加到 2014 年的 197 所。

高等教育发展迅速。2007 年,高等特殊教育学院录取的残疾学生数量为 1086 人,到 2014 年上升到 1678 人,增加了大约 592 人。其中本科录取人数增长较为明显,从 364 人增加到 596 人,增加了 232 人,专科录取人数则保持在一个稳定水平。分残疾类型看,在高等特教学院录取的残疾人中,盲人从 2007 年的 83 人增加到 2013 年的 106 人,聋人从 281 人增加到 490 人,增长幅度较大。在专科录取人数中,盲人从 129 人增加到 149 人,聋人则从 593 人增加到 643 人。

相对于高等特教学院而言,普通高等院校录取的残疾人数量相对要多。在 2007 年,录取人数为 5234 人,相当于同年高等特教学院录取人数的 4.8 倍多。到 2014 年,普通高等院校录取的残疾人达到 7864 人,比同年高等特教学院的招生人数高出 4.7 倍多。两者招生数量的差距进一步扩大。分残疾类型看,普通高等院校录取的盲、聋和肢残的本科大学生从 2007 年的 190 人、209 人和 2201 人分别增长到 2013 年的 324 人、516 人和 2955 人。录取的专科生中,盲、聋和肢残大学生分别从 189 人、257 人和 2188 人增长到 339 人、581 人和 2823 人。

为加快推进特殊教育发展,提升特殊教育水平,进一步保障残疾人受教育权利,帮助残疾人全面发展和更好融入社会,2014 年 1 月,国务院办公厅转发了教育部、发展改革委、民政部、财政部、人力资源和社会保障部、卫生计生委、中国残联制订的《特殊教育提升计划(2014—2016 年)》。总体目标是全面推进全纳教育,使每一个残疾孩子都能接受合适的教育。经过三年努力,初步建立布局合理、学段衔接、普职融通、医教结合的特殊教育体系,办学条件和教育质量进一步提升。建立财政为主、社会支持、全面覆盖、通畅便利的特殊教育服务保障机制,基本形成政府主导、部门协同、各方参与的特殊教育工作格局。到2016年,全国基本普及残疾儿童少年义务教育,视力、听力、智力残疾儿童少年义务教育入学率达到90%以上,其他残疾人受教育机会明显增加。

9.1.8 残疾人扶贫工作取得积极进展

我国75%残疾人分布在农村,由于身体残疾、受教育程度低、缺乏技能等原因,农村贫困残疾人是贫困人口中贫困程度最重、扶持难度最大、返贫率最高的特困群众。农村贫困残疾人是做好民生保障托底服务的重点,是建设小康社会进程中最需要帮助扶持的弱势群体。针对农村残疾人的贫困状况及贫困的主要原因,通过连续实施两个十年《农村残疾人扶贫开发纲要》,逐步提高了农村残疾人的家庭收入水平,明显改善了农村残疾人的生活状况。从2007年到2014年,对农村残疾人扶贫人数逐年增加,共有1669.1万贫困残疾人得到扶持,其中937.6万人通过扶贫开发实际脱贫,接受实用技术培训的残疾人达670.1万人次。

2012年1月,国务院办公厅下发《关于印发〈农村残疾人扶贫开发纲要(2011—2020年)〉的通知》,对做好新时期农村残疾人扶贫工作进行部署。通知指出,要通过完善落实农村残疾人医疗、养老、生活救助等制度,加大扶贫资金投入,开展农村实用技术培训,创新扶贫方式,扶持农村残疾人就业创业,对残疾人家庭进行危房改造,动员社会各界参与残疾人扶贫等多种形式,加快推进残疾人扶贫工作,力争到2015年,农村残疾人生活总体达到小康,基本生活得到稳定的制度性保障,参与社会和自身发展状况显著改善;农村残疾人社会保障体系和服务体系基本框架建立,保障水平和服务能力明显提高。到2020年,稳定实现农村残疾人不愁吃、不愁穿,全面保障平等享受基本医疗、基本养老、教育、住房和康复服务。农村残疾人家庭收入达到或接近当地平均收入水平,基本公共服务覆盖农村残疾人并不断提高水平,残疾人生存有保障、生活有尊严、发展有基础。

2013年,国务院扶贫办、中国残联共同制定《关于在集中连片特困地区加强残疾人扶贫开发工作的通知》,要求加大财政扶贫资金对残疾人扶贫开发的支持力度,在实施整村推进、新农村建设、易地搬迁和片区产业发展政策时,加大对残疾人的优惠和扶持,减轻支出负担,降低产业扶持准入条件等措施,并要求把贫困残疾人纳入贫困监测整体工作,建立集中连片特困地区残疾人扶贫开发工作统计汇总制度。农业部、中国残联印发《关于加强农业行业助残扶贫工作促进农村残疾人增收的通知》,提出加强对残疾人农业生产技术服务、创办农民专业合作社的扶持、加强农村残疾人农业生产与经营管理技能的培训、支持农村残疾人家庭购置和使用农机、加快改善农村残疾人家庭生活燃气环境等措施,降低残疾人享受政策的准入条件,提高优惠补贴。

居住水平是衡量居民生活水平高低的重要指标,我国政府将城乡残疾人优先纳入住房保障制度。2007—2014年,残疾人家庭人均住房面积平稳提高。2013年度,残疾人家庭人均住房面积指数为82.3%,比上年度提高1.0个百分点。从绝对量上看,2014年度城镇残疾人家庭人均住房面积为19.4平方米,比2007年的16.7平方米增加了2.7平方米;农村残疾人家庭人均住房面积为24.4平方米,比2007年的20.2平方米增加了4.2平方米。这说明我国政府将城乡残疾人优先纳入住房保障制度的各项政策措施初见成效。

农村贫困残疾人家庭危房改造是改善贫困残疾人生活居住状况的重要民生工程,从2007年到2013年,共有78.8万户残疾人家庭参与改造,100.8万残疾人受益,从2008年开始国家和地方共投入资金62.1亿,受到资助的贫困残疾人住房状况得到明显改善。2013年住房城乡建设部、中国残联下发《关于优先支持农村贫困残疾人家庭危房改造的通知》,要求确保优先支持和加大支持力度,在补助对象和补助标准上对贫困残疾人家庭倾斜照顾。吉林、四川、云南、西藏等省区将残疾人住房困难家庭纳入城乡住房保障制度,给予优先提供房源和租赁补贴等特惠政策。2014年实施农村贫困残疾人危房改造7.7万户。

9.1.9 无障碍环境建设成效显著

无障碍环境包括物质环境无障碍、信息交流无障碍和无障碍社区服务。物质环境无障碍指:道路、公共建筑物、公共交通工具和居住区的规划、设计、建设应方便残疾人、老年人自主安全地通行和使用,道路应满足坐轮椅者、拄拐杖者通行和方便视力残疾者通行,建筑物应在出入口、地面、电梯、扶手、厕所、房间、柜台等设置残疾人、老年人可使用的相应设施和方便残疾人、老年人通行等。信息交流无障碍指:政府和公共传媒应使听力言语和视力残疾人、老年人能够无障碍地获得信息,进行交流,如政府政务信息公开无障碍,方便残疾人的电信业务、信息交流技术、产品、影视作品、电视节目的字幕和手语等。无障碍社区服务指:社区各种服务设施及在社区举办的相关活动、服务如选举、方便聋人的短信报警、家庭改造等要为残疾人提供便利。无障碍环境是残疾人参与社会生活的基本条件,是方便老年人、妇女、儿童和全社会成员的重要措施,也是完善城市功能不可或缺的基本元素。全面推进无障碍建设,是坚持以人为本,落实科学发展观的必然要求,是进一步提升城市文明进步水平和构建和谐社会、全面建设小康社会的重要举措。

无障碍环境建设法规、标准体系不断完善。2012年国务院颁布了《无障碍环境建设条例》,自8月1日起施行。为我国依法全面、系统地开展无障碍环境建设,提高城乡现代化建设水平,维护残疾人权益,促进社会文明进步提供了法制保障。目前我国已形成了以《无障碍设计规范》国家标准为主体,以铁路、民航、信息相关无障碍标准为配套的无障碍技术标准体系。

2002—2004年,建设部、民政部、中国残联、全国老龄办在北京等12个城市开展了创建全国无障碍设施建设示范城市活动,2006—2010年扩展到100个城市。经过多年的努力,这些城市道路、公共建筑、公共交通设施、居住区、残疾人、老年人服务设施、残疾人家庭、信息交流无障碍、无障碍管理、宣传等取得显著进展,同时带动了其他城市无障碍建设的开展,初步形成中国城市无障碍化的基本格局。北京、青岛、秦皇岛、上海、广州等城市还以举办奥运会,残奥会,特奥会,世博会,亚运会,亚残运会等大型国际交流活动为契机,高标准地推进了城市无障碍建设和改造,完善了公共行业无障碍服务措施。截至"十一五"末,100个创建城市建成区的主干道、市区级商业街、步行街等人行道,城市公园、广场、商业区、重点公共建筑的人行道,公交车站的等候区设置了盲道,占城市道路总长度的67%;新建和改建道路人行道在交叉路口、街坊路口、单位出入口设置人行横道,城市主干道、次干道、支路、街道的人行道设置缘石坡道和进行坡化改造506,512处,占路口总数的83.2%;在11,633处主要路口设置了盲人过街提示音响装置。82.3%的政府办公建筑、74.1%的商业服务建筑、74.6%的文化纪念与观演体育建筑、51.7%的学校、87.1%的医疗建筑、79.9%的园林建筑、85.2%的室外公共厕所,完成了无障碍建设和改造。95%的特殊教育学校、74.1%的福利企业、68.1%的康复中心、78.6%的养老机构、88.9%的老年人服务设施,完成了无障碍建设和改造。51%的居住小区、75.6%的居住建筑实现了无障碍。各创建城市共有加配字幕的电视频道232个、手语栏目49个、无障碍网站252个;开展服务行业从业人员手语培训1366次,累计培训人数超过8万人。① 2013年,住房和城乡建设部、工业和信息化部、民政部、中国残联、全国老龄办联合下发《关于开展创建无障碍环境市县工作的通知》(建标〔2013〕37号),要求各市、县认真贯彻落实《无障碍环境建设条例》和《无障碍建设"十二五"实施方案》,实施相关工作标准,将无障碍建设纳入城乡规划、新农村建设规划,建立健全无障碍建设长效工作机制,全面开展无障碍环境建设。"2014年,系统开展无障碍环境建设的地市、县(市、区)达1506个。"②

　　行业无障碍建设近些年来也进展迅速。铁道部采取措施,加快推进铁路旅客车站无障碍改造,同时制订了列车无障碍改造工作计划,对没有无障碍设施的列车车组,每个车组各改造一个无障碍座席车厢和一个无障碍卧铺车厢。铁道部还与中国残联等部门研究列车设置残疾人专座的具体办法,联合出台了自2012年1月1日起在旅客列车上设置残障人士专座,所有旅客列车均安排一定数量的残疾人旅客专用车票的政策。2014年日均安排残疾人专票4.8万张,列车均设置残疾人专座,改造生产3400节无障碍车厢,切实为残疾人出行提供了便利。2014年12月,中国民航局发布《残疾人航空运输管理办法》,进一步规范了残疾人航空运输的管理和服务。加大了机场、航空公司无障碍改造和无障碍设施配备工作力度,逐步完善对残疾人的服务,国航、东航、南航等9家航空公司和机场共配置机上专用窄型轮椅215辆,机场地面窄型轮椅938辆,普通铝合金轮椅1790辆。工业和信息化部等部委与一些地方政府对门户网站进行了无障碍改造。公安部在全国推行"12110"聋人短信报警服务。中国银监会、银行业协会积极推进银行系统为残疾人提供无障碍服务工作,出台了服务规范。国家药监局开始对药品标注盲文工作进行研究。中央电视台中共十八大、全国"两会"等重大活动直播中增加了手语播报。

　　2014年国务院发布《国家新型城镇化规划(2014—2020年)》,在城镇化进程中明确"加强无障碍环境建设",这必将进一步全面加快推进无障碍环境建设。2014年8月国务院发布《国务院关于促进旅游业改革发展的若干意见》,明确提出"规划引导各类景区严格执行无障碍环境建设标准,适当配备残疾人出行辅助器具""推进旅游交通设施无障碍建设与改造"等,对于保障残疾人出行、参与社会生活权益具有重要意义。进入"十二五"后,为改善残疾人居家环境,提高其生活质量,政府开始对残疾人居住小区和肢体残疾、视力残疾及听力残疾人家庭进行无障

---

① 张东旺:《中国无障碍环境建设现状、问题及发展对策》,《河北学刊》2014年第1期。
② 中国残疾人联合会:《2014年中国残疾人事业统计公报》。

碍改造,并鼓励有条件的地市对贫困残疾人家庭无障碍改造给予补助,从 2011 年到 2014 年共有 52.8 万户贫困残疾人接受无障碍改造补贴。《中国残疾人事业"十一五"发展纲要(2006 年—2010 年)》首次把信息交流无障碍的要求纳入到城市无障碍建设中。经过近十年的发展,信息无障碍建设取得丰硕成果。中央、省和部分市电视节目配字幕和手语播报,中国残疾人服务网连续三年开展央视春晚(文字+视频)网上无障碍直播服务,访问用户超过 56 万人。中央电视台在中共十八大、全国"两会"等重大活动直播中增加了手语播报使残疾人及时了解重大新闻,为盲人提供图形验证码网上识别服务达 127.4 万人次,图书馆为盲人配备了有声读物等都极大方便了残疾人信息交流和社会参与。① 与国家图书馆共建开通了中国残疾人数字图书馆,让更多残疾人足不出户就可享受国图的资源与服务。首次将网站无障碍纳入中国政府网站绩效评估范围,对 117 家部委和省政府等网站开展无障碍专项评估。2014 年上海市在推进信息无障碍建设方面取得可喜成绩,已完成 39 个市政府网站和 13 个区县的政府网站评估工作,提前一年完成残疾人事业"十二五"规划提出的政府网站改造完成率 80% 的目标。2014 年 12 月,国家质检总局、国家标准化管理委员会发布了《公共信息导向系统基于无障碍需求的设计与设置原则》国家标准,对于规范我国公共场所公共信息设计设置,保障残疾人及全社会成员辨识、接受信息,平等参与社会生活,提升我国城乡无障碍环境建设水平具有重要意义。

残疾人作为无障碍环境的使用者和主要受益者,其主观评价反映了我国无障碍环境的水平,也反映了对政府建设无障碍设施的认可程度。2007 年到 2014 年,城镇残疾人对无障碍设施和服务表示非常满意或满意的比例持续上升,2014 年度满意度达到 87.9%,比 2007 年度提高 39.9 个百分点,体现出我国城镇无障碍设施建设的进步。

9.1.10 残疾人维权、文化体育活动日趋活跃

在为残疾人提供法律服务方面,我国已初步建立以各级司法行政部门、法律援助机构提供的法律服务和法律援助为主导,以有关部门、残联、社会力量等提供的法律救助为补充的残疾人法律救助体系。

---

① 全国人大内务司法委员会、中国残疾人联合会:《〈中华人民共和国残疾人保障法〉立法后评估报告》,华夏出版社 2014 年版。

从 2007 年到 2014 年,残疾人接受法律服务的覆盖率逐年升高,从 2007 年度的 4.8%上升到 2014 年度的 14%,升高了 9.2 个百分点。虽然接受法律服务的残疾人比例较低,但对服务满意比例较高。满意度反映了残疾人及其亲属感知残疾人的权益受到保障的程度,反映了残疾人权益保障水平。2007 年到 2014 年的残疾人满意度逐步提升,2014 年有 89.6%的人表示满意。"2014 年,全国共有 4969 名残疾人、残疾人亲友和残疾人工作者进入县级以上人大和政协,当选人大代表、被推举为政协委员"①,代表我国 8500 万残疾人参政议政,共商国是。"2014 年,全国残联系统共办理残疾人来信 4.8 万件次、来访 28.6 万人次,其中接待残疾人集体来访 1194 批近 1.9 万人次。中国残联共办理残疾人来信来电 8160 件次、来访 6826 人次,其中接待残疾人集体来访 46 批 680 人次。对严重侵害残疾人权益的重大信访案件和残疾人集体上访案件进行处理,维护了残疾人权益。"②

各级各类公共文化设施免费向残疾人开放,文化馆、文化站等公共服务设施增加了残疾人活动的内容和设施,残疾人享受公共文化服务的状况得到改善。目前,北京、上海、天津、苏州、武汉等三十多个城市相当比例的社区实现了出家门 30 分钟行程内就有残疾人文化活动的场所,实现了残疾人文化活动的常态化。组织开展第八届全国残疾人艺术会演,全国 31 个省(自治区、直辖市)和新疆兵团的 5000 余名演职员参加了声乐、器乐、舞蹈和戏剧小品四大类的比赛,直接参与到各级会演的残疾人超过了十万余人。搭建平台,相继举办了残疾人特殊文化艺术交流、闽台残疾人文化艺术交流;反映残疾人题材的电影《一生有爱》获蒙特利尔电影节优秀节目奖,电影《吴运铎》在获得中宣部"五个一"工程奖后,又在俄罗斯举行的第十届尤尼奥泽罗夫国际军事电影节上荣获最佳视觉效果奖和最佳导演奖。

至 2014 年,全国累计培养了 719 名国家级残疾人体育健身指导员。2014 年,在全国 26 个省(自治区、直辖市)资助了 150 个示范点;为中西部地区配发了 8 套健身器材,并纳入示范点统一管理;累计共资助建设自强健身示范点 397 个。在北京、河北 1000 个残疾人家庭试点康复体育进家庭项目。组织了第八次全国特奥日活动、特奥足球比赛及家庭论坛等 14 项次系列活动,特奥运动员累计超过 118 万人。全年举办了 20 项全国残疾人体育赛事,参赛总人数达 6000 多人。组团参加

---

① 中国残疾人联合会:《2014 年中国残疾人事业统计公报》。
② 同上。

索契冬季残奥会、仁川亚残运会等19项国际赛事交流活动,我国轮椅冰壶队在索契冬季残奥会上获得第四名,取得历史性突破。仁川亚残运会上,我代表团夺得174枚金牌、317枚奖牌,实现八连冠。注册登记的残疾人运动员达到9354人,审批的裁判员1188人、分级员36人。国家级残疾人体育培训基地达到34所。

组织省级残疾人群众体育健身活动241次,6.2万余人次参加;建设省级残疾人群众体育活动示范点达到839个;培训省级残疾人体育健身指导员达到1.1万人;组织省级残疾人体育比赛151次,参赛运动员达2.3万人次;省级残疾人体育训练基地已达234个。

9.2 当前残疾人权益保障面临的风险和挑战

虽然我国残疾人权益保障工作取得了巨大的成绩,残疾人状况逐步改善,但也还存在一些亟待解决的问题,残疾人事业仍滞后于经济社会发展,残疾人事业城乡区域发展不平衡,残疾人在社会保障、康复、教育、就业、社会参与等方面还面临很多困难和障碍,需要引起重视。

9.2.1 残疾人总体生活水平与社会平均水平差距较大,社会保障有待进一步完善

当前,残疾人仍是贫困人口中贫困程度最重、扶持难度最大、返贫率最高的特困群体。按照国家2300元的贫困线标准,目前全国还有1230万农村残疾人尚未脱贫,其中280多万农村残疾人没有住房或者住在危房,还有260多万城镇残疾人生活十分困难。2014年残疾人小康实现程度仅为73.8%,与全国全面小康实现程度相差近20个百分点。[①] 主要表现在:

第一,残疾人家庭人均可支配收入仅是全国平均水平的58.9%,差距明显。2014年度,全国残疾人家庭人均可支配收入为11,872.5元,是全国居民家庭人均可支配收入的58.9%。其中,城镇残疾人家庭人均可支配收入为17,797.9元,是全国城镇居民家庭人均可支配收入的61.9%;农村残疾人家庭人均纯收入为8847.2

---

① 残疾人小康指数是由17个单项指标指数加权获得,某一方面指数是由反映该方面的各单项指数加权获得;单项指标指数是由该指标实际值与目标值对比获得。需要说明的是,2014年度残疾人小康指数达到73.8%,不是指有73.8%的残疾人达到了小康水平,而是各项监测指标实际值与目标值对比的一个综合结果,指数越高,表明监测指标实际值越接近于目标值。

元,是全国农村居民家庭人均纯收入的89.4%。因此,提高残疾人的收入水平、缩小残疾人家庭与一般居民家庭收入差距的任务,非常迫切。

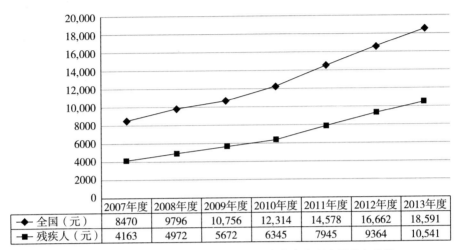

图9-1 2007—2013年度残疾人与全国家庭人均可支配收入比较

第二,残疾人家庭医疗保健支出及其占家庭消费支出比例均远高于全国平均水平,交通和通信支出大大低于一般居民家庭。2014年度,城镇残疾人家庭人均医疗保健支出为1995.6元,是全国城镇居民家庭人均医疗保健支出的1.53倍;农村残疾人家庭人均医疗保健支出为1129.6元,是全国农村居民家庭的1.50倍。城镇残疾人家庭人均医疗保健支出占全部消费支出的比重为19.0%,比全国城镇居民家庭高出12.4个百分点;农村残疾人家庭人均医疗保健支出占全部消费支出的比重为18.4%,比全国农村居民家庭高出9.4个百分点。

2014年度,城镇残疾人家庭人均交通和通信支出为620.3元,是全国城镇居民家庭的23.5%;农村残疾人家庭人均交通和通信支出为366.8元,是全国农村居民家庭的36.2%。城镇残疾人家庭人均交通和通信支出占全部消费支出的比重为5.9%,比全国城镇居民家庭低7.3个百分点;农村残疾人家庭人均交通和通信支出占全部消费支出的比重为6.0%,比全国农村居民家庭低6.1个百分点。

第三,残疾人家庭恩格尔系数高于全国平均水平,生活质量明显落后。2014年度,残疾人家庭恩格尔系数为46.4%,比全国居民家庭恩格尔系数高出16.4个百分点。其中,城镇残疾人家庭恩格尔系数为45.7%,高出全国城镇居民家庭15.7个百分点;农村残疾人家庭恩格尔系数为46.8%,高出全国农村居民家庭13.2个百分点。残疾人家庭生活质量明显落后于全国平均水平。

第四,残疾人家庭人均住房使用面积明显低于全国水平。2014年度,虽然残疾人家庭人均住房面积比上年度有了提高,但仍与全国水平有较大差距。

第五,残疾人家庭电器化水平低于社会平均水平。居民用电量是反映居民家庭电器化普及程度的一个非常重要的指标,也是反映居民生活质量的重要指标。2014年度,残疾人家庭人均生活用电量为326.8千瓦小时,比上年度增长4.9%,指数为65.4%。从主要家用电器来看,2014年度,城镇残疾人家庭每百户拥有彩电、电冰箱、洗衣机分别为93.8台、79.9台、79.0台,农村残疾人家庭分别为82.6台、46.3台、47.1台,均远低于城乡一般居民家庭平均水平。

第六,残疾人社会保障制度有待进一步完善,实施力度应加大。社会保障是残疾人重要的收入来源,但是目前低保标准相对过低。以2013年标准为例,2013年全国城市低保平均标准为373元/人/月,约合每人每年4476元,相当于城镇居民收入的16.6%,家庭人均消费性支出的24.8%,人均食品支出的70.9%,是城镇最低10%收入户的人均消费性支出的61.3%。2013年全国农村低保平均标准为2434元/人/年,相当于农村家庭人均消费性支出的39.8%,是农村居民中等偏下收入户人均消费支出的54.5%。① 也就是说,目前低保标准无法保障享有者维持与最低收入户平均的生活水平。

2014年度有劳动能力未就业残疾人的生活主要来源:城镇依次为靠家庭其他成员供养(37.2%)、离退休金(27.8%)和领取基本生活费(23.5%),农村依次为靠家庭其他成员供养(66.6%)、其他(19.2%)和领取基本生活费(11.9%)。与上年度相比,城乡残疾人领取基本生活费的比例均有所下降。

还有相当部分省份尚未建立贫困残疾人生活补贴制度和重度残疾人护理补贴制度,已建立的标准较低。中国残疾人状况和小康进程监测数据显示,2014年仍有相当部分城镇残疾人没有参加任何社会保险。国家规定自2011年起将农村重度残疾人的个人参合费用纳入农村医疗救助资助范围,但这一政策在一些地方尚未落实。新农保和城镇居民养老保险对残疾人的扶助政策在有些地方执行情况不尽如人意。

9.2.2　残疾人就业有关法律规定未能有效落实

就业是改善残疾人生活状况和社会地位的最主要途径,2007年到2014年度,

---

① 资料来源于民政部网站。

城镇就业年龄段有自理能力残疾人登记失业率平均在10%左右,是城镇居民失业率的三倍多。中共十八大提出了推动实现更高质量的就业,然而残疾人的就业问题仍十分突出,残疾人状况监测显示,全国城镇就业年龄段近半数有就业需求的残疾人未实现就业。残疾人就业率低、失业率高,2014年度残疾人登记失业率高达9.8%,远高于全国登记失业率4.1%的水平。实际情况远不仅此。在已经就业的残疾人中,虚假就业、同工不同酬、强迫劳动的现象时有发生,残疾人从事的大多是缺乏知识和技术含量的简单体力劳动,收入低、稳定性差是这些工作的共性。很多单位本来有适合残疾人工作的岗位,却不依法按比例安排残疾人就业,有的省份接收残疾人就业达到规定比例的单位不到5%。

残疾人未就业原因最主要是丧失劳动能力,2014年城镇残疾人占比29.1%,农村占比36.1%。除残疾人身体状况原因外,约有46.4%的残疾人认为缺乏专业知识和技能是制约就业的最主要因素。23.8%的残疾人认为就业信息缺乏也是影响就业的重要因素,与残疾人找工作主要靠熟人介绍一致。①

近年来,受国际金融危机、市场竞争和有关政策调整的影响,各地福利企业数量和就业人数呈不断减少趋势。《残疾人保障法》关于残疾人福利性单位专产专营的规定基本上没有落实。

在残疾人就业保障金征收和使用方面,相当数量的用人单位(包括国家机关、事业单位),长期以来既不按比例安排残疾人就业,也不按规定缴纳残疾人就业保障金。一些地方不按规定使用残疾人就业保障金,将残疾人就业保障金用于就业以外的事项,在一些地区,残疾人就业保障金已成为残疾人事业经费的主要来源。财政部1995年制定的《残疾人就业保障金管理暂行规定》中的一些内容与当前形势已不相适应。2014年11月,国务院发布《国务院关于扶持小型微型企业健康发展的意见》(国发〔2014〕52号),其中规定"自工商登记注册之日起3年内,对安排残疾人就业未达到规定比例、在职职工总数20人以下(含20人)的小型微型企业,免征残疾人就业保障金"。意见的发布对残疾人就业的影响有待评估。

9.2.3 残疾人医疗康复工作有待进一步加强

残疾对残疾人的日常生活功能造成了不同程度障碍,医疗康复是帮助残疾人恢复和补偿身体功能,提高生活质量的重要手段。我国残疾人医疗康复需求与接

---

① 全国人大内务司法委员会、中国残疾人联合会:《〈中华人民共和国残疾人保障法〉立法后评估报告》。

受服务比例之间存在巨大差距,医疗救助始终是残疾人家庭最迫切的需求。2006年第二次全国残疾人抽样调查显示,残疾人对医疗服务和救助、康复训练和服务、辅助器具配备服务需求的比例分别为72.8%、27.7%、38.6%,而曾接受服务比例仅占残疾人口的35.6%、8.45%、7.31%。2011年12月中国残联《〈中华人民共和国残疾人保障法〉立法后评估报告》调查基本得出类似结论。① 2014年度城镇有约50%、农村约60%的残疾人家庭有医疗救助需求,约30%残疾人家庭有康复救助需求。也就是说,康复服务供给与残疾人的康复需求相比还不相适应,有较大差距,农村相当多的残疾人还未得到康复服务,残疾人康复机构、人才队伍建设有待加强,服务能力、质量有待提升,残疾人康复保障制度还不健全,覆盖面还比较窄,现有的保障制度和公共服务内容缺乏针对残疾人康复需求的更多的特惠政策和措施。多数地方康复机构少、资源不足,康复专业技术人才匮乏,无法为残疾人提供便捷有效的服务。从九个省(自治区、直辖市)的调查统计来看,有相当数量的市、县迄今没有康复服务机构。

对残疾儿童早期康复治疗投入不足,康复项目覆盖面较窄,有需求的残疾儿童得不到及时的康复治疗,错过了最佳康复时机。特别是智力残疾、自闭症和脑瘫儿童康复训练费用过高,残疾人家长无力承担。

精神病具有长期性、易发性、致残率高等特征,大部分患者家庭难以承受长期的、日积月累的医疗负担,容易拖延治疗而加重患者病情。各地获得基本药物免费治疗和住院救助的重性精神病人比例很低。许多重性精神病患者得不到及时有效治疗,给家庭带来沉重压力,也给社会公共安全带来隐患。

康复资源和经济条件是制约残疾人康复的重要因素。在全世界康复发达地区,社区康复也比较完善和发达。社区康复是残疾人参与康复的重要场所,但我国约有55%的社区(村)仍没有康复机构,况且目前社区康复服务能力、服务内容和服务水平有待加强,远不能满足残疾人的康复需求,中西部地区尤其薄弱。农村残疾人由于康复机构缺乏及布局分散等原因使得康复难的问题更加突出。除康复资源缺乏外,残疾人家庭的经济条件也是制约接受康复服务的重要原因,主要表现在残疾人医疗康复支出多、残疾人人均可支配收入与全国城乡居民可支配收入的比例在2007—2014年一直维持在55%—59%,而残疾人医疗支出费用平均较全国城镇居民多12.4%,较农村多9.4%。虽然残疾人超过90%已经加入城镇职工、居民

---

① 全国人大内务司法委员会、中国残疾人联合会:《〈中华人民共和国残疾人保障法〉立法后评估报告》。

基本医疗保险或新型农村合作医疗制度,但是基本医疗保障制度存在的起付线、保障范围窄、保障水平低等问题,并未有效缓解残疾人看病贵、看病难的问题。

9.2.4 残疾人整体受教育水平较低

总体上看,我国特殊教育整体水平不高,发展不平衡。一是残疾儿童接受义务教育的比例远低于全国义务教育入学率99%以上的水平,盲、聋、智力残疾儿童接受义务教育的比例普遍较低,有的省仅有20%左右,多重障碍、自闭症及脑瘫等中重度残疾儿童入学还存在很大困难。据教育部、中国残联统计,目前全国还有许多适龄残疾儿童少年未入学,这其中60%左右是因为生活在贫困地区,家庭非常贫困,还有很多人残疾程度较重。二是随班就读的教育质量存在不少问题,许多地方缺乏政策支持,随班就读教师普遍缺乏特教专业知识和技能。三是许多地方对特殊教育支持力度不够,特殊教育学校及师资配置不足。一些特教学校办学条件差,师资力量薄弱。有的地方特教津贴落实不好,教师积极性受到影响。四是残疾人职业教育的规模和质量不能满足需求,存在投入不足、基础建设落后、管理制度不完善、师资队伍专业化程度低、专业设置单一等问题。五是残疾人学前教育、高中教育有待发展,对残疾学生的资助力度有待加大。六是残疾人接受高等教育考试制度有待完善。

9.2.5 残疾人文化体育活动参与率偏低

残疾人文化体育是重要的精神活动,对促进残疾人平等参与社会具有重要意义。近年来残疾人参与文化体育水平增高,但与非残疾人相比仍有很大差距。

2007年到2014年的监测报告显示,残疾人用于教育文化方面的支出呈增多趋势,2014年城镇残疾人达到人均491.5元,农村残疾人达到人均262.8元,残疾人用于教育文化方面支出占总支出的比例基本维持在其他居民的50%左右。但从2007年到2013年,残疾人用于家庭教育文化支出与其他居民相比差距逐渐增大,2007年城镇居民用于教育文化等方面支出是残疾人支出的3.4倍,到2013年增大到5倍,2013年农村居民支出是残疾人支出的2.1倍,反映了残疾人的教育文化消费能力较弱,与其他居民相比参与文化体育等活动支出明显减少。

残疾人监测数据显示,2014年底仍有93%左右的残疾人不经常参加社区举行的文化体育活动,约60%的残疾人从不参加。虽然通过残疾人文化周、体育健身周和文化进社区等活动极大改善了我国基层残疾人参与文化体育的状况,但基层残疾人文化活动仍然相对匮乏,特别是农村残疾人文化生活基本空白。无障碍设施和特殊文化服务的缺失,使实际生活中残疾人很难和健全人一样平等享有公共文化体育服务,残疾人看书难、看电影难、收听收看广播电视难、参与社区体育健身难和参与其他公共文化体育活动难的问题仍然突出,群众性残疾人文化体育活动较快发展的同时覆盖面依然有限,群众文化体育活动普及推广明显不足。由于受身体状况等原因影响,许多体育设施和健身项目不适合残疾人,残疾人面临着"无处可练、无法可练"与"不知道练什么和怎么练"的问题,有78.4%的残疾人表示从未接受过健身指导员的指导。①

9.2.6 无障碍环境建设任重道远

一是全社会无障碍意识有待进一步提高。一些社会成员对无障碍的内容、作用了解认识不足,有的还认为无障碍设施是对残疾人、老年人等群体的额外照顾,一些业主、单位对自身无障碍建设和改造的责任还不明确,对无障碍建设和管理也未给予足够的支持。二是一些新建无障碍设施不规范、不系统。无障碍建设相关技术标准尚未完全得到有效执行,一些新建的道路和建筑还存在没有建设无障碍设施或无障碍设施不规范等问题。有些项目在图纸审查时有无障碍设施的内容,但在施工时又被取消,验收时也未同步对无障碍设施建设情况进行验收。三是相当部分城市已建设施未进行无障碍改造。城市对无障碍改造的规划、投入不足,调动社会力量进行无障碍改造不足,还没有扶持、优惠政策,工作力度有待加大。四是无障碍设施管理亟待加强。当前,占用盲道等无障碍设施、破坏无障碍设施的现象还时有发生,有的甚至相当严重,影响了无障碍设施功能、作用的发挥。五是信息交流无障碍建设、残疾人家庭无障碍改造、农村无障碍建设等较为滞后。信息交流无障碍技术、产品研发特别是推广应用还较薄弱;政府财政对残疾人家庭无障碍改造支持力度不够,大量残疾人家庭未进行无障碍改造;城镇化推进过程中对无障碍建设和改造关注不够,农村无障碍建设还缺少行之有效的措施。此外,无障碍环境建设研究、人才队伍建设等工作也应加强。

9.2.7 残疾人接受法律服务覆盖率低

我国在残疾人接受法律服务、法律援助和司法救助方面取得了一些成就,但总

---

① 梁晓晓等:《全民健身中残疾人体育存在的问题及对策》,《知识经济》2009年第10期。

体来看残疾人法律服务的覆盖率较低,2014年接受法律服务的比例为14%。我国残疾人接受法律服务、法律援助和司法救助存在的问题与挑战主要有:第一,残疾人法律意识淡漠。由于宣传力度不够,残疾人往往对法律援助和司法救助不了解,法律意识淡薄。造成了他们在自身合法权益受到损害时,缺乏寻求法律帮助的意识。第二,法律救助需求高的难题未得到有效解决。伴随着经济社会的快速发展,残疾人涉法涉诉案件日益增多,但是残疾人普遍面临的请律师难、打官司难等问题并未得到有效缓解,亟须通过进一步深入开展残疾人法律救助工作予以解决。第三,法律援助机构与残联协调配合有待加强,导致对于残疾人法律服务不够专业,不能有效满足其法律需求和维护其切身利益。第四,残疾人法律救助专项经费很难保障。这既影响了律师办理残疾人法律援助案件的积极性,也难以有效维护贫困残疾人的合法权益。第五,服务机构比较单一,服务机制不够灵活。目前我国残疾人法律援助机构主要是政府各级法律援助机构和各级残联。社会组织、社会工作者、志愿者等对残疾人法律援助服务工作的参与度还不够,限制了为经济困难的残疾人提供法律援助服务的广度与深度。①

9.3 进一步加强残疾人权益保障工作的对策建议

残疾人事业是中国特色社会主义事业的重要组成部分。关心和帮助残疾人是社会文明进步的重要标志,是贯彻落实科学发展观、全面建设小康社会的必然要求,是社会主义制度优越性的重要体现。中共十八大报告指出要"健全残疾人社会保障和服务体系,切实保障残疾人权益",为今后一个时期加强残疾人权益保障工作指明了方向。

9.3.1 提高对残疾人事业重要性的认识,加强领导,加大投入

各级政府和社会各有关方面要进一步加强残疾人保障法等法律法规的宣传教育,提高对残疾人工作重要意义的认识,将残疾人事业纳入党和国家工作大局,加强领导,统筹安排,促进残疾人事业与经济社会协调发展。各级政府在推动经济不断发展的同时,要进一步加大对残疾人事业的投入,建立残疾人事业经费投入与经济发展同步增长机制。出台政策措施,鼓励社会力量参与残疾人事业。要在全社

---

① 夏慧:《残疾人法律援助工作中的问题与对策建议》,《中国司法》2014年第11期。

会普及"平等、参与、共享"的理念,尊重残疾人,消除对残疾人一切形式的歧视,为残疾人更好地融入社会创造条件。

9.3.2 多渠道增加残疾人收入,推进残疾人小康进程

收入是全面小康最重要的一个指标,中共十八大提出了2020年全面建成小康社会,实现国内生产总值和城乡居民人均收入比2010年翻一番的发展目标。国务院批转的《关于深化收入分配制度改革的若干意见》要求"低收入群体收入增长更快一些"。2014年度残疾人家庭人均可支配收入仅相当于全国居民家庭人均可支配收入的58.9%,全面提高残疾人社会保障和公共服务水平势在必行。其中,将农村残疾人作为重点对象优先纳入国家扶贫开发任务,加大农村贫困残疾人精准扶贫力度,增加残疾人收入;通过提高残疾人基本社会保险待遇和生活救助标准,全面实施贫困残疾人补贴救助和重度护理补贴制度,逐步建立重度精神障碍者免费服药和住院制度等特惠措施,减少残疾人生活及基本医疗康复等支出,切实缩小残疾人家庭人均收入与社会平均水平的差距。

9.3.3 健全残疾人社会保障制度,加强残疾人基本公共服务能力建设,提高残疾人生活水平

第一,加强社会救助,保障残疾人基本生活。各级政府应当采取有效措施,确保将符合条件的残疾人作为重点对象纳入城乡最低生活保障范围,实现"应保尽保",同时制定实施重度残疾人单独、全额享受低保的政策。同时,国家保障房、廉租房、危房改造工程应将残疾人列为重点援助对象,加强对残疾人的医疗康复等救助力度。

第二,帮助残疾人参加社会保险。落实城乡养老、医疗等社会保险重度残疾人参保费用由政府财政代缴政策,并进一步提高标准,同时扩大该政策的覆盖范围,使非重度残疾人也可以享受相应政策优惠,并探索建立推行残疾人参加商业保险优惠制度。

第三,发展残疾人社会福利制度。在全国全面推动贫困残疾人生活补贴和重度残疾人护理补贴制度,逐步提高补贴水平;继续实施残疾人家庭无障碍改造、残疾人机动轮椅车燃油补贴等福利政策,加大残疾人家庭无障碍改造财政支持力度,提高燃油补贴标准;有条件的地区先行先试,探索建立残疾津贴、残疾儿童补贴、交通补贴、辅助器具补贴等制度,并逐步推广。

第四,认真贯彻执行国家基本公共服务体系"十二五""十三五"规划,各级政府在基本公共服务体系建设过程中,应当针对残疾人的特殊性、多样性、类别化的服务需求,采取有效措施,使残疾人普遍得到基本公共服务,并不断提升服务能力和水平。

9.3.4 积极采取措施,切实保障残疾人就业权利

只有残疾人更多、更稳定地实现就业,或者他们的家庭成员有了较稳定的就业,才能根本改善生存状况,过上小康生活。各级政府、有关部门要千方百计促进残疾人就业创业,努力实现残疾人收入倍增。

第一,国家机关、事业单位、国有企业应带头安排残疾人就业。严格执行《残疾人保障法》和《残疾人就业条例》的相关规定,党政机关、事业单位要带头安排残疾人就业,公务员招考同等条件下要优先录用残疾人,国有和国有控股企业要确定适合残疾人就业的岗位,同时有关部门应进一步完善按比例安排残疾人就业的奖惩制度,鼓励、引导、带动更多的用人单位主动安排残疾人就业。

第二,调整残疾人就业优惠政策,多元化促进残疾人就业。有关部门应加强调研,尽快调整完善残疾人集中就业税收优惠政策,减少关于安排残疾职工人数的限制,提高税收优惠限额,使更多的企业能享受优惠,使企业能享受更高的优惠。通过资金、场地、租金、保险、税收优惠等扶持措施,多种方式扶持残疾人自主创业和灵活就业。开发适合残疾人就业的公益性岗位,帮助残疾人通过社区便民服务、居家服务、电子商务等多种形式实现就近就便就业。依托残疾人托养服务机构、工(农)疗机构、辅助性、庇护性工场等载体,采取各种扶持补贴和特殊劳动保障措施,大力推进智力、精神和重度残疾人辅助性就业。切实落实《残疾人保障法》中关于残疾人集中就业单位产品和服务的专产专营、采购优先的规定,制定实施相应扶持政策。修订现行的《残疾人就业保障金管理暂行规定》,进一步加强对残疾人就业保障金征收和使用的监管,充分发挥残疾人就业保障金对促进和保障残疾人就业的重要作用。

第三,积极开展残疾人职业培训,为残疾人实现就业奠定基础。有关部门应规范健全残疾人就业服务体系,提升其就业服务能力,大力开展残疾人职业培训,提高培训的实效,使有就业需求的各类残疾人普遍获得就业服务和职业技能培训。

第四,做好农村残疾人扶贫工作,改善农村残疾人生活状况。各级财政和扶贫部门,应加大残疾人扶贫开发的资金投入,有关部门应当在生产服务、技术指导、种

植养殖业等实用技术培训、农用物资供应、农副产品购销、信贷、安排农村社区基层岗位,发动共产党员、村干部、能人帮扶等方面,扶持农村残疾人通过参加生产劳动摆脱贫困。特别要通过扶持发展扶贫基地、专业合作社,安置带动农村残疾人实现就业或参加生产劳动。

9.3.5 提升医疗康复服务能力和水平,重视和加强残疾预防工作

第一,努力加强残疾人康复保障制度建设。加快残疾预防和残疾人康复条例制定进程,明确政府责任和社会义务,推动依法开展残疾人康复工作;有关部门应根据经济社会发展水平和残疾人的实际需求,进一步将残疾人急需的医疗康复项目纳入城乡基本医疗保障范围和基本公共卫生服务内容,出台针对残疾人康复训练的专项补助政策,提高残疾人的医疗康复保障水平。

第二,健全康复工作体系。紧抓中央深化医药卫生体制改革、建立健全覆盖城乡居民基本医疗卫生制度的机遇,推动资源整合、共享,完善康复医疗服务体系,充分发挥各级各类残疾人康复机构的作用,建立功能完善、服务连续的残疾人康复服务网络,进一步鼓励和引导民办康复机构等社会力量积极参与残疾人康复工作,逐步满足残疾人康复服务需求。有关部门应共同推进康复人才培养工作,提高专业化服务的能力和水平。

第三,做好重点人群康复和残疾预防工作。认真贯彻落实《中华人民共和国精神卫生法》,做好重度精神病人救治管理工作,推动精神病门诊服药、医疗费用报销政策的落实。特别要建立残疾儿童随报、康复救助制度,建立国家、地方分级负担的残疾儿童康复经费投入机制,使儿童在最佳康复期能得到较好的康复服务。有关部门和单位要制定国家预防出生缺陷、减少残疾的行动规划,系统开展残疾预防。

第四,加强基层社区康复工作。特别要大力推进城乡社区康复工作开展,把更多的财力、物力投向基层和农村,把更多的专业人才、技术力量引向基层和农村,把优质的服务送到残疾人身边,推进康复服务实名制,发挥科技、信息在康复工作中的作用,让更多的残疾人得到有效康复。

9.3.6 加强残疾人教育,为残疾人平等参与社会创造条件

第一,扩大残疾儿童少年义务教育规模。扩大普通学校随班就读规模。支持现有特殊教育学校扩大招生规模、增加招生类别。县(市、区)教育行政部门要统

筹安排特殊教育学校和普通学校教育资源,为确实不能到校就读的重度残疾儿童少年提供送教上门或远程教育等服务,并将其纳入学籍管理。

第二,积极发展非义务教育阶段特殊教育。各地要将残疾儿童学前教育纳入当地学前教育发展规划。普通高中和中等职业学校要积极招收残疾学生。根据需要,有计划地在高等学校设置特殊教育学院或相关专业,满足残疾人接受高等教育的需求。高等学校要积极招收符合录取标准的残疾考生,不得因其残疾而拒绝招收。

第三,加大特殊教育经费投入力度。义务教育阶段特殊教育学校生均预算内公用经费标准要在三年内达到每年6000元,有条件的地区可进一步提高。针对义务教育阶段残疾学生的特殊需要,在"两免一补"基础上进一步提高补助水平。完善非义务教育阶段残疾学生资助政策,积极推进高中阶段残疾学生免费教育。各级财政支持的残疾人康复项目优先资助残疾儿童。

第四,加强特殊教育基础能力建设。合理布局,科学规划,支持残疾人中等职业学校和高等院校新建或改扩建一批急需的基础设施,扩大残疾人接受中、高等教育的规模。加大对薄弱特殊教育学校配备教育教学和康复设施的支持力度。

第五,加强特殊教育教师队伍建设。出台特殊教育学校教职工编制标准。全面落实国家规定的特殊教育津贴等特殊教育教师工资待遇倾斜政策。加大特殊教育教师培养力度。加大国家级教师培训计划中特殊教育教师培训的比重。

第六,深化特殊教育课程教学改革。制定盲、聋和培智三类特殊教育学校课程标准。新编和改编盲、聋和培智三类特殊教育学校的义务教育阶段课程教材。注重学生的潜能开发和功能补偿。增加必要的职业教育内容,强化生活技能和社会适应能力培养。加强个别化教育,增强教育的针对性与有效性。

9.3.7 充分利用社会资源,统筹解决残疾人照护和托养问题

残疾人和老年人对日常照护、托养都有较大的需求,应统筹考虑养老服务体系和残疾人服务体系建设。一是加强社区综合服务设施建设,使社区综合服务设施既能成为老年人居家养老的重要依托,也能成为残疾人日常照料护理、居家养残的平台,充分发挥社区综合服务设施的功能。二是统筹考虑残疾人托养机构和养老机构、儿童福利机构建设,既要建设一批用于托养精神、智力和重度肢体残疾人的专门残疾人托养机构,又要充分发挥已建成的残疾人综合服务设施、康复中心以及敬老院、养老院等机构的作用,支持民办的托养机构,充分利用现有设施为残疾人

提供照护、托养服务。

9.3.8 切实贯彻落实《无障碍环境建设条例》,全面推进城乡无障碍环境建设

切实贯彻《无障碍环境建设条例》,加强条例的宣传,营造条例实施的良好社会氛围,同时加强条例实施的监督检查。各地要依据条例精神,加快制定、修订并实施地方无障碍建设法规、规章,深入开展创建全国无障碍环境市、县工作,用法律法规指导和规范无障碍建设和管理,切实推进无障碍建设上一个新水平,做到全覆盖、高标准、系统化、人性化,依法维护残疾人参与社会生活的权利。

一、进一步建立健全无障碍环境建设长效工作机制

无障碍环境建设涉及市政建设、公共交通、信息交流、社区服务等诸多领域,是一项综合性、跨部门的系统工程。不是哪一家能独立完成得了的事情,需要在政府统一领导下,有关部门齐抓共管。无障碍设施建设、无障碍信息交流分别是我国城乡建设、信息化建设的重要组成部分,此外,与无障碍建设相关的主要部门还有民政、交通运输、教育、公安、文化、财政、发改委、旅游、新闻出版广电、民航、铁路等部门,只有各部门齐抓共管,无障碍环境建设才能全面推进。因此,建立健全政府主导,有关部门各司其职,协调配合的推进无障碍环境建设长效工作机制十分必要。同时残联、老龄协会最了解残疾人、老年人的无障碍需求,多年来残疾人组织、老龄部门积极参与了无障碍建设并取得较好效果,因此残联、老龄部门在推进无障碍建设中应进一步切实发挥反映、呼吁、协调、配合、推动等作用。

要丰富宣传内容和创新宣传形式,切实提高全社会无障碍意识,让社会公众了解无障碍,充分认识无障碍的内涵和作用,营造全社会支持参与无障碍环境建设的良好社会氛围。同时也要提高残疾人维护自身无障碍权益的意识,为残疾人反映诉求、参与无障碍建设和管理畅通渠道、创造条件、提供保障。

二、严格加强新建道路、建筑物执行《无障碍设计规范》国家标准的监管

如果道路和建筑物建成后再进行无障碍设施改造,势必造成资源浪费,增加建设成本,因此应执行《无障碍环境建设条例》的相关规定,强制性要求城镇新建、改建、扩建道路、公共建筑、公共交通设施、居住建筑、居住区,应当符合无障碍设施工程建设标准;无障碍设施工程应当与主体工程同步设计、同步施工、同步验收投入使用。住房城乡建设主管部门在工程设计、施工、建设、监理等环节要严格把关,对不执行无障碍设施工程建设标准的行为,依据《残疾人保障法》《建筑法》,特别是

《无障碍环境建设条例》《城市道路管理条例》《建设工程质量管理条例》的相关规定进行处罚。同时要因地制宜地推动农村、小城镇无障碍建设,做到区域、城乡无障碍建设协调发展。

三、加快推进已建道路和建筑物的无障碍设施改造

这是推进无障碍建设的重点,也是难点。为切实加快无障碍设施改造工作,应从以下四个方面推进:一是县级以上人民政府切实制订无障碍改造计划并组织实施。二是推进所有权人或者管理人切实履行无障碍改造的主体责任。三是优先推进以下场所无障碍改造:特殊教育、康复、社会福利等机构;国家机关的公共服务场所;文化、体育、医疗卫生等单位的公共服务场所;交通运输、金融、邮政、商业、旅游等公共服务场所。这些与残疾人等社会成员日常生活出行密切相关。四是有关主管部门应当切实制定民用航空器、客运列车、客运船舶、公共汽车、城市轨道交通等公共交通工具无障碍设施技术标准并确定改造达标期限。只有这样,无障碍改造才能落到实处,取得实效。

四、规范已建无障碍设施的保护和维修,确保无障碍设施发挥正常功能

明确要求所有权人或者管理人应当对无障碍设施进行保护维修,确保无障碍设施正常使用。如不限期维修,特别是造成使用人人身、财产损害的,严格按照有关法律规定进行处罚。同时,对破坏、占用盲道、残疾人专用停车位等无障碍设施的行为,依法进行相关处罚。

五、加快发展信息交流无障碍建设

随着信息技术的发展和社会信息化程度的提高,方便地获取、交流信息对残疾人等社会成员显得愈发重要。今后应从以下几个方面加快发展:一是县级以上人民政府及其有关部门发布重要政府信息和与残疾人相关的信息,应当创造条件为残疾人提供语音和文字提示等信息交流服务。这对残疾人至关重要,体现了对残疾人权利的尊重,体现了残疾人的公民权、知情权。二是国家举办的升学考试、职业资格考试和任职考试,有视力残疾人参加的,应当为视力残疾人提供盲文试卷、电子试卷,或者由工作人员予以协助。目前,人社部举办的心理咨询师考试等使用电子试卷。北京联合大学特殊教育学院招收盲人学生也采用盲文卷、大字卷、电子试卷等形式。此规定应逐步推广执行。三是设区的市级以上人民政府设立的电视台在播出电视节目时配备字幕,每周播放至少一次配播手语的新闻节目。这对聋人来说至关重要。需要强制实施,以保障聋人权益。四是设区的市级以上人民政

府设立的公共图书馆应当开设视力残疾人阅览室。五是残疾人组织的网站应当达到无障碍网站设计标准,设区的市级以上人民政府网站、政府公益活动网站,逐步达到无障碍网站设计标准。

六、提高无障碍社区服务水平,进一步为残疾人参与社区生活创造条件

社区生活与残疾人等社会成员密切相关,为了提高无障碍社区服务水平,应从以下四个方面改进:一是社区公共服务设施应当逐步完善无障碍服务功能;二是地方各级人民政府应当逐步完善报警、医疗急救等紧急呼叫系统,方便残疾人等社会成员报警、呼救。这对残疾人尤其重要。残疾人遇到这些潜在的危险时,如没有报警措施,将危及残疾人的安全、生命。三是对需要进行无障碍设施改造的贫困家庭,县级以上地方人民政府应给予适当补助。这对于切实改善和消除残疾人家庭生活障碍,维护残疾人权益,提高残疾人生活品质,使残疾人更有尊严地生活,促进残疾人全面小康实现具有重要意义。各级政府应切实加大投入。四是组织选举的部门应当为残疾人参加选举提供便利,为视力残疾人提供盲文选票。这是保障视力残疾人政治权利的具体举措。

9.3.9 丰富文化体育生活,促进残疾人社会参与和融入

丰富、活跃残疾人群众文化体育生活,发展残疾人特殊艺术和竞技体育,是激励残疾人自强不息的重要形式。2014年度,全国残疾人社区活动参与率仅为40.6%,还有一半以上的残疾人没有真正走出家门,融入社会。因此政府应采取有力措施,促进残疾人公共文化体育服务和社区服务水平的持续提高,组织开展群众性残疾人文化体育活动,有条件的县级以上公共图书馆应普遍设立盲人阅览室(区域),配备盲文图书、有声读物和阅听设备。鼓励有条件的电视台开办手语栏目,主要新闻栏目加配手语并加配字幕,影视剧、文艺节目、网络视频和音像制品全部加配字幕。扶持盲文图书、盲人有声读物、残疾人题材图书和音像制品出版。培育残疾人文化艺术品牌。加强残疾人群众体育工作,提高残疾人竞技体育训练竞赛科学化水平。

10 社会福利制度改革与发展报告

李滨生　常品超　池振合　石磊　苏珊　张君

中国社会福利制度是以国家为主体,通过提供货币津贴、实物供给和社会服务方式,为生活困难的老人、儿童和残疾人等特殊困难群体提供生活保障,提高其生活水准和自立能力而建立的制度。中国的社会福利制度始于中华人民共和国成立初期的计划经济时代,其鲜明特点是社会福利和社会救济紧密结合在一起。

10.1　老年人社会福利制度建立及改革

近年来,我国人口老龄化趋势日益严重(见图10-1)。从图中可以看出,1990—2013年中国65岁及以上老年人口抚养比持续上升,已经由1990年的8.3%上升到2013年的13.1%,年均上升两个百分点。特别是近年来,65岁及以上老年人口抚养比上升速度加快。2008—2013年,老年人口抚养比由11.2%上升到了2013年的13.1%,年均增长3%。因此,推动老年人社会福利制度改革,完善老年人社会福利体系,使老年人得到美满的晚年生活是老年人保障体系建设的重要任务之一。

老年人社会福利,广义上是指国家和社会通过社会化的福利设施和有关福利津贴,以满足老年人的生活服务需要并促使其生活质量不断得到改善的一种社会政策。狭义的老年人社会福利则是指根据老年人的特殊需求和老年人自身的特点,由社会向老年人提供特殊的、照顾性的物质和社会服务。素有"敬老""尊老"美誉的中华民族,自古以来,都以德高望重的"长老"为氏族敬仰的对象。我国古

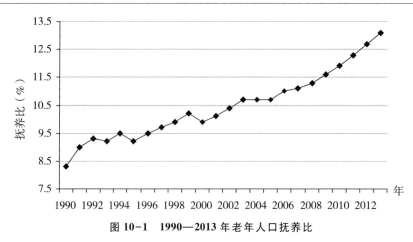

图10-1 1990—2013年老年人口抚养比

数据来源:国家统计局年度数据库,http://data.stats.gov.cn/workspace/index? m=hgnd。

代老年人的社会福利应该说大多体现为一种思想、传统和零散的规范,而真正意义上的老年人社会福利制度和体系是从中华人民共和国成立以后开始形成和建立。中华人民共和国成立以后我国的老年人社会福利发展与改革体现为以下几个阶段:

10.1.1 计划经济时期(1949—1978年)

中华人民共和国成立之初,面对饱受战争创伤的国家现实,建立和恢复国民经济,成为摆在新生政权面前的重要任务。在整个国民经济体系重建和实现人民当家做主的过程中,如何保护弱势群体在国家中的合法地位,如何体现社会主义国家的优越性,是摆在新生政权面前的重要问题。政府采取一些有力措施将一些外国资本和私人兴办的社会福利机构收归国有,并通过合理、合法的转化、吸收和改造,使之成为社会主义经济的重要组成部分,并形成了以国家为主体承办的社会福利事业和机构。中华人民共和国成立之后,国家开始制定并实施社会保障政策。在城镇,企业职工实行了劳动保险政策,建立了城镇企业职工的劳动保险制度;机关事业单位则实行退休和公费医疗政策,上述两项社会保障政策的实行标志着中国城镇社会保障制度的建立。

1951年,政务院颁布《中华人民共和国劳动保险条例》并于1953年对其进行修订后正式颁布了《中华人民共和国劳动保险条例》,这标志着劳动保险制度的正式诞生。城镇企业职工劳动保险制度的框架主要包括以下方面:

(1)全部劳动保险费用由企业行政方面或资方负担,其数额为参加劳动保险企业全部工人和职员工资总额的3%。开始实行劳动保险的头两个月内,企业将劳动保险金全额存于中华全国总工会户内,形成劳动保险总基金。自开始实行的第三个月起,30%的劳动保险金存于中华全国总工会户内,作为劳动保险总基金;70%的劳动保险金存于该企业工会基层委员会户内,作为劳动保险基金。

(2)劳动保险的险种主要包括工伤保险、医疗保险、养老保险、生育保险和集体劳动保险。

(3)劳动保险金由劳动保险总基金、劳动保险基金、调剂金组成。劳动保险总基金由全国总工会用于举办集体劳动保险事业。劳动保险基金由工会基层委员会用于支付各项抚恤费、救济费、补助费以及本企业集体劳动保险事业的补助费。调剂金由省、市工会组织或产业工会全国委员会用于对所属工会基层委员会劳动保险基金不足开支时的补助或举办集体劳动保险事业。

与此同时,政府机关及事业单位工作人员的社会保障制度也得以建立,但是它与城镇企业劳动人员实行的劳动保险政策不同。政府机关及事业单位采取国家保障政策,他们所有的社会保障支出完全由国家财政负担。

老年人社会福利结构呈现出城乡二元化,城镇建立起了为老年人提供收入保障的养老保险制度,而同期农村专门针对老年人的福利制度只有"五保"制度。1956年《高级农业生产合作社示范章程》规定了对生活没有依靠的老弱孤寡残疾社员,给予保吃、保穿、保住、保医,年幼的保证受到教育和年老的保证死后安葬,简称"五保"。1958年,农村开始出现由集体举办的敬老院等社会福利设施。

表10-1显示了这一时期具体的老年人社会福利制度。

表10-1 初创时期的老年人社会福利制度

项目	法律依据	内容
社会救助	《高级农业生产合作社示范章程》《农村人民公社工作条例(修正草案)》	民政部门为"三无"老人和"五保户"提供低水平的救济和服务。
社会保险	《中华人民共和国劳动保险暂行条例》《国家机关工作人员退休处理暂行办法》	(1)企业职工的养老金替代率由本人工资的35%—60%提高到本人工资的50%—70%。(2)养老金替代率由本人工资的35%—60%提高到本人工资的50%—70%。
社会福利	《关于工人、职员退休处理的暂行规定》	由老年人所在的企业承担老年人退休后的生活、医疗保健、娱乐和服务等。

资料来源:钟仁耀:《社会救助与社会福利》,上海财经大学出版社2009年版,第132页。

根据经济和社会发展的需要,国家对城镇养老保险制度进行了适当调整。1958年,城镇企业的退职养老制度改为退休养老制度,城镇企业和国家机关及事业单位的工人、职员的养老保障制度得以统一。从1969年开始,国营企业一律停止提取工会经费和劳动保险金,企业的退休职工、长期病号和其他劳保开支,改在企业营业外列支。① 上述规定取消了劳动保险金和部分福利经费的社会统筹,使企业职工的劳动保险制度丧失了通过保险机制应对风险的属性,导致职工的社会保障转变为企业保障。计划经济条件下,国营企业由国家所有并由国家经营,国家对企业负有全部责任,因此国营企业的企业保障是一种间接形式的国家保障制度,与机关及事业单位的保障制度具有相同本质。

总之,中华人民共和国成立初期实行了城乡有别的老年福利政策,老年人福利主要分为以劳动保险为主体的企业职工老年收入保障和以国家保障为主体的国家机关及事业单位职工老年收入保障。农村老年福利只有零星的几个项目,如"五保"老人供养制度、农村社会救助和农村合作医疗。

10.1.2　改革开放以后(1978—2002年)

经历过十年"文化大革命"的动乱,1976年至1978年我国进入两年徘徊时期。但是之后,特别是在党的十一届三中全会以后,我国的社会福利事业伴随着改革开放的春风,不断恢复、调整,并在原有的基础上有了进一步的发展,逐步形成了覆盖面更广、措施更有效、惠及百姓更多的社会福利体系。对老年人这一特殊而重要的群体,我国不仅恢复了过去的社会福利事业,而且管理也更为科学,服务也更为人性化。1979年城市老年人社会福利工作开始开展孤老职工的自费收养工作,老年人福利服务的对象第一次突破了"三无"对象的范围。自20世纪80年代中期开始,民政部开始探索"社会福利社会化"的福利发展模式。社会福利社会化的内容包括服务对象的社会化、资金来源的社会化、管理的社会化、服务设施的社会化和服务队伍的社会化等。从1992年开始,老年人社会福利进入了全面改革阶段。

一、城镇企业职工养老保险由"现收现付"模式转变为"统账结合"模式

通过1997年对城镇职工养老保险制度的改革,中国政府对其缴费、待遇、管理等方面作了统一规定,建立了全国统一的城镇职工养老保险制度。

首先,城镇企业职工养老保险由基本养老保险与企业补充养老保险和个人储

---

① 刘翠霄:《我国社会保障制度概述》,http://blog.china.com.cn/sp1/liucuixiao/160018129854.shtml。

蓄性养老保险两部分组成。基本养老保险又分为社会统筹和个人账户两部分。企业所缴纳养老保险费的一部分进入社会统筹账户,按照"现收现付"的财务模式进行运作。职工个人所缴纳的养老保险费以及企业缴费的一部分进入个人账户,按照"基金积累"的财务模式进行运作。

其次,企业缴纳基本养老保险费的比例一般不得超过企业工资总额的20%,个人缴纳基本养老保险费最高达到本人缴费工资的8%。个人缴费全部记入个人账户,其他部分从企业缴费中划入,其中个人账户规模为个人缴费工资的11%。

最后,达到退休条件的职工的养老金由基础养老金和个人账户养老金组成。基础养老金月标准为职工所在地上年度职工月平均工资的20%,个人账户养老金月标准为本人账户储存额除以120。

经过改革,中国城镇职工的养老制度由企业养老过渡到"统账结合"模式养老保险。这一时期虽然国家机关及事业单位的养老制度进行过调整,但是仍然实行的是计划经济时期确立的离休和退休制度。

二、企业医疗保障制度由企业保障转变为"统账结合"的医疗保险制度

计划经济条件下,城镇企业中医疗保障制度由企业负担,实质是一种国家间接负责的公费医疗制度。由于缺乏费用控制机制,导致医疗费迅猛增长,给财政和企业增加了巨大的财务压力。从1994年开始,国务院在江苏镇江和江西九江进行城镇职工医疗保障制度改革试点工作并取得了良好的成效。在总结试点经验的基础之上,中国政府于1998年开始在全国建立城镇职工基本医疗保险制度。医疗改革主要包括以下内容:

第一,统一了城镇职工医疗保险制度,城镇所有用人单位都要参加城镇基本医疗保险制度,包括:企业(国有企业、集体企业、外商投资企业、私营企业等)、机关、事业单位、社会团体、民办非企业单位及其职工。虽然《关于建立城镇职工基本医疗保险制度的决定》规定,包括机关和事业单位在内的所有用人单位都要参加城镇职工基本医疗保险,但是机关和事业单位并没有参加到城镇职工基本医疗保险制度中,它们仍然实行计划经济时期建立的公费医疗制度。

第二,基本医疗保险费由用人单位和职工共同缴纳。用人单位缴费率控制在职工工资总额的6%左右,职工缴费率一般为本人工资收入的2%。

第三,基本医疗保险施行"统账结合"的财务模式。建立基本医疗保险统筹基金和个人账户。职工个人缴纳的基本医疗保险费,全部计入个人账户。用人单位缴纳的基本医疗保险费分为两部分,一部分用于建立统筹基金,一部分划入个人账

户。划入个人账户的比例一般为用人单位缴费的30%。

第四,建立起了医疗费用的控制机制。统筹基金和个人账户要划定各自的支付范围,分别核算,不得互相挤占。

第五,确立了城镇基本医疗保险的管理体制。基本医疗保险原则上以地级以上行政区为统筹单位,也可以县为统筹单位。除个别部门和行业外,基本医疗保险实行属地化管理。社会保险经办机构负责基本医疗保险基金的筹集、管理和支付。

随着经济体制改革尤其是国有企业改革的不断深入,国有企业职工大量下岗。由于失去了主要的收入来源,下岗工人家庭陷入贫困之中,中国政府于1997年在全国范围内建立起了城镇最低生活保障制度,以此保障城市贫困人口的基本生活。城市最低生活保障制度的保障对象主要分为三类:"三无"(无生活来源、无劳动能力、无法定赡养人或抚养人)人员、家庭人均收入低于最低生活保障标准的失业人员、家庭收入低于最低生活保障标准的在职人员和下岗人员。实施最低生活保障制度的资金由各级政府财政负担。城市最低生活保障制度建立之后,更多的城市贫困人口受到了最低生活保障制度的保障。

总之,改革开放时期,城镇老年福利侧重于对于城镇企业职工社会保险体制的改革,建立起了结构完整的城镇职工社会保险制度。与城镇形成鲜明对比的是农村的社会福利制度,不仅没有得到进一步完善,相反在计划经济时期形成的社会保障子项目逐渐瓦解,比如农村合作医疗。

10.1.3 进入21世纪后(2002—2012年)

在改革开放时期,中国社会保障制度建设取得了巨大的成就,但是社会保障制度仍然存在一些缺陷,有待进一步完善。① 城镇职工基本养老保险个人账户资金被大量挪用,个人账户空账运行,使得"统账结合"的养老保险制度名存实亡。农村社会保障制度严重滞后,不利于农民生活水平的提高,制约农村发展,影响城乡统筹进程。鉴于上述情况,中国政府提出加快建设与经济发展水平相适应的社会保障体系,其主要内容可以概括为以下几个方面:

一、完善已建立起来的城镇社会保障项目

第一,扩大基本养老保险覆盖面,将城镇各类企业职工、个体工商户和灵活就

---

① 王延中:《中国社会保障制度改革的回顾与发展》,《经济学动态》2001年第10期。

业人员都纳入到基本养老保险的范围之内。城镇个体工商户和灵活就业人员缴费为上年度当地在岗职工平均工资的20%。城镇个体工商户和灵活就业人员缴费的8%记入个人账户,退休后按企业职工基本养老金计发办法计发基本养老金。第二,调整个人账户规模并逐步做实个人账户。个人账户规模由原来的11%减少到8%。个人账户全部由个人缴费形成,企业缴费不再计入个人账户。第三,改革基本养老保险计发办法。第四,建立企业年金。符合条件的企业可以建立企业年金,企业年金基金实行完全积累,采取市场化的方式进行管理和运营。

二、推进机关及事业单位养老保障制度改革

由于各方面的原因致使机关事业单位职工养老保障制度改革进展缓慢,它们仍然实行计划经济条件下形成的离休、退休制度。因此,在城镇养老保险制度中形成了企业职工养老保险和机关事业单位国家保障两个相互独立的养老保障体系。机关及事业单位养老保障制度与城镇企业职工养老保险制度之间的差异,不利于劳动力在机关及事业单位与企业之间的正常流动。同时,机关及事业单位养老保障制度存在巨大的待遇差距,造成居民收入不平等。因此,要推进机关及事业单位养老保障制度的改革,以此为突破口推动机关及事业单位其他社会保障项目的改革,如公费医疗制度。

三、加快农村社会保障制度建设

与城镇社会保障制度相比,农村社会保障制度严重滞后,所以加快农村社会保障制度建设是这一时期社会保障政策的又一重点。农村社会保障制度的发展主要包括以下方面:

(一)建立农村新型合作医疗制度

计划经济条件下建立起来的合作医疗制度随着农村家庭联产承包责任制的实行而瓦解。农村居民的医疗保障方式绝大多数为个人负担,极大地增加了农民的负担。从图10-2中可以看出,1998年,农村居民中以个人负担作为医疗保障方式的占87.3%。2003年,中国开始在全国范围内进行新型农村合作医疗试点并在此基础之上逐步推广。新型农村合作医疗实行国家、集体、个人责任共担,农民以家庭为单位自愿参加新型农村合作医疗,按时足额缴纳合作医疗经费,乡(镇)、村集体要给予资金扶持,中央和地方各级财政每年要安排一定专项资金予以支持。农民个人每年的缴费标准不应低于10元,地方财政每年对参加新型农村合作医疗农民的资助不低于人均10元,中央财政每年通过专项转移支付对中西部地区除市区以外的参加新型农村合作医疗的农民按人均10元安排补助资金。农村合作医疗制度主要承担参加新型农村合作医疗农民的大额医疗费用或住院医疗费用。

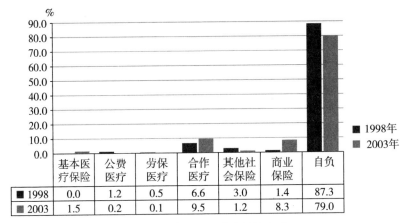

图10-2 农村居民医疗保障方式

数据来源：中华人民共和国卫生部：《2008年中国卫生统计提要》，2008年5月30日，http://202.96.155.170/publicfiles/business/htmlfiles/zwgkzt/ptjty/digest2008/q26.htm。

从2006年开始，国家加大了中央和地方财政对新型农村合作医疗制度的支持力度。中央财政对中西部地区除市区以外的参加新型农村合作医疗的农民由每人每年补助10元提高到20元，地方财政也要相应增加10元。新型农村合作医疗保险制度迅速在全国范围内推开，截止到2006年年底，全国已有1451个县（市、区）开展了新型农村合作医疗，覆盖人口为5.08亿人，4.1亿农民参加了合作医疗，参合率为80.7%。2006年全国共补偿参加新型农村合作医疗的农民2.72亿人次，补偿资金支出合计为155.81亿元。

（二）建立农村最低生活保障制度

虽然改革开放之后农村贫困人口数量迅速下降，但是农村仍有许多居民处于贫困之中。2006年全国农村贫困人口仍有2148万人。因此，需要国家建立针对农村贫困人口的救助计划以保证其基本生活。2007年，中国政府决定在全国范围内建立农村最低生活保障制度。

（三）完善农村"五保"制度

虽然自中华人民共和国成立初期农村地区就存在"五保"制度，但是改革开放之后它在农村已经名存实亡。为了做好农村五保工作，保障五保对象的基本生活，中国政府对"五保"制度进行了完善，明确规定了农村五保制度的供养对象、供养方式等,为农村五保制度的发展提供了保障。

10.1.4 中共十八大以来(2012年至今)

中共十八大以来,中国的经济发展和社会建设步入了新的阶段,建立更加完善的老年人社会福利制度既是时代的要求,又是新时期不断追随的目标。2011年,《中国老龄事业发展"十二五"规划》(下文简称《规划》)的颁布,标志着老年人社会福利事业向新的台阶迈进。

2013年,民政部颁发的《养老机构设立许可办法》和《养老机构管理方法》中明确指出,要建立"以居家为基础,社区为依托,机构为支撑"的养老服务体系。由此,各省市、直辖区以各种方式开展养老服务体系的建设。同时,《关于加快发展养老服务业的若干意见》为养老服务机构、服务队伍、服务人员、服务方式的建设提供了制度性指导。截至2014年年底,全国各类养老服务机构和设施94,110个,其中:养老服务机构33,043个,社区养老服务机构和设施18,927个,互助型的养老设施40,357个,军队离退休干部休养所1783个;各类养老床位577.8万张,其中社区留宿和日间照料床位187.5万张;年末收留抚养老年人318.4万人。① 养老服务机构的迅猛发展,在一定程度上为社会和家庭减轻了负担。新修订的《中华人民共和国老年人权益保障法》明确规定,与父母分开居住的子女,应当经常看望父母,并将"常回家看看"首次纳入法律条文中。这说明,老年人社会福利制度的改革建设不仅仅局限于物质层面,提供精神需求应是更高的要求。

总而言之,改革开放三十多年,我国的老年人社会福利政策虽然起步较晚,历经坎坷,但是在曲折中不断探索,取得了令人瞩目的成就,如老年教育文化事业得到了较大的发展,逐步树立起了敬老、养老的风尚,老年人的权益在一定程度上得到了有效的维护。但是在发展的过程中,老年人社会福利仍存在一定的问题,主要表现为立法滞后、政策主体单一、政策的制定过程不完善和政策落实不到位等。随着人口老龄化趋势的日益加重,转变老年人福利服务的方式、调动多方力量参与福利建设事业、提供科学完善的老年人社会福利体系,是实现"中国梦"的重要价值追求。

---

① 中华人民共和国民政部:《2014年社会服务发展统计公报》,2015年6月10日,http://www.mca.gov.cn/article/sj/tjgb/201506/201506008324399.shtml。

10.2 儿童社会福利制度建立及改革

儿童的生存发展状况是各国重大的社会问题之一,其关乎国家的未来利益。中国是世界上儿童数量最多的发展中国家,从第六次全国人口普查的结果来看,18周岁以下(未成年人)的人口约为三亿人。我国学者一般将儿童福利的概念分为广义和狭义两种,广义儿童福利是指由国家或社会为立法范围内的所有儿童普遍提供的、旨在保证其正常生活和尽可能全面健康发展的资金与服务的社会政策和社会事业,从内涵上来讲它具有普遍性、发展性和社会性。① 狭义儿童福利是指政府和社会为有特殊需要的儿童及其家庭提供的各种支持、保护和补偿性服务。②

当代中国的儿童福利政策框架与儿童福利服务体系的历史变迁可以划分为四个发展阶段,即计划经济时期(1949—1978 年)、改革开放以后(1978—2002 年)、进入 21 世纪后(2002—2012 年)、中共十八大以来(2012 年至今)。每个阶段,又可微观划分为不同的发展时期。不同发展阶段的历史背景与社会环境,所反映出来的儿童福利政策框架与儿童福利服务体系也各不相同。

10.2.1 计划经济时期(1949—1978 年)

一、儿童社会福利制度的孕育萌芽期(1949—1957 年)

1949—1957 年是儿童福利制度发展的第一阶段,这个阶段最突出的问题是儿童生存发展问题,当时儿童福利政策框架与儿童福利服务体系建设尚处于孕育和萌芽阶段,儿童政策与福利服务分散化、碎片化程度偏高。

具体来看,1949 年 10 月中华人民共和国成立后,新生的人民政权面临严峻的考验,当时主要的社会任务是巩固政权、重建社会秩序并开展社会主义经济建设活动,而如何在社会主义建设运动中确立儿童在国家社会生活中的地位则成了儿童群体面临的主要问题。儿童福利服务的主要内容是儿童法律与权益保护,服务领域初步涉及儿童生活的所有领域。这一时期,儿童福利机构的工作人员主要是政府官员和事业单位工作人员,显然这类工作人员没有经过系统的儿童服务训练,专业化程度偏低无疑成了儿童福利事业的主要弊病。优势在于儿童行政管理组织体

---

① 陆士桢:《简论中国儿童福利》,《华中师范大学学报(哲学社会科学版)》1997 年第 6 期。
② 徐月宾:《儿童福利服务的概念与实践》,《民政论坛》2003 年第 14 期。

系比较健全,其中尤以儿童教育和医疗卫生专业化管理最为典型,儿童福利行政管理机构与组织机构主要集中在民政、教育、医疗卫生和文化体育等领域。①

二、儿童社会福利制度的初步发展期(1958—1966年)

1958—1966年是儿童福利政策与儿童福利服务初步发展时期,这一时期在开展"大跃进"和三年自然灾害的影响下,儿童福利政策与儿童福利服务体系建设虽然在夹缝中艰难生长,但也取得了初步成果,那时儿童生存发展开始成为相对独立的讨论议题。这个时期儿童群体面临的主要问题是妇女参加生产劳动后儿童的日常生活照顾问题,建设托儿所、幼儿园,成为关系到工农业生产、妇女解放和共产主义接班人健康成长的头等大事之一。② 为此,政府一方面大力发展公共卫生与儿童健康事业,另一方面大力推广爱国卫生教育运动,以预防疾病和加强传染病治疗。总体来说,这个时期政治经济运动和妇女解放运动极大地推动了儿童福利政策与服务体系发展进程,儿童生存发展与儿童福利状况在多个领域取得明显进展,儿童身心健康成长状况也好于前期。

三、儿童社会福利制度的中断停滞期(1967—1978年)

1967—1978年是儿童福利政策与儿童福利服务体系建设中断、停滞的时期,儿童福利事业深受十年"文化大革命"的影响,发展速度缓慢,许多儿童福利机构因政治运动而处于瘫痪或无法正常运转的状态。1949年以来制度化建设成就几乎消失殆尽,儿童福利行政管理组织体系几乎彻底瓦解。③ 从现有的文献资料来看,学界中众多学者对"文化大革命"时期缺失的儿童社会福利制度有着深刻的认识和反省,认为中华人民共和国成立以来,中国儿童福利和家庭福利事业始终与宏观的国际环境、国家政治体制、经济发展水平、社会结构关系、文化传统、社会生活以及人们的价值观密切相关,中国的儿童福利制度模式则是国家政治、经济、社会、文化各种因素相互作用的结果。④ 当西方国家通过自上而下的制度改革和全力推进经济发展时,中国正处于水深火热的"文化大革命"浪潮之中,各项社会制度和社会建设陷入举步维艰的泥潭,作为祖国明天的太阳的儿童也"在劫难逃",这对他们的身心健康发展造成了无可挽救的摧残。

---

① 黄树则、林士笑:《当代中国的卫生事业》,中国社会科学出版社1986年版。
② 天津市公共卫生局:《天津市公共卫生局托儿所幼儿园保健员手册》,天津人民出版社1958年版。
③ 郑洸、吴芸红:《中国少年儿童运动史》,天津人民出版社1992年版。
④ 刘继同:《当代中国的儿童福利政策框架与儿童福利服务体系(下)》,《青少年犯罪问题》2008年第5期。

10.2.2 改革开放以后(1978—2002年)

1979—1989年儿童福利政策与儿童福利服务的工作重点在于恢复、重建与稳步发展,这一时期最突出的特征是在对"文化大革命"产物拨乱反正、恢复重建的基础上,要求儿童各项工作步入正常轨道且稳步前进。政府机构、民政部和团中央、全国妇联等组织广泛开展儿童工作领域的拨乱反正工作,积极解放思想,更新观念。一是1981年5月在北京成立全国儿童和少年工作协调委员会,恢复儿童少年组织和工作;二是出台加强少先队工作的决议,特殊儿童福利也逐渐恢复;三是1979年8月1日成立中国少先队工作学会,重视少年儿童工作,开展创造性活动。与此同时,团中央主导儿童少年工作体系、组织网络、服务体系、活动内容和伦理道德模式初见端倪。① 重建时期,民政部门特别注重福利院规划管理,专门制定了儿童福利机构暂行管理办法,制定了国家级福利院评价标准体系。

在学界的研究上,1990—2002年是儿童福利政策与儿童福利服务体系快速发展与制度化建设时期,特别是在2001年中国加入WTO后,中国与国际儿童福利事业接触和联系日益紧密,制度化建设和服务体系逐渐与国际标准接轨,儿童福利无疑成了当代公共政策的重要议题。这十多年间,政府有关儿童福利的政策法规数量急剧增加,政策法规涉及的范围与领域明显扩大,其中最主要法律是《中华人民共和国未成年人保护法》(1991年)、《中华人民共和国收养法》(1991年)、《中华人民共和国妇女权益保障法》(1992年)、《中华人民共和国母婴保健法》(1994年)、《中华人民共和国预防未成年人犯罪法》(1999年),以及最主要的国务院行政法规《九十年代中国儿童发展规划纲要》(1992年)等。政策法规覆盖家庭、健康、收养、教育等所有的领域。② 20世纪90年代的政策法规重点突出未成年人社会保护、预防未成年人犯罪与妇幼保健等方面的问题。总的来说,这一阶段的儿童社会福利制度在法规建设上紧锣密鼓、快步向前,为建立完善的儿童社会福利制度提供了"安全保护网"。

10.2.3 进入21世纪后(2002—2012年)

2002—2012年,中国发展核心目标是以改善民生为重点的社会建设,中国的

---

① 刘继同:《儿童福利的四种典范与中国儿童福利政策模式选择》,《青年研究》2002年第6期。
② 刘继同:《当代中国的儿童福利政策框架与儿童福利服务体系(上)》,《青少年犯罪问题》2008年第5期。

社会福利框架逐步完善。伴随中国社会兴起,加强以改善民生为重点的社会建设和社会管理创新成为主要的社会议题。儿童议题首次由政府行政管理问题转为具有政治、经济、社会、文化特征的"社会性问题"。2008年政府机构改革中民政部社会福利司首次设置"儿童福利处",这体现了儿童福利行政部门首次在我国机构编制中独立出来,具有重大的战略意义。①

2010年10月,国务院常务会议通过《关于加强孤儿保障工作的意见》,拉开了中国儿童福利时代的序幕,中国特色儿童福利制度框架设计与福利服务体系建设首次成为独立性、国家性和战略性议题,成为构建和谐社会与社会政策议程的战略重点。这一年,儿童福利制度呈现出非常典型的"井喷式突然爆发"状态,涌现了多部以"儿童福利"为题并具有奠基性的研究成果。同年,国务院妇女儿童工作委员会牵头制定的《中国儿童发展纲要(2011—2020年)》中首次增加了"儿童福利"章节,儿童福利问题也陆续"浮出水面"。②

2010年后,儿童福利服务范围显著扩大,儿童福利服务内容显著增多,几乎涉及儿童身心健康成长的所有领域,儿童福利机构空前多样,各类国际社会组织及民间机构均以不同方式参与儿童福利与保护,呈现出儿童福利服务人员身份、角色、地位与社会作用空前多样化、专门化、国际化和专业化等显著特点。更为重要的是,在结构分化与制度化建设的背景下,儿童福利行政管理体制部门化、分隔化、碎片化倾向日益明显,儿童行政管理体制改革和以儿童为中心的制度创新迫在眉睫。

总体来说,改革开放以来,国家社会保护儿童、确保儿童身心健康成长的制度化建设不断加强。显而易见的是,我国政府身体力行,积极参与各国际组织有关儿童福利、儿童保护国际公约、宣言等活动。国内的立法机构也不断在法律里体现对儿童保障的意愿,大力出台或修订多部法律,为儿童福利事业的发展营造了良好的法律环境;同时,国务院针对儿童颁布的条例数量增加,涉及领域广泛并每隔十年颁布儿童发展规划纲要,各职能部门对儿童福利、儿童保护的政策规定也开始涌现,这些都为我国儿童福利制度的发展提供了基本保障。儿童福利制度的进步主要体现为从救济型转为福利型,从封闭型转为开放型,从单纯以养为主转为养治教

---

① 国务院办公厅秘书局:《中央政府组织机构》,党建读物出版社2009年版。
② 刘继同:《改革开放30年来中国儿童福利研究历史回顾与研究模式战略转型》,《青少年犯罪问题》2012年第1期。

与康复并重相结合的模式。但儿童福利制度理念的主流仍然属于"补缺型"。①

10.2.4 中共十八大以来(2012年至今)

改革开放三十多年来,急剧变化的社会结构使中国在近几年迎来了社会风险高发期。贫困、收入分化、特殊群体脆弱性、婚姻关系不稳定等社会问题对儿童的影响越来越突出。② 2013年1月,发生在河南兰考县的孤儿收养所失火事件(即"袁厉害事件"),暴露了我国儿童福利体系存在漏洞。当年,省一级有独立的儿童福利机构9家,地一级有独立的儿童福利机构333家,县一级有独立的儿童福利机构64家,另外有800多家社会福利机构设立了儿童部。但多数县(市、区)没有专门的儿童社会福利机构。③ "袁厉害事件"后,全世界开始对中国孤儿的关注日益浓烈。各地在政府的指导下,如火如荼地开展官办儿童福利机构建设。截至2014年年底,全国共有孤儿52.5万人,其中集中供养孤儿9.4万人,社会散居孤儿43.2万人;全国共有儿童收留抚养救助服务机构890个,拥有床位10.8万张,年末收养各类人员5.9万人。其中儿童福利机构545个,床位9.6万张,比上年增长10.3%;未成年人救助保护中心345个,床位1.2万张,全年救助生活无着流浪未成年人17万人次。④ 建立完善的儿童社会福利制度,不仅仅是全面建成小康社会的需要,而且还是应对社会风险的客观要求。中共十八大以后,完善我国现代儿童福利制度进入关键期,一方面要加大硬件设施建设,另一方面要建立全社会参与的福利服务体系和专业化、职业化人才队伍。让儿童福利制度的触角伸入儿童发展的各个领域,尤其是弱势儿童群体。以弱势儿童为起点,从儿童福利与服务着手发展社会福利事业,是国际社会的普遍经验,也将是中国最有效的建设途径,更是国家对公民社会责任的直接体现。⑤

目前,完善儿童福利制度建设的前提是重塑理念、加大投资,在坚持儿童优先的原则下,要以全体儿童为主体,以促进儿童全面健康发展为目标,积极发挥"政府+社会+家庭"的合力作用,在补缺补漏的基础上构建未来儿童福利理念。

---

① 尚晓媛:《儿童福利发展瓶颈及其突破》,《人民论坛》2011年第11期。
② 江治强:《中国儿童福利体系及其构建》,《社会福利》2014年第10期。
③ 周宁:《河南兰考事件引起世界对中国孤儿的关注》,《环球时报》2013年1月23日。
④ 中华人民共和国民政部:《2014年社会服务发展统计公报》。
⑤ 中国公益研究院:《中国儿童福利政策报告(2011)》,2011年6月1日。

10.3 残疾人社会福利制度建立及改革

残疾人社会福利是国家和社会在保障残疾人基本物质生活需要的基础上,为残疾人在生活、工作、教育、医疗和康复等方面提供的设施、条件和服务。① 在中国,残疾人社会福利是残疾人社会保障的一部分。由于残疾人群的特殊性,残疾人社会福利是作为残疾人社会保障中关键的一部分存在着的。

2008年3月,中共中央政治局召开会议研究残疾人事业发展问题,会议指出,促进残疾人事业发展,改善残疾人状况,已成为全面建设小康社会和构建社会主义和谐社会一项重要而紧迫的任务。要着眼于解决残疾人最关心、最直接、最现实的利益问题,完善促进残疾人事业发展的政策和法律,健全残疾人社会保障制度,加强残疾人服务体系建设,营造残疾人平等参与的社会环境,缩小残疾人生活状况与社会平均水平的差距,实现残疾人事业与经济社会协调发展,努力使残疾人同全国人民一道向着高水平的小康社会迈进。②

残疾人是特殊的社会弱势群体,关心残疾人,为残疾人提供福利与服务,是社会文明进步的重要标志。第二次全国残疾人抽样调查显示,截至2006年4月1日零时,我国有8296万残疾人,占全国总人口数的6.34%。③ 我国残疾人口数量众多,提高残疾人生活质量的社会福利制度的建设与改革对我国经济社会发展具有十分重要的意义。新中国成立六十余年以来,我国政府一直关注残疾人福利事业的发展,本文将中国残疾人社会福利制度的演进过程分为计划经济时期(1949—1978年)、改革开放以后(1978—2002年)、进入21世纪后(2002—2012年)、中共十八大以后(2012年至今)四个阶段,选取每个阶段国家的主要政策和成果进行具体阐述。

10.3.1 计划经济时期(1949—1978年)

中华人民共和国成立后,我国政府着力发展计划经济,一方面旨在缓和长期战

---

① 《什么是残疾人福利,其主要内容和任务有哪些》,希财网,2014年12月23日,http://www.cnss.cn/fwzx/xm/shfl/cjrfl/200611/t20061129_108793.html。
② 《胡锦涛主持政治局会议,对促进残疾人事业发展作出部署》,新华网,2008年3月28日,http://news.xinhuanet.com/newscenter/2008-03/28/content_7875912.htm。
③ 中华人民共和国国家统计局:《第二次全国残疾人抽样调查主要数据公报(第二号)》,新华网,2007年5月28日,http://www.gov.cn/fwxx/cjr/content_1308391.htm。

乱给民众带来的巨大伤痛,维护社会秩序与格局的稳定,另一方面全力进行工业建设,提高国家实力。在这一时期,保证残疾人基本生活的社会福利制度也应运而生。但由于社会生产力发展缓慢,社会环境剧烈动荡,残疾人的社会福利制度仍处于初步创立、发展停滞的状态,同时覆盖范围片面化,无法惠及全体残疾人群体。其间的主要制度安排集中在如下方面。

一、生活

首先,面对革命胜利后许多伤残军人的生存困境,1949年中国人民政治协商会议第一届全体会议通过的《中国人民政治协商会议共同纲领》,以及之后陆续颁布的《革命残废军人优待抚恤暂行条例》《革命工作人员伤亡褒恤暂行条例》《民兵民工伤亡抚恤暂行条例》和《残废军人乘车优待暂行办法》等文件都强调要进行对伤残军人的抚恤,不仅明确了全国统一的优抚工作法规,也对革命烈士条件、革命军人负伤评残条件和残废等级,牺牲病故、残废抚恤标准和抚恤制度等进行了统一。1976年财政部、总后勤部印发《关于革命残废军人评残工作中几个问题的通知》、1977年财政部印发《关于调整在乡革命残废人员抚恤标准的通知》,贯彻了"群众优待和国家抚恤相结合"的优抚工作方针,保障了革命残废军人的生活。

其次,对于普通残疾民众,也制定了相应的保障措施。1954年,《关于民政部门与各有关部门的业务划分问题的通知》和《关于经济建设工程民工伤亡抚恤问题的暂行规定》中,对精神病人及麻风病人的收容管理和因工致残工人的医疗费用、抚恤金等都作出了详细的规定。1956年出台的《高级农业生产合作社示范章程》提到,对于农村的残疾的社员应提供保吃、保穿、保住、保医、保葬或保教的"五保"的保障。

二、特殊教育

一是设立特殊学校。1951年,周恩来总理签发《政务院关于改革学制的决定》,要求各级政府设立特殊学校,对残疾儿童、青年和成人施以教育。随后,教育部在1956年发出《关于盲童学校、聋哑学校经费问题的通知》,对于特殊学校的经费标准以及残疾儿童的学习费用来源都做出了详细的规定。二是统一盲文。1953年中国盲文工作者黄乃同志提出《新盲字方案》并得到推广,从而统一了全国盲文文字。

三、组织和刊物

中国盲人福利会和中国聋哑人福利会分别于1953年和1956年成立,这些都是第一批成立的全国性残疾人组织,是协助政府关心扶助残疾人的官方福利机构,也是中国残疾人联合会的前身。1954年,中华人民共和国成立后的第一个残疾人刊物《盲人月刊》创刊,它对丰富残疾人的精神生活、满足残疾人更高层次的需求起到了非常重要的作用。

10.3.2 改革开放以后(1978—2002年)

改革开放之后,我国进入了发展的新阶段,包括残疾人社会福利在内的各项社会事业逐渐恢复。并且随着国际上"残疾人年"行动的推行,我国政府出台了一系列的措施,加大了对残疾人事业的重视。如,1987年进行了全国第一次残疾人抽样调查;1988年由民政部、卫生部、国家教委、国家计生委等九个部委和组织组成了"全国残疾人三项康复工作协调小组";1990年第一部专门保障残疾人权益的法律——《中华人民共和国残疾人保障法》[①]出台,使残疾人各项工作走上了法律化、规范化和制度化的轨道,这都为残疾人社会福利制度的建设和完善奠定了坚实的基础。在这一时期出台和制定的有关残疾人社会福利政策,主要集中在以下几个方面。

一、生活

除继续实施计划经济时期的各项福利政策之外,针对残疾人基本生活的福利保障有了进一步发展。包括1984年民政部、财政部联合发布了《关于调整革命残废人员抚恤标准的通知》,对革命残废人员抚恤标准进行了调整;1988年,国家教育委员会、财政部、人事部发布的《关于农村年老病残民办教师生活补助费的暂行规定》,特别提出要为农村民办残疾教师提供生活补助;1995年,国务院残疾人工作协调委员会转发了李鹏总理对北京市《关于对城镇无劳动能力的重残人困难户给予适当困难补助的通知》所做的重要批示,将北京的做法推广到全国其他地区,切实解决了特困残疾人的生活问题;1998年发布的《关于做好下岗残疾职工基本生活保障和再就业工作的通知》,保障了下岗残疾职工的基本生活不受劳动收入的减少而下降,在特殊的时期,该政策对于稳定社会、促进国有企业改革也发挥了重要的作用。

二、特殊教育

1994年《残疾人教育条例》的颁布,标志着我国残疾人教育法制建设进入了专

---

① 此法于2008年进行了修订。

项立法阶段,条例明确规定实施残疾人教育,保障残疾人受教育的权利,同时应当贯彻国家的教育方针,并根据残疾人的身心特性和需要,全面提高其素质,为残疾人平等地参与社会生活创造条件。该条例还对各级各类特殊教育的组织机构、课程设置、教学模式等以及特殊教育教师、物资条件保障、奖励与处罚等做了规定。此外,这一时期,还非常重视对特殊教育教材的编写和审定工作,如1999年全国盲人按摩高等教育统编教材审定会通过了《按摩学基础》《儿科按摩学》《内科按摩学》《妇科按摩学》四门大学按摩教材,填补了我国历史上盲人按摩高等教育教材的空白。此外,在特殊教育学术研究领域,最负盛名的中国教育学会特殊教育研究会和北京师范大学特殊教育研究中心都于20世纪80年代建立,其集中了特殊教育领域以及相关领域的专家学者,为我国残疾人教育保障的逐步完善和发展提供理论支持。

三、组织

1978年,因受"文化大革命"影响而停办的中国盲人福利会和中国聋哑人福利会恢复工作,并联合中国残疾人福利基金会(1984年成立),于1988年3月改建成为中国残疾人联合会(以下简称"中国残联")。中国残联是我国第一个真正意义上代表残疾人群体权益的、正式的全国性残疾人事业团体,其宗旨是动员社会发扬社会主义人道主义精神,理解、尊重、关心、帮助残疾人,促进残疾人平等参与社会生活,是我国残疾人社会福利事业开展的重要主体。

四、就业

政府和社会开始关注残疾人的就业问题,并不断加大扶持力度,主要采取的措施是集中就业和鼓励残疾人创业。集中就业是将残疾人安排到福利企业进行就业,对吸入残疾人就业的福利企业实施税费减免的优惠。具体措施有:1980年财政部、民政部发布《关于民政部门举办的福利生产单位缴纳所得税问题的通知》,该通知中将福利生产单位所交纳的所得税同雇用残疾人的比例相挂钩;1983年民政部、劳动人事部联合发出的《关于进一步做好城镇待业的盲聋哑残青年就业安置工作的通知》,1987年民政部、国家工商行政管理局联合发出的《关于盲人聋哑人协会组织盲聋哑残人员举办经济实体有关政策问题的通知》以及1989年民政部、劳动部、卫生部、中国残疾人联合会发布的《社会福利企业招用残疾职工的暂行规定》都在鼓励社会用人单位积极招录残疾人;1992年发布的《关于在部分城市开展残疾人劳动就业服务和按比例就业试点工作的通知》开启了对残疾人提供就业服务和按比例就业的试点工作,为残疾人就业服务的发展和按比例就业的实施开创了良好的局面。

此外,我国政府也在积极鼓励残疾人自力更生、艰苦创业,在1998年中国残联、劳动和社会保障部就联合发布了《关于做好下岗残疾职工基本生活保障和再就业工作的通知》,不仅有效促进了当时国有企业下岗残疾职工再就业问题的解决,也拓展了残疾人就业的有效途径,有利于实现残疾人平等参与、奉献社会的愿望,减轻国家和社会负担。此后,中国残联、劳动和社会保障部下发了《关于积极扶持残疾人个人或自愿组织起来从事个体经营的通知》,明确规定了要为残疾经营者创造良好的经营条件和环境,积极扶持残疾人个人实现就业。这些政策是我国残疾人就业的起点,为残疾人就业权利的实现迈出了坚实的一步。

五、康复

康复是残疾人实现社会参与的迫切需求,也是帮助残疾人恢复或补偿功能、提高生存质量的重要途径。所以在这一时期我国开始重视开展残疾人康复工作,20世纪80年代起我国政府就把残疾人康复工作纳入国民经济和社会发展的计划之中,强调康复机构的建立与专业队伍的建设共同发展,例如1983年成立了中华聋儿语言听力康复中心(已于1988年更名为中国聋儿康复研究中心),1987年成立了中国残疾人康复协会无喉者康复研究会,1988年成立了中国康复研究中心,这些都为残疾人康复工作的推进奠定了基础。

六、无障碍环境

我国政府十分重视无障碍设施建设问题。早在1985年,随着中国残联"为残疾人创造便利的生活环境"倡议的提出,北京市政府决定将西单等地的4条街道作为无障碍改造试点,这是我国无障碍设施建设的起点。随后,1989年建设部、民政部、中国残联联合颁布了《方便残疾人使用的城市道路和建筑物设计规范(试行)》,在全国范围内规范了残疾人无障碍设施的建设标准,使残疾人能够共享公共设施、参与社会生活服务。随着经济社会的发展,我国无障碍环境建设不断取得卓越的成绩,1991年北京市海淀区蓝靛厂盲道竣工,这是我国修建的第一条方便盲人行走的无障碍道路。2001年8月,建设部、民政部、中国残联又联合发布了重新修订的《城市道路和建筑物无障碍设计规范》,并将其中24条内容列为强制性实施条文,进一步规范了残疾人无障碍设施的建设标准。

10.3.3 进入21世纪之后(2002—2012年)

21世纪以来,残疾人社会福利制度在原有基础上不断深化、改革,进入了前所未有的蓬勃发展阶段,残疾人的各项公民权利随着制度的不断完善而逐步得以实现。在这一时期的第二次全国残疾人抽样调查(2006年),为新形势下残疾人社会保障及其他残疾人事业的发展提供了统计依据;2008年,新修订的《中华人民共和国残疾人保障法》颁布,这是对原有法案的一次全面的补充,更全面而深化的保障了残疾人群体的各项权益。此外,在全国范围内各种形式的扶残助残活动热烈开展,如"全国助残日""志愿者助残"等,不仅为残疾人解决了大量的具体问题,而且营造了扶残助残的良好社会风尚。具体而言,这一时期残疾人社会福利制度的改革主要集中在这几方面。

一、生活

随着经济的发展和社会的进步,政府和社会发展残疾人社会福利,主要旨在使所有的残疾人能够分享经济社会发展的成果。2005年劳动和社会保障部发出《关于城镇贫困残疾人个体户参加基本养老保险给予适当补贴有关问题的通知》以及2009年中国残联发布《关于在新型农村社会养老保险试点中做好残疾人参保工作的通知》,都有利于残疾人困难群体参与社会保险,在一定程度上解决他们的后顾之忧。截至2012年,残疾人参加新型农村和城镇居民社会养老保险工作实现了全覆盖,已有325.3万城镇残疾人参加了城镇居民社会养老保险(参保率58.4%),1333.8万农村残疾人参加了新型农村社会养老保险(参保率63.8%);城乡1070.5万残疾人被纳入最低生活保障范围;城镇集中供养残疾人和农村五保供养残疾人分别达到12.2万和68.5万;261.3万残疾人获得了其他救助救济,275.4万残疾人享受了生活及护理补贴;残疾人寄宿制托养服务机构有3903个,日间照料机构有3372个;接受居家托养服务的残疾人达到56.0万人。①

同时,残疾人扶贫开发工作已纳入各级政府工作计划和目标责任制的考核范围。2011年,国务院印发《农村残疾人扶贫开发纲要(2011—2020年)》,进一步提高了对农村残疾人扶贫开发工作的认识。截至2012年年底,全国共建立残疾人扶持基地5226个,安置10.2万残疾人就业,扶持贫困残疾人229.9万人;康复扶贫贴

---

① 中国残疾人联合会:《2012年中国残疾人事业发展统计公报》,新华网,2013年3月28日,http://www.cdpf.org.cn/sjzx/tjgb/200904/t20090423_357742.shtml。

息贷款扶持5.5万农村残疾人,6.4万个单位和41.3万个人对贫困残疾人开展结对帮扶;各地投入危房资金11.9亿元,完成13.2万户农村贫困残疾人危房改造。①

二、特殊教育

中国残联、教育部等发布《关于进一步加快特殊教育事业发展的意见》,对提高残疾少年儿童义务教育普及水平、提高特殊教育保障水平等提出了意见,对残疾人的特殊教育层次也提出了新的要求。2008年是残疾人教育事业发展极具意义的一年,全国兴办特殊教育学校1672所,义务教育普通学校附设特教班2844个,在校的盲、聋、智残学生达到58万人;职业教育培训机构(系、专业)达1757个,77.4万人次残疾人接受了职业教育与培训(见图10-3)。②

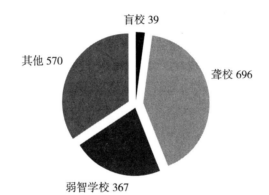

图10-3 2008年度全国特教学校建设情况

数据来源:中国残疾人联合会:《2008年中国残疾人事业发展统计公报》。

我国残疾人教育事业稳步壮大,广大残疾人受教育的权利得以充分保障。截至2012年,全国已开办特殊教育普通高中班(部)186个,在校生7043人;残疾人中等职业学校(班)152个,在校生10442人,有5816人获得职业资格证书;全国有7229名残疾人被普通高等院校录取,1134名残疾人进入特殊教育学院学习(见表10-2)。③

---

① 中国残疾人联合会:《2012年中国残疾人事业发展统计公报》,新华网,2013年3月28日,http://www.cdpf.org.cn/sjzx/tjgb/201303/t20130326_357748.shtml。
② 中国残疾人联合会:《2008年中国残疾人事业发展统计公报》,中国政府门户网站,2009年5月8日,http://www.cdpf.org.cn/sjzx/tjgb/201303/t20130326_357748.shtml。
③ 中国残疾人联合会:《2012年中国残疾人事业发展统计公报》。

表 10-2 2002—2011 年中国残疾人特殊教育发展情况

指标 年份	特殊教育普通高中（所）	特殊教育普通高中在校生（人）	残疾人中等职业学校（所）	残疾人中等职业学校在校生（人）	取得职业资格证书（人）	进入特殊教育学院学习（人）
2002	27	1117	215	9109	—	909
2003	31	1698	190	11,311	—	827
2004	53	2416	145	11,259	—	842
2005	66	3891	158	11,960	—	904
2006	69	4192	116	8723	4268	986
2007	83	4978	148	9028	4345	1086
2008	95	5464	162	9932	4460	1032
2009	104	6339	174	11,448	4386	1196
2010	99	6067	147	11,506	4685	1057
2011	179	7207	131	11,572	4781	877

数据来源：由中国残疾人联合会历年《中国残疾人事业发展统计公报》中相关数据整理所得。

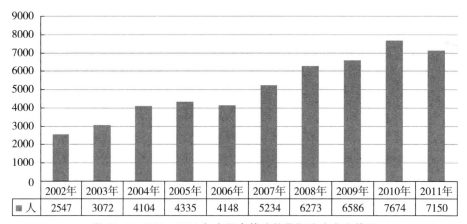

图 10-4 2002—2011 年全国高等院校录取残疾考生情况

数据来源：由中国残疾人联合会历年《中国残疾人事业发展统计公报》中相关数据整理所得。

三、就业

2007年，国务院颁布《残疾人就业条例》，明确规定了国家对残疾人就业实行集中就业与分散就业相结合的方针，同时对残疾人在就业过程中的权益保障也做出了具体的规定，有效保障了残疾人的就业权利。同年，《国家税务总局　民政部中国残疾人联合会关于促进残疾人就业税收优惠政策征管办法的通知》,进一步促进了残疾人就业权利的实现;《民政部关于印发〈福利企业资格认定办法〉的通知》,规范了福利企业的资格认定和集中安排残疾人就业的用工行为,保障了残疾职工的合法权益。2012年,我国城镇新增残疾人就业32.9万,全国城镇实际在业人数444.8万;1770.3万农村残疾人实现稳定就业,其中1389.9万人从事农业生产劳动;全国残疾人职业培训基地达到5271个;"万村千乡市场工程"助残扶贫项目安置5968名贫困残疾人就业,帮扶贫困残疾人创办2059个村级农村店。① 针对高等学校的残疾人毕业生,2009年人社部、中国残联等联合发出《关于进一步做好高等学校残疾人毕业生就业工作的通知》中,要求各地、各相关部门要切实将高校残疾人毕业生纳入国家促进高校毕业生政策扶持的范围;在提供就业服务、开发就业岗位时,要给予优先扶持,实施重点援助等,体现了社会的关怀。表10-3是2002—2011年中国残疾人就业情况。

表10-3 2002—2011年中国残疾人就业情况

指标(万人)	2002年	2003年	2004年	2005年	2006年
城镇新就业残疾人	30.2	32.7	37.8	39.0	36.2
城镇实际在业残疾人	—	—	—	—	—
农村就业残疾人	1717.8	1685.2	1763.2	1803.0	1672.1
从事农业生产残疾人	—	—	—	—	—
指标(万人)	2007年	2008年	2009年	2010年	2011年
城镇新就业残疾人	39.2	36.8	35.0	32.4	31.8
城镇实际在业残疾人	—	—	443.4	441.2	440.5
农村就业残疾人	1696.5	1717.1	1757.0	1749.7	1748.8
从事农业生产残疾人	—	—	1355.5	1347.3	1367.7

数据来源:由中国残疾人联合会历年《中国残疾人事业发展统计公报》中相关数据整理所得。

四、康复

21世纪以来,我国政府相继出台和制定了保障残疾人康复权利的政策和措施,在一定程度上保障了残疾人康复需求的满足。如2002年发布《关于进一步加强残疾人康复工作的意见》、2005年发布《关于开展全国残疾人社区康复示范区培育活动的通知》以及2007年卫生部、中国残联等发布《关于加强残疾人社区康复工

---

① 中国残疾人联合会:《2012年中国残疾人事业发展统计公报》。

作》等文件。2009年,全国残联康复工作会议召开,该会议贯彻《中共中央、国务院关于促进残疾人事业发展的意见》,围绕残疾人2015年"人人享有康复服务"的战略目标,对推动"十一五"残疾人康复工作提出了明确的要求,提出启动农村社区康复示范县与第二批城市社区康复示范区的培育活动。截至2012年,全国已竣工并投入使用的各级残疾人综合服务设施共计1971个,总投资96.2亿元;各级残联在889个市辖区和1905个县(市)开展了社区康复工作,累计建立社区康复站的社区有20.5万个,配备35.3万名社区康复协调员;覆盖全国各级的残疾人康复服务体系不断完善,各类残疾人康复机构数量增加(图10-5),共有760.2万残疾人通过一系列的康复工程(图10-6)得到了不同程度的康复。①

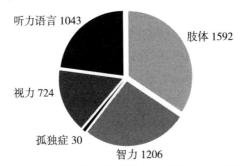

图10-5 2012年全国各类残疾人康复机构建设情况(个)

数据来源:由中国残疾人联合会《2012年中国残疾人事业发展统计公报》中的相关数据整理所得。

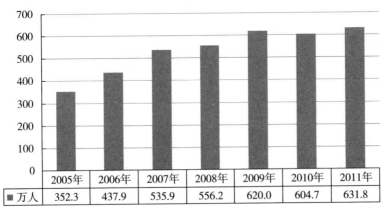

图10-6 2005—2011年全国残疾人康复工程受益情况

数据来源:由中国残疾人联合会历年《中国残疾人事业发展统计公报》中相关数据整理所得。

① 中国残疾人联合会:《2008年中国残疾人事业发展统计公报》。

我国还逐步加强了对康复学科的建设以及对康复专业人员的培训、培养,从而为残疾人康复保障的健康发展提供了智力和人力支持,如2004年中国聋儿康复研究中心编写的"新编聋儿早期康复教育丛书"出版,这加强了聋儿康复学科的建设和研究,提高了聋儿康复的实践水平。2007年,全国孤独症儿童康复训练培训班、全国残疾人康复咨询培训班均首次举办。与此同时,卫生部、中国残联共同印发《全国防盲治盲规划(2006—2010年)》,有利于推进我国防盲治盲工作,为最终实现到2020年消除可避免盲的战略目标奠定了坚实基础。

五、无障碍环境

"十五"期间,我国的无障碍建设取得了可喜的成绩,如相关部委发布实施了《城市道路和建筑物无障碍设计规范》《民用机场旅客航站区无障碍设施设备配置标准》《特殊教育学校建筑设计规范》《铁路旅客车站无障碍设计规范》等规范;许多城市出台了无障碍建设的法规、规章,比如北京市人大常委会通过的《北京市无障碍设施建设和管理条例》等。2002年起,建设部、民政部、中国残联、全国老龄办共同开展了创建全国无障碍设施建设示范城市工作,全国各地积极响应,经创建检查验收,北京、天津、上海、大连、青岛、南京、杭州、厦门、广州、西安、厦门、秦皇岛等12个城市被国务院命名为全国无障碍设施建设示范城市。2012年国务院颁布了《无障碍环境建设条例》,这是我国第一部关于无障碍设施的行政法规,此条例的颁布有利于创造无障碍环境,保障残疾人等社会成员平等参与社会生活。同时各级政府也在积极展开残疾人无障碍设施的建设。截至2012年年底,全国共出台了438个省、地市、县级无障碍建设与管理法规、规章;1084个市、县、区系统开展无障碍建设;全国开展无障碍建设检查3354次,无障碍培训3.4万人次;为14.1万个贫困残疾人家庭实施了无障碍改造;为55.4万残疾人发放了残疾人机动轮椅车燃油补贴。①

六、文化与国家交流

首先,残疾人文化设施和文化生活日益丰富。截至2008年年底,全国共兴建省级残疾人图书馆41个,各类文化场所56个;举办省级残疾人文化艺术比赛及展览75个,已成立残疾人艺术团队16个。② 其次,残疾人国际交流不断增加。中国政府积极参与《残疾人权利公约》的起草工作并成为其缔约国之一,同时积极加强

---

① 中国残疾人联合会:《2012年中国残疾人事业发展统计公报》。
② 中国残疾人联合会:《2008年中国残疾人事业发展统计公报》。

与其他国家或组织的交流与合作,如与联合国儿童基金会合作开展的残疾儿童项目,成功举办北京残奥会,并以优异的奥运成绩向全世界展现了中国残疾人事业发展的巨大成就。残奥会的筹办也大大带动了我国无障碍设施的普及,给全国残疾人带来了方便。

10.3.4 中共十八大以来(2012年至今)

中国共产党第十八次全国代表大会是党在全面建设小康社会的关键时期和深化改革开放、加快转变经济发展方式的攻坚时期召开的一次十分重要的会议,对我们党团结带领全国各族人民继续全面建设小康社会、加快推进社会主义现代化、开创中国特色社会主义事业新局面具有重大而深远的意义。残疾人事业作为社会事业的重要组成部分,其发展状况直接关乎社会主义和谐社会建设程度,残疾人的民生状况也直接关乎全面建成小康社会的进程。十八大报告的第七部分"在改善民生和创新社会管理中加强社会建设"进一步强调要"多谋民生之利,多解民生之忧",特别提出了要"健全残疾人社会保障和服务体系,切实保障残疾人权益。"此后2013年召开的中国残联第六次全国代表大会深入贯彻中共十八大精神,在新的起点上不断推进残疾人福利事业的创新发展。2015年,国务院印发《国务院关于加快推进残疾人小康进程的意见》,强调要从各方面保障和改善残疾人民生,加快推进残疾人小康进程。新时期,残疾人福利事业保持良好的发展势头,各方面工作不断深化发展,广大残疾人得到新实惠。

一、生活

2014年新型农村养老保险和城镇居民社会养老保险统一合并实施,惠及残疾人,普遍提高了残疾人的养老保障水平。截至2014年年底,已有2180.0万城乡残疾居民参保,参保率达到74.2%,其中参保的60岁以下重度残疾人,超过九成得到了政府的参保扶助,代缴补贴比例达到93.6%;234.7万非重度残疾人也享受了全额或部分代缴的优惠政策;此外各地投入危房资金8.5亿元,完成9.0万户农村贫困残疾人危房改造,10.3万残疾人受益。①

二、特殊教育

2013年,残疾人事业专项彩票公益金助学项目启动。截至2014年年底,已为

---

① 中国残疾人联合会:《2014年中国残疾人事业发展统计公报》,中国政府门户网站,2015年4月1日,http://www.cdpf.org.cn/zcwj/zxwj/201503/t20150331_444108.shtml。

全国1.1万人次家庭经济困难的残疾儿童享受普惠性学前教育提供资助,各地也积极多渠道争取资金支持,对2908名残疾儿童给予学前教育资助。① 2014年,启动实施《特殊教育提升计划(2014—2016年)》,残疾人受教育权得到了更好保障。2012—2014年中国残疾人教育发展情况见表10-4、图10-7。

表10-4 2012—2014年中国残疾人特殊教育发展情况

指标	2012年	2013年	2014年
特殊教育普通高中(所)	186	194	187
特殊教育普通高中在校生(人)	7043	7313	7227
残疾人中等职业学校(所)	152	198	197
残疾人中等职业学校在校生(人)	10,442	11,350	11,671
取得职业资格证书(人)	5816	6200	5532
进入特殊教育学院学习(人)	1134	1388	1678

数据来源:由中国残疾人联合会历年《中国残疾人事业发展统计公报》中相关数据整理所得。

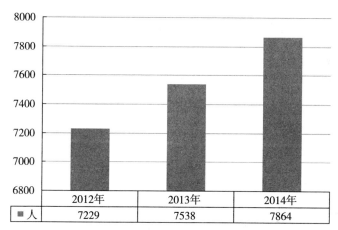

图10-7 2012—2014年全国高等院校录取残疾考生情况

数据来源:由中国残疾人联合会历年《中国残疾人事业发展统计公报》中相关数据整理所得。

三、就业

新时期,残疾人的就业权益得到进一步保障。2013年8月,中共中央组织部、中央机构编制委员会办公室、财政部、人力资源和社会保障部、国务院国有资产监

---

① 中国残疾人联合会:《2014年中国残疾人事业发展统计公报》。

督管理委员会、国家公务员局和中国残联下发《关于促进残疾人按比例就业的意见》,提出到2020年,所有省级党政机关、地市级残工委主要成员单位至少安排有1名残疾人;各级残联机关干部队伍中都要有一定数量的残疾人干部,其中省级残联机关干部队伍中残疾人干部的比例应达到15%以上。同时,就业规模总体保持稳定(表10-5),截至2014年年底,城镇新就业残疾人27.8万,全国城镇残疾人就业人数436.0万;1723.6万农村残疾人在业,其中1360.4万残疾人从事农业生产劳动;全国残疾人职业培训基地达到6154个,38.2万人次城镇残疾人接受了职业培训;"万村千乡市场工程"助残扶贫项目安置6865名贫困残疾人就业,帮扶贫困残疾人创办1990个村级农村店。[①] 此外,针对智力、精神和重度肢体残疾人就业问题,2015年中国残联印发《关于发展残疾人辅助性就业的意见》,强调要在借鉴国外和中国港台地区政府庇护性就业经验的基础上,通过政策扶持与市场推动相结合,全面促进辅助性就业(庇护性就业)的发展。

表10-5 2012—2014年中国残疾人就业情况

指标	2012年	2013年	2014年
城镇新就业残疾人(万人)	32.9	36.9	27.8
城镇实际在业残疾人(万人)	444.8	445.6	436.0
农村就业残疾人(万人)	1770.3	1757.2	1723.6
从事农业生产残疾人(万人)	1389.9	1385.4	1360.4
残疾人职业培训基地(个)	5271	5357	6154
城镇接受职业培训残疾人(万人次)	29.9	37.8	38.2

数据来源:由中国残疾人联合会历年《中国残疾人事业发展统计公报》中相关数据整理所得。

四、康复

中共十八大之后,通过实施一批重点康复工程,全国约751.5万残疾人得到不同程度的康复服务。截至2014年年底,全国共有康复机构6914个,有914个市辖区和2023个县(市)开展了社区康复服务工作,累计已建社区康复站的社区总数21.9万个,配备39.2万名社区康复协调员。在加强残疾人辅助器具服务体系建设方面,各级残联促进覆盖全国的服务网络的构建,并开展多层次、多形式的专业技术人员培训。具体情况见图10-8、表10-6、图10-9、图10-10。

---

① 中国残疾人联合会:《2014年中国残疾人事业发展统计公报》。

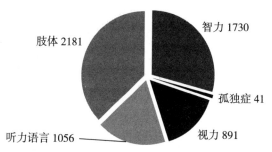

图 10-8　2014 年全国各类残疾人康复机构建设情况（个）

数据来源：由中国残疾人联合会《2014 年中国残疾人事业发展统计公报》中的相关数据整理所得。

表 10-6　2011—2014 年中国残疾人康复工程发展情况

工程项目		2011 年	2012 年	2013 年	2014 年
白内障复明手术（万例）		75.8	79.6	74.6	74.8
贫困聋儿抢救性康复项目	人工耳蜗（名）	700	4000	4288	11,200
	助听器（名）	3000	4500	4500	19,600
彩票公益金成年听力残疾人康复项目（例）			20,000	10,000	38,352
贫困肢残儿童矫治手术（例）		1311	6221	6721	8860
孤独症儿童康复训练（人）		6910	11,000	17,000	20,000
减免费用供应辅助器具（万件）		74.3	114.5	128.3	152.4

数据来源：由中国残疾人联合会历年《中国残疾人事业发展统计公报》中相关数据整理所得。

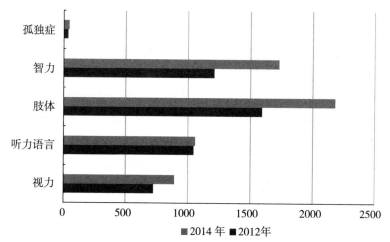

图 10-9　2012—2014 年全国各类残疾人康复机构情况对比（个）

数据来源：由中国残疾人联合会历年《中国残疾人事业发展统计公报》中相关数据整理所得。

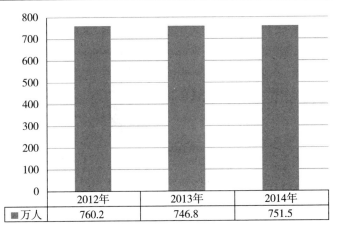

图 10-10 2012—2014 年全国残疾人康复工程受益情况

数据来源：由中国残疾人联合会历年《中国残疾人事业发展统计公报》中相关数据整理所得。

五、无障碍环境

新时期，我国无障碍环境建设在原基础上进一步完善。截至 2014 年年底，全国共出台了 451 个省、地市、县级无障碍建设与管理法规、规章和规范性文件；1506 个市、县、区系统开展无障碍建设；全国开展无障碍建设检查 4906 次，无障碍培训 4 万余人次；为 14.9 万户贫困残疾人家庭实施了无障碍改造；为 67.9 万残疾人发放了残疾人机动轮椅车燃油补贴。①

六、文化与国际交流

首先，残疾人文化生活进一步丰富。推出"百家图书馆""百家博物馆""百家新闻媒体"三个百家系列公益助残活动，开展"残疾人文化周"、残疾人文化进社区、全国残疾人文化体育示范市创建等活动；全国省地县三级公共图书馆共设立盲文及盲人有声读物阅览室 1616 个，共开展残疾人文化周活动 5568 场次，共举办残疾人文化艺术类比赛及展览 2806 次，全国共有各类残疾人艺术团体 775 个。② 其次，残疾人国际交流进一步加深。2015 年 7 月，北京携手张家口获得 2022 年冬奥会举办权，这是我国第一次举办冬残奥会，不仅鼓舞我国残疾人奋发拼搏，也必将带动我国残疾人福利事业、无障碍设施的建设和普及达到新的高度。

---

① 中国残疾人联合会：《2014 年中国残疾人事业发展统计公报》。
② 同上。

七、政府购买服务

加大政府购买服务力度,已经成为新时期发展残疾人福利事业的一个趋势。2013年国务院发文《国务院办公厅关于政府向社会力量购买服务的指导意见》和2014年财政部、民政部、中国残联等部门联合印发的《关于做好政府购买残疾人服务试点工作的意见》,提出要积极开展政府购买助残社会组织服务试点工作并逐步推广试点经验,将适合由社会组织开展的残疾人服务工作通过购买服务项目、服务岗位等形式交由助残社会组织承担,并且不断探索和完善政府购买助残社会组织服务的服务内容、服务方式、标准规范、监管机制、绩效评价和保障措施等。

10.4 中国社会福利制度现状

近年来,中国社会福利制度的发展思路日益明晰,即从照顾弱者逐步发展到普惠全民,更多的社会成员享受到了与经济社会发展水平相适应的社会福利服务。但目前中国社会福利制度仍处于转型期,制度体系还不健全,各项社会福利制度在实际运行中仍然存在诸多突出问题,完善社会福利制度任重而道远。

10.4.1 中国社会福利制度的发展成果

一、社会福利制度的内容不断扩展

在实践中,中国社会福利制度的内容包括公共福利(卫生福利、教育福利、文化康乐福利、住房福利和住房保障等)制度、集体福利(企事业单位集体福利、农村集体福利等)制度、特殊成员的社会福利制度(老年人社会福利、儿童社会福利、残疾人社会福利、妇女社会福利等)、社区服务制度这四个部分,涉及社会成员衣、食、住、行、医、教、娱等各个方面,提高了公民的生活质量。以老年人社会福利制度和残疾人社会福利制度为例。

当前中国老年人社会福利制度的内容包括老年人物质生活、老年人医疗保健、老年人社会养老服务、老年人权益保障这五个部分。民政部在"十二五"期间组织实施了"敬老爱老助老工程",涵盖了养老的不同层级和功能,包括:省市级综合养老设施建设"阳光计划"、区域综合福利中心建设"月光计划"、社区居家养老服务"星光计划"、农村五保供养服务设施建设"霞光计划"、农村互助养老"幸福计划"和在各类养老机构和社区配置康复辅具的"福康计划",老年人社会福利项目全方面拓展,增加了老年人对福利的选择性,以满足其多样化的个性需求。

残疾人事业是一项综合、复杂的社会系统工程,目前残疾人社会福利制度的内容不仅涉及残疾人的生理需求,还涉及残疾人的安全需求、社交需求、尊重需求与自我实现需求,主要包括残疾人康复、教育、就业与社会保障、扶贫、文化、体育活动、社会环境建设、维权工作、信息工程建设和残疾人组织建设。由于残疾人人数众多、情况各异,国家根据不同情况采取不同措施,以保障他们的基本生活和特殊需要。

二、社会福利制度的惠及范围显著扩大

"十二五"期间,民政部"以扶老、助残、救孤、济困"为重点,逐步拓展社会福利的保障范围,目前中国社会福利制度基本实现了由"补缺型"向"适度普惠型"的转变。以老年人社会福利和儿童社会福利为例。

养老服务对象现已拓展到全社会所有的老年人,对于无劳动能力、无生活来源、无法定赡养人的老年人,政府负责保障他们的基本生活,并提供无偿的养老服务;对于高龄老年人,全国18个省份出台了标准不同的高龄补贴制度;对于经济困难老年人,全国22个省份建立了养老服务补贴制度,并提供低偿或者无偿的养老服务;对于经济条件较好的老年人,为他们提供有偿养老服务,满足他们的养老服务需求。

儿童社会福利的服务对象也逐渐从覆盖少数由国家监护的儿童向全体儿童扩大。2013年6月,民政部决定在江苏昆山市、浙江海宁市、河南洛宁县、广东深圳市等地开展适度普惠型儿童福利制度建设试点工作。在此次试点中,国家将受艾滋病影响儿童,重病、重残、罕见病儿童和在押服刑人员子女等事实上无人抚养儿童纳入保障范围,体现了"分层推进、分类立标、分地立制、分标施保"的原则。服务对象具体分为孤儿、困境儿童、困境家庭儿童、普通儿童,能覆盖到全体儿童。其中,孤儿分社会散居孤儿和福利机构养育孤儿两类;困境儿童分残疾儿童、病重儿童和流浪儿童三类;困境家庭儿童分父母重度残疾或病重的儿童、父母长期服刑在押或强制戒毒的儿童、父母一方死亡另一方因其他情况无法履行抚养义务和监护职责的儿童、贫困家庭的儿童四类。目前,适度普惠型儿童福利制度试点已扩大到50个市(县、区),试点地区在建立分类保障制度、健全儿童福利指导和服务体系上作了有益探索。

三、社会福利配套政策逐步规范和完善

首先,老年人社会福利配套政策制定方面,国家为积极贯彻落实《中华人民共和国老年人权益保障法》,制定了《关于进一步加强老年人优待工作的意见》和《关于加快推进健康与养老服务工程建设的通知》,出台了《关于加强养老服务标准化工作的指导意见》《关于推进养老机构责任保险工作的指导意见》《关于推进城镇养老服务设施建设工作的通知》《关于加强养老服务设施规划建设工作的通知》《关于加快推进养老服务业人才培养的意见》《关于做好政府购买养老服务工作的通知》《关于建立健全经济困难的高龄、失能等老年人补贴制度的通知》《关于开展养老服务业统计工作的通知》等文件,确保了养老服务业的健康发展。

其次,儿童社会福利配套政策制定方面,为落实《中华人民共和国未成年人保护法》和国家孤儿保障制度,及时为孤儿、艾滋病病毒感染儿童发放基本生活费的基础上,各省份加快推进了困境儿童分类保障制度建设,目前已有天津、内蒙古、浙江、山东、安徽、重庆等省(自治区、直辖市)先行出台了地方性困境儿童分类保障政策。弃婴权益保障制度也取得了新的突破,国家通过联合宗教事务局下发的《关于规范宗教界收留孤儿、弃婴活动的通知》,修订并实施了《家庭寄养管理办法》,在全国32个市(县)开展了婴儿安全岛试点工作以及实施孤残儿童手术康复明天计划等,进一步规范了孤儿、弃婴收留养育工作,加强了孤儿、弃婴权益保护。

最后,残疾人社会福利配套政策制定方面,中国目前已有16个省(自治区、直辖市)建立了困难残疾人生活补贴制度,5个省(自治区、直辖市)建立了重度残疾人护理补贴制度。"十二五"期间,民政部先后发布了《关于进一步做好残疾人专用品进口免税审批工作的通知》《关于进一步加强民政直属假肢矫形康复机构建设与发展的意见》《关于加快民政精神卫生福利服务发展的意见》《中国康复辅助器具目录》等,进一步规范了残疾人社会福利制度,从而使残疾人的基本生活、医疗、康复、教育、就业、文化体育等基本需求得到制度性保障,有利于残疾人状况改善和全面发展,为残疾人平等参与社会生活创造了更好的制度环境和条件。

四、社会福利机构建设与服务加快发展

为积极贯彻落实"十二五"规划,国家坚持了家庭、社区和福利机构相结合,逐步健全了社会福利服务体系,推动了社会福利服务社会化。截至2014年年底,全国共有社会服务机构166.8万个,比上年增长6.8%。各类提供住宿的社会服务机构3.7万个,其中登记注册为事业单位机构1.6万个。总床位数达613.6万张,比上年增长16.5%,每千人平均拥有社会服务机构床位4.5张,比上年增长15.4%。收留抚养各类人员共334.9万人,比上年增长3.8%。

养老服务方面,截至2014年年底,全国各类提供住宿的养老服务机构33,043

个,比上年减少22.2%。总床位数达577.8万张,比上年增长17.0%(每千名老年人拥有养老床位27.2张,比上年增长11.5%),其中社区留宿和日间照料床位187.5万张。年末收留抚养老年人318.4万人,比上年增长4.2%。2014年全国共有老龄事业单位2558个,老年法律援助中心2.1万个,老年维权协调组织8.0万个,老年学校5.4万个,在校学习人员733.1万人,各类老年活动室34.9万个。

智障与精神病服务方面,截至2014年年底,全国民政部门管理的智障与精神疾病服务机构共有254个,比去年减少2.7%。拥有床位共8.0万张,比上年增长8.1%,其中社会福利医院(精神病院)床位数4.9万张,复退军人精神病院床位数3.1万张。年末收留抚养各类人员2.5万人,比上年增加8.7%。

儿童服务方面,截至2014年年底,全国共有儿童收留抚养救助服务机构890个,比上年增加10.8%。总床位数达10.8万张,比上年增加10.2%,其中儿童福利机构床位9.6万张。未成年人救助保护中心345个,床位1.2万张,全年救助生活无着流浪未成年人17.0万人次。年末收养各类人员5.9万人,比上年增加5.4%。2014年全国办理收养登记22,772件,其中:内地居民收养登记19,694件,港澳台华侨收养登记191件,外国人收养登记2887件。① 表10-7是2010—2015年中国社会福利机构建设与服务情况。

表10-7 2010—2015年中国社会福利机构建设与服务情况

指标		2010年	2011年	2012年	2013年	2014年
社会服务机构总数(个)		1,268,926	1,293,986	1,366,650	1,562,298	1,668,000
各类提供住宿的社会服务机构单位数(个)		44,000	46,000	48,000	46,000	37,000
其中	老年人与残疾人服务机构单位数(个)	39,904	42,828	44,304	42,475	33,043
	智障与精神疾病服务机构单位数(个)	251	251	257	261	254
	儿童收养救助服务机构单位数(个)	480	638	724	803	890
	其他提供住宿的服务机构单位数(个)	3847	2256	2820	2438	2622

---

① 中华人民共和国民政部:《2014年社会服务发展统计公报》,民政部门户网站,2015年6月10日,http://www.mca.gov.cn/article/sj/tjgb/201506/201506008324399.shtml。

续表

指标		2010年	2011年	2012年	2013年	2014年
各类提供住宿的社会服务机构床位数(张)		3,496,000	3,964,000	4,493,000	5,267,000	6,136,000
其中	老年及残疾人床位数(张)	3,161,000	3,532,000	4,165,000	4,937,000	5,778,000
	智障与精神疾病床位数(张)	61,000	65,000	67,000	74,000	80,000
	儿童床位数(张)	55,000	68,000	87,000	98,000	108,000
	救助及其他社会服务床位数(张)	219,000	139,000	174,000	157,000	170,000

数据来源：由中华人民共和国国家统计局官方网站以及民政部历年《社会服务发展统计公报》中的相关数据整理所得。

五、社会福利企业继续发挥作用

社会福利企业是国家为安置残疾人劳动就业而兴办的具有社会福利性质的特殊企业,它提高了残疾人在家庭和社会中的地位,使残疾人能够充分发挥自己的智慧和能力,积极为社会做出力所能及的贡献,并分享社会发展的成果。近年来,国家不仅做好了社会福利企业资格认定工作,而且还通过税收减免、产品专产、政府采购等优惠政策,鼓励和扶持了社会福利企业发展,促进了残疾人集中就业。截至2014年年底,全国共有为残疾人提供服务的机构16,389个,社会福利业增加值为757.0亿元,占第三产业的比重为0.25%,比上年增长7.9%。社会福利企业吸纳残疾职工47.9万人就业,实现利润95.2亿元,年末固定资产1789.5亿元。[①] 见表10-8。

表10-8 2010—2015年中国社会福利企业发展情况

指标	2010年	2011年	2012年	2013年	2014年
社会福利企业机构数(个)	22,226	21,507	20,232	18,227	16,389
社会福利企业残疾职工(万人)	62.5	62.8	59.7	53.9	47.9
社会福利业增加值(亿元)	592.0	738.0	703.4	701.5	757.0
社会福利企业利润额(亿元)	150.8	140.1	118.4	106.9	95.2
年末固定资产(亿元)	1646.6	1818.1	1815.1	1760.1	1789.5

数据来源：由中华人民共和国民政部历年《社会服务发展统计公报》中的相关数据整理所得。

---

① 中华人民共和国民政部：《2014年社会服务发展统计公报》。

六、福利彩票发行及公益金管理工作取得新成效

福利彩票是由民政部直属事业单位中国福利彩票发行管理中心负责发行销售的彩票,民政部按照福彩"扶老、助残、救孤、济困、赈灾"的发行宗旨,将其重点用于老年人、残疾人、儿童等特殊群体社会福利和社会公益事业的发展。"十二五"期间,国家出台了《彩票管理条例实施细则》(财政部、民政部、国家体育总局令第67号)、《民政部办公厅关于加强2013年度民政部本级福彩公益金中央级项目资金使用监督管理的意见》《民政部本级彩票公益金中央级项目评审办法》《关于民政部门利用福利彩票公益金向社会力量购买服务的指导意见》《关于进一步加强福利彩票机构自身建设的指导意见》《中国福利彩票销售场所管理办法》等文件,进一步规范了福利彩票的监督管理、销售渠道、安全运营、资金使用、资金核拨、机构建设、绩效评价等方面工作。此外,国家还继续推进了福利彩票的科学管理与风险防控,优化了彩票品种结构,开展了福彩公益金宣传和福彩文化建设活动,加强了保障能力建设,并自觉接受社会监督,从而完善了福利彩票制度,推动了社会福利和社会公益事业的发展。截至2014年年底,中国福利彩票年销售2059.7亿元,比上年增加294.4亿元,同比增长16.7%。全年筹集福彩公益金585.7亿元,比上年增长14.7%。全年民政系统共支出彩票公益金231.3亿元,比上年增加35.8亿元;其中:资助用于抚恤5.9亿元、退役安置0.9亿元、社会福利143.6亿元、社会救助29.1亿元、自然灾害2.2亿元、其他49.7亿元。① 见表10-9。

表10-9 2010—2015年中国福利彩票销售情况及公益金筹集、支出情况

指标(亿元)		2010年	2011年	2012年	2013年	2014年
中国福利彩票年销售额		968.0	1278.0	1510.3	1765.3	2059.7
全年筹集福彩公益金		297.1	388.7	449.4	510.7	585.7
全年民政系统支出彩票公益金总额		121.2	127.9	159.0	195.5	231.3
其中	用于抚恤的彩票公益金	4.9	4.8	5.4	7.5	5.9
	用于退役安置的彩票公益金	1.6	0.4	0.5	0.6	0.9
	用于社会福利的彩票公益金	59.5	61.4	92.2	117.1	143.6
	用于社会救助方面的彩票公益金	27.8	23.7	24.1	26.1	29.1

---

① 中华人民共和国民政部:《2014年社会服务发展统计公报》。

续表

	指标(亿元)	2010 年	2011 年	2012 年	2013 年	2014 年
其中	用于自然灾害方面的彩票公益金	—	0.8	1.3	2.6	2.2
	用于其他方面的彩票公益金	27.4	36.8	35.5	41.6	49.7

数据来源：由中华人民共和国民政部历年《社会服务发展统计公报》中的相关数据整理所得。

10.4.2 中国社会福利制度的不足之处

一、社会福利制度安排残缺

福利的刚性政策是社会福利制度的重要特征，通过立法赋予公民社会福利权并规范社会福利制度是社会福利事业发展的前提，但目前中国在社会福利制度的安排上是残缺的，社会福利的相关内容散见于各类法律法规文件中，尚未形成统一的法制体系。《中华人民共和国残疾人保障法》《中华人民共和国老年人权益保障法》《中华人民共和国未成年人保护法》《残疾人就业条例》《养老机构管理办法》《家庭寄养管理办法》等法规文件，仅仅是针对老年人、残疾人、孤儿这三类传统的帮扶对象，且缺乏刚性约束力。现有的福利制度在实践中往往是一些分割、零散式的政策支持，没有真正赋予社会成员共有的福利权益。

二、城乡社会福利制度发展不平衡

在城乡一体化发展中，城乡二元化结构造成的矛盾依然存在，由于不同地区的经济发展水平及人们对福利的需求存在较大差异，且现有的相关法律法规又缺乏整体规划，城市与农村在社会福利政策的落实、社会福利机构的建设、社会福利事业的规划、社会福利待遇的发放方面相差甚远。此外，国家在社会福利方面的财政支出、优惠政策等方面明显偏向于城市，这就使得公共服务资源主要集中于经济发达地区和优质人群中，而经济落后地区的福利待遇因资源分配的不均衡在质和量上难以得到发展。

三、社会福利多头管理且职责交叉模糊

目前，在政府系统中，中国社会福利的主要管理部门是民政部，另外人力资源和社会保障部、教育部、卫生和计划生育委员会、住房和城乡建设部等部门也承担着老年人、教育、医疗、住房福利等方面的职责；国务院也设立了全国老龄工作委员会、残疾人工作委员会、妇女儿童工作委员会等作为主管全国老龄工作、残疾人工作、妇女儿童工作的议事协调机构;党群系统下,全国总工会、全国妇联、共青团分别参与劳工福利、妇女福利、青少年福利等事务;社会组织中,残疾人联合会专门负责残疾人的社会福利①,服务内容包括残疾人维权、康复、社会保障、就业、扶贫、教育等。很明显,中国社会福利处于多头管理的状态,政府系统、国务院议事协调机构、党群系统、社会组织间关系复杂,有关社会福利方面的职责相互交叉,这就容易发生各部门单位间相互推诿的现象,从而弱化了民政部的监管与规划职能,并且降低了社会福利的办事效率。

四、社会福利供需矛盾突出

由于社会福利制度残缺等原因,中国社会福利事业的发展日益呈现出需求持续高涨与供给严重不足的尖锐矛盾。截至 2014 年年底,中国 60 岁以上老年人口已达 2.12 亿,占总人口的 15.5%,其中空巢和独居老年人口近一亿,高龄老年人口数量达到 2400 万,失能半失能老年人口接近 4000 万。② 同期,全国共有孤儿 52.5 万人,其中集中供养孤儿 9.4 万人,社会散居孤儿 43.2 万人③,各类残疾人总数已达 8500 万。④ 而中国各类服务床位共 613.6 万张,收留抚养 334.9 万人⑤,床位使用率为 54.6%,余下的 278.7 万张床位根本无法满足老年人、残疾人和儿童的需要,社会福利需求量与供给量形成了鲜明的对比,供需矛盾突出将直接影响到数亿人的生活质量。

五、公共财政支持力度不足

随着社会经济的发展,人们对福利的追求越来越强烈,社会福利制度的本质就是在保证基本人民生活的前提下,不断改善生活水平,不断提高生活质量。截至 2014 年年底,全国社会服务事业费支出 4404.1 亿元,比上年增长 3.0%,占国家财政支出的 2.9%⑥,中国社会福利性支出(含教育、社会保障、公共医疗卫生、住房保

---

① 郑功成:《中国社会福利的现状与发展取向》,《中国人民大学学报》2013 年第 2 期。
② 《中国首部养老机构发展研究报告在京发布》,新华网,2015 年 7 月 20 日,http://politics.people.com.cn/n/2015/0716/c70731-27314950.html。
③ 中华人民共和国民政部:《2014 年社会服务发展统计公报》。
④ 《中国加强贫困残疾人帮扶工作 改善残疾人生活》,人民网,2013 年 5 月 19 日,http://politics.people.com.cn/n/2013/0519/c70731-21533035.html。
⑤ 中华人民共和国民政部:《2014 年社会服务发展统计公报》。
⑥ 同上。

障)53,873亿元,占国家财政支出的35.5%①,而一些发达国家与中国周边的一些亚洲发展中国家在公共福利方面的财政支出要远高于中国,政府对社会福利投资不足会使得社会弱势群体的服务长期处于供应短缺状态。另外,民政部使用的公共福利资源主要来源于慈善捐赠和由中国福利彩票发行而筹集到的福彩公益金,这两部分都是社会集资性质而非税收性质,这样一来便会降低政府对社会福利资金的调控力度,影响社会福利制度的健康发展。

六、社会服务队伍数量不足且专业化水平较低

截至2014年年底,全国服务机构职工总数1251.0万人(全国持证社会工作者共计16.0万人,其中:社会工作师3.9万人,助理社会工作师12.0万人)②,中国社会工作专业人员总数占比仅为1.3%。若按年末收养老年人318.4万人、智障及精神病人员2.5万人、流浪未成年人17.0万人来算,大约每个专业社会工作者要照顾33个服务需求者,社会工作专业人员严重缺乏。此外,从一般的社会福利服务工作岗位职责和专业技能要求来看,现有的队伍还远不能适应中国社会福利发展的客观要求,影响了各类社会福利服务内容、项目的拓展及质量的提高。

10.5 未来社会福利制度改革发展方向

从建立之初,我国的社会福利制度就与社会救济密切相连,它是一种补缺型社会福利。在以经济增长为重点的发展过程中,补缺型社会福利制度在扶住弱势人群、改善人民生活方面发挥了重要作用。然而,随着我国经济发展和社会政治制度不断完善,需要促进补缺型社会福利制度发展,使之成为一种更高层次的社会福利制度,进一步满足人民希望生活水平进一步提高的需要。未来社会福利制度改革应该以建立适度普惠型社会福利制度为目标。

10.5.1 适度普惠型社会福利制度的基本特征

适度普惠型社会福利制度必须具备的基本特征有③:

---

① 中华人民共和国财政部:《2014年财政收支情况》,国库司,2015年1月30日,http://gks.mof.gov.cn/zhengfuxinxi/tongjishuju/201501/t20150130_1186487.html。
② 中华人民共和国民政部:《2014年社会服务发展统计公报》。
③ 戴建兵、曹艳春:《论我国适度普惠型社会福利制度的构建与发展》,《华东师范大学学报(哲学社会科学版)》2012年第1期;李迎生:《中国普惠型社会福利制度的模式选择》,《中国人民大学学报》2014年第5期。

一、国民全覆盖

社会福利制度改革应当以面向全体国民为出发点。公民社会权利赋予每个公民享有社会福利的平等资格,它因个体的身份或其他特质差异而存在差异。我国传统的社会福利制度以公民身份为基础选择性设置。制度的覆盖面在城乡、地域、群体、阶层间仍呈现出较大的差异。因此,必须从根本上走出既有社会福利制度的选择性模式,真正惠及全体公民,建立起国民全覆盖的社会福利制度。

二、项目全面化

福利国家完善的社会福利制度有利于在保护弱势群体的同时提高普通大众的个人福利水平,而我国传统上将社会福利视为社会保障的一部分,使得社会福利制度无法迅速适应公民需要转变,无法发挥应有的层次化、立体化的福利功能。因而,我国社会福利概念应与国际接轨,将狭义社会福利提升为广义社会福利,并在此基础上建设体系完善的社会福利制度。

三、主体多元化

我国计划经济体制下的社会福利供给属于"国家统揽"模式——政府既是福利政策制定者,又是福利服务提供者。随着市场转型的深化,"国家统揽"模式应向"国家主导"模式转变,政府不再是社会福利的唯一提供者,社会福利可以由公共部门、营利组织、非营利组织、家庭和社区共同负担。

四、福利水平适度性

借鉴"底线公平"的发展理念,对涉及公民生存和发展的"底线"之下的部分由政府实施全责和兜底保障,如基本养老、基本医疗、基本生活保障;"底线"之上则可以由其他主体承担,发挥社会机制、市场机制或者私人机制的积极作用,在国家、社会、市场、个人之间建立责任分担机制。坚持福利保障水平与经济发展水平相适应。①

10.5.2 适度普惠型社会福利制度的建设任务

建立适度普惠型社会福利制度应该具体从以下方面入手:

---

① 代恒猛:《从"补缺型"到适度"普惠型"——社会转型与我国社会福利的目标定位》,《当代世界与社会主义》2009年第2期。

一、转变政府职能,整合社会资源,促进社会福利事业发展

首先,推行社会福利行政体制改革,整合分散在不同政府部门和社团组织的社会福利行政职能,建立统一的行政管理体制。其次,要转变政府职能,将福利管理职能和供给职能分离。强化政府在规划编制、制度设计和监管中的无限责任、在经费投入上的兜底责任。民政部门负责对社会福利事业发展的管理工作以及部门服务的购买,而服务的供给则只能由市场主体提供。逐步放开营利性社会福利领域投资服务活动,在社会福利服务供给的价值链或技术链中建立政府与企业、相关社会组织之间的分工合作关系,使众多的公益企业和社会组织承担起社会福利生产者角色。为此,需要政府制定和实施鼓励支持社会力量投资兴办社会福利机构和从事服务的相关政策措施,同时也需要通过制定和强制执行进入社会福利领域的机构资质、服务质量、标准等准入制度,引导社会福利服务提升品质,强化集群化、规模化效应。

二、建立长期护理保险制度,为高龄失能老人提供保障

2013 年年底我国 60 岁及以上老年人口达两亿人,其中失能老人的总数已超 3750 万人,占老年人口总数的 18.75%。失能老人完全或者部分丧失正常功能,需要借助外力(正规或非正规的照护)为其提供医疗护理和养老服务等,来保持其基本生活。尽管我国有着良好的家庭养老的文化传统,但是随着工业化的发展,受我国家庭结构核心化、空巢化以及女性就业率不断提高等因素的影响,原来的家庭照护模式既缺乏经济基础,又缺少服务基础。老年人的长期照护风险从个人风险、家庭风险集中到社会,形成了长期照护社会风险。因此,长期护理保险制度的建立成为当前老年人福利建设的重要任务之一。通过长期护理保险制度,可以形成国家、集体和个人共同承担风险的机制,减轻失能老人的财务压力,提高他们的生活质量。

三、加强农村社会福利发展,保障农村弱势群体的基本生活

长期实行的城乡二元经济和社会结构,严重制约了农村社会福利事业的发展,使得广大农村老、弱、病、残、幼群体获得的保障有限。尽管我国已经建立起农村新型养老保险制度,但是养老金水平有限,仍然不能保障老年人的基本生活,特别是对农村独生子女以及失独家庭。因此,目前应该提高农村养老保险的保障水平,建立针对农村独生子女以及失独家庭的养老保险项目,提高其保障能力。随着工业化和城镇化的推进,大量劳动力从农村流出,但是其未成年子女却留在农村,成为

留守儿童,如何保障他们的合法权益成为当前的一个重大社会关注。因此,要推进农村儿童福利制度发展,保障农村留守儿童的合法权益。

四、加强人才队伍培养,建立专业化人才体系

提高社会福利领域从业人员专业水平。将社会工作者、养老护理员、康复医学人才等纳入职业目录,与相关院校合作开设相关专业。大力推进养老护理员队伍建设。建立专业的社会工作组织,健全完善社会工作者教育培训、资格认证、职业准入、评价晋升、薪酬待遇等制度,大力开发社会工作岗位。

五、加强软硬件建设,提升服务能力

坚持社会化方向,探索通过政府财政补贴、资助以及优惠政策等方式,引导社会力量投资兴办福利服务机构,增加社会福利资源总量。建立社会福利信息化平台,将养老机构、儿童福利机构、丧葬服务等信息统一纳入管理平台,实现信息资源共享,提高社会福利工作效率。加快社区信息化建设,建立社区居民基础信息库,掌握各类人群的服务需求。

11 社会养老服务体系建设发展报告*

向运华 姚虹

11.1 人口老龄化状况

11.1.1 人口老龄化的新特点

一、老年人口规模大、增速快

根据老龄办的调查数据,截至 2014 年年底,我国 60 岁及以上老年人口总人数为 2.12 亿,占总人口的比例达到 15.5%。表 11-1 显示,近年来我国老年人口一直呈增长态势。预计到 2025 年将突破 3 亿,2033 年将突破 4 亿,2053 年达到峰值 4.87 亿,分别占届时亚洲老年人口的 2/5,全球老年人口的 1/4。① 我国老年人口除了绝对规模大之外,增长速度也非常之快。从 2010 年到 2014 年,老年人口从 1.78 亿增长到 2.12 亿,每年平均增长速度高达 4.8% 左右,是同期人口增速的 5 倍多。全国老龄办发布的《中国人口老龄化发展趋势预测研究报告》显示,我国 2001 年至 2020 年处于快速老龄化阶段,平均每年增加 596 万老年人口,年均增长速度达到 3.28%。据联合国预测,1990—2020 年全球老龄人口平均年增速仅为 2.5%,同期我国老龄人口的递增速度则为 3.3%。②

---

* 此文系 2015 年武汉大学自主科研(人文社会科学)"智慧养老服务体系研究"项目成果。
① 李志宏:《国家应对人口老龄化战略研究报告》,《老龄科学研究》2015 第 3 期。
② 全国老龄办:《中国老龄化速度惊人:18 年走完发达国家一百多年进程》,新华网,2014 年 8 月 4 日,http://www.cncaprc.gov.cn/contents/16/10469.html。

表 11-1　60 岁及以上老年人占全国总人口比重

单位:亿人、%

指标	2007 年	2008 年	2009 年	2010 年	2011 年	2012 年	2013 年	2014 年
60 岁以上人口	1.53	1.60	1.67	1.78	1.85	1.94	2.02	2.12
比重	11.6	12	12.5	13.26	13.7	14.3	14.9	15.5

资料来源:《2014 年社会服务发展统计公报》,见民政部门户网站,2015 年 6 月 10 日。

二、高龄化、失能化加速

我国 80 岁以上高龄老人正以每年 100 万人的速度递增,是老年人口中增长最快的群体。预计到 2020 年,80 岁以上老人将超过 3000 万,到 2050 年达到 9500 万。① 伴随着高龄化,失能、半失能老人也在快速增加。根据全国老龄办发布的数据,2013 年我国失能、半失能老人为 3700 万,2014 年达到 4000 万。

三、空巢化日益严重

《中国家庭发展报告(2015 年)》显示,家庭户平均规模为 3.02 人,其中农村家庭户平均规模为 3.14 人,城镇家庭户平均规模为 2.84 人。家庭规模中,1 人家庭占调查家庭总数的 6.4%,2 人家庭占 21.9%,3 人家庭占 31.7%,4 人家庭占 21.0%,5 人家庭占 11.5%,6 人家庭占 5.3%,7 人家庭占 2.2%,见图 11-1。可见,超过 60%的家庭都是 1—3 人的小型家庭,家庭户规模的缩小使得家庭核心化趋势愈加显著,也凸显了空巢化日益严重的现实。该报告显示,空巢老人约占老年人总数的 50%,其中,独居老人占老年人总数的 10%,夫妻二人居住的老人占 41.9%。

图 11-1　家庭规模分布图

① 穆光宗、张团:《我国人口老龄化的发展趋势及其战略应对》,《华中师范大学学报(人文社会科学版)》2011 年第 5 期。

四、女性老年人口数量多于男性老年人口

2013年全国人口变动情况抽样调查样本数据显示,60岁及以上老年人口中,男性占48.7%,女性占51.29%,女性比男性多出2.59个百分点。且80岁及以上的高龄老人以女性居多,80岁及以上的男性老人占老年人口的比例为5.1%,80岁及以上的女性老年人则占6.84%,具体情况如表11-2所示。预计到21世纪下半叶多出的女性老年人口基本稳定在1700万—1900万,多出的女性老年人口中50%—70%都是高龄老人。①

表11-2 2013年60岁及以上男女人口分布情况

单位:%

年龄	60—69岁	70—79岁	80—89岁	90岁及以上	总计
男	29.31	14.29	4.72	0.38	48.7
女	29.22	15.23	6.1	0.74	51.29

资料来源:根据《2014年中国统计年鉴》(中国统计出版社2014年版)表2-8计算而来。

五、老龄化程度区域不均衡

我国老龄化程度的不均衡主要体现在沿海和内陆之间,城市和农村之间。早在20世纪90年代中期,上海、北京、天津、江苏和浙江率先进入了老龄社会,而一些偏远地区在2010—2020年才会进入老龄化社会。上海在1979年就已经进入老龄化社会,而新疆和西藏到目前为止还未进入老龄化社会。总体上我国东南沿海地区的老龄化程度高于中部和西部地区。但值得注意的是,2000年第五次人口普查时人口老龄化排在前三位的分别是上海、浙江和江苏,2010年第六次人口普查时人口老龄化排在前三位的则是重庆、四川和江苏,2013年排在前三位的仍然是重庆、四川和江苏。由此可知,西部的老龄化在加速。其主要原因是西部地区年轻人口的流出,而对于传统的老龄化程度较高的地区,则由于大量年轻人口的流入使其老龄化程度降低。②

此外,我国农村老龄问题突出。目前,农村的老龄化水平高于城镇1.24个百分点。在老龄化进程中,农村人口老龄化程度将一直高于城镇,据预计2033年差值将达到最高值13.4%。③ 城乡人口老龄化的倒置现象同样与我国人口的迁移流

---

① 董红亚:《中国社会养老服务体系建设研究》,中国社会科学出版社2011年版,第13页。
② 姜向群、杜鹏:《中国人口老龄化和老龄事业发展报告》,中国人民大学出版社2013年版,第8页。
③ 李志宏:《国家应对人口老龄化战略研究报告》,《老龄科学研究》2015第3期。

动有密切关系,年轻人口从农村流入城镇,加剧了农村的人口老龄化程度,降低了城市的人口老龄化程度。

11.1.2 完善社会养老服务体系是应对老龄化的必然选择

由上述分析可知,我国人口老龄化最显著的特点是基数大、速度快、高龄化、空巢化。在家庭养老功能弱化的背景下,人口老龄化的这些特点,迫切需要社会提供生活照料、康复护理、精神慰藉等养老服务,以保障老年人的基本生活和提升老年人的生活质量。中共十七届五中全会就强调要"优先发展社会养老服务,培育壮大老龄服务事业和产业",为实现党的十七大确立的"老有所养"的战略目标,国务院也制定了《社会养老服务体系建设规划(2011—2015年)》,这是党中央从我国国情出发应对老龄化的战略决策。优化整合社会力量和资源构建与完善养老服务体系,是当前经济社会发展阶段实现"老有所养"的必然选择。

在此背景下,全国各地相继出台了社会养老服务产业发展规划以及一些扶持养老事业发展的利好政策,使得最近几年来社会养老产业得到了快速的发展。在2015年,城市农村社会养老服务体系进一步完善,智慧养老逐渐兴起,但是社会养老服务的供需之间还存在一定矛盾,在满足老年人多样性、异质性的要求方面也还存在欠缺,真正建立起完善的可持续化的社会养老服务体系还需要努力。

11.2 城市社会养老服务的发展

11.2.1 城市社区居家养老服务的发展现状

一、社区居家养老的需求现状

(一)城市老年人的经济需求

第六次人口普查数据显示,我国城市60岁及以上老年人的主要生活来源中,离退休养老金和家庭其他成员供养是主要的形式。表11-3显示,约有66.3%的城市老年人靠离退休养老金,约有22.4%的城市老年人靠家庭其他成员供养。虽然城市大部分老年人通过领取养老金能获得一定的经济保障,但受制于养老金较低的水平,大部分老年人都处于经济较为困难的状况。特别是女性老年人,很大一部分没有参与养老保险,其更多依靠家庭成员的供养。从表11-3可以看出,高达31.9%的女性老年人依靠家庭其他人员供养,比相应的男性老年人高出19.77个百分点。

表 11-3 2010 年城市 60 岁及以上老年人主要生活来源

单位:人、%

主要生活来源	男	女	合计
劳动收入	210,438(9.71)	87,923(3.75)	298,361(6.61)
离退休金养老金	1,606,622(74.21)	1,383,560(58.99)	2,990,182(66.30)
最低生活保险金	38,043(1.76)	67,267(2.87)	105,310(2.33)
财产性收入	16,230(0.75)	14,558(0.62)	30,788(0.68)
家庭其他人员供养	262,601(12.13)	749,230(31.9)	1,011,831(22.4)
其他	31,126(1.44)	42,807(1.83)	73,933(1.64)
合计	2,165,060(100)	2,345,345(100)	4,510,405(100)

资料来源:根据全国第六次人口普查数据表第二部分 8-4a 计算而来。

随着年龄的增长,老年人对医疗护理、生活照顾等服务的需求随之增加。但经济条件差的老人往往住不起养老机构,甚至无经济能力在医院接受康复护理。社区居家养老由于其成本低的特点,能为老年人提供低偿或者无偿的服务,有效缓解老年人的养老困境。

(二) 城市老年人的生活照料需求

相关学者对我国 65 岁及以上老年人的躯体自理能力情况进行了研究,躯体自理能力主要由吃饭、洗澡、穿衣、上厕所、室内活动和控制大小便六项指标组成。研究发现,65—74 岁的老年人中,这六项自理能力情况较好,需要帮助的老年人(包括部分帮助以及全部帮助)的比例在 3% 以下。在 75—84 岁的老人中,由于健康状况的下降,需要帮助的比例明显提高。而在 85 岁以上的老人中,六项指标中,需要帮助的老年人(包括部分帮助以及全部帮助)的比例都高于 10%[①]。

而现实的情况是老年人的儿女大多不在身边,家庭空巢化使得一些高龄老年人的基本生活照料都成问题。表 11-4 显示,城市空巢老人家庭占到 60 岁及以上老年人家庭户的 35.85%。另外,还有一部分老年家庭也非常值得关注,就是老年人与未成年人居住的隔代家庭,老年人不但自身得不到有效照顾,还要去照顾未成年人,成了照料人的角色。城市居家养老服务的推出,在一定程度上能解决老年人的生活照料需求。而且,大部分老年人也愿意接受居家养老服务。全国老龄委发布的《我国城市居家养老服务研究》中指出,我国 85% 以上的老年人有享受居家养老服务的意愿,只有 6%—8% 的老年人愿意到养老机构养老。2011 年华北电力大

---

① 王德文、谢良地:《社区老年人口养老照护现状与发展对策》,厦门大学出版社 2013 年版,第 137 页。

学社会调查研究中心对我国城乡居家养老服务进行了调查,调查显示其中79.47%的老年人有居家养老服务需求。

表11-4 城市60岁及以上老年人口的家庭户数

单位:户、%

类别	单身老人户	夫妻老人户	老人与未成年居住户	3个60岁及以上老年人户	其他	总计
户数	4,590,156	6,566,882	432,196	260,124	19,268,822	31,118,180
比重	14.75	21.10	1.39	0.84	61.92	100

资料来源:第六次全国人口普查数据第一部分表5-4a。

(三)城市老年人的医疗护理需求

一般来说,老年人身体健康状况随着年龄增大越来越差,而且相当大一部分老人罹患多种慢性病。表11-5显示,60—64岁年龄组的老年人健康者达到65.53%,生活不能自理者只有0.61%;64—69岁年龄组的老年人健康者占55.11%,生活不能自理者占1.08%;而到了70—74年龄组,老人健康人口比降到了50%以下。随着年龄越来越大,身体健康的老人比例越来越低,生活不能自理的老人所占比例则越来越高,其对医疗护理等的需求也会大幅度上升。而现实情况是,很大一部分老年人由于经济、家庭等原因,无人照护、无钱去医院接受治疗或到养老机构进行护理的情况时有发生。因此,无论是老年人,还是老年人的亲属都对社区居家养老的医疗护理服务有需求。史薇等以北京市为例,对城市社区居家养老服务需求进行了研究。研究发现,在医疗康复类的服务需求中,25.8%的老年人需要上门看病,23.7%的老年人需要上门护理,20.3%的老年人需要康复治疗,18.4%的老年人需要陪同看病。[①]

表11-5 2010年城市60岁及以上老年人口健康状况

单位:人、%

年龄	健康	基本健康	不健康能自理	生活不能自理	合计
60—64	977,607(65.53)	451,658(30.28)	53,470(3.58)	9088(0.61)	1,491,823(100)
65—69	560,757(55.11)	387,515(38.09)	58,253(5.73)	10,966(1.08)	1,017,491(100)
70—74	372,549(42.92)	397,788(45.82)	80,842(9.31)	16,914(1.95)	868,093(100)

---

① 史薇、谢宇:《家庭养老资源对城市老年人居家养老服务需求的影响研究——以北京市为例》,《西北人口》2014年第4期。

续表

年龄	健康	基本健康	不健康能自理	生活不能自理	合计
75—79	217,090(34.92)	301,446(48.48)	80,988(13.03)	22,242(3.58)	621,766(100)
80—84	87,919(26.39)	161,000(48.33)	61,630(18.50)	22,598(6.78)	333,147(100)
85—89	29,225(21.95)	60,521(45.46)	28,451(21.37)	14,931(11.22)	133,128(100)
90—94	6405(17.70)	14,508(40.10)	8230(22.75)	7035(19.45)	36,178(100)
95—99	1428(17.96)	2881(36.24)	1697(21.35)	1944(24.45)	7950(100)
100及以上	132(15.92)	273(32.93)	170(20.51)	254(30.64)	829(100)

资料来源:第六次全国人口普查数据第二部分表8-2a。

(四) 城市老年人的精神文化需求

老年人同样对精神文化生活有着期待和追求,通过适当的社会参与可以提高老年人晚年生活的幸福感。特别是在家庭空巢化日益严重的趋势下,老年人的精神慰藉存在一定的缺失现象。老年人由于缺乏心理慰藉,精神文化生活又单调,极端情况下会诱发老年人的自杀行为。相关研究表明,导致老年人自杀有两大原因:一是贫困,二是老年人心灵孤独、无人关爱。① 社区居家养老能为老人提供精神慰藉服务,有效缓解老年人的孤独感,给老人提供社会参与的机会。李兵等对老年人社区精神文化服务需求进行了研究,其将需求分为文体娱乐、心理咨询、法律咨询、读书读报、工艺制作、纺织绘画、表演展示等七类。研究指出,有60%的老年人至少存在上述需求中的一种。相对来说,老年人对文体娱乐、读书读报、法律咨询、心理咨询的需求最高。另外还有27%以上的老年人表示自己愿意以志愿者的身份为其他老年人提供服务。②

二、社区居家养老的供给现状

(一) 政策方面

(1) 充分激发社会活力,满足养老服务需求。民政部、发展改革委等十个部门于2015年2月联合印发了《关于鼓励民间资本参与养老服务业发展的实施意见》,要求从三个方面鼓励民间资本参与养老服务业。首先,鼓励民间资本参与居家和社区养老服务。其次,鼓励民间资本参与机构养老服务。最后支持民间资本参与

---

① 王德文、谢良地:《社区老年人口养老照护现状与发展对策》。
② 李兵、张文娟、洪小良:《社区居家养老服务的政策体系研究——以北京市月坛街道为例》,《北京行政学院学报》2008年第1期。

养老服务产业发展。以此充分发挥市场在资源配置中决定性作用,使社会力量逐步成为养老服务业的主体,提高养老服务的可及性和可得性,满足老年人多样化、多层次的养老服务需求。

(2)加强人才培养,实现服务专业化。养老服务业人才的匮乏制约着我国养老服务发展,无论是养老服务管理人才,还是老年护理人才,目前都处于相对紧缺的状态。《关于鼓励民间资本参与养老服务业发展的实施意见》中指出,要加强养老服务业的人才保障,通过高校培养专业化的养老服务人才,加强养老护理人员的培训。教育部、民政部和国家计生委于2015年2月又联合下发了《关于遴选推荐全国职业院校养老服务类示范专业点的通知》,以此促进高职院校养老服务专业的改革创新,培养专业的养老服务业人才,促进我国养老服务的长远发展。

(3)推进医养融合,实现健康老龄化。《关于鼓励民间资本参与养老服务业发展的实施意见》提出要推进医养融合发展,即要统筹医疗服务和养老服务资源,让医疗卫生资源进入养老机构、社区、家庭。以此提高养老机构的医疗护理能力,并为社区居家养老提供健康维护支持。此外,养老机构内设医疗机构将纳入定点医保范围。"看病难"在短期内仍是一个严重的社会问题,老年人群作为医疗卫生资源最主要的消费群体,医养融合是缓解当前医疗服务供需矛盾的有效途径,也是未来老年事业的发展方向。

(4)注重信息技术,推动智慧养老。2015年5月,发展改革委、民政部、全国老龄办联合印发了《关于进一步做好养老服务业发展有关工作的通知》,指出要在养老领域推进"互联网+"行动,将信息技术、人工智能和互联网思维与居家养老服务机制建设相融合。通过搭建信息开放平台等方式为老人提供智能化的养老服务。

(二)基础设施情况

截至2014年年底,我国社区服务实施总共296,454个,覆盖率达到43.4%。其中社区服务指导中心1047个,社区服务中心22,483个(城市占15,173个),社区服务站114,288个(城市占59,775个),其他社区服务设施158,636个。社区日间照料床位数和社区留宿照料床位数分别为691,132张和888,690张。① 另外,截至2014年年底,全国有老年学校5.4万个,老年活动室34.9万个。

(三)养老服务内容

目前,社区居家养老服务基本涵盖了生活照顾、医疗保健、文化娱乐、心理慰

---

① 《社会服务统计季报》,中华人民共和国民政部网站,2014年12月。

藉、紧急救援等方面。以北京市为例,《北京市居家养老服务条例》规定,社区居家养老服务应为老年人提供家政服务、用餐服务、医疗卫生服务、家庭护理服务、紧急救援服务、日间照料服务、精神慰藉服务、文化娱乐以及体育活动。

11.2.2 城市机构养老服务的发展现状

一、老年人对机构养老服务的需求

(一)入住意愿

根据2010年中国城乡老年人口状况追踪调查数据,城镇11.3%的老人愿意入住养老机构,可承受的平均费用是每月1016元。养老机构入住意愿低,除了传统观念等影响外,大部分老人收入较低也是一个原因。以天津市为例,天津市民政局5月发布的《2015天津市失能老年人生活状况调查报告》显示,高达93.59%的老年人不愿意住养老机构,仅有6.41%的老年人愿意住养老机构。受访老人月平均养老金收入为1663元,其中1000元以下者就占了36.95%,而在有意愿入住养老机构的受访老人中,超过一半的老人能承担的费用是每月1000元。而养老机构对失能老人的收费标准却远远超过1000元。①

(二)需求偏好

一般而言,公办养老机构费用比民办养老机构费用要低,老人们也更加偏好于公办养老机构。有学者研究发现,在其他条件完全相同的条件下,老人们更加偏爱公办的、服务和环境普通的、离家较近的养老机构,如表11-6所示。即便不考虑入住费用等其他影响,老人们仍更偏好普通标准的公办机构,认为这样是比较安心的选择。②

表11-6 老年人对不同类型养老机构的偏好

偏好顺序	性质	条件	区位	费用(元/月)
1	公办	一般	附近	1000—1500
2	公办	一般	郊区	700—1200
3	民办	一般	附近	1500—2000
4	民办	一般	郊区	1200—1500

---

① 《九成以上失能老人无意愿入住养老机构收入是主因》,《今晚报》2015年5月14日。
② 高晓璐:《城市居民对养老机构的偏好特征及社区差异》,《中国软科学》2013年第1期。

续表

偏好顺序	性质	条件	区位	费用(元/月)
5	民办	较好	郊区	2000—2500
6	民办	较好	附近	3000—3500
7	民办	优越	郊区	3000—4000

资料来源：高晓璐：《城市居民对养老机构的偏好特征及社区差异》，《中国软科学》2013年第1期。

二、机构养老服务的供给

（一）养老机构增长情况

根据中华人民共和国统计局的相关数据，2011年、2012年、2013年的城市养老服务机构分别为5616个、6464个、7077个，占全国各类养老服务机构的百分比分别为13.74%、14.58%、16.66%（见表11-7）。总体上，城市养老服务机构数量虽逐年呈上升趋势，但所占比例仍较小。

养老服务机构总体呈现出"城市少、农村多"的局面，但民办养老机构却是"城市多、农村少"。全国老龄办"全国民办养老机构基本状况调查"数据显示，城市有76%的民办养老服务机构，但农村仅有24%的民办养老服务机构。[1]

表11-7 2011-2013年城市养老服务机构数量

单位：个、%

	城市养老服务机构数量	全国各类养老服务机构数量	城市养老服务机构所占比例
2011年	5656	40,868	13.74
2012年	6464	44,304	14.59
2013年	7077	42,475	16.66

资料来源：中华人民共和国统计局网站，http://data.stats.gov.cn/easyquery.htm? cn=C01&zb=A0P0101&sj=2013。

（二）床位增长情况

2011年、2012年、2013年、2014年每千名老年人拥有的养老床位数分别为19.1张、21.5张、24.4张、27.2张。四年间每千名老年人拥有的养老床位数增长了

---

[1] 吴玉韶、党俊武：《中国老龄产业发展报告（2014）》，社会科学文献出版社2014年版，第129页。

42.41%左右,如图11-2所示。按照《社会养老服务体系建设规划(2011—2015年)》中提出的建设任务,到2015年,每千名老年人拥有的养老床位数须达到30张。从目前的情况看,到"十二五"末,每千名老年人拥有的养老床位数达到30张的建设目标应该能顺利完成。

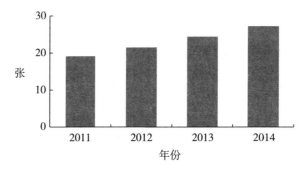

图11-2 2011—2014年每千名老人拥有床位数

资料来源:根据2011—2014年《社会服务发展统计公报》整理而来。

根据《中国民政统计年鉴》历年的相关数据,2011年、2012年、2013年我国城市养老服务机构床位数分别为63万张、78.2万张、97.1万张,年平均增长率为18.04%左右。收养救助人群从2011年的38.8万人增加到2013年的53.5万人。2013年年末床位利用率却从2011年的61.5%下降到38.4%,具体情况见表11-8。

表11-8 2011—2013年城市养老服务机构床位数

	床位数(万张)	收养救助人群(万人)	年末床位利用率(%)
2011年	63	38.8	61.5
2012年	78.2	44.9	57.4
2013年	97.1	53.5	38.4

资料来源:根据2012—2014年《中国民政统计年鉴》整理而来。

另外,《中国老龄事业发展"十二五"规划》提出,要优先发展失能老年人长期护理和康复服务,全国养老护理床位数应占高龄和失能老人总数的10%以上。根据《2014中国卫生统计年鉴》的数据,截至2013年年底,我国护理床位15,855张,其中城市占13,819张。按2013年全国80岁及以上高龄老人26,854,212人计算,护理床位占高龄老人的比例仅为0.06%,如果算上全国失能老人,这个比值更低。离全国养老护理床位数应占高龄和失能老人总数的10%以上的目标相距甚远。

（三）从业人员情况

城市养老服务机构的从业人员以女性居多,受教育程度及职业资格水平偏低,且从业人员年龄以36—45岁人员居多。根据《2014中国民政统计年鉴》的数据,截至2013年年底,城市养老服务机构职工人数109,752人,女性职工70,387人,所占比例达到64.13%。大专及以上学历人数24,317人,所占比例仅为22.16%。社会工作者和助理社会工作者总共1315人,所占比例只有1.20%。36—45岁从业人员42,139人,所占比例为38.39%,见表11-9。

表11-9 城市养老服务机构从业人员年龄结构情况

单位:人、%

	35岁及以下	36—45岁	46—55岁	56岁及以上	总计
人数	28,053	42,139	31,231	8329	109,752
比重	25.56	38.39	28.46	7.59	100

资料来源:《2014中国民政统计年鉴》,中国统计出版社2014年版。

（四）养老机构服务情况

养老机构的服务主要涉及居住条件、生活照料、医疗护理、文化娱乐以及心理慰藉等方面。根据苏振芳对某市养老机构的调查结果,在居住条件、生活照料、医疗护理方面,老年人的满意度呈阶梯递减,如表11-10所示。说明养老机构在医疗资源和专业护理员方面还存在很大的缺口,不能很好地满足老年人的需求,特别是健康状况不好的老年人的需求。此外,很多养老机构在文化娱乐和心理慰藉服务的提供上也比较欠缺,导致部分老年人的孤独感加强,产生抑郁情绪。

表11-10 老年人对养老机构的满意度

单位:%

	非常好	比较好	一般	比较差	非常差	总计
居住条件	8.13	47.97	42.28	1.62	0	100
生活照料	4.07	32.52	56.91	6.50	0	100
医疗护理	4.07	25.20	41.46	26.83	2.44	100

资料来源:苏振芳:《人口老龄化与养老模式》,社会科学文献出版社2014年版,第192—196页。

11.2.3 城市养老服务体系建设的经验及创新

一、政府主导及完全市场化养老服务建设的经验

（一）政府委托经营：浙江宁波海曙区

浙江宁波海曙区早在 2004 年率先开展了居家养老服务试点的工作，积极探索社会养老服务的发展。海曙区政府采用非竞争性的委托经营方式，选择具有一定资质和声望的非营利性组织提供养老服务项目。海曙区政府是居家养老服务的购买者，海曙区星光敬老协会是居家养老服务的提供者。海曙区星光敬老协会是 2003 年 6 月成立的专门承接居家养老服务项目的社会组织，政府每年对该协会给予财政补贴。海曙区开创了老年人"走进去、走出来"的模式，构建起了以社区为依托的社会化居家养老服务体系。"走进去"模式主要针对独居、高龄、生活困难老人，通过政府向星光敬老协会购买居家养老服务，走进老人家里为其提供养老服务。"走出来"主要针对行动方便、身体健康的老年人，老人们通过社区日托中心、老年活动中心融入社区，丰富老年生活。

政府委托经营模式的优点在于：政府将社区居家养老服务的实施委托给非营利组织，利于吸引社会力量提供养老服务，也利于减轻政府的负担。这种模式的弊端是：第一，由于社会组织在经济上对政府的依赖性很强，会受到较多行政力量的干预，导致政府和社会组织之间存在着不平等、非独立的关系；第二，受惠对象少，服务内容单一；第三，市场化的利用率不高，影响养老服务提供的质量和效率。

（二）市场化运营：上海静安区

上海静安区是积极引入市场化发展社区居家养老服务的典范，居家养老服务主要通过市场化购买。2005 年，上海静安区提出建设多元复合的养老服务体系。通过整合社会资源，让政府、社区、企业和民间组织共同参与社区居家养老服务体系的建设。上海静安区社区居家养老服务的市场化运营主要体现在社会组织和企业的参与上。参与社区居家养老服务的民间非营利社会组织包括静安区居家养老服务管理中心、静安乐龄助老服务总社、街道居家养老服务管理中心以及辖区内的社区组织。

静安区居家养老服务管理中心是全区居家养老工作的指挥协调机构，起到指导和监督评估居家养老服务工作的作用；静安乐龄助老服务总社负责承接政府购买项目，借助社区和民间组织开展养老服务；街道居家养老服务管理中心是静安区居家养老服务管理中心的分支机构，负责对承办居家养老服务项目的机构进行资

质审核以及绩效评估,并协调社会力量参与居家养老服务。参与社区居家养老服务的企业以民营企业居多,如"青凤老年生活护理服务社"。该服务社于2003年10月成立,在运作模式上坚持"政府扶持、社会支持、市场运作、实体管理"。此外,很多营利性企业参与了助餐服务,如伊加伊餐饮公司、食得福餐厅、上尊国际商务中心、华东医院食堂、儿童医院食堂。① 这种模式的优点是尊重市场规律,养老服务实施的效率高,服务对象是全体老年人,能满足老年人多样化、多层次的养老服务需求。缺点是在一定程度上缺乏公平性。

二、部分地区的养老服务创新

(一)青岛的长期护理保险制度

2012年7月,青岛市出台了《关于建立长期医疗护理保险制度的意见(试行)》,在全国属破冰之举,填补了我国长期医疗护理保险的空白。其覆盖范围为参加城镇职工基本医疗保险、城镇居民基本医疗保险的参保人。2015年起,青岛市又将长期医疗保险制度的覆盖范围首次扩大到了农村失能人员。经过三年的实践,青岛市的长期护理保险制度在2015年有了较大变化。

(1)筹资。2015年前,长期医疗护理保险的资金主要来源于基本医疗保险基金。城镇职工护理保险基金每月从个人账户和统筹资金中各划转0.2%,年人均100元左右。城镇居民护理保险基金以上年度城镇居民人均可支配收入为基数,按0.2%的比例从城镇居民(不含少年儿童和学生)医保统筹基金中划转,年人均64元左右。2015年,长期医疗护理保险有所改革。城镇职工护理保险基金从个人账户历年结余中按20%的比例一次性划转,并每月以个人账户月计入基数总额的0.5%从统筹基金中划转。城乡居民则按照不超过当年居民社会医疗保险费筹资总额的10%,从医保基金中划转。

(2)给付方式。2015年前,护理服务分为"专护"服务、"老护"服务、"家护"服务。"专护"服务指在二、三级医院接受医疗专业护理,"老护"服务指在有医疗资质的养老机构接受长期医疗护理,"家护"服务指居家或在没有医疗资质的养老院接受定点社区医疗机构的护理。对机构实行床日包干支付,在二、三级医院"专护"分别按每床日170元、200元的标准结算,"老护"和"家护"按每床日60元的标准结算。参保人享受"专护"产生的医疗护理费用可由护理保险基金报销90%,享

---

① 刘新萍:《论城市居家养老服务多元合作体系的建设及发展——以上海市静安区为例》,《甘肃行政学院学报》2009年第4期。

受"老护"和"家护"产生的医疗护理费用可由护理保险基金报销96%。2015年后,由于将农村失能人员纳入了该制度,增加了"巡护"服务,"巡护"服务是专门针对农村失能人员,由村卫生室为失能人员提供上门服务。护理服务细分为了"专护""院护"(原称"老护")、"家护""巡护"。包干额度调整为医疗专护170元/人/天,护理院医疗护理65元/人/天,社区巡护参保职工、一档缴费成年居民、少年儿童、大学生1600元/年,二档缴费成年居民800元/年。在护理保险待遇上,不设起付线,参保职工接受"专护""院护""家护""巡护",可报销90%的费用。一档缴费成年居民、少年儿童、大学生接受"专护""院护""巡护",可报销80%的费用,二档缴费成年居民接受"巡护",可报销40%的费用。

截至2014年年底,有2.5万左右的老人受益于该制度,在床护理老人1.9万人。长期医疗护理保险制度有效缓解了老人的失能风险,减轻了患者的经济负担及家庭成员的照顾负担。

(二)南京推出"家属照料型"居家养老模式

南京市于2014年10月推出的"家属照料型"的养老方式规定:子女、儿媳等亲属在家照顾经济困难等"五类老人",每月可以申领300元或400元的补贴。"五类老人"指城镇"三无"人员、农村"五保"人员;低保及低保边缘的老人;经济困难的失能、半失能老人;70周岁及以上的计生扶持老人;百岁老人。此举意在通过缓解家庭经济压力,鼓励家庭养老,家庭给予老人的亲情是最好的精神慰藉。值得注意的是,为了保证护理照顾的专业化,真正起到弥补当前居家养老护理员队伍不足的作用,该规定强调了照顾老人的家属必须经过专业养老机构的培训,考核合格后才能申请补贴。政府通过第三方机构对家庭照料进行监督,如果家属拿了补贴却不见效,会受到批评教育,甚至被取消补贴资格。

(三)北京实施全国首部居家养老服务的地方法规

中共十八届四中全会提出了依法治国的理念,依法治国是实现国家治理体系的治理能力现代化的必然要求。法制是法治的基础和前提条件,要依法治国,必须具备完备的法制。① 社会养老服务的发展需要完善的老龄法律法规,既能维护老年人的合法权益,也是依法开展老龄工作和促进老龄事业发展的基础。2015年5月1日,《北京市居家养老服务条例》正式实施。这是全国首部居家养老服务地方性法规,也是贯彻中共十八届四中全会精神,积极应对老龄化的具体实践。此条例

---

① 吴玉韶:《中国老龄事业发展报告(2013)》,社会科学文献出版社2013年版,第117页。

明确了居家养老服务的功能定位和服务内容,特别是提出了居家养老服务包括精神慰藉;明确了子女对老人的赡养义务以及政府在居家养老服务中的职责,政府人员不尽职责也将追责;明确了小区无障碍设施建设标准,新旧小区均要配建养老设施;明确了社区卫生机构要提供老年人医疗服务等等。此服务条例不仅对老年人最为关心的居家养老服务内容做出了指引性的规定,也明确了政府、社区、家庭、社会组织、企业等在养老服务中的作用。北京的做法可谓为全国做了一个表率,积极推进养老服务体系相关法律法规的建设和完善,以立法保障社会养老服务的发展。

11.3 农村社会养老服务的发展

11.3.1 农村社会养老服务发展现状

一、农村社会养老的需求

(一)农村老年人的经济需求

根据2010年第六次全国人口普查的数据,农村60岁及以上老年人的主要生活来源为家庭其他成员供养和劳动收入,占主要生活来源的比例分别为47.74%和41.18%。与城市老年人以养老金为主要生活来源不同,农村老年人以养老金为主要生活来源的比例仅为4.60%,如表11-11所示。

表11-11 农村老年人主要生活来源情况

单位:%

主要生活来源	劳动收入	离退休金养老金	最低生活保险金	财产性收入	家庭其他人员供养	其他
比重	41.18	4.60	4.48	0.19	47.74	1.81

资料来源:根据第六次全国人口普查数据表第二部分8-4c计算而来。

这是我国长期以来城乡社会保障制度二元化的结果,农村的养老保障制度的建设一直处于空白状态,直到2009年起开始实施新型农村社会养老保险(简称"新农保")。为逐渐缩小城乡差距,2014年"新农保"和城镇居社会养老保险(简称"城居保")合并,建立了统一的城乡居民基本养老保险制度。但由于城乡居民基本养老保险的基础养老金待遇水平偏低,能发挥的作用有限。经济保障是老年人养老的基础和前提,在我国农村,老年人一旦失去了劳动能力,经济来源就失去了保障,只能依靠家庭其他人员的供养。如果家庭的经济状况不好,老年人的基本生活需求就很难得到保障。

(二) 农村老年人的生活照顾需求

随着城市化进程的加快和生活观念的转变,越来越多的农村年轻人外出打工,造成了以老人为主体的农村空巢家庭增多。

表11-12 农村60岁及以上老年人口的家庭户数

单位:户、%

类别	单身老人户	夫妻老人户	老人与未成年居住户	三个60岁及以上老年人户	其他	总计
户数	10,287,257	11,298,652	2,179,526	710,920	45,682,953	70,159,308
比重	14.66	16.10	3.11	1.01	65.11	100

资料来源:根据第六次全国人口普查数据第一部分表5-4c计算而来。

如表11-12所示,在农村60岁及以上的老年人家庭户数中,单身老人户占到14.66%,夫妻老人户占到16.10%,即老人空巢户的比例达到了30.76%。此外,在农村还有一个广泛的现象是儿女外出打工,将自己的孩子放在农村,交给父母抚养。这种与孙辈一起生活的老人,除了要照顾孙辈外,还要负责自己的起居生活。老人一旦出现身体不适,自己和孙辈的基本生活就很难得到保障。表11-12显示,农村老人与未成年人居住户有2,179,526户,比例为3.11%,隔代家庭的现象比城市更普遍。有三个60岁及以上老年人户在农村所占的比例也比城市高,为1.01%。这种情况会给家庭在经济、照顾护理等方面带来沉重的负担。

随着社会的进一步发展,农村的"空心化"现象也会越来越严重,传统的家庭养老受到严峻挑战,有效保障农村老年人的生活照顾问题迫在眉睫。

(三) 农村老年人医疗护理需求

如表11-13所示,在60—64岁年龄段的农村老人中,有91.73%身体情况较好,其中健康者58.25%,基本健康者33.48%。在65—69年龄段的农村老人中,有85.46%的老年人身体情况较好,其中健康者44.80%,基本健康者40.66%。随着年龄的增长,农村老年人的健康状况及自理能力逐渐下降,特别是80岁及以上的高龄老人。在80—84年龄段的农村老年人中,不健康能自理者为33.50%,生活不能自理者为8.72%。85—89年龄段的农村老年人中,不健康能自理者占35.31%,生活不能自理者占13.61%。而到了90岁之后,老人不健康者及生活不能自理者的比例更高。相对于城市老年人,农村老年人的数量更多,失能风险也更大,需要相应的医疗护理,尽可能地提高老年人的生活质量,让其有尊严地生活。

表 11-13　农村 60 岁及以上老年人口健康状况

单位:人、%

年龄	健康	基本健康	不健康能自理	生活不能自理	合计
60—64	1,927,764(58.25)	1,108,030(33.48)	240,375(7.26)	33,589(1.01)	3,309,758(100)
65—69	1,059,780(44.80)	961,926(40.66)	302,677(12.79)	41,283(1.74)	2,365,669(100)
70—74	571,969(30.90)	831,157(44.90)	390,356(21.09)	57,576(3.11)	1,851,058(100)
75—79	324,118(23.91)	601,269(44.35)	365,014(26.92)	65,346(4.82)	1,355,747(100)
80—84	133,525(17.31)	312,039(40.46)	258,402(33.50)	67,319(8.72)	771,285(100)
85—89	47,350(14.50)	119,487(36.58)	115,347(35.31)	44,457(13.61)	326,641(100)
90—94	10,521(12.01)	27,430(31.31)	30,238(34.51)	19,412(22.16)	87,601(100)
95—99	2186(12.07)	5213(28.78)	5714(31.55)	4997(27.59)	18,110(100)
100 及以上	230(11.01)	633(30.30)	616(29.49)	610(29.20)	2089(100)

资料来源:根据第六次全国人口普查数据第二部分表 8-2c 计算而来。

(四) 农村老年人精神文化需求

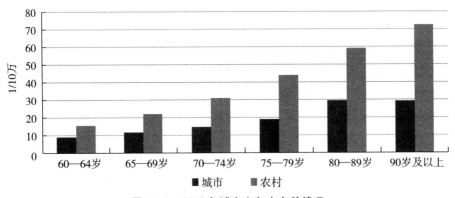

图 11-3　2013 年城乡老年人自杀情况

资料来源:《2014 中国卫生统计年鉴》。

与城市老年人相比,农村老年人的交往范围有限,主要局限在村里,与外界交流很少。另外,农村老年人的文体活动也很缺乏。所以,农村老年人的精神文化生活更为单调,精神慰藉常常得不到满足。近年来,老年人特别是农村老年人的自杀情况频频出现,这与农村老年人精神空虚、寂寞,缺乏心理慰藉有关。根据《2014 中国卫生统计年鉴》的数据整理出的图 11-3 可见,2013 年每 10 万个农村居民中,60—64 岁农村老年人中平均有 15.56 个老年人自杀,65—69 岁平均有 22.06 人,

70—74 岁平均有 30.96 人,75—79 岁平均有 43.95 人,80—89 岁平均为 59.18 人,90 岁及以上农村老年人自杀平均高达 72.4 人。从中可以看到,农村老年人的自杀率高于城市,且随着年龄的增加自杀率也随之上升。

（五）农村老年人的养老意愿

随着农村家庭养老功能的弱化和经济的发展,机构养老渐渐成为部分农村老年人的养老选择。虽然农村老年人的养老意愿呈现了多元化趋势,但大部分老年人还是愿意选择和子女一起居住,更加倾向于家庭养老,入住养老机构的意愿很低。根据张娜的研究,农村老年人"和子女同住"的意愿最强,其次是"不和子女同住,但住同一社区",而"不和子女同住,且不住同一社区"和"住养老院"的比例都非常低,如表 11-14 所示。如果将"和子女同住"视为传统的家庭养老,"不和子女同住,但住同一社区"视为社区居家养老,"不和子女同住,且不住同一社区"视为自我养老,"住养老院"视为机构养老,那么除了家庭养老之外,农村老年人对社区居家养老还是有很大的偏好。①

表 11-14　农村老年人的养老意愿

单位:%

	和子女同住	不和子女同住,但住同一社区	不和子女同住,且不住同一社区	住养老院	合计
有配偶	54.75	37.32	4.43	3.50	100
无配偶	66.69	26.08	2.66	4.47	100

资料来源:张娜:《农村老年人居住意愿与社会养老服务体系构建研究》,《南京农业大学学报(社会科学版)》2014 年第 6 期。

二、农村社会养老的供给

（一）农村社区居家养老的供给

（1）资金投入情况。在农村,社区居家养老的筹资渠道单一,所需资金主要来自于财政拨款。由于乡镇财政实力有限,再加上观念滞后,使得政府对养老事业的投入不足,对农村社区居家养老服务建设的投入经费也就更少。

（2）社区服务基础设施情况。与城市相比,农村社区的养老服务设施不仅数量少,建设也比较落后。截至 2014 年年底,在 22,483 个社区服务中心中,农村只

---

① 张娜:《农村老年人居住意愿与社会养老服务体系构建研究》,《南京农业大学学报(社会科学版)》2014 年第 6 期。

占 7310 个,在 114,288 个社区服务站中,农村仅占 54,513 个。① 很多农村社区的基础设施功能不全、规模小,缺乏老年服务服务中心、老年活动室等基础的养老服务配套设施。所以,农村社区居家养老所能提供的服务内容单一,难以满足农村老年人逐渐增长的多元化养老服务需求。

(3) 养老服务人员情况。在我国目前养老服务人员整体素质不高的情况下,与城市相比,农村的情况更糟。从事农村社区居家养老服务的人员以 35—50 岁的中年女性为主,由 50 岁以上的低龄老人来承担养老服务工作的现象也很普遍。且大多数人员文化程度偏低,职业化和专业化程度也较低。农村社区专业化的养老服务人员和管理人员的缺乏,影响了养老服务提供的质量和水平。

(二) 农村机构养老的供给

(1) 养老机构增长情况。如表 11-15 所示,近几年,农村养老服务机构占全国各类养老服务机构的比例虽然有所下降,但仍然高于城市养老服务机构占全国各类养老服务机构的比例。可是,在老年康复护理机构方面,农村远远落后于城市。根据《2014 中国卫生统计年鉴》的数据,老年康复护理机构在城市总共 477 个,在农村总共 255 个。除护理站外,康复医院、疗养院和护理院都是城市多于农村,详细情况见表 11-16。

表 11-15 2011—2013 年农村养老服务机构数量

单位:个、%

	农村养老服务机构数量	全国各类养老服务机构数量	农村养老服务机构所占比例
2011 年	32,140	40,868	78.64
2012 年	32,787	44,304	74.00
2013 年	30,247	42,475	71.21

资料来源:中华人民共和国统计局网站,http://data.stats.gov.cn/easyquery.htm? cn = C01&zb = A0P0101&sj = 2013。

表 11-16 2013 年城乡老年康复护理机构数量

单位:个

	康复医院	疗养院	护理院	护理站	总计
城市	245	118	89	25	477
农村	131	65	16	43	255

资料来源:《2014 中国卫生统计年鉴》。

① 中华人民共和国民政部网站,http://files2.mca.gov.cn/cws/201501/20150129172531166.htm。

（2）养老床位数增长情况。近几年来,农村养老机构的床位数一直呈增长状态,如表11-17所示,2011年为241.1万张,2012年为261.0万张,2013年为272.9万张。但床位利用率呈现出下降趋势,2011年末的床位利用率为79.5%,2012年下降到76.6%,2013年进一步下降为52.8%。另外,如前文所述,虽然农村的养老服务机构床位数多于城市,但养老护理床位数却远远低于城市。截至2013年年底,我国护理床位15,855张,其中城市13,819张,农村仅为2036张,如表11-18所示。

表11-17　2011—2013年农村养老服务机构床位数

	床位数（万张）	收养救助人群（万人）	年末床位利用率（%）
2011年	241.1	192.5	79.5
2012年	261.0	200.0	76.6
2013年	272.9	201.2	52.8

资料来源：根据2012—2014年《中国民政统计年鉴》整理而来。

表11-18　2013年护理床位情况

单位：张

	护理院床位	护理站床位	合计
城市	13,514	305	13,819
农村	1998	38	2036

资料来源：《2014中国卫生统计年鉴》。

（3）从业人员情况。根据《2014中国民政统计年鉴》的数据,2013年末,农村养老服务机构职工人数达到164,144人。女性职工75,976人,所占比例达到46.29%。大专及以上学历人数21,967人,所占比例仅为13.38%。社会工作者和助理社会工作者总共812人,所占比例仅有0.49%。从业人员以36—45岁人员居多,共67,660人,所占比例为41.23%,见表11-19所示。与城市养老机构从业人员相比,农村养老机构从业人员无论是在文化程度上,还是在职业资格水平上都更低,而且年轻从业人员所占的比例也更低,如图11-4所示。

表11-19　农村养老服务机构从业人员年龄结构情况

单位：人、%

	35岁及以下	36—45岁	46—55岁	56岁及以上	总计
人数	37,912	67,660	46,953	11,619	164,144
比重	23.10	41.23	28.60	7.07	100

资料来源：《2014中国民政统计年鉴》。

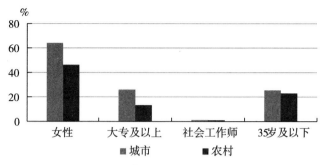

图 11-4 城乡养老服务机构从业人员对比

11.3.2 农村社会养老服务的创新

一、河北省的社区养老模式

河北省社区养老的创新主要包括周家庄模式和肥乡模式等。周家庄模式即"集体养老金供养综合模式",以集体养老金代替家庭的代际支持,它的特点在于"以家庭为单位,以村规民约为约束,集体分配资金保障养老"。周家庄所辖区域内工厂较多,经济水平相对较高,居民之间没有明显的贫富差距。周家庄的养老模式完全依赖于其独特的集体经济体制,使得该模式具有很强的地域性和局限性,很难推广到其他地方。但是其尊重乡风民俗,注重敬老爱老,并制定了养老赠老的相关规定,从而营造了良好的养老氛围,使得村民对养老有良好的认知和认同感。从这一方面来说,周家庄模式所营造养老文化环境的方式具有很好的示范意义,传统的孝文化在这种模式中得到了更好的传承和发展,并使得孝文化在经济发展良好的地区依然具有蓬勃的生命力。

与之相对应,肥乡模式是一种低成本的模式,其特点在于:建立了"集体建院、集中居住、自我保障、互助服务"的农村互助幸福院。建设、运行幸福院的资金主要来源于政府补贴、个人负担和社会捐助。这种模式以低成本、互助为出发点,幸福院没有专门的管理和服务人员,在幸福院生活的老人互相帮助、互相服务。这种模式的优点在于"群众参与""量力而行""自愿自助"。"群众参与",积极鼓励村民参与幸福院建设,主动为幸福院提供经济支持或服务,以形成尊老、爱老的道德风尚;"量力而行",在农村地区普遍经济发展缓慢的背景下,低成本是农村社会养老可持续化建设的保障;"自愿自助",一方面保证了幸福院的低成本,另一方面也能有效提高老年人的社会参与能力,使得老年人在相互支持中实现"老有所为"。但肥乡模式缺点在于其服务对象覆盖面小,大多为有自理生活能力的老人。另外由于缺乏专业性管理和服务人员,服务保障水平也低。

二、江苏省"三位一体"农村养老服务体系

近年来,江苏省相继出台了《关于进一步加强农村五保供养服务机构建设管理的意见》《关于加快发展养老服务业完善养老服务体系的实施意见》等文件,对建设和完善农村养老服务体系提出了明确要求。江苏的农村养老服务体系包括区域性养老服务中心、老年关爱之家、社区居家养老服务中心三个部分,这三个部分的养老服务功能相互渗透、相互补充,以全面满足老年人的养老需求。

(一)区域性养老服务中心

区域服务中心是传统敬老院的转型升级,其通过整合优化敬老院资源,在确保五保老人供养水平的同时,并满足部分困难老人的养老需求。江苏省按照"三有、三能、六达标"的要求(敬老院每个房间内有卫生间、有保暖降温设备、有电视机,老人不出院门就能洗澡、能看病、能康复娱乐,消防、卫生、环境、五保老人供养标准、管理服务人员配比、管理服务人员工资待遇达到相关目标要求),对现有敬老院进行改造,确保在2015年前具备生活照料、精神慰藉、康复护理、紧急呼叫等功能,使得升级后的区域性养老服务中心成为农村养老服务的示范点和骨干力量。

(二)老年关爱之家

关爱之家有三种建设方式:一是村统一建设老年住房并配套相应养老设施,二是村利用闲置公共资源建设小型养老院,三是农民利用自家房子办家庭养老所;关爱之家的服务对象主要是高龄、空巢、失能半失能老人,考虑到农村老年人的经济水平都比较低,关爱之家以有偿或低偿的方式提供服务。同时,公办和民办关爱之家的新建和改造都能获得每张床位500—2000元的一次性补贴。各级民政局是各地区农村老年关爱之家的业务主管部门,负责对老年关爱之家进行管理、监督和检查。

(三)农村社区居家养老服务中心

社区居家养老服务中心为老年人提供短期托养、日间照料以及助餐、助洁、助浴、助医、助急等服务。为鼓励居家养老中心提高服务质量,如溧阳市通过第三方机构对服务中心进行考核,根据考核情况发放"以奖代补"补贴。

11.4 智慧养老：创新养老服务的探索

11.4.1 智慧养老的含义与战略意义

随着人类社会的发展，城市承载人口越来越多，利用信息技术实现城市智慧化管理与运行，以促进城市的可持续发展，是当今城市发展的必然选择。而在老龄化加剧及家庭养老功能弱化的背景下，智慧养老是智慧城市以及智慧社区的延伸，也是智慧城市建设中重要的组成部分。所谓智慧养老，就是利用物联网的技术实现采集、汇聚、分析老龄人口的身体状况、养老需求以及安防监控等信息，从而对紧急救助、生活照料、家政服务、健康预警、远程诊疗、物流配送等各种养老服务需求做出智能响应。智慧养老理念的提出，可以化解老年人面对的多样化养老风险，满足老年人更高层次的养老服务需求[1]，具有重要的战略意义。

一、智慧养老的战略意义

（一）实时应对空巢老人的紧急救助

由于计划生育政策的长期实施，"4—2—1"的家庭已经成为城市最典型的结构，家庭的小型化、空巢化已成为老龄化进程中不可忽视的现实背景。北京大学穆光宗教授认为空巢家庭主要有两种：一种是纯空巢家庭，包括单身空巢家庭和配偶空巢家庭；另一种是类空巢家庭，包括虽然子女不在身边但其他亲属在身边的空巢家庭。另外一种需要重视的空巢家庭是失独家庭。一般来说，空巢期是老人生活最困难的时候，无论是生活照料还是精神慰藉都得不到有效满足。更严重的是，相当一部分空巢家庭的老龄人口处于半失能、失能甚至罹患多种慢性疾病，这部分老人在遇到紧急情况的时候，如果无法得到及时的紧急救助，可能导致这部分老人受到生命安全的威胁。近段时间以来，国内已经发生了若干起空巢老人意外死亡的悲剧。据《安徽商报》报道，安徽蚌埠市一名六旬"空巢老人"独自死在家里，一周后才被邻居发现。另据浙江在线报道，家住嘉兴市南湖区菱香坊小区的陈先生长期在上海工作，嘉兴老家年老的父母相继意外死亡，直到陈先生半个月后回家才发现。无疑，随着老龄化的加剧，空巢化家庭越来越多，这种悲剧已经成为一种需要迫切关注和有效应对的社会问题。另外需要注意的一个现实是，农村的空巢化相比于城市空巢化更严重，而农村地区往往交通不便利且住户分散居住，使得农村空

---

[1] 席恒、任行、翟绍果：《智慧养老：以信息化技术创新养老服务》，《老龄科学研究》2014年第7期。

巢老人在发生紧急情况下更难得到有效的救助。

而智慧养老中的紧急救助功能可以有效且实时地响应老人的紧急求助,甚至在老人失去呼救的能力情况下也能及时地反馈老人的紧急情况到养老服务中心或者医疗救助中心,从而保证老人生命安全不受到意外事件的威胁,使得空巢老人意外死亡的悲剧不再上演。

(二)有效缓解护理人员短缺的难题

据预测,未来10—20年,中国大致每年新增1000万老年人口,而中国的养老机构平均每位老人只有1个护理人员,远落后于发达国家的7—8人。[1] 另外,国家大力推行的以社区为依托的居家养老也面临专业性护理人员的严重短缺。护理人员短缺问题的解决在于政府积极促进养老服务产业的发展,着力培养专业型的护理人员,但是短期之内,护理人员的供给不足很难得到有效改善。

而智慧养老将老人的各方面信息收集整合,一方面使得养老服务中心更有效地细化、优化养老服务人员资源,引导养老服务产业的专业化建设,从而使得护理包括在内的各种养老资源得到更有效率的分配;另一方面,智慧养老利用其先进的信息技术实现智能化服务,不仅能有效延伸人工养老服务的能力,也将服务的人为风险降至最低。[2]

(三)着力提升老年人生活服务质量

老龄人口养老服务需求主要包括经济支持、生活照料以及精神慰藉。但是老人的服务需求有很强的异质性,其需求受民族地域、家庭状况、教育背景、参与社会能力等因素的影响。现有的很多研究都指出了养老服务产业存在严重的供需矛盾,一方面老年人有多层次多样化的养老服务需求,另一方面养老服务中心提供的服务往往与老人自身的需求不匹配,从而使得政府大力建设的社区养老服务中心的服务效率很低。利用智慧养老技术,养老服务中心通过对老年人口相关数据的采集并挖掘,可以有效地提供针对性定制化的服务,从而在养老服务广覆盖的前提下实现按需养老服务的提供,着力提升老年人口的生活服务质量。

(四)积极推动养老服务产业的发展

为应对老龄化带来的养老难题,国家积极推动社会养老产业的发展。一方面老年人口的养老需求日益增长,但与之相对应的是养老产品供给仍然短缺,可以预

---

[1] 《智慧养老政策落地 创新发展智能无极限》,和讯科技网站,2015年5月7日,http://tech.hexun.com/2015-05-07/175590640.html。

[2] 席恒、任行、翟绍果:《智慧养老:以信息化技术创新养老服务》。

见的是,养老服务产业未来几年将进入加速建设期。赛迪顾问发布的《中国养老产业发展战略研究(2014)》预计未来十年,我国养老产业规模有望达到10万亿元以上。养老服务产业作为具有战略意义的新型产业,对促进社会可持续发展实现民生幸福具有重要的作用。而智慧养老作为养老服务产业的一部分,其本身汇聚了信息产业的高技术性、高附加值的特点,智慧养老产业从标准化到产业化,无疑会形成一个巨大的产业链,并会延伸到其他相关的电子产品及家居建材行业,从而提升整个养老服务产业的价值,推动整个养老服务产业更好更快地发展。

二、智慧养老国家政策梳理

从上述分析可以看出,智慧养老在智慧城市和大数据为发展潮流的背景下,其对资源的有效分配、提升养老服务资源利用效率以及满足老人多样化的服务需求等方面对城市发展以及社会经济的可持续发展都有重要的战略意义。由此可知,智慧养老在未来一段时间都是国家推进养老服务产业中重点建设和发展的内容。近几年来,国家相关部门为积极推动智慧养老产业的发展,相继出台了若干政策,详见表11-20。

表11-20 2011—2015年国家推进智慧养老建设的政策文件汇总表

序号	颁布时间	政策文件名称及颁布单位	政策文件主要内容
1	2011年9月17日	国务院《中国老龄事业发展"十二五"规划》(国发〔2011〕28号)	推进信息化建设。建立老龄事业信息化协同推进机制,建立老龄信息采集、分析数据平台,健全城乡老年人生活状况跟踪监测系统。
2	2011年12月16日	国务院办公厅《社会养老服务体系建设规划(2011—2015年)》(国办发〔2011〕60号)	运用现代科技成果,提高服务管理水平。构建社区养老服务信息网络和服务平台,发挥社区综合性信息网络平台的作用,为社区居家老年人提供便捷高效的服务。建成以网络为支撑的机构信息平台,实现居家、社区与机构养老服务的有效衔接,提高服务效率和管理水平。
3	2013年9月6日	《国务院关于加快发展养老服务业的若干意见》(国发〔2013〕35号)	发展居家网络信息服务。地方政府要支持企业和机构运用互联网、物联网等技术手段创新居家养老服务模式,发展老年电子商务,建设居家服务网络平台,提供紧急呼叫、家政预约、健康咨询、物品代购、服务缴费等适合老年人的服务项目。

续表

序号	颁布时间	政策文件名称及颁布单位	政策文件主要内容
4	2013年10月14日	《国务院关于促进健康服务业发展的若干意见》(国发〔2013〕40号)	推进健康服务信息化。制定相关信息数据标准,加强医院、医疗保障等信息管理系统建设,充分利用现有信息和网络设施,尽快实现医疗保障、医疗服务、健康管理等信息的共享。逐步扩大数字化医疗设备配备,探索发展便携式健康数据采集设备,与物联网、移动互联网融合,不断提升自动化、智能化健康信息服务水平。
6	2013年12月27日	《民政部办公厅、发展改革委办公厅关于开展养老服务业综合改革试点工作的通知》(民办发〔2013〕23号)	创新养老服务供给方式。试点地区应着力推动服务观念、方式、技术创新,重点推动医养融合发展,促进养老与家政、保险、教育、健身、旅游等相关领域互动发展;运用互联网、物联网等技术手段,提高管理和服务信息化水平。
7	2014年10月25日	中国老龄产业协会《全国智能化养老实验基地规划建设基本要求》	对智能老年居住建筑建设要求、基本原则、技术性要求做出了严格的规范标准。实现人的健康状况预测并及时提醒或介入干预,以达到智能化健康管理的目的,并采用先进的信息采集和统计技术,为老年人提供符合标准的照护服务。
8	2015年5月14日	国家发展改革委办公厅、民政部办公厅全国老龄办综合部《关于进一步做好养老服务业发展有关工作的通知》(发改办社会〔2015〕992号)	要在养老领域推进"互联网+"行动,将信息技术、人工智能和互联网思维与居家养老服务机制建设相融合,对传统业态养老服务进行改造升级,通过搭建信息开放平台、开发适宜老年人的可穿戴设备等,不断发现和满足老年人需求,强化供需衔接,扩大服务范围,提供个性、高效的智能养老服务。

从以上政策看出,国家在积极推进智慧养老的建设,以信息技术创新养老服务模式,从而提供多层次、多样化、高效智能的养老服务,切实提升老年人的生活品质。

11.4.2 智慧养老解决方案

一、智慧养老的解决方案

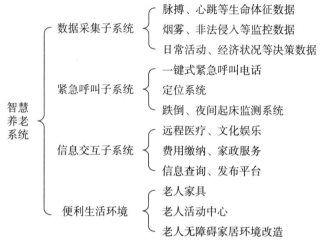

图 11-5 智慧养老系统结构框图

智慧养老系统是在先进信息技术的支撑下,建立面向居家老人、社区养老服务中心或机构养老的物联网系统与系统平台,并在此基础上提供实时、快捷、互联化、智能化的养老服务。其系统框图如图 11-5 所示,各个子系统的功能如下:

(1) 数据采集子系统。智慧养老平台接入各种传感检测设备采集并整合老年人的生理数据,如心跳、血压等,将专业医疗机构、康复中心、急救服务与家庭、个人联系起来;实时监测陌生人入侵、烟雾以及煤气泄漏等数据,保障老人生活的安全;政府管理机构采集老人经济状况、日常活动等数据,对反映养老意愿的公共性数据进行挖掘、分析,以制定出更符合民生的养老政策和法规。

(2) 紧急呼叫子系统。老人可通过卫生间、床头的分机或者手持设备发起一键紧急呼叫功能,进行双向对讲;当老人在室外活动的时候,发生紧急情况利用移动终端发起紧急呼叫,监控中心可以对其进行精确的定位;老人床上设置有感应器,当老人跌落床下或者起夜走动时自动发起呼叫通知管理人员(机构养老)或者对应的家庭成员(居家养老);在厕所、浴池等易摔倒的地方安置压力传感器,在老人发生跌倒时自动发起呼叫。

(3) 信息交互子系统。数据采集子系统将采集到的生命体征数据通过 IP 网络或者移动互联网等技术传输到健康服务中心,由医疗机构对这些数据进行监测分析,形成个人健康档案和分析报告,实现预防保健为主、治疗干预为辅的医疗保障功能;信息交互系统还可以提供个性化的文化娱乐服务内容,使得老人不出门就能享受精神慰藉;信息交互子系统集成物业管理服务,提供水电费、物业费缴纳、故障报修等服务,为物业、社区、老人之间建立通畅的沟通渠道;通过信息交互子系统,老人可以发布救助、服务需求等信息,养老志愿者也可以查询相关求助信息,从而解决养老信息不对称的问题,为老人、志愿者、养老服务中心建立起有效链接的桥梁。

(4)便利生活环境。社区和家居环境要为老人提供便利、无障碍的生活环境,如在家庭内部使用老人家具,社区建立老人活动中心等。

智慧养老系统还包括针对老人设计的一些智能化设备,如智能手环,其能感应老人的非正常举动,譬如突然摔倒会触发报警系统,精确锁定老人所处的位置;智能拐杖,拐杖设有紧急呼叫(SOS)、GPS定位等装置,老人独自外出遇到紧急情况时,可以一键紧急呼叫养老服务平台。智慧养老系统不仅能满足老年人多层次多元化的养老服务需求,还能通过信息技术延伸整合养老服务相关产业,对智慧城市的建设有重要的意义。

二、智慧养老建设的可行性

利用城市先进的技术水平和丰富的医疗条件,基于物联网的智慧养老是创新养老服务行业的必然趋势。但智慧养老的推广有一定的限制。如基础设施建设薄弱、经济发展缓慢的城市,全面建设智慧养老服务平台在短期内是不现实的。但是从智慧养老系统的框图可以看出,智慧养老系统所集成的功能是多层次的,因此各地政府可以根据本地的信息化以及经济发展状况制定对应的智慧养老服务平台。随着 IP 及移动互联网的迅猛发展,从城市到农村,各省市都积极推动信息化的建设,在城区基本实现了网络全覆盖,这为城市智慧养老提供了必备的基础条件。虽然农村的信息化建设要远远落后城市,但是在移动网络广泛覆盖的前提下,普惠性的智慧养老服务如紧急呼救、医疗信息采集依然能够得到很好的实施。由此可知,智慧养老从城市到农村,从经济发达地区到不发达地区,智慧养老的建设都具有良好的可行性。

11.4.3 智慧养老的地方实践及经验

在当前来看,智慧养老是以信息技术创新养老服务,一些经济较发达地区是智慧养老建设的先行者。以下通过总结浙江杭州市的智慧养老发展,为智慧养老的普及和推广提供思路。

一、杭州市智慧养老的建设实践

杭州作为浙江省的省会,一直以来是浙江省政治、经济、文化、科教、交通、传媒、通信和金融中心。根据杭州市 2014 年统计年鉴,杭州市 60 岁以上老年人口比已经达到 19.3%,而作为老城区的上城区,老年人口比更是达到了 26.2%,即便是老年人口比最低的滨江高新区也达到了 13.2%。由此可知,杭州市的老龄化程度非常严重,其人口比远高于国际通用的 10% 的标准。严重的老龄化给杭州的发展带来了沉重的压力,也是政府需要积极面对的基本市情。为促进杭州的转型发展,目前杭州政府提出以信息经济与智慧经济为战略目标,而"智慧养老"是智慧经济中一项重要内容,也是满足庞大老龄人口"老有所依、老有所养、老有所乐"需求的有效出路。自杭州被确立为养老服务业综合改革试点地区之一后,2011 年至今,杭州市区政府为智慧养老的发展进行了有益的探索,表 11-21 是其智慧养老建设的具体进展情况。

表 11-21 2011—2015 年杭州市智慧养老建设进程

时间	智慧养老政策及建设内容
2011 年	智慧养老试点开始筹划建设。
2012 年	(1)余杭区开始免费发放一键通老年手机。 (2)西湖区升级区养老服务信息管理系统。
2013 年	(1)智慧养老确定为市政府为民办实事项目,成为"智慧城市"建设的重要组成部分。 (2)杭州市民政局、杭州市财政局印发《关于杭州市智慧养老服务平台呼叫中心及配套服务项目公开招标的指导意见》,智慧养老在杭州全面启动。 (3)智慧养老服务平台呼叫中心建成并投入使用。 (4)信息平台覆盖主城区范围,首批惠及杭州主城区约 10 万老年人。
2014 年	(1)首家智慧养老服务中心正式启用。 (2)智慧养老信息平台升级为智慧养老云平台。 (3)《杭州市人民政府关于加快养老服务业改革与发展的意见》(杭政函〔2014〕174 号)中强调完善"智慧养老"服务体系。意见指出:"以需求为导向,全面升级'智慧养老'服务。利用大数据、智慧云、物联网等技术,构建具备信息发布、老年人个人需求受理反馈、养老服务设施查询、公办养老机构轮候申请、时间银行管理、运营商平台监管等多种功能的杭州市智慧养老服务平台,打造高效、便捷、安全的虚拟养老院。"

续表

时间	智慧养老政策及建设内容
2015 年	(1) 为老人开展智能结算业务。 (2) 首家集医养护为一体的智慧养老产业园开园。

自杭州市、区两级政府启动智慧养老建设以来,累计安装"呼叫器"或派发"关爱手机"13万台,其通过移动互联网与社会养老服务提供商相连,为老年人提供安防急救、主动关怀、亲情通话和生活服务等智慧养老服务。到2015年年底,杭州市还将发放终端设备2万余台。智慧养老项目惠及70岁以上的孤寡、独居、空巢老人,80岁以上的高龄老人以及政府购买服务对象。由此可知,杭州推行的智慧养老具有普惠型的特点,其实现了智慧养老中紧急呼救的功能,能有效保障高龄空巢老人以及失能、失智老人的生命安全。在智慧养老平台的架构上,也预留了很多接口,包括同步居民健康档案的数据接口、第三方支付平台接口等,为智慧养老进一步转型升级提供了技术支撑。未来,杭州市政府还将整合城区的养老信息服务平台,最终实现信息发布、老年人养老服务申请受理、公办养老机构公开轮候、数据监管和信息资源整合等功能。

二、智慧养老的建设经验

杭州智慧养老经过四年的建设,已经初步建立起智慧养老的信息平台以及实现了智慧养老的一些基本功能。虽然智慧养老的推广和服务对象进一步扩大,以及智慧养老提供更具个性化智能化的养老服务还有很长的路要走。但是杭州市区政府在智慧养老建设中还是为其他省市提供了非常宝贵的经验。

(一) 政府责任

在杭州市智慧养老建设中,从制度设计、项目招标到后期运作,政府都参与其中。杭州民政局、财政局联合制定了杭州市智慧养老服务平台呼叫中心及配套服务项目公开招标的指导意见,对智慧养老的普惠对象,平台应提供的服务以及呼叫服务信息中心和信息模块的总体要求都给出了具体的要求,从而使得政府可以在统一的标准化规范下购买社会组织服务,为培育养老服务社会组织具有重要的意义。在项目招标中,各城区均采取公开招标的方式确定运营商,通过运营商的竞争以确保服务质量的提高。政府主导智慧养老建设的另一个积极的作用是,智慧养老服务平台能有效实现需求与资源供给的对接,政府在建设中可以优化整合社区养老服务中心资源,从而发挥公共及社会养老资源的效益最大化。

(二) 广覆盖,分步实施

杭州市智慧养老惠及空巢、独居、高龄及失能、半失能、失智老年人,其中涵盖的紧急救助功能有效保障这一部分老人的生命安全,广覆盖是真正以民为本,使得这个群体的老人"老有所依"。另外全面建设智慧社区养老服务的投入很大,会给财政带来巨大的压力。而智慧养老的覆盖和建设分步实施,可以缓解对一次性投入给财政带来的压力。分步实施还能保障智慧养老建设过程中动态的调整规划,使得智慧养老建设更高效。从服务内容分步实施角度来说,智慧养老服务信息平台只是一个基础框架,在老年人口需求信息统计完备的情况下,以发展动态的视角逐步完善养老服务内容,才能真正最终实现智慧养老从生活照料到医疗保障、到精神慰藉的一体化建设。

11.5 社会养老服务体系的问题与发展思路

11.5.1 现存问题

一、社区居家养老服务供需失衡

一方面是养老服务需求与供给的失衡。随着家庭养老功能的弱化和人们生活水平的提高,老年人对社区居家养老服务的需求规模逐渐扩大,对养老服务项目也呈现出多样化、多层次的需求。但由于社区居家养老多是以政府购买的形式推行,且受益对象主要针对三无、五保、高龄、失能等特殊老年人,"以计划为导向"的行政色彩较浓,缺乏"以需求为导向"的观念。因此现有的社区居家养老服务所提供的服务内容还比较单一,较少考虑到老年人养老需求层次的不同。在王莉莉等对居家养老服务的研究中,以需求差表示服务供需失衡的情况,需求差即需求率减去供给率。以上门做家务、上门护理、上门看病、聊天解闷四项服务为例,上门做家务的服务需求率和供给率分别为29%和22.9%,需求差为6.1%;上门护理的服务需求率和供给率分别为30.5%和20.5%,需求差为10%;上门看病的服务需求率和供给率分别为56.4%和55.5%,需求差为0.9%;聊天解闷的服务需求率和供给率分别为39.0%和17.0%,需求差为22%。① 总体上,老年人对养老服务的需求高于供给,社区的养老服务存在供给不足的问题。

另一方面是养老服务利用与供给之间的失衡。社区居家养老服务的政府购买

---

① 王莉莉:《基于"服务链"理论的居家养老服务需求、供给与利用研究》,《人口学刊》2013年第2期。

只是覆盖了小部分困难老年人,大部分老年人是需要通过自行购买实现的。由于老年人受传统观念的影响,对社区居家养老服务的认识不充分,对养老服务费用的收取也比较敏感,养老服务的购买意识及购买能力还不够,使得社区居家养老服务的利用率并不高。当然,社区居家养老本身服务质量及水平的滞后也影响了老年人对服务项目的利用。王莉莉等的研究显示,老年人对上门做家务、上门护理、上门看病和聊天解闷的利用率分别为2.0%、1.5%、25.9%和5.5%,从中可以看出社区养老服务利用率非常低,养老服务与供给之间存在严重的失衡。①

二、机构养老存在结构性失衡

发达国家每千名老人拥有的养老床位数为60—70张,发展中国家每千名老人拥有的床位能达到50张。根据民政部《2014年社会服务发展统计公报》的数据,2014年我国每千名老年人拥有的养老床位数为24.4张,不仅低于发达国家的平均水平,也低于一些发展中国家,与《社会养老服务体系建设规划(2011—2015年)》提出的"到2015年每千名老年人拥有的养老床位数达到30张"的建设任务还存在一定差距。很明显,我国的机构养老在总体上还存在着供给不足的现象。

但值得注意的是,在机构养老总体供给不足的情况下,又同时存在着"一床难求"和"床位空闲"的矛盾现象。造成机构养老这种机构性失衡的原因主要有两方面:一方面,服务优良、低廉的公立养老结构缺乏。公立养老机构由于享有政府的资金支持和优惠政策,其设施条件一般比较好,再加上社会公信力高及收费不高,老人们更加倾向于选择公立养老机构,正如前文所述,在其他条件完全相同的条件下,老人们更加偏爱公办的养老机构。所以,条件好的公立养老机构出现了供给不足的情况,一些条件差的公立养老机构则是床位大量空闲。此外,部分公立养老机构片面追求高档化,其收费也很高,超过了普通老人的承受范围,只是主要面向一些高收入者或离退休干部。养老床位往往被这些人占据,而真正有需求的中低收入老人却因收费太高而无法入住②;另一方面,市场化的民办养老机构收费较高。民办养老在财政补贴及优惠政策的享有上远不及公办养老机构,这在一定程度上限制了民办养老机构的发展。在经济利益的驱动下,其服务收费往往超过了普通老年人的经济承受能力,在一定程度上造成了老人的入住率不高。

---

① 王莉莉:《基于"服务链"理论的居家养老服务需求、供给与利用研究》。
② 苏振芳:《人口老龄化与养老模式》,社会科学文献出版社2014年版,第234页。

三、养老服务人员队伍建设落后

第一,我国养老服务人员数量严重不足。按民政部给出的老年人和养老服务人员的最佳配比为 3∶1 来推算,我国至少需要 1000 万名养老服务人员。而目前我国所有养老机构人员为 22 万,其中取得养老护理资格的仅 2 万多人。[①]

第二,养老服务人员队伍结构存在很大问题。社区居家养老的服务人员、养老机构的养老服务人员,都普遍存在着年龄结构老化、学历低、专业技术知识薄弱等问题。目前,我国社区居家养老的服务人员以 40—50 岁的中年妇女为主,养老方面的专业知识和技能严重欠缺。养老服务人员队伍的专业性缺乏,无法对老年人提供专业化、多样化的养老服务,如护理康复、精神慰藉等服务,使得老年人多样化的养老服务需求得不到满足。养老机构的养老服务人员同样存在着这些问题,多数民办养老机构的养老服务人员的整体情况比公立养老机构的更差。

四、长期护理保险制度的缺失

随着我国老龄化日益严重,高龄化加剧的同时却呈现出了"长寿不健康"现象,半失能和失能老人的数量大幅度增加。2010 年,我国失能高龄老人为 860.47 万人,预计到 2050 年失能高龄老人将增至 4764.52 万人,每年的护理费用将高达 5650.49 亿元,高额的护理成本会给国家、社会及家庭带来严峻的挑战。[②] 为应对老人的失能风险,以减轻国家的财政负担和优化资源配置,很多发达国家都实行了长期护理保险制度,与养老保险、医疗保险共同形成国家的基本保险制度,如美国、德国、韩国、日本等。山东青岛市虽然于 2012 年 7 月率先建立了长期护理保险制度,并在 2015 年将该制度的范围扩大到了农村,在一定程度上化解了老人的失能风险,解决了失能老人的长期照顾问题。但由于缺乏国家层面上法律法规的支持,青岛的长期护理制度也就缺乏法律制度的保障,目前依附于医疗保险制度,所以其发展也受到了很大的限制。可见,虽然我国已建立了广覆盖、保基本的养老保险制度和医疗保险制度,但由于长期护理保险制度还处于缺失状态,不仅失能老人群体庞大的护理康复需求得不到满足,也影响了养老服务体系的建设。

五、养老服务体系存在城乡差异

与城市相比,农村的老龄化现象更严重。从理论上看,农村的生育水平比城市

---

① 肖云、杨光辉:《我国社区居家养老服务人员队伍结构优化研究——以 564 名社区居家养老服务人员为例》,《西北人口》2013 年第 6 期。
② 海龙:《我国高龄老人长期护理需求测度及保障模式选择》,《西北人口》2014 年第 2 期。

要高,其老龄化水平应该低于城市。但我国大规模的人口迁移流动改变了城乡人口老龄化的格局,大量的农村年轻劳动力涌入城镇,降低了城镇的老龄化水平,提高了农村的老龄化水平。在 2000 年,农村的老龄化水平为 10.92%,比城镇高 1.24%,预计到 2020 年农村老龄化水平将达到 20%,比城镇高 5%,到 2030 年农村老龄化水平将高达 29%,比城镇高 7%。① 大规模的农村到城市的人口流动还造成了农村空巢老人的增多,第六次人口普查数据显示农村老人空巢家庭的比例达到了 30.76%。

因此,农村老龄化带来的养老问题比城市更为突出。但与之相反,农村老年人的养老保障却远远不及城市老年人。除了养老、医疗等社会保障存在城乡差异外,养老服务也存在明显的城乡差异。农村社区养老服务设施不仅在覆盖面上比城市小,而且设施建设还很落后,能提供的养老服务项目单一。农村的养老机构无论是在环境设施方面,还是在服务内容和服务人员素质等方面,同样存在着比城市落后的现象。所以,我国当前的农村养老服务发展滞后,能为农村老年人提供的养老服务非常有限。农村的老龄化问题是中国老龄化问题的重点和难点,如何发展农村养老服务也将成为我国养老服务体系建设亟待解决的问题。

六、农村老人不愿意进城,是新的养老难题

随着社会的发展和城镇化进程的加速,一方面青壮年流入到城市会加剧农村的老龄化、空巢化,另一方面城镇化进程中会出现一批失地老人。即便是这些空巢家庭的子女有能力携带父母到城里养老,以及失地老人被覆盖到城市的养老服务体系,大部分农村老人也不愿意进城养老。上海财经大学张雄教授课题组发布的《2014 中国农村养老现状国情报告》称,超过六成农村老人不愿进城养老。生活不习惯、没有亲友熟人说话、生活费用过高是主要原因,这也给养老带来了新的难题。

对于失地老人来说,其大半辈子习惯了田间地头的生活,进城后面临新的生活环境、生活方式和人际关系,老人很难适应。而对于失地老人养老问题,政府也没有提供特殊的福利政策与城镇化进程相匹配,从而使得这部分老人生活在城市与农村的夹缝中。

而对于那部分跟随在城市工作或务工的子女进城的老人来说,他们更无法有效融入城市生活,他们的户籍一般都在乡下,无法实现真正的市民化,在城市养老却只能享受差异化的养老服务。特别是中低收入的家庭,父母进城养老会带来沉

---

① 刘士杰:《中国人口老龄化:进程、问题与政策》,《中州学刊》2011 年第 6 期。

重的经济负担,不少老人为了给子女减轻负担,只好重新回到乡下依然靠几亩薄田养老。

11.5.2 发展思路

一、以发展社区居家养老为重点

(一)政府和市场共同提供社区居家养老服务

社区居家养老服务属于准公共物品的范畴,具有公益性和市场性双重特征,应由政府和市场共同提供。中共十八届三中全会也指出,要处理好政府和市场的关系,使市场在资源配置中起决定性作用和更好发挥政府作用。社区居家养老服务中的基本养老服务具有福利性质,属于政府的基本责任范畴。政府理当为困难老年人提供无偿或低偿的社区居家养老服务。社区居家养老服务中的非基本养老服务具有市场性质,有经济能力的老年人可以通过自行购买的方式有偿获得多样化、高层次的个性化养老服务。

(二)社区居家养老要"医养结合"

在《国务院关于加快发展养老服务业的若干意见》(国发〔2013〕35号)中明确提出:"推动医养融合发展。要探索医疗机构与养老机构合作新模式,医疗机构、社区卫生服务机构应当为老年人建立健康档案,建立社区医院与老年人家庭医疗契约服务关系,开展上门诊视、健康查体、保健咨询等服务,加快推进面向养老机构的远程医疗服务试点。"一方面,老年人患病概率高,特别是高血压、糖尿病、脑血管病等慢性病的发病率非常高;另一方面,随着社会经济的发展,老年人也越来越注重健康老龄化。对养老服务的需求不仅仅满足于基本的生活需求,对医疗保健的需求也在日益增加。通过建立"医养结合"式的社区居家养老,将养老资源和医疗资源相结合,充实养老服务的内容,实现"老有所养"和"老有所医"。

(三)加强社区文体建设

随着物质生活水平的提高,老年人社会参与的意愿也越来越高。但目前的社区文体活动比较单一,特别是那些缺乏活动设施的老旧社区,其文体活动场所非常缺乏。老年人通过适当的社会参与可以满足精神需求,所以应加强社区文体活动设施的建设,调动老年人积极参与文体活动,实现"老有所学,老有所为,老有所乐"。

(四)建立健全社区居家养老服务的评估机制

社区居家养老服务的评估主要包括对老年人养老服务需求的评估,对养老服务质量的评估,以及对老年人家庭照料者的服务需求评估。

（1）对老年人养老服务需求进行评估。老年人的年龄差异、性别差异、类型差异等都会造成养老需求的差异性,通过对老年人的养老服务需求进行评估,能为其提供人性化、个性化的养老服务,满足老年人不同的养老服务需求。

（2）对养老服务质量的评估。只有社区居家养老服务的质量真正提高了,才能吸引更多老年人参与其中。所以,必须对社区居家养老服务的效率和效果进行评估,以此来督促养老服务提供主体,提高养老服务的质量。

（3）对老年人家庭照料者的服务需求进行评估。老年人的家庭照料者,特别是那些照顾失能、失智且家庭经济困难的群体,往往面临巨大压力。政府应对老年人家庭照料者的服务需求进行评估,为其提供必要的辅助服务,给予一定的经济补偿或提供"喘息"服务,缓解家庭照料者的经济压力、身体压力和精神压力。

二、公办、民办养老机构协调发展

（一）继续深化公立养老机构的改革

《社会养老服务体系建设规划（2011—2015 年）》提出了鼓励有条件或新建的公办养老机构实行公建民营,通过公开招投标选定各类专业化的机构负责运营。通过市场化和社会化的改革,提高公办养老机构的硬件建设水平,推进管理方式的革新,提升养老服务质量,提高机构的运营效率。但值得注意的是,在深化公办养老机构改革的同时,必须保证其公益性。同时,也要防止养老设施、养老服务的普遍高端化。

（二）鼓励民办养老机构的发展

《社会养老服务体系建设规划（2011—2015 年）》提出要鼓励民间资本投资建设专业化的服务设施,开展社会养老服务。特别是对于非营利性社会办养老机构给予更多支持,采取民办公助等形式,给予相应的建设补贴或运营补贴。但这些优惠政策往往不能落实,导致了民办养老机构的发展受到极大限制。政府要把对民办养老机构的优惠政策落到实处,鼓励和支持社会力量兴办适宜老年人居住的养老机构,为老年人提供专业化、多样化的服务。

（三）支持机构养老"辐射"社区居家养老

与社区所提供的养老服务相比,养老机构能提供更加专业化的服务。通过养老机构"辐射"社区居家养老,一来可以让老年人享受到更专业的服务,二来可以满足老年人在自己熟悉的环境养老的意愿,三来能节约养老的经济成本。

（四）养老机构和医疗机构相衔接

统筹养老服务资源与医疗服务资源,改变养老与医疗分离的局面,提高养老机构的医疗护理服务能力，为老人提供医疗、康复护理等全面的养老服务。政府要大力鼓励医养融合发展，并在政策上给予积极支持。民政部、发展改革委等十部门于2015年2月联合印发的《关于鼓励民间资本参与养老服务业发展的实施意见》明确指出，支持有条件的养老机构内设医疗机构或与医疗卫生机构签订协议，为老年人提供优质便捷的医疗卫生服务。扶持和发展护理型养老机构建设，对民间资本投资举办的护理型养老机构，在财政补贴等政策上要予以倾斜。

三、充分发挥家庭养老服务功能

虽然社会养老是在家庭养老功能有所弱化的背景下提出的，但在加强社会养老服务体系建设的同时也不能忽视家庭养老的重要作用。如前文所述，无论是农村老人还是城市老人，家庭养老都是其最愿意选择的方式。从上述对老人的生活来源的分析可知，大部分城市、农村老人的收入都偏低。即便是大部分城市老人都参与了养老保险，但是在城市生活成本越来越高和养老金普遍不高的前提下，如果没有子女经济方面的供给，老年人可能稍高品质的基本生活都享受不了，更不用说购买社区提供的养老服务了。对大多数的农村老人来说，很大一部分还在从事体力劳动以增加收入，但是随着身体状况的变差，子女的给养就成了不可或缺的生活来源。由此而知，在相当长一段时间内，家庭的经济支持构成了老人正常生活或者享受养老服务的物质基础。另外，老年人的幸福感还来源于子女的生活照顾，以及病后的康复陪护等。由此可知，子女在经济方面的无私反哺以及家庭和亲情给予老年人的精神慰藉都是其他养老方式无法替代的，充分发挥家庭养老的服务功能不悖于社会养老服务体系的建设，反而更能促进养老资源的优化配置，形成以家庭供养为主，社会养老有益补充的养老格局。

当前，除了进一步弘扬孝文化以外，应重视完善家庭养老保障的支持政策，对提供养老服务的家庭成员在经济上和精神上给予支持，使其提供养老服务更为方便可行。比如要求企业严格执行职工探亲的权利，以法律的形式规定"护理假期"等。

四、科学规划养老基础设施建设

虽然国家在积极推进社区养老的建设，但是养老基础设施薄弱的城市、农村社区广泛存在。养老基础设施包括社区养老服务中心、文化活动中心、无障碍养老居家环境等。为促进养老设施的建设，各省市也出台了相关指导意见。例如湖北省人民政府在《关于加快发展养老服务业的实施意见》中强调，"养老服务覆盖所有居家老年人,符合标准的社区居家养老服务中心、老年人活动中心等服务设施覆盖所有城市社区,90%以上的乡镇建立包括养老服务在内的综合服务设施,60%以上的农村社区建立农村老年人互助照料活动中心或托老所"。另外,文件还对城市养老人均用地面积做出了要求:"各地在制定完善城市总体规划和控制性详细规划时,必须按照人均用地不少于0.1平方米的标准,分区分级规划设置养老服务设施。凡新建城区和新建居住(小)区,按每百户不少于20平方米的标准建设社区居家养老服务用房,并与住宅同步规划、同步建设、同步验收、同步交付使用;凡老城区和已建成居住(小)区无养老服务设施或现有设施没有达到规划和建设指标要求的,要限期通过购置、置换、租赁等方式,开辟养老服务设施,不得挪作他用。"由此可以看出,养老服务基础设施建设首先要实现广覆盖,因此其建设改造是一个巨大的工程,另外还需要具有前瞻性以应对未来的老龄化。因此各级政府都必须要科学规划养老服务基础建设的实施,在广覆盖的前提下实现资源的有效利用。

(1) 养老基础设施建设的分步实施。如果严格按照人均用地和广覆盖的要求一次性完成养老基础设施建设,必然会给当地财政带来巨大的压力。由此,分步实施、动态化调整建设内容才能保证养老设施建设的可持续性。

(2) 集中与分散的优化布局。集中布局的大型养老服务中心能有效实现养老服务的广覆盖,而分散布局的小型养老服务中心方便老人就近选择服务。同时,不同的社区也有不同的特征,因此在建设养老服务中心以及活动中心的时候要统筹优化布局,确保覆盖的同时实现资源的有效利用。

(3) 老城区基础设施建设的途径。一般而言,老城区的老龄化程度更高,而相应的基础设施建设薄弱。同时还得注意的是,老城区的老龄化程度会日益加剧,同时人口基数会降低。因此老城区养老服务设施改造和兴建要具有前瞻性,积极整合老旧社区中国有产权的房屋资源以实现养老设施建设的灵活布局。

(4) 农村基础养老设施建设的出路。农村基础设施建设相比城市更具有挑战性,农村老人居住相对分散,交通不便。最关键的是农村的经济发展相对落后。因此,建立农村老年人互助照料活动中心或托老所,必须合理利用现有的集体性质的房屋资源。例如,对闲置工厂厂址、学校校舍,通过政府、集体、社会和个人出资的办法对这部分房屋资源进行改造,或者对闲置家庭房舍通过租用置换的形式建立养老服务站,实现设施建设的低成本化和养老服务的可及性。

五、加强养老服务人员队伍建设

养老服务的质量取决于养老服务人员的专业水平。因此,只有加强养老服人员队伍建设,才能真正实现养老服务的专业性有效性。

(1) 积极培养老年护理的专业人才。现有的服务队伍大多专业性不强,且年龄偏高。为保证专业型护理人才真正投身于养老事业,首先要保证稳定的薪酬待遇,另外各级政府也可根据实际情况相应对不同岗位的养老服务人员给予一定的补贴,以保证养老队伍的稳定性。

(2) 积极引导养老机构聘用专业性的养老服务人员。首先要制定第三方对机构养老服务质量进行评价的体制;其次要严格推行养老岗位的培训工作。考虑到聘用专业性养老服务人员会提高机构的成本,政府对养老机构聘用专业性的养老服务人员给出相应的补贴,或者通过购买养老机构对失能、失智老人的养老服务保证投资人的利益。

(3) 积极鼓励志愿人员加入养老服务队伍。一方面,可以用"时间银行"的方式,激励志愿者参与提供养老服务;另一方面,要建立志愿者的信息平台,方便需要服务的老人和志愿者发布或者搜索信息。

六、适时建立长期护理保险制度

(1) 要制定长期护理保险的相关法律。大部分建立长期护理保险体系的发达国家都是立法先行,如日本于 2000 年 4 月在全国开始实施《护理保险法》,韩国在 2007 年 4 月颁布了《老年人长期护理保险法》。长期护理保险法律体系的建立和完善是实行长期护理保险制度的基础和前提,如前文所述,虽然青岛的长期护理保险制度有所发展,但由于缺乏上位法,其发展受到诸多限制。

(2) 坚持以社会保险为主、商业保险为辅、救助制度兜底的发展方向。目前,我国还未建立长期护理的社会保险制度,有部分商业保险机构推出了长期护理保险,如国泰人寿保险公司在 2005 年推出了首款护理保险险种"康宁长期护理健康保险"。商业保险机构推出的保险产品价格较高,一般还有投保年龄限制,我国绝大多数的老年人尤其是失能老年人没有被长期护理保险所覆盖。应逐渐建立以政府为主体的强制性长期护理保险,以保障大部分人的基本护理需求;建立商业性质为辅的长期护理保险,以满足需要有更高层次护理需求的人群;建立政府兜底的长期护理保险救助制度,以满足困难群体的基本护理需求。

(3) 建立以社区居家为主的长期护理体系。老年人更喜欢在家里或社区等自己熟悉的环境中接受护理,而不是在护理院等机构。而且,以"社区居家"的形式对老年人进行照护,其成本也更低。

12 政府间社会保障权责划分理论与实践

柯卉兵 丁建定

根据事权与财力相匹配的原则,妥善处理好中央政府和地方政府的社会保障职责分级与财力配置的关系问题,是顺利实施社会保障转移支付制度的前提和基础。而合理划分政府间社会保障权责关系的关键是如何处理好社会保障领域中的中央集权与地方分权关系。本文从中央集权与地方分权理论分析入手,着重分析中国政府间社会保障权责划分的现状及存在的问题,同时借鉴西方国家的实践经验,提出合理划分政府间社会保障权责的基本思路。

12.1 政府间社会保障权责划分的理论分析

12.1.1 政府间社会保障权责划分的内涵

所谓社会保障权责是指各级政府从事社会保障管理的权力和责任,规定了各级政府承担社会保障事务的性质和范围,其中,"权"即权力,包括与社会保障相关的法律政策制定权、资金筹集发放权、资金运营监管权、日常运作管理权等;"责"即责任,是各级政府在行使上述权力时应该承担的责任。当然,这些权力和责任的实现和履行是建立在一定的财力基础之上的,以体现社会保障权力、责任和财力相一致的原则。

所谓政府间社会保障权责划分,就是要明确界定各级政府在社会保障服务与事务中应承担的职责和任务,然后,再根据职责和任务的划分来决定相应权力和财力的配置,即中央政府拥有什么样的社会保障职责和任务,地方政府拥有什么样的社会保障职责和任务,什么钱由中央政府融资和提供,什么钱由地方政府融资和提供,同时,中央政府拥有怎样的社会保障权力,地方政府又拥有怎样的社会保障权力等,都要加以明确界定,只有这样,才能做到政府间社会保障财权、财力和事权的统一,保证各级政府社会保障职能的充分发挥。

政府间社会保障权责能否科学合理地划分,对社会保障转移支付制度的构建以及整个社会保障转移支付事业的发展起着至关重要的作用。当前,完善中国社会保障转移支付制度面临的一大难题,就是如何科学合理地划分各级政府间的社会保障权责。中共十六届三中全会通过的《关于完善社会主义市场经济体制的若干问题的决定》提出,健全公共财政体制,明确各级政府的财政支出责任;根据经济社会事务管理责权的划分,逐步理顺中央和地方在财税、金融、投资和社会保障领域的分工和职责。所以,政府间社会保障权责划分问题是当前中国社会保障制度改革和财政体制改革的重要问题之一。政府间社会保障权责划分的关键是如何处理好中央政府与地方政府的关系、地方各级政府之间的关系,实质上也就是如何协调中央集权与地方分权的关系问题。

12.1.2 社会保障领域中的集权与分权

"中央集权"和"地方分权"是两个政治学术语,指的是两种相对的国家管理制度。前者是指国家权力集中由中央政府统一行使,地方行政区不是一个政治实体,不具有任何主权特征,如中国、英国、法国等国家;后者是指国家权力依法由中央政府和地方政府分别行使,如美国、德国、加拿大等国家。任何一个大国都存在多级政府,因此,中央集权和地方分权之间的平衡问题是一个涉及国家政治与行政体制的长盛不衰的话题。在社会保障领域,中央政府和地方政府都可以作为社会保障事业的出资者和操作者。如果中央政府建立专门管理委员会或专门机构负责政策制定,并直接向各地派驻全国性分支机构以负责政策实施,全国实行统一的申请资格标准和支付水平,统一的管理机构,筹资和管理的责任都由中央政府负责,这就是中央集权制;如果中央和地方政府分工负责一部分的管理工作,中央政府实施政策指导和一般监督,地方政府负责具体操作,筹资由地方负责,或者中央和地方共同分担,申请资格标准和支付水平由各地负责制定,这就是地方分权。①

因此,辨别一国社会保障管理体制究竟是中央集权制还是地方分权制,关键是要看政府间的社会保障权责划分问题。需要注意的是,一国的社会保障管理方式

---

① 黄晨熹:《社会福利》,格致出版社、上海人民出版社2009年版,第170页。

并不完全取决于其政治统治管理方式,换句话说,即便是一个政治上实行地方分权的国家,其社会保障管理方式也可能采取中央集权方式,反之,一个政治上实行中央集权的国家,其社会保障管理方式也可能采取地方分权方式。事实上,即便同是中央集权的制度安排,由于集权的程度不同,政府间社会保障权责也是难以自动实现财力与事权完全对称的,这进一步证明了社会保障转移支付制度存在的必然性。

传统财政分权理论主要是依据公共产品的层次性来考虑的。根据受益范围和效用外溢程度的不同,公共产品可分为全国性公共产品、地方性公共产品和准全国性公共产品。公共产品的层次性与提供该公共产品的政府层级间存在着一定程度上的对应性。全国性公共产品应当由中央政府负责提供,地方性公共产品应当由地方政府负责提供,准全国性公共产品则由中央政府主导并视其效用外溢程度大小在中央政府与地方政府之间合理分担,从而实现公共产品的"有效供给"。如果某公共产品的层次性与提供该公共产品的政府层级不相对应,则会由于产品提供与其受益范围的不一致性而导致公共产品的"供给不足"或"供给闲置"。作为政府负责提供的一项重要公共产品,社会保障产品是由众多具体保障项目组成的体系,如社会救助、社会保险、社会福利、补充保障和军人社会保障等,某些具体保障项目内部又可分为不同的保障部分,如养老保险产品项目一般由全国统一的公共基础性部分、地区差别性的职业年金和补充保险部分组成。社会保障产品中的不同构成项目和不同保障部分具有不同的层次性特征和效用外溢程度,决定了必须明确划分中央政府与地方政府在社会保障中的职责范围,以实现不同层次性公共产品的有效供给。①

12.1.3 中央集权的理论依据

一般来说,社会保障管理方式采取中央集权方式具有如下三大优势:

第一,中央集权能合理配置社会保障资源,有效解决"外部性"问题。根据主流的财政学理论,外溢性大且影响明显的公共产品由中央政府负责提供比较合适,如果社会保障由地方政府负责,社会保障制度正的"外部性"会导致地方政府提供的社会保障产品"供给不足",地区之间不同的外部经济效应问题也不易解决,容易对整个社会保障制度的协调发展造成不利影响。

第二,中央政府掌握较多的资源,便于开展全国性或大范围的社会保障项目。

---

① 黄书亭、周宗顺:《中央政府与地方政府在社会保障中的职责划分》,《经济体制改革》2004年第3期。

一般来说,分税制的一大特点就是"财权上移、事权下移",中央政府征税的基础更为广阔,拥有更多的财政收入来源,同时,中央政府在宏观信息获取、统筹调剂能力及进行宏观调控方面具有比地方政府更大的优势,所以中央政府比地方政府有更好的条件扮演社会保障经费提供者的角色,从而能够有效地分散社会风险。

第三,中央集权有利于解决"福利移民"问题,实现地区间社会保障的均衡发展。根据蒂布特(Tiebout)的"以足投票"理论,如果社会保障由地方政府负责,则会导致各地因财力、人口结构等因素不同而造成社会保障水平的参差不齐,从而引发地区间穷人追逐富人的"福利移民"现象——人们自动流向社会保障待遇相对较好的地区,使这些地区的财政不堪重负难以为继。地方政府为了避免成为吸引穷人的"福利磁场",会竞相降低社会保障待遇发放水平,而中央政府负责社会保障,则可以通过地区间再分配或社会保障转移支付制度,实现地区间社会保障均衡发展,不至于使得贫困地区的地方政府无力提供基本的社会保障服务,或者地区间的社会保障水平差异过大。

基于上述理由,主流的财政学理论认为,由于地区之间的差别性和流动性,包括社会保障在内的收入再分配职能应该主要采取集权形式,由中央政府承担。①

12.1.4 地方分权的理论依据

虽然主流的财政学理论认为社会保障再分配职能应该主要采取中央集权的形式,但采用地方分权的方式同样可以提高社会保障运作效率和改善社会保障服务质量,主要理由如下:

第一,地方政府在信息方面的优势能够提高分配效率。理论上,特里西(Tresch)从"偏好误识"的角度,指出由于信息不完全,中央政府远没有地方政府那样对公民的偏好了解得如此清楚,厌恶风险的社会偏好于让地方政府来提供公共产品。② 鲍德威认为,如果人员流动性较小,人员偏好差异较大,期待再分配格局具有帕累托优化特征,那么再分配职能的分权化模式将较为可取。③ 实践上,与中

---

① Charles Tiebout, "A Pure Theory of Local Expenditure," *Journal of Political Economy*, 1956, p. 64. Musgrave, *The Theory of Public Finance*, New York: McGraw-Hill, 1959; Oates, *Fiscal Federalism*, New York: Harcourt Brace and Jovanovic, 1972.

② Richard W. Tresch, *Public Finance: A Normative Theory*, Plano: Business Publication, Inc., 1981, pp. 231-241.

③ Robin W. Boadway and David E. Wildasin, *Public Sector Economics*, Boston: Little Brown, 1984, pp. 142-146.

央政府相比,地方政府更贴近本地企业和居民,更了解本地居民对社会保障的需求偏好及其数量、质量和结构等方面的信息,而且获取信息的成本低。社会保障制度在具体实施过程中,通常都是直接与公民个人打交道,有些项目甚至涉及家庭财产的调查,如果让地方承担社会保障职责,则有利于充分发挥地方政府的信息优势,使地方政府能够有效地统筹安排有限的社会保障资源,并且可以因地制宜地根据地方的需求和偏好来确定社会保障服务对象、发放标准和支出方式,既便于控制政府支出,又相对容易做到不漏保,从而提高了社会保障再分配的效率。

第二,地方分权有利于增强地方的成本意识,提高地方居民的参与度和制度运作效率。根据蒂布特的"以足投票"理论,人们会选择最适合自己的税收和服务组合的地方居住,偏好相同的人会生活在一个地方,公共服务提供也因规模效应而使得其成本降至最低。同时,由地方政府提供地方性社会保障产品有利于实现社会保障提供成本费用分摊与受益的直接挂钩,提高地方居民对政府社会保障事务的参与度,增强地方政府的社会保障责任感和对其成本收益的关注度,促使地方政府对其行为负责,因而能够提高制度运作效率和改善服务质量。

第三,"新联邦主义"的福利分权化改革试验有利于整体的制度创新。在过去的几十年中,随着强调地方分权的"新联邦主义"的进展,地方分权的观念,即公共服务应该由它所能覆盖的最小地理面积上的政府来提供,在新公共管理运动中占了上风。美国1996年的社会福利制度改革的实质就是权力下放,社会福利方面的许多职能被赋予州和地方政府。通过这次改革,联邦政府出资和操作的社会保障项目已经大幅度缩减,主要限制在社会安全(养老保险)、老年人医疗保险和退伍军人社会保障之上,而一般的社会救助、教育、公共住房、失业保险等均是州政府和地方政府的责任。[1]

对此,第一代财政分权理论的代表人物奥茨(Oates)从分权有利于制度创新的角度进行了解释。他认为,在一个边干边学的信息不完全的体系中,由于地方政府对当地的居民偏好和资源条件更了解,就可能寻找到和地方相适应的制度安排,其中蕴涵的制度知识还可能通过地方政府之间的竞争而扩散出去,从而间接地促进其他地方的制度创新,实现整体政策制定水平的提高。[2] 从社会价值观来看,分权

---

[1] Gilbert Neil and Terrell Paul, *Dimensions of Social Welfare Policy*(5th edition), Boston: Ally and Bacon, 2002, pp. 234-267.

[2] W. E. Oates,"An Essay on Fiscal Federalism," *Journal of Economic Literature*, 1999(19), pp. 1131-1134.

化趋势反映了保守的"辅助性原则",即虽然不同级别的政府适合承担不同的公共职能,但具体的行动应该由能有效实施该项职能的最低级别政府来承担。换句话说,福利分权化的改革试验在一个小的地方开展是相对保守的,即便试验失败,也不会影响全局。一旦改革成功,客观上会导致其他地方竞相模仿,从而使整个社会的福利水平达到最优。中国目前正在进行的东北三省社会保障体制综合改革试点工作就是最好的例证。

尽管地方分权似乎已经成为当今世界特别是发展中国家中央和地方关系的主流方向,但地方化并不意味着中央完全放权和推卸责任,而是表明中央角色的改变,即由以前的全面管理变为监管和平衡化。与此同时,地方分权也并不是"万灵丹",如果缺乏具有很强问责性的地方政府,地方分权就是空中楼阁。实际上,地方分权本身并不是一个政策目标,而是一种在中央集权管理模式问题日益突出的情况下而采取的管理策略。① 正如有学者指出的那样,"社会保障的一个重要功能是增进国家认同,社会保障制度的公平性以国民社会保障权益平等为标志,社会保障制度也通常应当由国家出面组织并通过统一的法制来规范。然而,对中国而言,人口众多、地区发展不平衡以及多民族构成等特点,要求社会保障改革与制度建设要充分发挥中央和地方政府两个积极性。因此,确立中央主导下的中央与地方政府合理分担责任的机制,应当是符合国情的理性取向"②。

12.2 西方国家政府间社会保障权责划分的实践与启示

12.2.1 美国政府间的社会福利权责划分③

美国实行联邦、州和地方三级相对独立的财政体制,各级政府的权力内容以法律条文为依据。法律规定、保障并制约政府的权力边界、活动范围与行为方式,包括政府的财政运行体制。在中央与地方的权限划分上,《美利坚合众国宪法》第十条修正案规定:"凡宪法所未授予联邦或未禁止各州形式的权力,皆由各州或人民保留。"用法律形式确定各级政府的权责,从而为划分各级财政的支出范围奠定了

---

① 黄晨熹:《社会福利》,第171页。
② 郑功成:《中国社会保障改革与发展战略——理念、目标与行动方案》,人民出版社2008年版,第35页。
③ 柯卉兵:《分裂与整合——社会保障地区差异与转移支付研究》,中国社会科学出版社2010年版,第160—161页。

基础。

尽管考虑到国家范围和机构权威性,联邦政府理所当然是三级政府中的最高一级,但是对于用于满足该国社会需求的公共计划和服务的管理权则是分散分布的。一般来说,联邦财政负责国防、国际事务、空间科学技术、大型公共工程、农业补贴、社会保障和退伍军人计划等项目的支出,州政府的财政支出主要用于发展教育、图书馆、公共福利、公路建设以及医疗卫生事业,地方政府的财政支出主要用于治安、消防、环卫等方面,其他计划则由多级政府共同操作,联合管理。基于中央集权和地方分权理论,根据不同社会福利项目的特点,美国联邦政府和地方政府有不同的分工负责。

最大的项目是老年、遗属和伤残保险(OASDI)医疗照顾计划,该计划由联邦政府负责,对享受条件和标准都有详细、严格的规定,其资金来源主要是由雇主和雇员共同缴纳的社会保障税,并由联邦政府统一负责。为老年人和部分残疾人提供健康保险的医疗照顾计划由联邦政府负责,其资金主要来源于由参保人缴纳的税费和联邦政府的一般税收。

失业保险由联邦政府和州政府共同负责,但由州政府管理,资金来源主要是失业保险税,失业保险税分为联邦税和地方税两种,联邦税率为工资总额的0.8%,州税率为工资总额的5%左右。在达到领取失业保险金规定的期限后仍未找到工作的,一般都要转为社会救济对象。州政府的收入占90%,联邦政府的收入占10%,后者主要用于调剂余缺。

社会救济和福利由联邦政府和州政府共同负责,联邦政府对一些社会救济和福利项目作全国性规定,大部分项目由州政府负责具体管理,补助水平取决于各州政府,资金主要由地方政府负责解决,全国统一的项目,联邦政府给予一定的补助。

医疗保险以私人保险为核心,以政府举办的医疗照顾计划和医疗救助计划为补充。为老年人和部分残疾人提供健康保险的医疗照顾计划由联邦政府负责,其资金主要来源于由参保人缴纳的税费和联邦政府的一般税收。为贫困人群提供卫生保健服务的医疗救助计划由联邦政府制定总体原则,州政府具体举办,各州自行决定享受人资格、服务类型和支付标准,联邦政府根据各州与全国人均收入水平的差异对各州进行补助。公共卫生以州政府和地方政府为主进行管理,资金也主要由地方政府负责解决,联邦政府给予一定补助。

表12-1显示了美国分项目的政府间社会福利权责划分情况。

表 12-1 美国社会福利分项目各级政府权责划分情况

社会福利项目	各级政府权责
老年、遗属和伤残保险医疗照顾计划	联邦政府负责
失业保险 社会救济和福利	联邦和州政府共同负责,以州政府为主,州政府具体管理,联邦给予适当补助
医疗补助计划	联邦政府制定政策,州政府具体举办,联邦政府补助
公共卫生	州政府与地方政府为主,联邦政府补助

12.2.2 德国政府间的社会保障权责划分[①]

德国的社会保障管理体制表现为国家立法和社会自治管理相结合,各项社会保障政策由联邦政府制定,全国高度统一,但具体管理则表现出分散性和多样化,有的由独立的、按行业划分的全国性社会组织承办,有的由区域性的社会组织承办。[②] 就社会保障区域划分范围来说,它涉及政府之间的任务划分。德国的社会保障系统是全国统一的,或者说是全国统筹的。一个人无论在哪一个州工作,也无论他一生在多少个州工作过,他的退休金账户累计额都不会因工作地点的变动而受影响。这种制度安排的特点是有利于劳动力在全国范围内自由流动,从制度上保证了基本法所规定的劳动者就业和迁徙自由。

因此,社会保障是联邦最重要的任务,2002 年社会保障支出占联邦总支出的比例为 45.04%。根据预测,联邦对社会保障的支出将逐年上升。联邦社会保障的具体任务包括养老金保险支出、劳动市场、家庭政策、住房补贴、战争受害者补贴、农业社会政策和其他社会领域等九个方面,其中最大的支出项目是对退休金的补助,2003 年为 772 亿欧元,占社会保障总支出的比例为 36%。[③] 社会保障事权明确划分、社会保障立法权相对集中、社会保障管理权适当分散和社会保障控制权适当集中的有机结合,是德国社会保障财政体制及其转移支付制度的一个成功经验。

具体来说,养老保险由联邦政府立法并制定政策,由社会自治管理。基本养老保险具有强制性,由受保人缴费筹资,其费率根据实际情况一年一定。另外,统一

---

① 柯卉兵:《分裂与整合——社会保障地区差异与转移支付研究》,第 176—178 页。
② 蔡社文:《政府间社会保障事权和支出责任划分的理论和国际经验》,《税务研究》2004 年第 8 期。
③ 朱秋霞:《德国财政制度(修订版)》,中国财政经济出版社 2005 年版,第 156 页。

的基本养老保险计划要保证地区间的平衡,全国养老保险协会统一调剂结余基金,不足部分由联邦财政兜底。失业保险由联邦政府负责,联邦劳动部是具体承办机构。失业保险基金由雇主和雇员缴费筹资,当入不敷出时,联邦政府将用财政收入予以补贴。① 医疗保险由联邦卫生部负责制定政策和监督检查,但具体事务则由分布于全国各地的 600 个医疗保险公司负责管理(各州卫生局负责卫生医疗保健和公共医疗设施建设)。基本医疗保险的资金来源于雇主和雇员的缴费,政府并不承担任何责任,政府财政主要用于对公立医疗机构的固定资产投入。②

公共卫生由州和市镇政府负责,各市镇都设立了独立的卫生所,主要承担传染病防治监督管理等六项公共卫生职能,经费主要由联邦和州政府在税收中按比例支付,各州、市镇公共卫生管理部门的经费不等,但均能完全满足工作需要。③ 社会救济由州和市镇政府负责,主动向被救济者提供救济。社会救济的资金来源于国家税收,由政府财政提供,75% 来自市镇,25% 来自州政府。德国社会保障各个项目在各级政府间的权责划分如表 12-2 所示:

表 12-2　德国政府间的社会保障权责划分情况

社会保障项目	各级政府的权责
养老保险	联邦制定政策,社会管理
失业保险	联邦负责
医疗保险	联邦制定政策,地方执行
公共卫生	州和市镇提供
社会救济和社会福利	抚恤事务由联邦负责,社会救济由州和市镇负责

12.2.3　加拿大政府间的社会保障权责划分④

加拿大宪法明确了联邦政府和省政府各自的责任和立法权,包括支出责任和通过税收筹集资金的权力。联邦政府主要负责全国性事务,包括外交、军事与国防、联邦税收、国际贸易、海关、失业保险、金融货币制度、移民事务、航空、铁路建设、刑法以及渔业等项目,可称其为主权政府。省级政府主要负责与人们日常生活

---

① 吕学静:《各国失业保险与再就业》,经济管理出版社 2000 年版,第 34 页。
② 乌日图:《医疗保障制度国际比较》,化学工业出版社 2003 年版,第 98 页。
③ 李延平:《德国、英国卫生监督管理考察与思考》,《中国卫生监督杂志》2005 年第 3 期。
④ 柯卉兵:《分裂与整合——社会保障地区差异与转移支付研究》,第 196—197 页。

息息相关的事务,主要包括健康与医疗卫生、教育、自然资源、本省经济发展、地方税收和大部分的福利项目,但不包括失业救济或养老金。省级政府还负责财产和公民权、高速公路交通、警察、司法系统、监狱(囚禁短期罪犯)、环境保护以及诸如防火、污水处理和垃圾回收等地方性工作。市政府是省政府的派出机构,在省政府授权下工作,主要负责城市的基础设施、环境卫生、制定市场规则、发放商业牌照和许可证等市政管理和社会治安方面的事务,支出只占全省支出的一小部分。

联邦政府与省政府在宪法权力上的划分,使它们在社会保障计划的责任上有明确的分工。从上述介绍中可以看出,社会保障主要由省级政府负责。具体来说,除了财政上自成体系的魁北克省外,在大多数社会保障项目中,联邦政府的角色是立法、监督和资金支持,如《老年保障法》《家庭津贴法》《加拿大和魁北克年金法》《失业/就业保险法》和《加拿大卫生法》等,也有省立法,如工伤保险法等。加拿大全国的养老保险和失业保险由联邦政府负责管理,各项政策全国统一。养老保险计划分为两个部分,人人有份的普遍养老金(1952年制定的"养老年金计划")由联邦财政资助;加拿大养老金计划(简称CPP)则由缴费来筹资。失业保险的资金来源于雇员和雇主缴费以及联邦政府资助,且政府资助的部分主要用于"鼓励就业福利"。社会保障计划的具体执行和管理一般都是各省自己负责,由各省自行制定法规。

联邦政府虽不直接经办,但联邦政府对于联邦立法的社会保障计划承担部分资金的责任,通过财政转移支付制度来保证各省实行全国标准大体一致的福利政策。对于老年收入保障计划、公共救助计划和医疗保险计划,联邦政府按照各省开支费用的50%提供配套资金,其余50%由省、地方两级政府分担;对于就业保险计划,联邦政府补偿省政府资金费用的20%;对军人及其家属的优抚救济全部由联邦政府提供资金。省和地方政府负责公共卫生,联邦政府给予地方适当的补助,以平衡各地的福利水平。尽管近些年联邦政府资金补偿方式发生了一些变化,如按"加拿大卫生与社会转移支付计划",社会救助资金的供应采用教育和卫生加起来的一揽子方式,但它与省财政分担的原则并没有改变。加拿大社会保障各个项目在各级政府间的权责划分如表12-3所示。

由于三级政府几乎没有重叠的职责,也就没有重叠的机构。这不仅减少了政府冗员并减少了政府的财政支出,同时由于职责明确,因此在社会福利制度方面,民众知道该由哪级政府的哪个部门来负责。这样,既有助于避免在提供社会福利中各级政府互相推诿的失职行为,也提高了社会福利制度的效率,同时也为民众的参与和监督提供了公开化的信息与明确的监督对象,极大地促进了社会福利制度的发展。①

表 12-3　加拿大政府间的社会保障权责划分情况

社会保障项目	各级政府的权责
养老保险	联邦负责
失业保险	联邦负责
医疗保险	省负责,联邦补助
公共卫生	省和地方负责,联邦补助
社会救济和社会福利	抚恤由联邦负责,社会福利由各省负责,联邦提供补助

12.2.4　西方国家的经验与启示

由于特定的历史条件、经济发展水平、政治体制乃至传统文化方面的差异,各国选择了不同的社会保障发展模式,因此,各国政府间社会保障权责划分存在明显的差异。但是,西方发达国家依然存在许多有益的共同经验,对于合理划分中国政府间社会保障财权、财力和事权具有很好的启发作用。

一、社会保障支出责任的中央集权化程度较高

与一些理论观点相同,似乎绝大多数国家在收入再分配公共服务方面的职责要比其他所有公共服务方面的职责具有更高程度的集权性。费雷德里克·普里尔(Frederic Pryor)于 1968 年在其研究报告中指出,在 20 世纪 60 年代,在他所调查的 11 个主要国家中,有 10 个国家(只有苏联除外)福利支出的中央集权程度要大大高于公共总支出的集权程度。奥茨(Oates)于 1972 年指出,至少从 20 世纪 30 年代以来,就有一种趋势,即中央政府不断增加其在收入再分配计划中的职责,然后再进一步扩大这种职责的范围和规模。② 世界银行的黄佩华等人的研究也证明了这个结论(见表 12-4)。

---

① 朱广忠:《加拿大的社会福利制度与政府治理理念》,《当代世界与社会主义》2006 年第 4 期。
② 费雪:《州和地方财政学(第二版)》(吴俊培总译校),中国人民大学出版社 2000 年版,第 524 页。

表 12-4　部分国家各级政府社会保障和福利支出占总支出的比重
（最近三年的平均数,%）

国家	年份	中央政府	州政府	地方政府
澳大利亚	1987	92.8	6.2	1.0
加拿大	1987	65.8	31.3	2.9
法国	1985	91.8	—	8.2
德国	1983	79.0	10.9	10.1
卢森堡	1987	97.4	—	2.6
瑞士	1984	88.5	5.6	5.9
英国	1987	84.0	—	16.0
美国	1987	78.0	14.6	7.4
匈牙利	1988	95.7	—	4.3
罗马尼亚	1985	99.3	—	0.7
以色列	1986	94.9	—	5.1
阿根廷	1987	89.4	10.6	—
智利	1987	100.0	—	—
哥伦比亚	1984	90.0	7.8	2.2
肯尼亚	1984	75.9	—	24.1

资料来源：黄佩华、迪帕克等：《中国：国家发展与地方财政》，中信出版社 2003 年版，第 76—79 页。

从表 12-4 可以看出,1983—1987 年间,上述所有国家的社会保障和福利支出总支出中,中央政府占比均超过 65%,许多国家这一比重超过 80%。费雪的研究同样支持了这个结论,他指出在 1989 年各国在社会保障、社会福利和住房补助等方面职责的集权程度都相当高,均占各联邦政府总支出的 2/3 以上。在澳大利亚,这些支出——包括福利、住房支出——的集权程度最高,达到 89%；美国居其次,达到 82%。但无论哪个国家,用于社会保障、社会福利和住房补助方面的支出在其联邦总支出中所占的份额都比政府的一般性购买支出大。①

那么,随着时间的推移,目前世界各国政府间社会保障支出责任的分配情况又是怎样的呢？根据国际货币基金组织出版的《政府财政统计年鉴(2002)》和《政府财政统计年鉴(2008)》的有关数据,笔者制作了表 12-5 和图 12-1,由此可见,各国

---

① 费雪：《州和地方财政学（第二版）》（吴俊培总译校），第 524 页。

社会保障支出责任的中央集权化程度并没有随着时间的推移而减弱,相反,社会保障支出责任主要由中央财政承担是越来越普遍的现象。

表 12-5 部分发达国家各级政府社会保障和福利支出占比情况(%)

国家	年份	中央政府	地方政府
澳大利亚	1998	90.3	9.7
加拿大	2001	69.1	30.9
法国	1993	91.2	8.8
德国	1996	78.6	21.4
英国	1998	79.7	20.3
美国	2000	67.8	32.2

资料来源:International Monetary Fund, *Government Finance Statistics Yearbook* (2002), Bethesda, Maryland: LexisNexis, 2003。

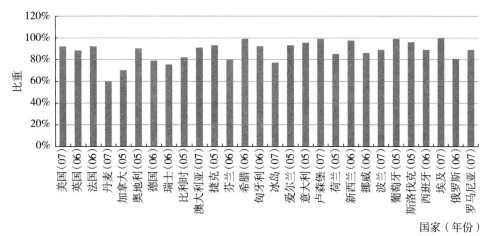

图 12-1 28 个国家社会保障和福利总支出的中央政府比重

资料来源:International Monetary Fund, *Government Finance Statistics Yearbook* (2008)。

二、社会保障管理责任实行集权与分权相结合

社会保障管理责任即政府在社会保障制度运行实施过程中的决策、执行、监管等方面的责任。尽管西方主要发达国家社会保障支出责任的集权化程度较高,但在具体项目管理责任上,基本上遵循的一个原则就是,在充分发挥中央政府的收入再分配和宏观调控方面优势以及地方政府的信息方面优势之间进行权衡取舍,充分调动中央政府和地方政府两个积极性。凡是地方政府具有较大信息优势能够有效提供并加以管理的社会保障项目,均交由地方政府承办,凡是具有收入再分配性

质或具有"溢出效应"而地方政府无力承担或不宜承担的社会保障项目,均交由中央政府承担。所以,一般来说,政府间社会保障管理责任的划分不仅有中央集权形式,还有地方分权形式。其中,决策权主要采取中央集权形式,而执行权和监管权则主要采取地方分权形式,即各项社会保障政策多由中央政府制定,但具体管理又表现为分散化和多样化的特征。

表12-6 发达市场经济国家社会保障事权划分表

国家	政体	政府层级	养老保险	失业保险	医疗保险	公共卫生	社会救助和福利
美国	联邦制	联邦制、州和地方	联邦负责	联邦/州,以州为主	联邦制定政策,州举办	州与地方为主,联邦补助	联邦与州共同负责,州具体管理,联邦补助
加拿大	联邦制	联邦、省和地方	联邦负责	联邦负责	省负责,联邦补助	省和地方负责,联邦补助	抚恤由联邦负责,社会福利由各省负责,联邦提供补助
英国	单一制	中央政府制定统一政策,具体事务由中央派出机构执行,地方政府提供补充性社会服务					
德国	联邦制	联邦、州和市镇	联邦制定政策,社会管理	联邦负责	联邦制定政策,地方执行	州和市镇提供	抚恤事务由联邦负责,社会救济由州和市镇负责
法国	单一制	中央、省和市镇	中央制定政策,独立经办机构管理	中央政府负责	中央制定政策,独立机构管理	市镇提供	省政府负责社会救济,中央政府负责制定救助标准并提供社会福利补贴
澳大利亚	联邦制	联邦、州和地方	事权主要集中在联邦政府,州及地方政府提供社区及卫生服务				
日本	单一制	中央、都道府县、市町村	中央负责管理并补贴				中央地方共同负担,具体事务由市町村政府负责

资料来源:蔡社文:《政府间社会保障事权和支出责任划分的理论和国际经验》,《税务研究》2004年第8期。

通过观察表12-6,我们可以得出如下结论:

首先,养老保险作为社会保障体系中最为核心的部分,多由中央政府集中管理,各项政策全国统一,养老保险基金入不敷出时,中央财政发挥兜底作用。这是因为基本养老保险具有较强的收入再分配效应,除了在职职工与退休职工之间发生收入再分配外,高收入职工与低收入职工之间也会发生收入再分配,需要中央政府进行统一决策。与其他社会保障项目相比,养老保险中的养老金待遇给付相对来说有一定的客观标准可循,该标准以严格的规定,特别是准予领取养老金的年龄规定为基础,为中央政府进行集中管理创造了条件。① 所以,由中央政府负责养老保险事务既便于落实公平收入分配的目标,客观上又能够进行较为有效的管理。

其次,失业保险和医疗保险多为中央政府制定政策,具体由地方政府管理,且省级政府发挥积极作用,中央政府加以监督。这是因为一方面就业形式多样化导致失业状态的认定十分复杂,另一方面各国逐步倾向于实施积极的就业政策,把促进就业的积极措施融合在失业保险制度里,加大了失业保险管理的实际困难,信息不完全挑战各级政府的行政管理能力,也给地方政府发挥积极作用留下了空间。② 而医疗保险面临的一个主要挑战是保证最低收入群体获得医疗服务。风险分担和互济的水平取决于所覆盖人群规模大小。全国统一的保险计划通常拥有有效的风险分散和互济机制。收入公平分配和更为有效的风险分担均需要集中予以保障。然而,实施医疗保险计划所涉及的复杂性和信息不完全性、不对称性,既限制了集中的潜在功能的发挥,也使得单凭集中机制难以保障广大群众医疗卫生需求的满足及社会公平的实现。许多国家医疗筹资的主要部分被下放到地方政府,以期促进其责任性、积极参与和适应地方需要及优先目标的灵活性。③

最后,社会救助和福利的受益范围往往仅限于某个特定地方,具有明显的地域性特征,属于较为典型的地方性公共产品。多数国家均从效率的角度考虑让地方政府分散管理,其资金由中央财政和地方财政共同解决。尽管社会救助和福利具有较强的收入再分配功能,但在确定救助对象即制度的目标定位的过程中,往往涉及家庭收入调查的具体问题,社会救助金的发放额度取决于家庭人均收入与制度规定的人均救助标准之间的差额。信息的不对称很大程度上制约了中央政府责任

---

① 郭雪剑:《发达国家政府间社会保障管理责权的划分》,《经济社会体制比较》2006年第5期。
② 同上。
③ 国际劳工局:《2000年世界劳动报告》,中国劳动社会保障出版社2001年版,第54页。

的发挥,从而不得不依赖于地方政府,这对于制度的有效运行和成本最小化至关重要。因此,为了维护社会稳定和保证贫困人员的基本生活,地方政府应负有社会救助和福利的主要责任。同时,中央政府应在资金补助上发挥兜底作用。

三、通过社会保障转移支付制度解决支出责任集权与管理责任分权之间的矛盾

理论上收入再分配适合由中央政府来解决与实践中社会保障管理责任归地方政府所有的矛盾,可能导致各地因财力不同而出现社会保障服务水平的参差不齐。针对这个问题,中央政府需要从公平的角度,运用完善的政府间转移支付制度来均衡地方政府的社会保障服务能力,使地区差别控制在合理的范围之内。

通过政府间转移支付制度的有效实施,不但有利于解决"财权层层上移、事权层层下移"而引起的"有钱的不办事、办事的没有钱"的财力和事权不匹配的矛盾,也有利于解决"支出责任集权、管理责任分权"而带来的政府间冲突。纵观世界各国的社会保障管理实践,就社会保障转移支付而言,大多数国家为实施全国统一的社会保障政策与标准,在实践中除了部分项目直接由中央政府承担以外,大多数国家的中央政府都对地方政府的社会保障项目进行资金转移支付,使得财政能力有限的地方的居民也能无差别地或尽可能大体一致地享受到应该由地方政府提供的社会保障服务,从而实现地区间社会保障服务均等化。

例如,就社会救助而言,少数国家直接将社会救助事务界定为中央事权,大多数国家都是通过专项转移支付对地方政府负责的社会救助事务给予大力支持。除了瑞士以外,多数国家中央政府对于社会救助资金的负担比例超过了50%以上。中央对于地方的社会救助补助可以是开放式补助,中央对地方所有救助支出都配套提供资金;也可以是封闭式,中央根据一定的比例提供配套资金,并设置封顶线。[①] 再如在加拿大,公共卫生和医疗保险一般由省和地方政府具体负责管理经办,联邦政府则通过财政的专项转移支付制度给予地方适当的补助,从而平衡各地的福利水平,保证各省实行全国标准大体一致的公共卫生和医疗保险福利政策。

四、以立法形式规范政府间的社会保障权责关系

政府间权责划分是社会保障转移支付制度顺利实施的前提,也是各级政府间财政关系协调的基础,因而在多级政府财政关系中居于重要地位。综观西方发达

---

① C. Neubourg, "Incentives and the Role of Institutions in the Provision of Social Safety Nets," *Social Protection Discussion Paper Series*, The World Bank, 2002.

国家各级政府间社会保障事权划分的实践,可以发现,各国都充分意识到了维护制度威望的重要性,并用法律的形式予以规范化、制度化,即使各级政府的社会保障权责需要调整,也往往是通过法律的程序。这样对各级政府有效地行使社会保障职责、对政府间社会保障财政关系的协调形成了稳定而有效的机制,为社会保障转移支付制度的实施奠定了基础。

从德国社会保障财政体制与转移支付制度的实际情况来看,虽然其中包括了社会保障事权划分、税收划分和转移支付等多项内容,而且税收划分的层次和转移支付的结构也相当复杂,但在具体实施过程中,都是有章可循的。如前文所述,德国社会保障财政体制与转移支付的基本原则、作用目标、收入来源、数量规模、支付标准、分配比例、承办机构等都采用法律形式加以规定。尤其是社会保障事权的划分,纳入了作为国家基本法的《宪法》中加以规定和确认,据此而划分的财政收入和财政支出范围也由法律形式确定下来,使得社会保障财政体制的有效运转具备了必要的保证。①

12.3 中国政府间社会保障权责划分的现状及问题

12.3.1 中国政府间社会保障权责划分的背景与现状

中国1994年出台的分税制改革方案,以税收法规形式划分了中央与地方政府的财权范围,逐步确立了与行政框架相对应的分级财政体制,明确了中央与地方政府之间的财权,但对政府间事权的划分只作了粗线条的、原则上的界定。由于当时社会保障制度尚处于改革探索之中,社会保障制度改革仅限于养老和失业等局部改革且具有很大的不确定性,所以分税制没有对社会保障支出这一重要的事权如何在中央政府与地方政府之间划分给出详细的界定,社会保障权责的划分缺乏明确的规定和依据。尽管后来的社会保障制度得以不断调整和完善,但对政府间社会保障权责进行划分和调整的难度仍然较大。这种格局在面临社会保障事权争议时将不利于问题的解决。社会保障在理论上属于全国性的公共产品和服务,应在全社会范围内制定一致性政策,以满足社会公众对社会保障服务的基本需求,从而促进社会公平的充分实现,其支出责任也应主要由中央政府来承担。但在实际的中央与地方的权力博弈中,中央政府拥有较大的税权,集中了较大部分的财力,而

---

① 柯卉兵:《分裂与整合——社会保障地区差异与转移支付研究》,第211页。

地方政府在税权受限、集中较小部分财力的情况下,却要承担辖区内居民不断增加的社会保障支出需求,形成社会保障"财权层层上收、事权层层下放"的局面,结果导致地方政府的社会保障事权与财权严重不对称,事权超越财权。

受制于经济发展水平总体偏低和地区发展不平衡等基本国情,中国选择了板块结合的社会保障模式,中央政府对社会保障制度给出框架性的制度安排,并赋予地方政府以较大的自主权。具体来说,中央政府的权力和责任体现在如下三个方面:第一,在制度设计与政策制定上,中央政府各职能部门制定社会保险、社会救助与福利、优抚安置等项目的各种相关的指导性的政策文件,既有临时性的政策,如各种通知、意见等,又有在部门制定规章的基础上国务院通过颁布的法规,如《国务院关于试行社会保险基金预算的意见》(国发〔2010〕2号),也有全国人大会议通过的相关法律,如《中华人民共和国社会保险法》。第二,在社会保障财政责任上,中央政府具体承担的责任包括:直接的财政支出,包括对社会保险、社会救助、社会福利和优抚安置安排转移性支付、各种专项补助和财政补贴等;承担社会保障相关机构的运行费用,包括社会救助、社会保险的运行成本,部分由政府操办的社会福利运行成本;承担社会保障改革中引起的成本,包括转制成本(即由旧制度向新制度转变过程中所产生的成本)和运行成本(即社会保障制度运行过程中的所需费用)。① 第三,在具体的管理责任上,中央政府承担的责任包括:对社会保障工作实施统一的行政管理工作;监督社会保险费的缴纳、支付和增值运营,对全国社会保障基金进行监督管理;监督检查各级社会保障机构的工作和政策执行情况。

相应的,地方政府的权力和责任也体现在如下三个方面:第一,在制度设计与政策制定上,地方政府依据中央政府的政策要求,也相应地制定和出台各种实施细则和地方性法规、条例等。第二,在社会保障财政责任上,各级地方政府按照政策规定,合理安排社会保障预算支出和本级政府的配套资金;对社会保险基金管理实施行政监督;承担社会保障制度改革的部分运行成本等。第三,在具体的管理责任上,按照政策规定,各级地方劳动与社会保障部门具体承担本地区社会保障的行政管理工作;监督本地区社会保险费的缴纳、支付和增值运营,对本地区社会保障基金进行监督管理;监督检查下级社会保障机构的工作和政策执行情况等。

当然,根据公共产品的层次性理论,不同的社会保障项目内部又分为基础性部分和补充性部分等不同内容,应当具体问题具体分析。正如有学者指出的那样,

---

① 安秀梅主编:《中央与地方政府间的责任划分与支出分配研究》,中国财政经济出版社2007年版,第269页。

"一般情况下,中央政府和地方政府之间是不宜根据险种的不同来划分权责的,因为几乎所有的计划都需要政府进行恰当的干预,而中央政府和地方政府需要分清各自的干预方式、途径和工具,并相互配合"。"从原则上讲,那些转移支付性质比较强、不确定性比较弱的部分适宜由中央政府承担,而差异性较显著的部分则适宜由基层政府承担。"① 以社会救助制度为例,1994 年的分税制改革使得中央政府和地方各级政府拥有了相对独立的财政预算收支权力,因此,以公共财政制度为基础的社会救助制度必然在救助的支出责任层面具有分级负担的财政体制基础,财政分级负担的原则普遍存在于现行的社会救助制度中,见表 12-7。

表 12-7　中国社会救助项目概览

项目	制度目标和设计理念	救助目标群体	职责划分
城市低保	对城市所有收入在贫困线之下的居民提供收入支持	城市贫困人口	中央、地方
农村低保	对农村所有收入在贫困线之下的居民提供收入支持	农村贫困人口	中央、地方
农村五保供养	对属于特殊群体的居民提供收入支持	农村特殊类型人口	地方为主、中央补助
灾害救助	在特殊情况下对居民提供服务	遭受灾害人口	中央地方分级
医疗救助	对收入在贫困线之下的居民提供某个方面的特殊服务	城乡贫困人和特殊类型人口	地方为主、中央补助
教育救助	对收入在贫困线之下的居民提供某个方面的特殊服务	城乡贫困家庭中的儿童和在校学生	地方
住房救助	对收入在贫困线之下的居民提供某个方面的特殊服务	城市贫困人口中住房困难的人	地方
法律援助	对中国居民提供某个方面的特殊服务	符合条件的中国居民、刑事案件中外籍被告人	中央、地方
农村临时性救济	对农村因为临时原因遇到困难的人口进行救助	农村贫困人口	地方
流浪乞讨	对城市中无家可归的人提供临时性的衣食住行救助	城市内无家可归者	地方

资料来源:王齐彦主编:《中国城乡社会救助体系建设研究》,人民出版社 2009 年版,第 64—65 页。

---

① 李绍光:《深化社会保障改革的经济学分析》,中国人民大学出版社 2006 年版,第 199 页。

12.3.2 中国政府间社会保障权责划分存在的问题

中国的社会保障改革仍处于政策选择和制度完善之中,社会保障制度基本框架虽然已经形成,但由于改革的渐进性、社会经济发展水平的约束等因素,使得社会保障只能走一条渐进式的道路。1994年的分税制改革对政府间的社会保障事权没有做明确的界定,现行社会保障管理体制只能沿袭传统体制,政府间的社会保障权责划分仍十分模糊,使得各级政府的社会保障主管部门也在权责上难以协调,成为制约中国社会保障制度发展的瓶颈问题。现行政府间社会保障权责划分存在的问题主要表现在以下几个方面:

一、政府间社会保障责任边界划分模糊不清

市场经济国家的社会保障制度是从无到有逐步发展起来的,其理论指导主要是实现自由竞争条件下的帕累托最优状态的福利经济学,而在中国则恰恰相反,是从高度的计划经济演变发展而来的,国家从无所不包到按照市场趋向改革,尚无先例可寻,社会保障的范围界定尚难以有一个明确的理论来指导,仿佛一切与社会保障相关的问题,政府都是无条件地承担,而关于其承受能力的考虑则相对较少。[1] 中国的社会保障改革属于典型的"政策主导型"的发展模式,缺乏立法先行的科学规范和有效制约,至今仍然没有一部完整的政府间社会保障权责划分的相关法律法规或者其他指导性文件。中央政府和地方政府始终处于"讨价还价"式的权力博弈之中。

一方面,中央政府对基本社会保障制度给出框架性制度安排,中央政府一直力图统一管理全国的社会保障的管理、组织实施和监督等各项事务及社会保障制度变革,地方或行业对社会保障的改革往往需要经过中央主管部门的批准。但由于缺乏法律规范,中央政府在社会保障统一管理方面的权威不够,在实践中不可能面面俱到,不能够依法管理地方政府尤其是对社会保障基金管理。在具体制度设计和组织实施上,地方政府可根据本地情况酌情安排,其在统筹层次、费率确定、资金筹集、管理与发放等方面拥有较大的决策权。权力下放的初衷是提高地方政府在社会保障制度改革中的积极性,以探索更适合当前国情的基本社会保障模式。但实际情况却事与愿违,由于缺乏明确的法律法规的制约以及社会保障基金管理缺

---

[1] 宋晓梧主编:《中国养老保险个人账户基金管理了运营和监管》,中国财政经济出版社2005年版,第103页。

乏相对的独立性,许多地方政府对社会保障基金过多干预,擅自提高待遇标准,甚至挤占挪用社会保障资金以及搞社会保障形象工程,以提高短期内的政绩表现。

另一方面,地方政府责任不明确,往往想方设法逃避社会保障的一般性行政管理职责和具体组织实施工作。地方政府并无主动改革社会保障制度的任务,但只要改革,又可以在社会保障改革方案设计、基金管理以及改革步骤与方式等方面与中央政府或者地方上级政府的政策不一致。"上有政策、下有对策"的做法严重影响了中央社会保障政策的落实与执行。由于政府间社会保障事权划分模糊,在遇到争议时操作难度增大,地方政府往往以财力不足为由而拒绝承担社会保障的补偿责任。以失地农民的养老保险为例,虽然国务院规定,被征地农民的社会保障费用从当地政府的安置补助费和被征地农民的土地补偿费中统一安排,不足部分由政府从国有土地有偿使用收入中解决。但是地方政府有关部门认为国有土地有偿使用的收益不能用于被征地农民的社会保障制度中,中央与地方政府意见的不一致使失地农民的保障费很难落实。① 中央政府与地方政府在社会保障权责划分方面的"统放不分",不仅损害了中央政府的权威性和改革政策的统一性,也损害了地方政府改革的积极性和主动性。

在中国社会保障制度的实际运行中,对于哪些保障项目或保障部分归中央政府主要负责,哪些保障项目或保障部分归地方政府主要负责,哪些应当由中央政府与地方政府共同负责,其分摊比例又如何确定等问题,始终没有作出明晰的说明和划分。发展全国统一的公共基础养老保险,提供完善的军人社会保障产品等都应该是由中央政府主要负责的重点社会保障产品项目,然而中央政府在这两种保障项目中的职责承担却一直没有完全到位,处于"半缺位"或"缺位"状态。相反,对于本应该由地方政府主要负责的城市最低生活保障和公共卫生保健及医疗保障等项目,中央政府却额外承担了大量的财政投入和组织投入,造成了"越位",而地方政府则处于明显的职责"缺位"状态。② 另外,中央政府和地方政府相互推诿,导致社会保障领域出现责任"盲区"和"真空地带",同时增加了地方政府向公众转嫁制度风险的机会。

二、各级政府之间存在相互转嫁责任的道德风险

客观上来说,目前中国的各级政府都没有摆脱"经济人"的基本属性,尤其是

---

① 林毓铭:《社会保障与政府职能研究》,人民出版社2008年版,第16页。
② 黄书亭、周宗顺:《中央政府与地方政府在社会保障中的职责划分》,《经济体制改革》2004年第3期。

地方政府具有既要对中央政府负责又要对本地利益负责的"利益双重性"特征,中央政府与省级政府、省级政府与市县级政府之间在社会保障尤其是社会保险领域呈现相互转嫁责任的博弈与制约关系:一方面下级政府通过人为扩大资金缺口索取补助而过度依赖上级政府,另一方面上级政府也会通过企业改制等形式向下级政府转嫁财政责任。

从组织方式来看,中国现行的社会保险是一种中央政府和地方政府混合的责任体制,但由于种种原因,目前中国的社会保险基金统筹层次仍然没有实现省级统筹,除个别地方和个别项目外,大多数都由市县两级统筹。中央制定统一的社会保险基本政策,地方具体执行和管理,资金分级筹集,业务分级管理。由于受计划经济体制下"父子"关系的影响,社会保险制度管理和运行名义上是地方负责制,而实际上是中央"财政兜底制"。"财政兜底制"意味着中央财政将充当最后付款人的角色,地方政府出现资金缺口时,中央政府必须出面弥补缺口,否则国家的信用和社会的稳定都会受到影响。这就为日后地方政府人为制造或者扩大资金缺口从而向上级政府要钱留下了隐患。

由于统筹层次过低,有的地方社会保险收支有结余时,便自行提高支付标准,中央政府出台养老保险补助政策后,这些地方更是盲目降低企业费率,自行出台鼓励提前退休的政策甚至突击发放结余资金,人为制造或扩大了资金缺口,迫使上级政府补助。有的地方在管理社会保险基金过程中,或者放松管理,对征缴过程中发生的瞒报缴费基数、拖缴、欠缴行为缺乏有力的追缴手段,由于收缴不力发生的缺口变成向中央要补助的借口;或者对社会保险结余资金不是按规定购买国债或银行存款,违规投资挪用造成呆账、死账,由此产生的损失浪费变成向中央要补助的依据。① 例如,针对日益扩大的基本养老保险资金缺口和大规模国有企业下岗失业人员的出现,1998年开始中央政府提出"两个确保"政策,要求各地政府要确保基本养老金和下岗职工基本生活保障费用按时足额发放,资金缺口不足部分由中央财政提供专项补助。这样,在政府间责任边界模糊的情况下,中央财政向地方提供缺口补助,容易形成一种依赖性的要钱机制。1998—2002年,全国财政"两个确保"支出总计1097.58亿元,其中中央财政占75.8%,地方财政仅占24.2%;从增长速度上看,全国财政"两个确保"支出增幅为年均103.6%,中央在财政支出的增幅为123.7%,而同期地方财政支出的增幅仅为62.3%。②

---

① 杨良初、赵福昌、韩凤芹:《社会保障事权划分辨析》,《中国社会保障》2007年第4期。
② 蔡社文:《未来5—10年我国财政生活保障支出趋势分析》,《宏观经济研究》2002年第4期。

1998—2006年,中央政府已经向各地转移支付了高达3549.7亿元的养老保险专项补助资金,形成了企业和职工个人缴费之外的又一条重要的资金供给渠道。各地政府在确保基本养老金发放和完善生活保障体系方面也做了大量的工作。但在普遍的低层次的统筹格局下,中央政府的这一积极举措被部分地扭曲为地方政府对中央政府的过度依赖机制。这种典型的道德风险驱使的扭曲机制不改变,将进一步加剧资源分配的不合理,加重上级政府的负担。①

在肯定地方政府存在向中央政府转嫁社会保险财政责任的倾向的同时,需要注意的是,中央政府也存在通过企业改制等形式向地方政府转嫁社会保险财政责任的倾向。计划经济时代,中国的国有企业是划分为中央企业与地方企业的,对企业职工的社会保障责任也是按照这一划分由中央财政和地方财政负责的,即中央财政负责中央所属国有企业,地方财政负责地方所属国有企业。然而,改革开放以来,中央通过国有企业改制,将部分中央所属的国有企业下放给地方,使其变成了地方国有企业,在这种改革过程中,相当一部分中央所属国有企业其实是老企业、社会保险负担很重的企业,随着这些企业的下放,其直接压力也从中央政府转移到地方政府身上了。再如,1998年中央政府决定对原来11个行业统筹的企业全面实行属地化管理,虽然这符合中国社会保险发展的方向与要求,但中央政府并没有对其过渡和转型中的成本与代价制定财政补贴方案,实质上是加重了地方财政责任和监管压力。②

经过各级政府多次博弈,中央财政主要负责中央单位所属职工、省级及其以下各级财政也只负责向本级所属职工提供保障资金,最终形成"一级保一级、一块管一块、条块分割"的责任分担机制。这种责任分担机制不符合市场经济的要求,也与各级政府财政的承受能力不匹配,必须通过规范各级政府的责任和权限来封堵道德风险造成的"体制性漏洞",通过集中调剂资金来减少资源冗余闲置,理顺被扭曲的资金补助机制,实现各级政府各尽其职、各负其责。

三、社会保障的事权重心下移和支出责任过于分散化

中国1994年分税制财政体制建立,客观上要求社会保障支出也理应由中央政府和地方政府双方按照社会保障事权和财权相统一的原则共同分担,但与一般市场经济国家的做法不同,中国将社会保障事权的重心定位于地方政府,并且是偏向

---

① 刘燕生:《社会保障的道德风险与负激励问题》,中国劳动社会保障出版社2009年版,第39页。
② 杨方方:《从缺位到归位——中国转型期社会保险中的政府责任》,商务印书馆2006年版,第237—238页。

基层的地方政府。实际上目前中国大部分地区的社会保障基金仍然处于县级统筹和市级统筹的分散管理状况,社会保险的资金筹集及缴费标准的制定、资金管理以及发放和发放标准的制定基本上由地级市负责,社会救助和福利、优抚安置等项目主要由县级政府负责。正如世界银行的黄佩华等人指出,"省级以下政府(市、县、乡镇)负责提供所有重要的社会支持或几乎所有的公共服务。地级市和县级市是提供社会安全网的主体,它们负责向国有企业的下岗工人提供收入支持和再培训,失业保险以及城市最低生活保障计划。它们还要承担向地区性养老金计划提供财政支持的责任。县乡两级政府负责提供基础教育和公共卫生。将这些开支庞大而又重要的责任分派给地方政府不仅非同寻常而且有违国际惯例。除了一些苏联国家外,其他国家的社会保障几乎都由中央政府提供。社会安全网机制几乎总是由中央政府和省级政府联合提供资金支持的"①。中国之所以能够将社会保障的事权重心定位于地方政府,主要是因为在改革开放初期还没有能力构建覆盖全体人民的社会安全网,而且各地区的经济发展水平差异过大,而独特的城乡二元经济社会结构以及严格的户籍制度是其运行的前提条件。

伴随社会保障事权重心严重下移的另一个问题就是社会保障的支出责任过于分散化。中国现行的是五级政府等级体制,是世界上政府级次最多的国家。随着政府等级层次的增加,各级政府事权的配置会变得模糊和困难。中国宪法原则上对中央和地方政府职责范围做出了规定,但没有通过立法对各级政府的事权加以明确配置,而采取"下管一级"的办法,即由上级政府顺次决定下级政府的支出划分,这必然会导致各级政府间事权划分的错位,政府的事权层层下移。② 从2000—2005年中央、省、地市、县乡四级政府社会保障补助支出情况表12-8可以看出,最终主要的社会保障补助支出责任落在了地市和县乡两级政府身上,地方政府尤其是基层政府的支出责任过大,它们构成了社会保障网的主体。

表12-8 2000—2005年四级政府社会保障补助支出情况

单位:亿元、%

政府级别	类别	2000年	2002年	2005年
中央	支出额度	42.62	55.81	236.71
	所占比重	7.16	5.49	13.02

---

① 黄佩华等:《中国:国家发展与地方财政》,中信出版社2003年版,第3页。
② 陶勇:《社会保障供给中政府间责权配置研究》,《中央财经大学学报》2007年第10期。

续表

政府级别	类别	2000 年	2002 年	2005 年
省级	支出额度	263.39	414.07	648.59
	所占比重	44.22	40.71	35.68
地市级	支出额度	198.80	359.36	587.64
	所占比重	33.38	35.35	32.34
县乡级	支出额度	90.75	187.99	344.70
	所占比重	15.24	18.48	18.96
全国合计	支出额度	595.56	1017.23	1817.64
	所占比重	100.00	100.00	100.00

资料来源:根据 2000—2005 年《全国地市县财政统计资料》(中国财政经济出版社)相关数据整理计算。

社会保障支出责任过于分散化,容易导致社会保障资金筹集方法政出多门,筹资方式不规范,缺乏法律保障。其结果是筹资的刚性不足,手段软化,拖欠、不缴或少缴统筹金的现象比较普遍,很难为社会保障及时足额地提供资金,影响了社会保障作用的发挥。同时,分散的社会保障体系加大了地区差异。以养老保险统筹为例:上海市规定的统筹比例是 25.5%,北京市、天津市是 18%,河北省是 16%,江苏省的无锡市为 23.5%,而同一省内的仪征市仅为 10%;北京市的三资企业是按 16%统筹,而集体企业规定的统筹比例则高达 27%。分散的社保体系使好的地方更好,差的地方更差。社会保障的一个作用本来就应该是进行收入的二次分配,目前分散的社保体系恰恰是反其道而行之。① 另外,社会保障支出责任过于分散化阻碍了人口的合理流动,加大了健全社会保障制度的难度。在市场经济中,人们在工作期间和退休后会选择不同的居住地,社会保险的地区统筹会影响人们对工作地和退休后养老地的选择。例如上海近几年为了扩大保险覆盖面,开始试行农民工保险,但由于农民工流动性过大而难以实施。其主要原因是养老保险中的地区统筹部分会因农民工离开上海而无法受益。虽然统筹部分是由企业缴纳的,但企业往往通过减少工资将部分保费转嫁给农民工,农民工自然对参加社会保险不感兴趣。从而使原本可以健全社会保险制度并有利于保护农民工权益的做法,因社会保险

---

① 陶勇:《社会保障供给中政府间责权配置研究》,《中央财经大学学报》2007 年第 10 期。

的地区统筹而受阻。①

四、政府间社会保障财权、财力和事权严重不匹配

西方公共部门经济学研究表明,分权型的政府间事权安排和集权型的政府间财权安排有助于实现公平和效率的目标。如鲍德威和威迪逊认为由于跨地区之间要素流动会带来税基变动,因此,在中央和地方之间,中央政府的课税权限大于其支出责任,地方政府的课税权限小于其课税能力的安排是符合效率原则的。② 受该理论的影响,各国的财政实践中,一方面政府间的财政安排呈现"倒三角"的特征,各国在税收分享上往往将税基广且具有流动性的税种(如增值税、消费税等)及具有再分配效应的个人所得税划归中央,而将较小的、难以征收的税种(如营业税、财产税等)划归地方政府。这样的税收安排的结果必然是中央政府集中了较大比例的收入,而地方政府在整个政府收入中占据较小的份额。另一方面,政府间的事权划分却呈现"正三角"的特征,即与中央政府相比,地方政府在提供受益范围限于本辖区的公共服务方面承担了更大的责任,而且越到基层政府,其事权越具体琐碎,结果导致地方政府事权与财权的严重不对等。因此,社会保障财政纵向失衡问题是必然存在的,但这种失衡又必须通过采取有效手段加以纠正,否则将不利于社会保障的均衡发展。西方国家社会保障得以均衡发展的一个重要原因,就是较好地纠正了政府间社会保障财政纵向失衡问题。③ 但在中国1994年的分税制改革中,由于政府间事权与财权划分不清,再加上上级政府在政治上对下级政府享有绝对的权威,上级政府很容易发挥机会主义的行为,将问题下放到下级政府,将资金尽量向上集中。在财政性社会保障收支中,中央政府收走了大部分的财政税收,而把大部分的财政支出责任尤其是社会保障支出责任留给地方政府,从而形成了社会保障制度实施过程中的"财权层层上收、事权层层下移"的局面。各级政府间的社会保障财权、财力和事权是极不匹配的,影响了社会保障制度的顺利实施。

笔者通过对1990—2011年的数据(见表12-9、表12-10)分析发现,1994年分税制改革后,中央政府迅速扭转了财政收入占财政总收入比重逐年下滑的局面,从1993年的22.02%上升到1994年的55.70%,1998—2011年中央财政收入占财政总

---

① 朱萍:《关于我国社会保障事权重心定位的探讨》,转引自张欣、郭士征等编著:《中国社会保障体系:改革与和谐发展》,上海财经大学出版社2007年版,第112—113页。

② 鲍德威、威迪逊:《公共部门经济学(第二版)》(邓力平主译),中国人民大学出版社2000年版,第370页。

③ 柯卉兵:《略论社会保障财政纵向失衡》,《中国社会保障》2008年第10期。

收入的比重呈现节节上升的趋势,1999年之后该比重都基本稳定在50%以上,表明整个国家财政总收入中的一半以上被集中到中央政府;但从财政支出来看,中央政府并没有承担相当比例的财政支出责任,中央政府的财政支出占财政总支出的比重基本上只有30%左右,特别是2000年以来该比重一路下滑,2011年甚至下降到15.1%。与此形成鲜明对比的是,虽然地方政府的财政收入所占比重与中央政府相差不多(50%左右),但地方政府却承担了远远超出中央政府的财政支出责任,1998年以来地方政府财政支出占国家财政总支出的比重一直稳定在70%左右,而且从2000年开始这个比重呈现不断上升的趋势,2011年甚至达到了84.9%。

表12-9 1990—2011年中央和地方财政收入及比重一览表

年份	绝对数(亿元)			比重(%)	
	全国	中央	地方	中央	地方
1990	2937.10	992.42	1944.68	33.79	66.21
1991	3149.48	938.25	2211.23	29.79	70.21
1992	3483.37	979.51	2503.86	28.12	71.88
1993	4348.95	957.51	3391.44	22.02	77.98
1994	5218.10	2906.50	2311.60	55.70	44.30
1995	6242.20	3256.62	2985.58	52.17	47.83
1996	7407.99	3661.07	3746.92	49.42	50.58
1997	8651.14	4226.92	4424.22	48.90	51.10
1998	9875.95	4892.00	4983.95	49.50	50.50
1999	11,444.08	5849.21	5594.87	51.10	48.90
2000	13,395.23	6989.17	6406.06	52.20	47.80
2001	16,386.04	8582.74	7803.3	52.40	47.60
2002	18,903.64	10,388.64	8515.00	54.96	45.04
2003	21,715.25	11,865.27	9849.98	54.64	45.36
2004	26,396.47	14,503.10	11,893.37	54.94	45.06
2005	31,649.29	16,548.53	15,100.76	52.29	47.71
2006	38,760.20	20,456.62	18,303.58	52.80	47.20
2007	51,321.78	27,749.16	23,572.62	54.10	45.90
2008	61,330.35	32,680.56	28,649.79	53.30	46.70

续表

年份	绝对数（亿元）			比重（%）	
	全国	中央	地方	中央	地方
2009	68,518.30	35,915.71	32,602.59	52.40	47.60
2010	83,101.51	42,488.47	40,613.04	51.10	48.90
2011	103,874.43	51,327.32	52,547.11	49.40	50.60

数据来源：根据1991—2012年《中国统计年鉴》有关数据计算整理。

注：(1)中央、地方财政收入均为本级收入；(2)本表数字不包括国内外债务收入。

表12-10 1990—2011年中央和地方财政支出及比重一览表

年份	绝对数（亿元）			比重（%）	
	全国	中央	地方	中央	地方
1990	3083.59	1004.47	2079.12	32.57	67.43
1991	3386.62	1090.81	2295.81	32.21	67.79
1992	3742.20	1170.44	2571.76	31.28	68.72
1993	4642.30	1312.06	3330.24	28.26	71.74
1994	5792.62	1754.43	4038.19	30.29	69.71
1995	6823.72	1995.39	4828.33	29.24	70.76
1996	7937.55	2151.27	5786.28	27.10	72.90
1997	9233.56	2532.50	6701.06	27.43	72.57
1998	10,798.18	3125.60	7672.58	28.95	71.05
1999	13,187.67	4152.33	9035.34	31.49	68.51
2000	15,886.50	5519.85	10,366.65	34.70	65.30
2001	18,902.58	5768.02	13,134.56	30.50	69.50
2002	22,053.15	6771.70	15,281.45	30.71	69.29
2003	24,649.95	7420.10	17,229.85	30.10	69.90
2004	28,486.89	7894.08	20,592.81	27.71	72.29
2005	33,930.28	8775.97	25,154.31	25.86	74.14
2006	40,422.73	9991.40	30,431.33	24.70	75.30
2007	49,781.35	11,442.06	38,339.29	23.00	77.00

续表

年份	绝对数（亿元）			比重（%）	
	全国	中央	地方	中央	地方
2008	62,592.66	13,344.17	49,248.49	21.30	78.70
2009	76,299.93	15,255.79	61,044.14	20.00	80.00
2010	89,874.16	15,989.73	73,884.43	17.80	82.20
2011	10,9247.79	16,514.11	92,733.68	15.10	84.90

注：（1）中央、地方财政支出均为本级支出；（2）本表数字2000年以前不包括国内外债务还本付息支出和利用国外借款收入安排的基本建设支出；从2000年起，全国财政支出和中央财政支出中包括国内外债务付息支出

数据来源：根据1991—2012年《中国统计年鉴》有关数据计算整理。

表12-11　1998—2006年中央和地方的社会保障支出规模

单位：亿元

年份	抚恤和社会福利救济费支出		社会保障补助支出		行政事业单位离退休经费支出		社会保障财政支出	
	中央	地方	中央	地方	中央	地方	中央	地方
1998	6.34	164.92	14.15	135.86	4.59	269.77	25.08	570.55
1999	2.22	177.66	18.27	325.37	33.77	360.15	54.26	863.18
2000	2.21	210.82	42.62	483.35	43.27	435.3	88.10	1129.47
2001	1.92	264.76	33.88	747.34	55.59	569.13	91.39	1581.23
2002	2.68	370.29	55.81	961.42	83.27	705.57	141.76	2037.28
2003	5.13	493.69	144.4	1117.72	89.33	805.64	238.86	2417.05
2004	7.72	555.74	195.66	1328.84	95.66	932.46	299.04	2817.04
2005	5.34	711.05	236.71	1580.93	98.85	1065.98	340.90	3357.96
2006	5.61	902.07	241.20	1882.70	109.40	1220.80	356.21	4005.57

资料来源：1998—2001年数据来源于1999—2002年《中国财政年鉴》（中国财政杂志社），选取的是当年决算支出总额；2002—2006年数据来源于2003—2007年《中国统计年鉴》；社会保障财政支出为抚恤和社会福利救济费、社会保障补助和行政事业单位离退休经费三项支出之和。

表 12-12　1998—2006 年中央和地方的社会保障支出所占比重

单位:%

年份	抚恤和社会福利救济费支出		社会保障补助支出		行政事业单位离退休经费支出		社会保障财政支出	
	中央	地方	中央	地方	中央	地方	中央	地方
1998	3.70	96.30	9.43	90.57	1.67	98.33	4.21	95.79
1999	1.23	98.77	5.32	94.68	8.57	91.43	5.91	94.09
2000	1.04	98.96	8.10	91.90	9.04	90.96	7.24	92.76
2001	0.72	99.28	4.34	95.66	8.90	91.10	5.46	94.54
2002	0.72	99.28	5.49	94.51	10.56	89.44	6.51	93.49
2003	1.03	98.97	11.44	88.56	9.98	90.02	8.99	91.01
2004	1.37	98.63	12.83	87.17	9.30	90.70	9.60	90.40
2005	0.75	99.25	13.02	86.98	8.49	91.51	9.22	90.78
2006	0.62	99.38	11.36	88.64	8.22	91.78	8.17	91.83

资料来源:根据表 12-11 中的数据整理计算。

表 12-13　2007—2011 年中央和地方社会保障和就业支出情况

单位:亿元、%

年份	中央		地方		全国	
	数额	占比	数额	占比	数额	占比
2007	342.63	6.29	5104.53	93.71	5447.16	100
2008	344.28	5.06	6460.01	94.94	6804.29	100
2009	454.37	5.97	7152.31	94.03	7606.68	100
2010	450.30	4.93	8680.32	95.07	9130.62	100
2011	502.48	4.52	10,606.92	95.48	11,109.40	100

资料来源:根据 2008—2012 年《中国统计年鉴》相关数据计算;注:由于 2007 年政府收支分类科目发生调整,2007 年以后年度社会保障支出科目口径与以前年度不一致,因此,2007 年以后年度社会保障支出数据与以前年度无可比性。

在社会保障领域(见表 12-11、表 12-12 和表 12-13),中央政府所应承担的支出责任更是没有得到相应的提升,中央政府的社会保障支出占社会保障财政总支出的比重依旧徘徊在较低的水平,虽然自 1998 年以来这个比重有所上升,但一直到 2011 年也没有超过 10%;而地方政府财政社会保障支出的负担比率非常高,虽然自 1998 年以来这个比重有所下降,但一直到 2011 年都在 90% 以上。这充分说明,中国的社会保障财政支出责任基本上都由地方政府来承担,地方政府承担了与本级财力不相匹配的社会保障支出责任。

这种上级财政集中度较高而基层财政集中度较低的责任分摊机制,不符合市场经济的要求。因为贫困地区的地方政府只有较低的社会保障需求,或者说贫困地区的地方政府为社会保障提供资金的意愿是价格无弹性的或者至少是弹性系数很小的。因为他们的主要任务是加快本地区的基础设施建设和发展地方经济,从而取得更大的"政绩"来取悦中央政府。例如,中国地方政府在安排地方财政支出项目时,通常按如下的顺序排列:政府工作人员工资、福利和其他行政管理费、住宅、宾馆招待所建设、直接生产项目投资、工业交通商业等部门事业费等,而科教文卫、社会保障则位于稍后的位置上。① 目前中国绝大多数地方政府,尤其是经济不发达的市县政府,财政收支缺口严重,为典型的"吃饭财政"。一个财政收入极度匮乏贫困地区在社会保障资金收不抵支的情况下,优先得到满足的也只会是行政管理费,而不可能是社会保障费用,很难有能力对社会保障进行财政兜底,这些地方基本养老金的给付往往很难及时兑现。

12.4　合理划分政府间社会保障权责的基本思路

在中国中央与地方财政关系实行"分税制"的条件下,各级政府之间的社会保障责任不清,显然是一种很不正常的局面,显然与现行建立在分税制基础上的分级财政体制是不相适应的,不仅影响了社会保障制度的政府信誉和公众信心,还严重制约了社会保障制度的稳定运行和长远发展,不利于建立可持续性发展的社会保障机制和实现长期社会保障的收支平衡,成为制约现阶段中国社会保障转移支付制度构建和发展的重大瓶颈之一。所以从宏观上把握中央政府和地方政府的关系,按照发挥所长、优势互补原则合理划分各级政府之间的社会保障责任,已是当务之急。鉴于前文的分析,笔者提出合理划分中国政府间社会保障权责的如下几点思路:

12.4.1　实现中央和地方政府社会保障权责划分的法制化

从世界范围来看,无论是联邦制国家还是单一制国家,发达国家还是发展中国

---

① 朱玲:《转移支付的效率与公平》,《管理世界》1997 年第 3 期。

家,政府间责权利关系都是建立在宪法或相关法律基础上,关系的调整也按法定程序进行。发达市场经济国家往往通过国家立法来有效划分各级政府间的社会保障权责,从而为社会保障制度的顺利实施创造条件。而中国处于体制转轨过程中,各级政府的管理权责也随之不断调整。中国政府间责权划分不清的一个重要原因,就是没有一个法制化和规范化的事权界定,中央和地方迄今为止的所有事权的调整和财政安排都是中央与地方谈判妥协的结果,也都是根据中央和地方政府的"决定""通知""条例"来传达和执行的,与多数发达国家相比立法层次不高,缺乏内在的稳定性和法律保障,随意性较大。

因此,鉴于不同层级政府职责划分在社会保障制度的建立、完善及运行中的重要作用,加之规范的对象是政府,必须尽快确立"法律主导型"的建制原则,以国家统一立法的形式对社会保障中中央政府与地方政府的职责范围进行明确界定,克服当前"政策主导型"建制过程中各级政府在制度设计及政策制定中的前后多变性和上下矛盾性。① 为此我们建议在简化政府管理级次和财政管理级次的基础上,各级政府的社会保障权责需要由相应本级的立法机关立法授权,并接受法律监督;政府间社会保障权责划分必须以宪法、财政法、预算法等法律形式固定下来;即使是政府间社会保障权责关系的调整(包括其程序)也要以法律形式确定。

具体说来,中央政府负责全国范围内社会保障事权,着力推动社会保障全国统一立法,包括社会保障方案与政策、基本原则、制度框架与模式、缴费模式、责任与管理主体和运行规则等制度设计职能,提出社会保障发放水平和服务标准,协调地区间的均衡发展,加强社会保障制度和基金监管体系包括行政监管、社会监管、法律监管体系和制度的建设,并以此为依据制定和实施全国性的社会保障尤其是中央直接管理项目的行政法规及相应政策条例;地方政府则应在全国性社会保障法律法规的指导下,制定和下达符合当地实际情况的地方性社会保障规划、法规政策和实施细则,负责地区性社会保障事权,包括社会保障费率适度调整、社会保障待遇标准具体化、社会保障服务标准细化等方面,规范社会保障日常行政管理,并负责社会保险基金的征收、支付、投资运营和监管,确保基金的安全运行。

12.4.2 社会保障事权适度上移集中与财权适度下放相结合

目前中国的养老保险、失业保险和医疗保险的统筹范围仍没有实现省级统筹,而且社会保险的提供主体主要限于市县一级,和发达国家相比,社会保障事权重心

---

① 黄书亭、周宗顺:《中央政府与地方政府在社会保障中的职责划分》,《经济体制改革》2004年第3期。

明显偏低而且过于分散。偏低的统筹层次不利于发挥集中管理的优势,导致社会保障待遇地区间差别较大,对公平收入分配带来了消极影响。因此,今后必须按照财政分权理论,借鉴西方发达国家成功经验并结合中国具体国情,改变社会保障事权重心偏低且过于分散化的格局,逐步提高统筹层次,来合理界定中央与地方政府的职责范围,才能使集中的优势得以充分发挥。

具体来说,基本养老保险应由中央统一集中管理,全国政策统一,逐步实现养老保险特别是社会统筹部分的全国统筹。逐步提高医疗保险和失业保险的统筹层次,由目前的市县统筹逐步发展到省级统筹,让省级政府发挥更为积极的作用,中央政府主要负责相关政策的制定并加以监督,同时在财政资金上加以支持;社会救济的组织实施责任还是要更多地依靠地方政府,从中国目前的情况看,以市县级政府作为组织实施的责任主体,应该是比较适宜的选择,但中央政府或上级政府应统一社会救济的项目和政策,并加以监督。① 当然,中国社会救助制度经历了从计划经济时代的中央集权,到改革开放后的向地方放权而由地方政府负责,再到中央地方共同负责、以中央为主的新模式转变的过程。例如,1999年《城镇居民最低生活保障条例》规定,城市低保制度实行地方各级政府负责制,即县级以上民政部门具体负责管理工作,财政部门落实保障资金;国家民政部门负责全国城市低保的管理工作。这一改革符合国际惯例和财政理论的规定,体现了公共管理地方化趋势。

但是,社会救助分权的成功是有条件的。中央社会救助支出责任下放获得成功的前提是,税收权力和财政分配权力也要跟着下放。遗憾的是,中国迟迟没有做到这一点。1994年中国分税制改革对中央和地方政府间财权做了明确划分,但并未对政府间社会保障财权和事权进行划分,使得地方政府为主的救助模式缺乏相应的财权基础,财权与事权不对称。在财政收入权利没有相应下放的情况下,城市低保覆盖面和保障水平均难以有实质性提高,名义上的"地方政府负责制"因地方财力困境而落空。② 在下岗、失业浪潮加剧城市贫困的严峻形势下,中央被迫从1999年开始对城市低保制度给予专项转移支付,2007年开始对农村低保制度给予专项转移支付,而且规模越来越大,到2009年中央低保支出比重占到了74.5%,远远超过了地方支出规模,形成了事实上的中央地方共同负责、以中央政府为主的新模式(见表12-14)。

---

① 陶勇:《社会保障供给中政府间责权配置研究》,《中央财经大学学报》2007年第10期。
② 杨红燕:《中央与地方政府间社会救助支出责任划分——理论基础、国际经验与改革思路》,《中国软科学》2011年第1期。

表 12-14 1999—2009 年中央财政低保支出占城镇低保支出比重

单位:亿元、%

年份	中央低保支出	城镇低保总支出	中央低保支出比重
1999	4.0	13.8	29.0
2000	15.0	21.9	68.5
2001	23.0	41.6	55.3
2002	45.5	108.7	41.9
2003	92.0	153.1	60.1
2004	100.6	172.7	58.3
2005	112.0	191.9	58.4
2006	136.0	222.1	61.3
2007	161.0	274.8	58.6
2008	267.0	385.2	69.3
2009	359.1	482.1	74.5

资料来源:根据 2000—2010 年《中国民政统计年鉴》和 1999—2009 年《中国民政事业发展统计公报》有关数据整理计算。

在实现社会保障事权适度上移和集中的同时,还需要适度下放社会保障财权,特别是对于失业保险和医疗保险,应在中央统一标准的基础上,由省政府负责向雇主和雇员征收并集中管理;对于社会救助需求量大而财力不足的贫困地区,中央政府应适当下放税收权从而提高地方财政的收入能力,使这些地方有必要的财力履行社会保障职责。

12.4.3 发挥集权与分权的优势互补作用,合理划分政府间社会保障权责

政府间社会保障权责合理划分的一个基本原则就是发挥所长、优势互补,即中央政府要发挥其在宏观信息获取、统筹调剂能力及宏观调控方面的优势,主要承担全国性社会保障统一管理和监控职责,并承担特别重要的、应急的、影响程度大的和支付风险大的社会保障项目;地方政府则要发挥其在微观信息获取、人力资源丰富及紧密贴近地方等有利条件,主要负担社会保障具体组织实施及地方性行政管理等微观的责任,并具体承担那些次要的、常态的、影响程度小的和支付风险小的社会保障项目。

另外,具体保障项目中又可分为全国统一的公共基础性部分和地区差别性部分,不同社会保障项目中不同部分具有不同的层次性和效用外溢程度,应当根据社

会保障的构成内容和其受益范围的空间层次来具体分析。具体来说,基本养老保险具有较强的收入再分配效应,除了在职职工与退休职工之间发生收入再分配外,高收入职工与低收入职工之间也会发生收入再分配,需要中央政府进行统一决策。与其他社会保障项目相比,基本养老保险中的养老金待遇给付相对来说有一定的客观标准可循,该标准以严格的规定,特别是准予领取养老金的年龄规定为基础,为中央政府进行集中管理创造了条件。所以,基本养老保险制度应由中央财政承担主要的补贴责任,但地方也有承担地方公职人员和农民的缴费责任。

医疗保险和失业保险项目既具有较强的地方性公共产品特征,又具备相当程度的效用外溢性。医疗保险面临的一个主要挑战是保证最低收入群体获得医疗服务。风险分担和互济的水平取决于所覆盖的人群规模大小,收入公平分配和更为有效的风险分担均需要集中予以保障,全国统一的保险计划通常拥有有效的风险分散和互济机制。然而,实施医疗保险计划所涉及的复杂性和信息不完全性、不对称性,既限制了集中的潜在功能的发挥,也使得单凭集中机制难以保障广大群众医疗卫生需求的满足及社会公平的实现。失业保险既有稳定经济的职能,又有收入再分配的职能,同时又可以有效纠正地区间的政策性外溢,理应由中央政府提供,但由于一方面就业形式多样化导致失业状态的认定十分复杂,另一方面各国逐步倾向于实施积极的就业政策,把促进就业的积极措施融合在失业保险制度里,加大了失业保险管理的实际困难,信息不完全挑战各级政府的行政管理能力,也给地方政府发挥积极作用留下了空间。所以对于医疗保险和失业保险这类准全国性公共产品而言,中央政府与地方政府应当充分发挥各自的优势,按其效用外溢程度大小合理分摊其职责。

社会救助和社会福利需要一分为二地看待。其中,对于更多的具有全国性公共产品特征的保障项目或部分,如涉及既没有劳动能力又没有生活来源的残疾人、孤老、孤儿、优抚对象以及灾民的社会救助项目,由于这部分人的受援助资格较易确定且相对稳定,应由中央政府主要负责,并承担其中主要的财政责任和组织实施工作。这样既可以实现收入再分配的公平目标,又可以避免政府间层层转移可能发生的"奥肯漏桶"损失,从而降低社会保障运行成本。而对于具有较强的地方性公共产品特征、受益范围也一般局限于本地区居民,如城市居民最低生活保障,则应由地方政府主要负责,并承担相应的财政投入和组织实施工作。因为此类社会救助对象的资格确认需要掌握较多信息,通常涉及家庭财产调查的具体问题,并且变动性较大,难以采用较为客观的标准,中央政府获取信息的不全面制约了其在社会救济上承担更大的责任,而地方政府承担此项责任则可以及时调整救助对象,提高社会保障的运行效率。对于社会福利制度,中央财政应当承担最基本的福利项目支出如基础教育补贴等,适当分担公共住房福利补贴及其他福利项目补贴,地方政府则可以适当发展地方性补充福利项目。

12.4.4 完善政府间转移支付制度,实现政府间社会保障财权、财力和事权相匹配

正如前文所述,政府间社会保障权责科学划分的关键在于使得各级政府的社会保障事权有相应的财力作为支撑。而作为中央集权的单一制国家,中国财政收入明显上移的同时,财政支出的重任基本上都落在了基层政府身上。中国各地的经济发展水平和财力的不同,导致了各地的社会保障支出水平参差不齐。为了实现公平收入再分配的目标,在地方自有财力不足的情况下,必须要通过进一步完善政府间转移支付制度,保证地方有提供社会保障的基本财力。

因此,依据财权、财力与事权相统一的原则,必须尽快建立和完善社会保障财政供款机制,建立中央财政专项社会保障预算,并随着国家 GDP 总量增长而相应增长,实现中央财政对社会保障的投入增长固定比例化和制度化。同时,在中央与地方财政体制及其他支出责任比较明晰、资金安排有保障的条件下,还有必要建立对那些社会保障支出超出其承受能力的财力薄弱地区的社会保障专项转移支付制度,保证中央与地方各级政府间社会保障财权、财力与事权的匹配,逐步实现地区间社会保障供给的均等化,以真正体现社会保障制度"维护公平"的价值取向,这是政府间社会保障权责合理划分的基础。

为了避免地方产生依赖思想,社会保障转移支付方案要引入"因素法"。要制定明确的、客观的标准,规定转移支付的条件、规模、方式。应考虑各地人均财政收入、社保补差水平、社保人口比重等那些影响较大的、可量化的、易于全国统一的客观因素,主要有基础因素(包括人口密度、土地面积、行政机构等)、社会因素(包括抚养比、贫困率、医疗卫生状况、失业率等)、经济发展因素(人均 GDP、人均财政收入、物价水平等)、特殊因素(老少边穷地区、少数民族人口比重、经济特区等)等,以此作为指标制定标准的社会保障转移支付公式,确定转移支付数额的尺度。通过有效的转移支付逐步实现地区间社会保障供给的均等化,从而保障各地居民相对公平地享有社会保障的权利。